新世纪高等学校教材·教育学专业系列教材

教育经济学

第②版

刘志民 / 编著

北京师范大学出版集团
BEIJING NORMAL UNIVERSITY PUBLISHING GROUP
北京师范大学出版社

图书在版编目(CIP)数据

教育经济学 / 刘志民编著. —2 版. —北京：北京师范大学
出版社，2024.7
新世纪高等学校教材·教育学专业系列教材
ISBN 978-7-303-29327-8

Ⅰ. ①教… Ⅱ. ①刘… Ⅲ. ①教育经济学－高等学校－
教材 Ⅳ. ①G40-054

中国国家版本馆 CIP 数据核字(2023)第 130744 号

图书意见反馈：gaozhifk@bnupg.com 010-58805079
营销中心电话：010-58802755 58800035
北师大出版社教师教育分社微信公众号 京师教师教育

出版发行：北京师范大学出版社 www.bnupg.com
　　　　　北京市西城区新街口外大街 12-3 号
　　　　　邮政编码：100088
印　　刷：北京虎彩文化传播有限公司
经　　销：全国新华书店
开　　本：787 mm×1092 mm　1/16
印　　张：22.25
字　　数：397 千字
版　　次：2024 年 7 月第 2 版
印　　次：2024 年 7 月第 3 次印刷
定　　价：69.00 元

策划编辑：何　琳　　　　　责任编辑：何　琳
美术编辑：焦　丽　李向昕　装帧设计：焦　丽　李向昕
责任校对：陈　荟　　　　　责任印制：马　洁

前　言

　　教育经济学是一门新兴交叉学科，撰写一部对本领域学者有实际应用价值的参考书应是教育经济学研究与教学工作者孜孜不倦的追求。2007 年，笔者编写了首部《教育经济学》(北京大学出版社)，反响热烈；2017 年重新编写了《教育经济学》(北京师范大学出版社)，数千册印本也已售罄，现修改再版，以飨读者。

　　2017 年版的《教育经济学》在秉承首部著作系统性结构框架的基础上，重新提炼了教育经济学的核心内容，引入了本领域国内外研究的最新成果，具体特点如下：一是注重理论架构的广度与深度，将经济学与教育学学科进行融合，在每一章节内部，对相关问题所涉及的经济学与教育学理论进行梳理，便于读者在理论层面上的宏观把握；二是借鉴经济学理论与分析模型，凸显教育经济学分析内涵，将各章节中相关问题的最新理论和实证研究成果融入教材的体系中，对该学科研究工作形成有益铺垫，实现了传授基本知识和拓展研究视野的双重功能；三是引入政策领域的制度比较，通过对典型国家教育经济领域各种问题的不同政策比较，对理论和实证研究进行有益补充，从制度设置层面提供了研究视角。

　　2024 年再版的这部《教育经济学》，既保持了首版的结构特色，又被赋予了新的内涵，结构自洽性更强。在本领域国内外研究成果的引入方面，力求保持文献选取的时效性，重点更新了教育投资、规模经济、供求就业、教师薪酬、学生资助制度等数据资料，体现了习近平总书记关于教育经济的重要论述对马克思主义教育经济思想新境界的开创性。冀望通过本书的再版，能为读者进一步探索教育经济学领域的相关重大问题提供帮助。由于笔者水平有限，书中难免有疏漏、舛错、不当之处，尚祈教育经济学界同人和广大读者不吝赐教！

刘志民

2024 年春于紫金山东麓

目录

001 第一章　教育经济学概述
第一节　教育经济学的概念、学科性质及学科纬度 ·001
第二节　教育经济学的理论基础 ·006
第三节　教育经济学的研究对象与基本内容 ·018
第四节　教育经济学的研究方法与研究意义 ·026

033 第二章　教育经济学的形成与发展
第一节　早期的教育经济思想 ·033
第二节　西方教育经济学的形成与发展 ·040
第三节　中国教育经济学的形成与发展 ·061

074 第三章　教育与经济增长
第一节　教育与经济增长的理论分析 ·074
第二节　教育与经济增长的模型分析 ·086
第三节　教育与经济增长的实证研究 ·094

105 第四章　教育与人力资本形成
第一节　人力资本与人力资本理论 ·106
第二节　教育对人力资本形成的贡献 ·122
第三节　人力资本对经济增长的贡献 ·128

134 第五章　教育投资
第一节　教育投资概述 ·134
第二节　教育投资的合理比例 ·141
第三节　教育投资的合理负担与补偿 ·154

171 第六章　教育成本与收益
第一节　教育成本 ·171

第二节　教育收益 ·182
第三节　教育投资风险 ·200

206　第七章　教育规模经济
第一节　教育规模经济与规模不经济 ·206
第二节　学校适度规模研究方法及约束条件 ·211
第三节　高等教育发展规模问题的讨论 ·221

240　第八章　教育供求与就业
第一节　教育需求与供给的一般分析 ·240
第二节　教育供求矛盾与均衡 ·246
第三节　教育与就业问题分析 ·257

270　第九章　教师薪酬
第一节　教师薪酬的确定依据 ·270
第二节　教师薪酬制度的国际比较 ·275
第三节　教师薪酬制度的改革 ·290

298　第十章　学生资助制度
第一节　学生资助制度概述 ·298
第二节　学生资助制度的国际比较 ·306
第三节　中国学生资助制度的演变及政策解析 ·318

328　参考文献

349　后　记

第一章　教育经济学概述

恩格斯认为，一切社会变迁和政治变革的终极原因，应当在生产方式和交换方式的变更中去寻找。如今，社会生产规模越来越大，科技发展越来越快，专业分工越来越细，使得学科之间互为渗透、互为交叉，行业部门之间唇齿相依、联系密切。在此情况下，教育与经济的相融便是时代发展的必然抉择。教育经济学是教育学与经济学交叉而形成的学科，是教育与经济之间关系的学说。本章的主要任务在于阐明教育经济学的概念与理论基础，讨论教育经济学的学科性质、研究对象、基本内容及研究方法。

第一节　教育经济学的概念、学科性质及学科纬度

作为一门新兴的交叉学科，教育经济学的概念、学科性质以及学科纬度等一直是理论界探索和争鸣的热点。随着教育经济思想的不断演变和系统化，教育经济学学科的理论体系日趋成熟。

一、教育经济学的概念

关于"教育经济学"（Economics of Education 或 Education Economics）的概念，国外许多教育经济学著作中都有明确定义。其中，最具有代表性的有英国学者马克·布劳格（Mark Blaug）以及美国学者艾尔查南·科恩（Elchanan Cohn）等的概念。布劳格认为，教育经济学是经济思想中的人力投资革命，即经济领域的研究涉及教育行为对经济效益的影响，其主要支撑理论是人力资本理论。[1] 而科恩却把经济学和教育学的概念合二为一[2]，认为"教育经济学研究的是在不管使用货币与否的条件下，

---

[1]　［英］M. 布劳格：《教育经济学导论》，韩云译，25～27 页，北京，春秋出版社，1989。

[2]　Cohn，E. *The Economics of Education*，Cambridge，MA：Ballinger Publishing，1979.

人和社会是如何选择使用紧缺的生产性资源在各种社会成员和机构中进行各类训练，发展知识、技能、智力和品德等"。实际上，科恩的这一定义只是把经济学和教育学的概念简单地糅合为教育经济学的概念而已，且主要表现其经济学特征，难免有过于"经济化"或"物质化"的嫌疑。在国内教育经济学界，有些学者在其教育经济学的相关著作中对教育经济学的学科概念进行了回避，但也不乏精确定义的。例如，北京师范大学教育系《教育经济学》课题组(1984)将教育经济学定义为"研究教育领域内经济现象及其规律的一门学科"。具体地讲，它是通过研究教育与经济间的相互作用，从劳动力培养与教育的关系，从科学知识传递、积累和发展来论述教育对社会生产发展和经济增长的作用。游正伦(1989)认为，教育经济学是研究一定社会形态下教育与经济相互作用及其规律的边缘学科，他特别强调教育经济学研究的社会形态假设，认为不同社会形态中教育与经济的相互作用及其表现形式有所区别。林荣日(2008)认为，教育经济学是研究教育的经济功效，是教育科学的一个独立分支，它从教育活动具有经济意义的观点出发，分析教育与经济相互制约的关系，并探讨加强教育系统的社会功能和工作效力，以达到提高教育成果的经济效益的目的。

由此可见，上述诸多学者对于教育经济学的定义，主要是从教育经济学的研究对象视角对其概念所做的破解分析，主要涉及两个学科领域：一是教育学，二是经济学。不同定义间的区别在于学科侧重点的不同，或偏重于教育学，或偏重于经济学，或介于两者之间。因此，可以认为，教育经济学是以教育与经济之间相互关系及其相互规律为研究对象，主要运用经济学的方法和手段来研究教育的一门学科，其研究内容涉及教育领域内的各种"准经济"现象。这些现象是教育与经济之间相互关系的外在表现形式，可以运用经济理论、方法予以分析解释，但又与纯经济现象有所区别，因为教育的对象是人而非物品。

二、教育经济学的学科性质

学科性质是一门学科的根本属性，即该学科具体归属于哪一门母学科的问题。它是我们认识学科特征的基础，研究教育经济学首先要弄清其学科性质定位。教育经济学属于社会科学范畴，这是毋庸置疑的，已得到教育经济学界的一致认可。然而，对于其到底归属于哪一门类社会科学却存在诸多争议，主要有以下几种观点。

观点一：教育经济学属于经济科学体系中的一个新领域，是经济学的一个分支，属于部门经济学的一种。其理由是，教育经济学主要运用的是经济学的规律、理论、计算模式和方法观察与研究教育部门中的经济问题与经济现象，使经济理论和经济规律在教育部门得到具体运用与实现，不必过多地考虑和运用教育自身的理论与规律。但作为部门经济学，教育经济学又与其他物质生产领域的部门经济学(如工业经济学、农林经济学、商业经济学等)有所不同，它是属于建构在物质生产部门之中的非物质生产领域里的部门经济学。

观点二：教育经济学是教育学科群体的一个新领域，是一门新兴的教育学科。其理由是，这门学科是从经济学的角度观察研究教育学的规律和作用，揭示教育与经济相互联系中的规律性问题以及教育本身的一些与经济有关的规律。因此，研究这门学科不仅要运用经济学的理论和计量方法，而且还要运用教育学的理论和研究方法。

观点三：教育经济学不隶属于任何学科，是一门新兴的独立学科。第三种观点对上述两种看法提出质疑，认为确定教育经济学的学科性质不应从抽象的定义出发，而应从学科的全部内涵出发；不应该是封闭式的，而应是开放式的，既可以从经济学的角度研究，吸收经济学的研究成果，又可以从教育学的角度研究，吸收教育学的研究成果，还可以吸收其他学科的研究成果。教育经济学既不是部门经济学，也不是教育科学分支，而是一门新兴的独立学科，因为在教育经济学中，不仅有经济学与教育学的规律在起作用，而且还有经济与教育相互交融部分的特殊规律在起作用。

观点四：教育经济学是一门多学科相交叉的科学，具有多学科性质。教育经济学是经济学、教育学、数学、管理学等多种学科相互交叉的科学。因此，该观点主张目前还不应急于把它划为某种学科领域，可以从不同学科、不同角度进行观察和研究，吸收相关学科与领域的研究成果。

事实上，教育经济学的学科归属已经成为一个不可回避的现实问题。虽然对教育经济学的学科性质还没有取得一致意见，但多数学者认为，教育经济学更倾向于经济学的性质。因为教育经济学是研究在教育资源约束的条件下，有效利用资源，合理将资源在个人和团体中进行分配与实践的一门学科，因此，可以将教育经济学划为经济学学科。教育经济学的确也可以被划为部门经济学，从而成为经济学的一门分支学科，这在理论上似乎是合乎逻辑的，因为该学科名曰"教育经济学"而非"经济教育学"。

学科性质的确立同样应考虑现实因素的影响，即学科发展的实际需要。在1998年以前，国务院学位办曾将教育经济学列入教育科学，但随着新学科领域"教育经济与管理"的出现，又开始把教育经济学纳入公共管理的范畴之中，成为公共管理一级学科下的二级学科，这就引发了教育经济学学科性质的重新定位问题，即从教育学科定位转变为管理学科定位。这实际上反映了教育经济学学科发展的历程与现状，是理论发展与现实运用的一种妥协，从而验证了其学科性质的开放性。

王善迈等主张把教育经济学看作教育学与经济学的交叉学科。首先，从实际状态来看，教育经济研究已经有多学科参与，其交叉性日益明显。除了主要涵盖的教育学科和经济学科之外，还涉及社会学、管理学等学科。其次，从教育经济学的含义来看，它是利用经济学的方法和手段来研究教育的一门学科，因此主要呈现教育学与经济学领域的交叉，教育学主要研究教育现象的一般规律，而经济学则研究社会物质生产活动的规律。正是这两个领域的有机结合，产生了一个促进教育和经济发展的模式，才孕育了教育经济学的领域特点，从而也奠定了本领域的学科性质根基。最后，从教育经济学的理论基础和研究方法来看，教育经济学既要运用经济学的理论与方法研究教育领域的有关问题，又要运用教育科学的理论与方法来研究经济发展的智力开发等问题，同时也要运用社会学的调查方法、统计学的数理统计等。因此，单一学科划分已无法诠释教育经济学的学科属性。简言之，教育经济学是教育与经济两门学科相互交叉、渗透而形成的新兴学科。

三、教育经济学的学科纬度

学科纬度是指在既定的学科性质定位下，某一学科在其母学科以及众多平行学科中所处的具体方位，是该学科所在学科群集中的框架结构显示，是一种更为全面且精确的学科框架定位。由于目前对教育经济学的学科性质尚存争议，因此其具体的学科纬度显示也会有所区别。在此，我们从"教育经济学是教育学与经济学的交叉学科"定位视角展现教育经济学的学科纬度，即教育经济学的经济学学科纬度定位与教育学学科纬度定位。

1. 在经济学学科坐标中的学科纬度

教育经济学在经济学学科坐标中的纬度定位，是指教育经济学在经济学学科框架内各分支学科中所处的位置。在我国，经济学目前已形成了分支众多的经济学学科体系，有研究基础理论的学科(如宏观经济学、微观经济学等)，研究部门经济活动的学科(如工业经济学、农业经济学等)，也有研究再生产过程某一环节的学科(如消费经济学、投资经济学等)；有研究微观经济活动的学科(如金融学、财政学等)，也有研究国民经济活动核算和分析方法的学科(如会计学、统计学等)；有研究经济计量方法的学科(如经济计量学、数理经济学等)，也有研究特定领域经济活动的学科(如国防经济学、人口经济学等)，还有研究国别和国际经济活动的学科(如世界经济学、国际贸易学等)，更有研究经济史的学科(如中外经济史、中外经济思想史等)。教育经济学可被视为部门经济学的一门分支学科，是以教育部门经济活动为主要研究对象的学科，其平行学科主要有工业经济学、农业经济学、林业经济学等，如表 1-1 所示。

表 1-1　经济学学科门类分类框架

按研究内容与对象分类	学科门类举例
研究基本经济理论	政治经济学、微观经济学、宏观经济学
研究部门经济活动	工业经济学、农业经济学、林业经济学、教育经济学、运输经济学、药物经济学、政府经济学、环境经济学、产业经济学、网络经济学、福利经济学
研究再生产过程某一环节	消费经济学、投资经济学、服务经济学
研究微观经济活动	金融学、财政学、企业管理学
研究国民经济活动核算与分析方法	会计学、统计学
研究经济计量方法	经济计量学、数理经济学、数量经济学
研究特定领域经济活动	国防经济学、人口经济学、旅游经济学、城市经济学
研究国别和国际经济活动	世界经济学、国际贸易学、国际金融学
研究经济史	中外经济史、中外经济思想史、马克思主义经济思想史

2. 在教育学学科坐标中的学科纬度

教育经济学在教育学学科坐标中的纬度定位，是指教育经济学在教育学学科框架内各分支学科中所处的位置。我国教育学学科分类目前已经相对成熟，主要可以分为以下五大门类：(1)以教育理论为研究对象的教育学科，如元教育学、教育学史等。(2)运用其他学科理论框架研究教育活动的教育学科，如教育哲学、教育逻辑学等。(3)运用其他学科分析方法来研究教育活动的教育学科，如教育统计学、教育测量学等。(4)运用其他学科知识研究教育中的个体(人)的学科，如教育生理学、教育心理学等。(5)综合运用各门学科知识解决教育中实际问题的学科，如教育卫生学、教育行政(管理)学等。从教育学学科体系来看，教育经济学也在教育学学科类型框架内，因为它运用经济学科的理论分析框架分析教育中的经济现象，与其平行的学科主要有教育社会学、教育政治学等，如表 1-2 所示。事实上，这五大门类还可以进一步细分，也有不同的细分方法，此处旨在显示教育经济学在教育学学科框架内的坐标位置，故不再详细分解。

表 1-2　教育学学科门类分类框架

按研究内容与对象分类	学科门类举例
以教育理论为研究对象	元教育学、教育学史
运用多学科理论研究教育活动	教育哲学、教育逻辑学、教育伦理学、教育美学、教育社会学、教育经济学、教育政治学、教育法学、教育人类学、教育人口学、教育生态学、教育文化学
运用多学科方法研究教育活动	教育统计学、教育测量学、教育评价学、教育实验学、教育信息学、教育史学、教育未来学、比较教育学
运用多学科知识研究教育个体（人）	教育生理学、教育心理学、教育生物学
运用多学科知识研究教育实际问题	教育卫生学、教育行政（管理）学、教育规划学、教育技术学、课程论、教学论

第二节　教育经济学的理论基础

////////////////////////

任何学科体系的建立和发展都需要坚实的理论基础，并伴随着外部环境的变化而不断创新。教育经济学作为一门独立学科，其诞生与发展也必然建立在特有理论的基础之上。由于教育经济学是经济学、教育学两门主干学科交叉融合的产物，其理论基础也深受两者影响，主要包括教育学理论、经济学理论及自身特有的人力资本投资理论等。教育学方面的理论主要包括教育与劳动力再生产、教育与社会再生产、教育与劳动生产率等，经济学方面的理论主要包括公共物品理论、消费者行为理论、成本理论等。

一、教育学理论

1. 教育与劳动力再生产

所谓"劳动力"（Labor Force），就是人的体力和智力的总和。与此相对应的劳动力再生产主要包括两个方面：一是生理再生产；二是精神再生产。前者主要是指人类的生殖繁衍以及后天生理性的物质消费活动；后者则相对复杂，是人类不断学习、积累、去伪存真、进步的过程，主要表现为知识的生产、积累、传递与再创新，是人类社会生产力的主要推动力量。

劳动力再生产是社会再生产的必要条件，教育则是劳动力再生产的基本内容。劳动力再生产与教育之间有着密切关系，劳动力再生产根本在教育，特别是劳动力精神再生产与教育更是密不可分。教育最基本的社会职能就是使社会得以发展和延续，使个体社会化以适应社会生活的需要。教育的社会功能主要表现为经济功能、政治功能、文化功能、促进人的全面发展等功能。其中，就教育的经济功能而言，教育主要是通过生产活动的第一要素，也是最活跃的要素——人的培养来实现的。在知识经济的社会形态中，科技活动成为社会经济活动的主体，经济发展与社会进步的主要推动力量已由体力劳动者变为脑力劳动者。为了使劳动力的再生产顺利进行，使科技人才知识、智慧得到源源不断的补充和发展，必须大力发展教育。

瑞士、瑞典等国基本上没有什么自然资源，但它们却很富有，因为这些国家的教育水平与科技水平都很高；世界上最贫困的十个国家中，不少国家自然资源拥有量非常大，原因可能是多方面的，但教育不发达与科技落后是贫困的内因之一。因此，劳动力再生产不再是传统意义上的体力劳动力的再生产，而主要是指科技劳动力(科技人才)的再生产，是指通过教育培养优秀的科技人才。具体来讲，教育在劳动力再生产中的地位和作用如下。

(1)教育使劳动者获得进行生产与科技活动的基本知识和技能。人的知识和从事生产的能力，主要是在后天社会实践活动中通过教育和训练活动获得的。教育，特别是学校教育，是人的劳动能力和科研能力产生和发展的最有效形式。教育可以把人类长时期积累的科学知识和生产技术，经过有目的地选择、提炼、概括，传授给受教育者，使受教育者能够较快地加以掌握和运用。

(2)教育可以提高劳动力的质量和素质。这里所说的劳动力的质量和素质，主要指的是劳动者的技术水平和智力水平。一般来说，劳动力的质量和素质，是与劳动者受教育程度成正比的，即受教育程度越高，其文化水平、技术水平和智力水平也越高，从而劳动者的质量和素质也越高。1970 年，美国经济学家萨缪尔·鲍尔斯(Samuel Bowles)报道了不同类型受教育者之间的替代弹性。他分析了 12 个国家交叉部门的就业与收入数据，将劳动者受教育年限划分为 0～7 年(部类 p)、8～11 年(部类 s)、12 年及以上(部类 h)，发现"偏替代弹性"分别为：$\delta_{ps} = 12.0$，$\delta_{sh} = 202.0$。[①] 英国教育经济学家乔治·萨卡罗普洛斯等将国家扩大到 18 个，劳动部类从 0 到学校教育完成各阶段，样本细分为发达国家和欠发达国家，以估价 Bowles 方

---

① Bowles, S. "Towards an Educational Production Function" in W. L. Hansen(ed.). *Education, Income, and Human Capital*. New York, Columbia University Press, 1970.

程中所包含的资本变量的影响,提出了如下公式[1]:

$$\log\left(\frac{W_i}{W_j}\right)_k = a + b\log\left(\frac{L_i}{L_j}\right)_k + c\log\left(\frac{K}{L}\right)_k \tag{1-1}$$

式中,W_i/W_j 是 i 和 j 部类的相对工资;L_i/L_j 是两部类劳动的相对数量;K/L 是 k 国家的资本劳动比。式(1-1)是一种转换的劳动需求方程,包含了作为变量的资本强度,部类间的任何一对劳动替代弹性限定为:$\delta_{ij} = -(1/b)$。

(3)教育可以改变劳动力的形态。所谓劳动力的形态,主要指劳动者所从事的劳动,是以简单劳动(体力劳动)为主,还是以复杂劳动(脑力劳动)为主。教育可以增加物质生产过程中的脑力劳动的因素:一是指劳动者在物质生产过程中脑力劳动支出的数量,二是指脑力劳动者在物质生产中的数量比例。具体来讲,教育可以把简单劳动力训练为复杂劳动力,把体力劳动者培养为脑力劳动者;教育可以把具有体力劳动经验和劳动技能为特征的劳动力,培养成以掌握科学知识与技术为特征的劳动力。社会经济与科技的不断发展与进步,导致物质生产过程中体力劳动因素日益减少、脑力劳动因素日益增加的趋势的出现,社会生产过程的不断智能化和科学化使得脑力劳动因素越来越重要。马修·卡尔弗(Matthew Calver)以加拿大 2011 年不同受教育程度的就业学生为样本进行实证分析,研究了劳动者的受教育程度对国民经济的影响。结果表明,受教育水平高的学生在劳动力市场中有明显的优势,并且对国民经济的贡献更大。相反,失业率随教育水平的升高而降低,如图 1-1 所示。[2]

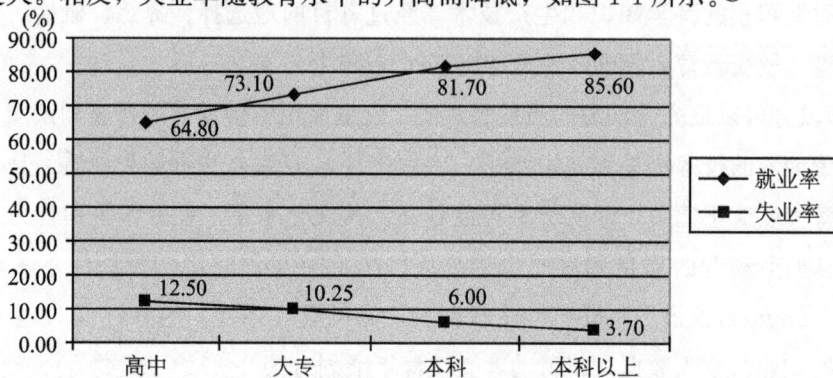

图 1-1 2011 年加拿大国民教育水平与就业率/失业率

① Psacharopoulos, G. , Hinchliffe, K. "Further Evidence on the Elasticity of Substitution among Different Types of Educated Labor," *The Journal of Political Economy*, 1972, 80 (4), pp. 786-792.

② Calver, M. "Closing the Aboriginal Education Gap in Canada: The Impact on Employment, GDP, and Labour Productivity," *International Productivity Monitor*, Spring 2015(28), pp. 27-46.

(4)教育可以增加家庭资本积累。美国社会学家科尔曼(J. S. Coleman)认为，家庭资本可分为三个维度：文化资本、经济资本和社会资本。其中，有形的资本是经济资本，无形的资本是社会资本和文化资本，三者之间是可以相互转换的，并影响到人们的教育机会的获得。[1] 日本教育学家天野郁夫(2009)认为，"家庭资本是影响高等教育机会获得的重要因素"，即一个家庭的经济、文化和社会资本越高，该家庭的子女所获得的教育机会、教育资源也就越充分，进而所获得的教育回报也就越大。教育作为一种代际传递的主要机制，将拥有的较多的文化资本、经济资本以及社会资本，通过其子女获得较好的教育成就而努力实现着优势阶层的代际传递。教育是实现代际传递的重要"中介变量"，通过教育能够实现家庭的文化、经济和社会资本的提升，增加家庭资本积累。我国学者李德显等构建了教育与家庭资本模型[2]：

$$L=\ln[p/(1-p)]=\beta_0+\beta_1 father's\ edu+\beta_2 mother's\ edu+$$

$$\beta_3 father's\ occupation+\beta_4 family's\ income+\mu \quad (1\text{-}2)$$

式(1-2)中，p 为高等教育机会"获得"的概率，$(1-p)$ 为"未获得"的概率，将 $p/(1-p)$ 称为机会比率；$\ln$ 为个人高等教育机会获得的对数值，$father's\ edu$ 表示父亲的最高学历，$mother's\ edu$ 表示母亲的最高学历，$father's\ occupation$ 表示父亲的主要工作(职业)，$family's\ income$ 表示家庭的年收入；β_0 为常数项，β_1、β_2、β_3、β_4 分别为 4 个自变量——父亲的最高学历、母亲的最高学历、父亲的主要工作(职业)、家庭的年收入的回归系数；μ 为扰动项。经检验，家庭的文化资本和社会资本对子女的高等教育机会获得有显著影响。教育作为代际传递的"中介变量"，使得获得高等教育的子女对家庭的文化、社会乃至经济资本产生正向的影响，即教育可以增加家庭资本积累。

2. 教育与社会再生产

社会再生产是指人类生产过程的重复。马克思主义政治经济学认为，社会再生产可分为简单再生产与扩大再生产。简单再生产指生产在原有的、不变的规模上重复进行，这在现代社会中已不存在。扩大再生产又可分为外延型扩大再生产和内涵型扩大再生产。这两种扩大再生产作为一个整体，虽然对其不能做截然机械的分割，

[1] Coleman, J. S. "Social Capital in the Creation of Human Capital," *American Journal of Sociology*, 1988, 94(1), pp. 95-120.

[2] 李德显、陆海霞：《高等教育机会获得与家庭资本的相关性研究——基于中国家庭追踪调查 CFPS 数据的分析》，载《全球教育展望》，2015(4)。

但随着社会的发展，随着科学及技术水平的提高以及资源的有限性与使用的无限扩张之间的矛盾的尖锐化，社会再生产必然转移到内涵型扩大再生产为主的轨道上来，内涵型扩大再生产代表了社会再生产的根本内容和本质特点。因此，这里主要是研究内涵型扩大再生产与教育的关系。教育与社会再生产的关系主要表现在以下几个方面。

(1)教育与社会物质再生产。马克思在《资本论》中研究的社会再生产主要是物质的社会再生产。既然内涵型扩大再生产意味着生产规模的扩大主要依靠生产要素质量的提高，那么，加速技术改造、提高生产资料的质量、提高资源的使用效率就是实现内涵型扩大再生产的根本途径。但加速技术改造、提高生产资料的质量、提高资源的使用效率必须以提高劳动者的素质为前提，因为最高质量的生产资料、最先进的技术也只有经过劳动者的科学管理和加工才能成为商品。而就劳动者素质的提高来说，主要是提高其技术水平、管理水平及专业知识的应用能力。显然，在现代科技发展及知识更新日益加速的条件下，只有依靠教育才能使劳动者快捷、系统、尽可能充分地获得科学文化知识及技术能力。因此，只有现代教育的发展及其功能的相应发挥，才能从根本上提高劳动者的素质，也才能使内涵型扩大再生产真正成为可能。从这个意义上说，教育是内涵型物质再生产间接的却又是根本的推动力，没有劳动者接受充分的教育为前提，要实现物质的内涵型扩大再生产是不可能的。

(2)教育与人口再生产。人口再生产是社会再生产的重要组成部分，它不仅是人类自身繁衍的内容和手段，而且是物质财富再生产的重要基础。人口的外延型扩大再生产是指单纯的人口数量的增加，人口的内涵型扩大再生产主要是指人口素质的提高。教育对人口再生产的作用恰恰主要表现在提高人口素质方面，也就是体现在把自然人塑造成社会人的过程中，即人口质量的扩大再生产包括两个方面：一方面是培养自然人的劳动技能，使之成为社会需要的劳动力；另一方面是培养自然人的社会属性，使之成为合格的社会公民。就前者而言，教育可以改变人的劳动能力性质和形态。通过教育可以把一个以体力劳动经验和体力劳动技能为特征的简单劳动力，加工训练为一个复杂的和专门的劳动力，培养成以科学知识形态为特征的劳动力，增加物质生产过程中的脑力劳动成分，提高劳动效率。就后者而言，教育不仅要培养人的劳动技能，更要培养人的思想道德素质、科学文化素质、生理心理素质，而不是单单造就一部高级劳动机器。通过教育，人在社会中更加和谐地发展，社会最终成为自由人的联合体，这也是人口再生产的最终目标。显然，教育在其中的作用是其他任何活动所无法取代的。

（3）教育与知识再生产。在知识经济时代，知识正成为一种最重要的生产要素渗入经济活动之中，知识再生产已成为社会再生产不可割舍的一部分，是维护物质再生产和人口再生产高效运行的保证。知识的扩大再生产也可以分为外延型扩大再生产与内涵型扩大再生产。外延型知识扩大再生产就是指知识的普及；内涵型知识扩大再生产就是指知识创新，不断获得新的科学知识。在扩大再生产模式中，外延的扩大再生产和内涵的扩大再生产互相结合，共同发展。作为一种传递生产经验和生活经验的手段，教育把人类长期积累的科学知识经过有目的的选择、提炼、概括进行传递，是知识再生产最有效的形式。通过教育，人们可以大大缩短科学知识再生产的必要劳动时间。内涵型知识再生产主要依靠科学研究来实现，任何科学研究都必然建立在前人积累的知识之上，而要获得这些知识，也只有依靠教育。也就是说，内涵型知识再生产是建立在外延知识再生产的基础上的。因此，无论从内涵型知识再生产还是外延型知识再生产来说，教育都是其最主要、最有效的形式。

总之，教育与社会再生产之间存在着密切、不可分割的关系，它是知识经济社会再生产的重要基础和条件，本身也已成为社会再生产的内容之一，是物质再生产、人口再生产、知识再生产最根本的，直接或间接的推动力。同时，由于社会的物质再生产、人口再生产、知识再生产水平的不断提高，人们对教育的认识也越来越深刻，越来越意识到教育在社会再生产中的"催化剂"作用。

3. 教育与劳动生产率

教育对经济发展的促进作用典型地表现为提高劳动生产率。劳动生产率指劳动者的生产效果或能力，它用劳动者单位劳动时间生产的产品数量或单位产品所耗费的劳动量表示。劳动生产率的提高，意味着活劳动或物化劳动的节约或单位劳动消耗的产出增加，因而是生产发展和经济增长的决定条件。劳动生产率的高低首先取决于劳动者的质量和劳动手段、劳动对象的性能和质量。劳动者是生产工具的创造者和使用者，劳动者的平均熟练程度、文化技术水平是充分发挥生产工具效率、改进生产工具的重要条件。

现代经济增长所要求的劳动者是受过教育以及掌握现代文化、科学技术知识和技能的劳动者。现代教育对经济增长的作用，正是通过将知识形态的生产力世代传递下去，传播开来，提高劳动者的素质，推动劳动生产率的提高和经济增长。经济学家相信，投资于教育或人力资本是经济增长的一个主要源泉。在过去40多年间，美国每年产出大约增长 3.5%，劳动生产率增长 2.4%，而教育对劳动生产率增长的贡献估计占总量的 13%～30%；在工业化后的知识经济时代，投资于人力资本更重要，但令人担忧的是没有足够的政策激励受教育劳工大军的发展。[1] 在我国，1993—2004 年，研究生教育程度的劳动力对经济增长的 Mincer(明瑟)收益率的贡献为 17.4%，本科教育程度的收益率为 18.9%，比中等教育程度的收益率高 5.1%。[2] 在借鉴美国学者查尔斯·I. 琼斯(Charles I. Jones)理论模型[3]等的基础上，国内学者提出了我国劳动生产率与经济增长关系的理论模型[4]：

$$\ln Y = \alpha_0 + \alpha_1 + \ln LC + \alpha_2 \ln S + \alpha_3 \ln I + \alpha_4 \ln K + \alpha_5 \ln H + \alpha_6 \ln LS + \varepsilon \qquad (1\text{-}3)$$

式中，Y 表示国内生产总值；LC 表示劳动力参与率；S 表示产业结构变化指数；I 表示制度因素；K 表示物质资本存量；H 表示人力资本存量；LS 表示劳动生产率。具体而言，教育对提高劳动生产率的促进作用，主要表现为：其一，教育能提高劳动者的技术熟练程度，提高劳动过程中产品和生产的技术含量；其二，教育能提高劳动者的文化知识水平，使他们在劳动过程中对新知识和新技术的学习、理解和应用能力得到提高；其三，教育能提高劳动者的自身修养水平，使他们能更自觉地把更多的精力花在工作、学习过程中；其四，教育能提高劳动者的管理水平，使部门的管理工作更加科学、合理和有序，从而可以降低生产性消耗水平和节省工人的劳动时间。另外，教育还能提高劳动者的身体素质和抵抗自然灾害的能力，这些都有利于提高社会劳动生产率。

二、经济学理论

现代经济学理论内容丰富，教育经济学正是在不断借鉴吸收经济学的理论与方法的基础上形成与发展的，主要包括公共物品理论、消费者行为理论以及成本理论等。

1. 公共物品理论

公共物品理论(Theory of Public Goods，又称"公共产品理论"或"共用品理论")是判定一个物品是否为共用品的依据，也是甄别人类生存发展所需各种物品属性的

---

[1] Dickens, W. T., Sawhill, I. V., and Tebbs, J. *The Effects of Investing in Early Education on Economic Growth*, Washington, D. C.: Brookings Institution, 2006.

[2] 杭永宝：《中国教育对经济增长贡献率分类测算及其相关分析》，载《教育研究》，2007(2)。

[3] Jones, C. "R&D Based Models of Economic Growth," *Journal of Political Economy*, 1995 (103), pp. 759-784.

[4] 田成诗、盖美：《我国劳动生产率对经济增长贡献的经济计量研究》，载《中国软科学》，2004(6)。

基本原则。按照该理论，从享用主体性质来看，全社会物品可分为"共用品"(Public Goods，又译"公共物品"或"公共产品")与"私用品"(Private Goods，又译"私人物品"或"私人产品")两大类。共用品可以进一步划分为"纯共用品"(Pure Public Goods)和"准共用品"(Quasi-public Goods)，私用品可以进一步细分为"纯私用品"(Pure Private Goods)和"准私用品"(Quasi-private Goods)。因此，从属性来看，世界上的物品实际上可以分成四大类：纯共用品、准共用品、纯私用品和准私用品，准共用品与准私用品统称为"混合品"(Mixed Goods)。按照萨缪尔森给出的定义，纯共用品是指任何一个人对其消费都不会减少别人对其消费的物品，是为整体意义上的全社会成员而产生的，具有共用受益或联合消费的特点，个人消费等于集体消费。[①] 纯私用品是指只有获取某种物品的人才能消费这种物品的产品，它是从市场上购买和消费的一般性商品、服务或资源，为私人拥有、个人消费或使用，其消费的总量等于所有个人消费额的总和。混合品(含准共用品和准私用品)是介于纯共用品和纯私用品之间，具有二者部分特征的商品或劳务。

按照公共物品理论，鉴别共用品的标准一般有两个：一是消费或使用上的非竞争性或非对抗性(Non-rivalness in Consumption)，二是受益上的非排他性(Non-excludability)。非竞争性是共用品的基本属性，它是由共用品自身的内在因素决定的，是指多分配给一个消费者的边际分配成本为零。而非排他性是由外生因素引起的，是指在技术上不易排除众多的受益人，即便是技术上能排除但排他措施应用的代价极高，大大超过排他后带来的收益。布朗和杰克森(Brown & Jackson，1990)曾以非竞争性和非排他性两项基本标准给出了判别纯共用品、纯私用品、共用产权资源及排他性、非竞争性品的判别步骤图示。[②] 在布朗和杰克森的判别图示中，要判别一种物品的属性，首先看该物品的消费是否具有非竞争性，然后看受益上是否具有排他性。如果某物品只存在一个特征，就称其为混合品(准共用品或准私用品)。同时，还应进一步综合考察物品的其他特征。由以上的讨论可知，纯共用品所具有的三个主要特征是效用的不可分割性、消费的非竞争性和受益的非排他性，纯私用品的特征则正好相反，准共用品和准私用品的特征介于二者之间(见表1-3)。物品的

---

① Samuelson，P. A. "Diagrammatic Exposition of a Theory of Public Expenditure," *Review of Economics and Statistics*，1955(37)，pp. 350-356.

② Brown，C. V. and Jackson，P. M. *Public Sector Economics* (4th ed.). Oxford：Basil Blackwell，1990.

其他特征包括不可分割性、外部性、内部性、强制性等。不可分割性(Indivisibility)是指物品(自身或效用)在个人之间不能将其分割为若干部分,分别归属个人、家庭或企业。外部性(Externality,又称"外部效应""外差效应"或"外溢效应",Spill Over Effect)是指经济活动中所产生的没有得到市场承认的危害或利益,如果这种影响是有利的,就称为"正外部性"或"外部经济";如果对旁观者的影响是不利的,就称为"负外部性"或"外部不经济"。内部性(Internality)是指物品效用的不扩散性,谁付费谁受益。公共经济学理论还认为,准共用品一个典型的特点是有一个"拥挤点"(Point of Congestion)。在拥挤点之前,增加额外的消费者不会发生竞争,分配给一个消费者的边际分配成本为零,无竞争性;超过拥挤点以后,发生所谓"拥挤"现象,分配给一个消费者的边际分配成本不为零,有竞争性。

表 1-3 纯共用品、纯私用品和混合品的特征与供给

物品类型		基本特征	其他特征	举例	供给主体与方式
纯共用品		非竞争性 非排他性	全体社会成员共同享用,平等性,公益性,导向性,不可分割性,强制性,外部性→∞,内部性=0	国防、法律制度、社会治安、环境保护等	政府提供或在政府签约下由私人企业提供,国家预算分配
混合品	准共用品	竞争性 非排他性	集体共同消费,有"拥挤"现象,拥挤点前后属性有差异,不可分割性,∞>外部性>内部性>0	共有产权资源(城市绿地)、公用游泳池、公园等	私人部门或公共部门提供,市场或国家预算分配,向享用者收取一定的费用
	准私用品	非竞争性 排他性	具有垄断性,个人消费,可分割性,∞>内部性>外部性>0	疫苗接种、有线电视等	市场分配,辅之以补贴或矫正性税收
纯私用品		竞争性 排他性	个人单独消费,内部性→∞,完全分割性,外部性=0	食品、衣服等	私人企业提供,市场分配

混合品的供给,无论是独立的公共部门供给还是独立的私人部门供给,都不是理想的供给方式。假定全社会只有 A、B 两个人,M 为混合品。个人 A 对于混合品中具有私用品性质的那部分产品的需求曲线为 D_P^A,个人 B 对于混合品中具有私用品性质的那部分产品的需求曲线为 D_P^B,社会对于混合品中具有私用品性质的那部分产品的需求曲线则为 D_P^{A+B};个人 A 对于混合品中具有公用品性质的那部分产品的需求曲线为 D_G^A,个人 B 对于混合品中具有公用品性质的那部分产品的需求曲线为 D_G^B,社会对于混合品中具有公用品性质的那部分产品的需求曲线则为 D_G^{A+B}。混合品达到

供需均衡时的情况，如图 1-2 所示。混合品 M 的社会需求量 D_M 是由曲线 D_P^{A+B} 与 D_G^{A+B} 垂直相加而成的，当混合品供给曲线为 MC 且既定时，D_M 与 MC 的交点就是混合品的均衡量，相应的均衡价格为 P_0+T；其中，P_0 是市场价格，它与混合品中的私用品性质相对应，可通过市场机制收费；T 相当于税收，它与混合品中的共用品性质相对应，只能通过公共部门的财政预算拨款得到补偿，学校教育、医院服务等混合品的供给情况与之类似。如果政府不予补偿，则会出现因收费过高而需求不足或因成本太大而全社会混合品 M 供给不足，出现缺口（Q_M-Q_0）；如果费用全部由政府承担而个人不负责，则会导致供给大于需求，出现过度使用产生"拥挤现象"或过度供给产生资源浪费。

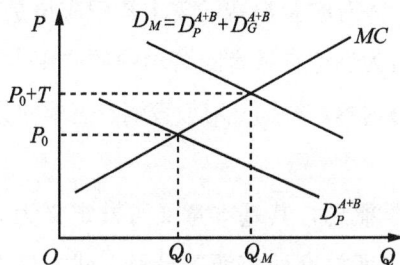

图 1-2　混合品的供求均衡

公共物品理论在教育经济学中的运用主要涉及教育的产品属性的判别以及教育收益与成本分担，特别是教育产品属性判别更是教育经济学诸多研究内容的基本前提。因此，教育经济学的形成与发展在很大程度上得益于公共产品理论的日趋成熟。

2. 消费者行为理论

消费者行为理论（Theory of Consumer Behavior，也称"需求理论"，Demand Theory），主要解释单个家庭（消费者）在面临一组约束条件时如何对商品组合进行选择。它以经济人假设为基础，试图找出消费者实现效用最大化的条件，论述需求曲线为什么一般向右下方倾斜（需求规律）。其基本理论主要分为基数效用论和序数效用论，认为人对产品的需求完全是人的欲望的反映，离开欲望的刺激就无法产生需求，也就没有组织生产这种产品的必要。产品的价值就在于对人的需求的满足，而需求的满足则是一种消费者的主观感受，产品的效用就是取决于这样一种主观感受，因此，人的主观心理感觉程度的强弱决定了产品的主观效用，进而决定了产品的价值。因此，随着对某一产品的持续消费，在个人需要得到不断满足之后，消费同一单位产品所带来的主观效用是依次递减的，其需求曲线一般向右下方倾斜，效用水

平为 U 的无差异曲线是凸性的，其中有一部分与预算约束线 I 是重合的。

马斯洛的"需要层次论"(Hierarchy of Needs Theory)，将人的主观需要从低到高划分为五个不同层次，依次为：生理的需要→安全的需要→感情的需要→尊重的需要→自我实现的需要。一般而言，人的需要是从低到高逐一实现的，特别是较低层次的需要得到满足以后必然引发对更高层次需求的欲望。[①] 教育的需求也是如此，同样存在层次高低之分，人们对于教育消费的需求满足一般也是经历一个从低到高的实现过程。例如，农村地区相对落后，其学生和家长受到经济等其他条件的制约，很可能仅仅满足于较低层次教育的消费需求，但一旦经济发展、社会进步，就有可能刺激学生及其家长的更高层次的教育消费需求，使得其渴望获得高等教育等教育消费需求的满足。从某种意义上讲，人对教育消费的需求欲望应该是无止境的，人的学习经历也应该是终生的。消费者行为理论在教育经济学中的应用主要涉及教育消费的需求与供给、教育的成本与收益等内容，特别是对教育消费需求的分析有着极其重要的作用。

3. 成本理论

"成本"一词原为经济学概念，其基本意义可被定义为：为达到某一特定目的而做出的牺牲，一般通过为之所放弃的资源来计量。成本概念有广义和狭义之分，广义的成本是指为达到特定目的而应发生或实际发生的价值牺牲，狭义的成本是指为生产产品或提供服务而应发生或实际发生的价值牺牲。此外，现代语境下的成本还包括经济成本和会计成本两种类别，经济成本揭示的是成本的本质，而会计成本更注重在实际账簿系统中的计量。本章重点讨论的是经济成本。在经济学上，首次科学地定义成本概念的是马克思。他在1894出版的《资本论》第三卷中指出，按照资本主义生产方式生产的每一个商品的价值，用公式来表示就是 $W=c+v+m$。如果我们从这个商品价值中减去剩余价值 m，那么在商品中剩下的，只是一个在生产要素上耗费去的资本价值 $c+v$ 的等价物或补偿价值。马克思这一经典论述，阐述了成本价值理论：一方面，从耗费角度指明了成本是商品生产中由已耗费的生产资料的转移价值和必要劳动创造的价值所组成；另一方面，从补偿角度指出了成本是补偿商品使资本家自身消耗的东西。马克思之后的经济学家对成本的概念做了进一步的发展，典型的代表是美国经济学家萨缪尔森，他于1948年在其著名的《经济学》一书中

---

① Maslow, A. H. "Dominance-Feeling, Personality and Social Behavior in Women," *Journal of Social Psychology*, 1939(10), pp. 3-39.

提出了"机会成本"(Opportunity Cost)的概念。① 萨缪尔森认为，在一个资源稀缺的世界中，某种选择就意味着放弃另外一种选择，那么这种选择的机会成本就等于放弃的物品或劳务的价值。正常的所刚好补偿的完全竞争条件下的最低成本，要比会计人员通常所指的成本包括更多的项目，它不仅仅包括厂商所耗费的外购生产要素的价格，即"内在成本"(Internal Cost)，如企业所有者自己劳动的报酬、自己土地的地租、自有资本的利息、自有房屋的租金等。他认为，一项决策的机会成本是做出某一种决策而不做出另一种决策时所放弃的东西中某些最重要的成本。因此，完全竞争条件下的成本必然涉及机会成本。后者是一个重要的概念，它所涉及的范围远大于内在成本。值得注意的是，机会成本不是实际成本，只是一种概念成本或损失。

成本的应用范畴十分广泛。在现代社会中，为了适应成本管理的需要，各种各样的成本概念层出不穷，凡是为了特定目的而耗费并需要得以补偿的价值部分都可用成本来概括。成本的类型有多种，主要分为直接成本、间接成本、机会成本、外显成本和隐含成本等，此外，还有其他成本概念，如固定成本、销售成本、生产成本等。教育是有成本的，个人接受教育必须付出一定的成本代价。成本理论正是在于利用成本函数分析产品的成本构成，即产品成本的影响因素。教育经济学运用成本理论主要分析教育的成本构成，这也是教育成本分担理论的依据所在。但应注意教育成本与其他一般产品成本的区别，教育产品的成本以及价格更具动态性，其构成也更为复杂。

三、人力资本投资理论

人力资本投资理论(The Theory of Investment in Human Capital)是教育经济学的核心理论和基础理论，诞生于 20 世纪 50 年代末 60 年代初。在此期间，美国经济学家舒尔茨(Theodore W. Schultz)先后发表或出版了一系列研究成果，如《投资人：一位经济学家的观点》②《教育的资本形成》③《人力资本投资》④《教育与经济增长》⑤

---

① Samuelson, P. A. *Economics：An Introductory Analysis*. New York：McGraw-Hill，1948.

② Schultz, T. W. "Investment in Man：An Economist's View," *Social Service Review*，1959 (33)，pp. 106-117.

③ Schultz, T. W. "Capital Formation by Education," *Journal of Political Economy*，1960(68)，pp. 571-583.

④ Schultz, T. W. "Investment in Human Capital," *The American Economic Review*，1961，51(1)，pp. 1-17.

⑤ Schultz, T. W. "Education and Economic Growth" in N. B. Henry（ed.）. *Social Forces Influencing American Education*. Chicago：The University of Chicago Press，1961.

《人的投资思考》①《教育的经济价值》②等；美国经济学家丹尼森也出版了《美国经济增长的因素和我们面临的选择》③一书；美国经济学家贝克尔(Gary S. Becker)于1962年发表了《人力资本投资：一种理论分析》④一文，并于1964年出版了《人力资本：特别是关于教育的理论与经验分析》⑤一书。所有这些研究成果的问世，标志着人力资本投资理论的形成。人力资本投资理论的诞生意味着人类的认知水平达到一个崭新阶段。具体来讲，就是人类社会在认识"物质与人"的关系问题上，取得了巨大进步。同时，它的诞生也标志着现代经济可持续增长理论时代的到来。

在此期间，规模经济理论等也都在教育经济学领域得到广泛应用。关于这些理论，本书将在后面的章节中做专门论述，此处不再赘述。

第三节　教育经济学的研究对象与基本内容

//////////////////

拥有独立研究对象与研究内容是判别一门学科能否成为独立学科的主要标准之一。任何学科都有它自己特定的研究对象与研究内容，从而使它与其他学科相区别。恩格斯曾精辟地指出，每一门科学都是分析某一个别的运动形式或一系列互相关联和相互转化的运动形式的，因此，科学分类就是这些运动形式本身依据其内部所固有的次序的分类和排列，而它的重要性也正是在这里。教育经济学作为一门独立的学科，也有其特殊的研究对象与内容。

一、教育经济学的研究对象

所谓"研究对象"，即研究的客体，也就是研究的客观目标，是研究一门学科特

① Schultz，T. W. "Reflections on Investment in Man," *Journal of Political Economy*，1962，60 (5)，pp. 1-8.

② Schultz，T. W. *The Economic Value of Education*. New York：The Columbia University Press，1963.

③ Denison，E. F. *The Source of Economic Growth in the United States and Alternatives Before Us*. New York：Committee for Economic Development，1962.

④ Gary Becker，S. "Investment in Human Capital：A Theoretical Analysis," *The Journal of Political Economy*，Vol. 70，No. 5，Part 2：*Investment in Human Beings*（Oct. ，1962），pp. 9-49.

⑤ Gary Becker，S. *Human Capital：A Theoretical and Empirical Analysis with Special Reference to Education*. Chicago：The University of Chicago Press，1964.

有的一般性运动形态及其表现形式。科学研究对象的确定，应依据科学对象所具有的特殊运动形式。教育经济学作为一门新兴且尚在发展与完善中的学科，由于各国的研究起点不同且在发展过程中各国所面临的客观问题不同，因此对这一学科的研究对象认识和表达方式也不尽相同。目前大致可以归纳为以下四种观点。

观点一：认为教育经济学是研究教育与经济相互关系的学科。厉以宁（1984）认为，教育经济学是研究教育在经济增长以及经济和社会发展中的作用的科学。杨葆焜（1989）认为，社会主义教育经济学是一门研究社会主义教育与经济之间的相互关系及其运动规律的科学。王善迈（1989）认为，教育经济学是研究教育与经济相互关系及其发展变化规律以及教育领域中经济运动规律的一门科学。《中国大百科全书》[①]和《教育大辞典》[②]关于"教育经济学"的词条释文也都做了基本相同的表述。教育与经济的关系是双向的，既包括教育对经济的作用，也包括经济对教育的作用。这种观点强调的是宏观上教育与经济的关系。

观点二：认为教育经济学是研究教育的投入与产出、成本与效益的学科。这种观点实际上反映了教育经济学的基本内容，也是将经济学，尤其是投资经济学内容移植到教育经济学中的充分体现。《大英百科全书》论述道，"教育经济学是关于社会或就这整体以及个人在正规教育上的投资与收益的研究：它研究教育的经济投入和产出的一般特征，教育服务（人员）的需求与供给以及对教育进行经济计划时的各种方法"。与人类的经济和社会活动一样，教育需要一定的人、财、物的投入。教育也可获得一定的产出，表现为受教育者知识、技能、能力的增进，价值观的形成等。这种资源的投入与产出也就是教育的成本与效益。

观点三：认为教育经济学是研究稀缺的教育资源如何配置的学科。科恩在其《教育经济学》[③]一书中指出："教育经济学研究的是在不管使用货币与否的条件下，人和社会是如何选择使用紧缺的生产性资源在各种社会成员和集团中进行（特别是通过正规教育）各类训练，发展知识、技能、智力和品德等。"中国台湾学者高希均（1977）认为，"教育经济学是在教育部门应用经济学的理论与原则，特别侧重教育部门资源分配的效率、人力供需的配合、教育计划的制订，以及教育对经济发展、社会福利与公平原则所产生的短期与长期影响"。实际上，这种观点是西方经济学研究对象在

① 董纯才：《中国大百科全书（教育卷）》，北京，中国大百科全书出版社，1985。
② 顾明远：《教育大辞典（增订合编本）》，上海，上海教育出版社，1998。
③ Cohn，E. *The Economics of Education*. Cambridge，MA：Ballinger Publishing，1979.

教育经济学中的部分移植。

观点四：认为教育经济学以教育的经济性能为研究对象。邱渊（2000）认为，教育经济学研究对象的范围是教育与经济交叉领域中以教育的社会功效为主的这个侧面的经济特征，它的研究对象的特点是教育经济性能的特点，即相对于其他社会现象而言的特点，教育的经济性能体现为教育活动这一实体的经济特征。

从国内外学者对教育经济学研究对象的探讨可以看出，教育经济学所研究的是关于教育与经济和社会的发展问题，涉及范围广泛而复杂，与其他学科有很多交叉之处。在人类社会的各种活动或运动形式中，经济活动是最基本的活动，它是人类一切活动的物质基础。教育作为人类社会活动的一部分，同经济活动密不可分。从教育的外部关系来看，经济是教育发展的基础，教育的需求与供给、教育的结构与规模、教育的增长速度，最终都是由经济决定的。同时，教育对经济也具有非常重要的促进作用。从教育内部来看，教育中也存在着经济活动。教育的运行需要一定的人力、物力、财力等资源投入，也可获得一定的产出——受教育者知识、技能、能力的增进，社会所要求的价值观、品质、道德的形成等。同时教育又与人类社会的其他运动形式，如政治、经济、社会、文化、科学技术、管理乃至儿童和青少年的身心发展等有着密切的联系。这些与教育相关的人类社会活动，也都有其独特的运动形式与规律。

因此，我们可以对教育经济学的研究对象做如下表述：教育经济学主要是运用教育学和经济学的有关理论、方法和手段，来研究教育与经济之间的相互关系和规律，同时也研究教育领域内的经济问题及其特征。教育经济学既要从宏观的角度研究教育与经济的相互关系与相互作用的规律，也要从理论与实际的角度探讨教育与经济相互作用的各个方面，同时还要研究教育领域发生的经济现象及其规律，为促进教育目标的实现和经济发展服务。

二、教育经济学的研究内容

从广义上讲，一门学科的研究内容指的是研究这门学科所涉及的所有范畴，它必然包括与这门学科相关的一切物质与社会现象的运动和表现形式。由于涉及范围太广，因此对一门学科的广义内容全面进行研究是不现实的，只能研究其狭义内容，即研究与这门学科密切相关的主要物质或社会现象的运动形态及其表现形式，至于其次要的物质或社会现象可以完全不涉及，或者仅利用其他学科对这些领域的研究成果进行简单的介绍、评述等。

　　学科研究的内容与研究对象之间既有区别又有联系，因为研究对象指的是某门学科所研究的一般运动形态及其表现形式，是最为根本和主要的学科内涵，而研究内容则是该学科所研究的诸多运动形态及其表现形式。因此，研究对象是研究内容的核心部分，而研究内容则是研究对象的展开形式。换言之，研究对象决定了学科研究的基本内容，而基本研究内容必然涵盖其研究对象。但由于理论界对教育经济学研究对象的看法尚未完全统一，不同的教育经济学著作对教育经济学的研究对象有着不同的界定，因而其研究的基本内容也有所差异，课程内容体系也不尽相同。表 1-4 中列举了 30 多年来我国相继出版的主要教育经济学教材以及部分翻译著作。

表 1-4　教育经济学部分书目

编号	书名	作者	出版社	出版时间
1	教育经济学	［英］约翰·希恩	教育科学出版社	1981-02
2	教育经济学	厉以宁	北京出版社	1984-02
3	教育经济学	北京师范大学教育系研究组	北京师范大学出版社	1984-09
4	教育经济学研究	厉以宁	上海人民出版社	1988-08
5	教育经济学概论	王善迈	北京师范大学出版社	1989-01
6	教育经济学	游正伦	陕西师范大学出版社	1989-04
7	教育经济学导论	邱渊	人民教育出版社	1989-04
8	教育经济学教程	路文生	黑龙江教育出版社	1989-06
9	教育经济学	［美］E. 科恩	华东师范大学出版社	1989-07
10	教育经济学导论	［英］M. 布劳格	春秋出版社	1989-08
11	教育经济学	杨葆焜	华中师范大学出版社	1989-12
12	教育经济学引论	［英］G. B. J. 阿特金森	同济大学出版社	1991-10
13	教育经济学新论	杨葆焜、范先佐	江苏教育出版社	1995-10
14	教育经济学	靳希斌	人民教育出版社	1997-06
15	教育经济学	王玉崑	华文出版社	1998-01
16	教育经济学	范先佐	人民教育出版社	1999-12
17	教育成本计量探讨	袁连生	北京师范大学出版社	2000-08
18	西方教育经济学研究	曲恒昌、曾晓东	北京师范大学出版社	2000-10
19	教育经济学	林荣日	复旦大学出版社	2001-06
20	教育经济学	刘成绪	西南财经大学出版社	2002-08
21	高等教育经济学	王培根	经济管理出版社	2004-05
22	高等教育经济学	张万朋	广西师范大学出版社	2004-06

续表

编号	书名	作者	出版社	出版时间
23	高等教育经济学	史万兵	科学出版社	2004-06
24	教育经济学教程	朱坚强	社会科学文献出版社	2005-01
25	教育经济学原理	李星云	南京师范大学出版社	2005-01
26	教育经济学发凡	张素蓉	天地出版社	2005-06
27	教育经济学基础	楚红丽	中央广播电视大学出版社	2006-06
28	教育经济学概论	于向英	科学普及出版社	2007-07
29	教育经济学	刘志民	北京大学出版社	2007-09
30	教育经济学	张学敏、叶忠	高等教育出版社	2009-08
31	教育经济学	肖昊	武汉大学出版社	2010-11
32	高等教育经济学	徐国兴	北京大学出版社	2013-01
33	教育经济学	范先佐	中国人民大学出版社	2014-08

　　我国学者从一开始就将教育经济学作为一门独立学科进行建设,对学科的研究对象、理论基础、研究方法、体系建设等问题进行了有益探索,具有鲜明的学科指向性。王雪娟、陈平水(2005)对国内外较有代表性的 32 部专著(国外 9 部、国内 23部)中的各基本内容进行了统计分析,结果表明,西方在教育经济学元理论、教师供求和教育效益部分的研究比重明显低于我国,人力资本理论研究较为均衡,其余基本理论研究则高于我国,西方教育经济学研究的制高点是教育与经济的关系、教育对经济的增长作用以及教育发展计划;而我国在教育经济学科体系中,关于教育经济学的概述性知识、教育与经济的关系、教育成本、教育财政和经费,以及教育事业发展等领域的研究比例都在 50% 以上,它们也是学科建设的重点,如表 1-5 所示。

表 1-5　我国教育经济学各基本内容统计

主要内容	概述性知识	教育与经济的关系	教育投资	教育成本	教育收益	教育资源	教育财政和经费	教师供求	人力资本理论	教育效益	教育效率	教育供求	教育与劳动力就业	教育对经济增长的作用	教育事业发展
比例(%)	95	74	32	52	32	26	67	47	58	47	21	37	16	26	53

　　客观而言,早期的教育经济学著作的研究内容相对狭窄,没有形成完整的研究

内容体系，主要是针对教育经济领域中的特定问题与现象进行分析，而新近出版的教育经济学著作则相对成熟，形成了系统的研究范畴体系，且研究主题也趋于统一。根据上述对教育经济学研究对象的限定，教育经济学研究的基本内容或问题可以归纳为以下几个方面。

1. 研究教育与经济之间的相互关系、相互作用及其规律

教育与经济之间的相互关系、相互作用及其规律是教育经济学研究的核心问题，也是研究探讨教育经济学其他问题的理论基础。目前，教育经济学在这方面讨论的重点是教育与经济增长之间的关系，教育对经济增长和经济发展的作用，以及经济发展对教育的决定作用。特别是在教育对经济增长与发展的促进作用方面，能够测算教育发展对国民经济增长的贡献率。教育直接产出的是劳动力和各种专门人才，能使劳动者素质提高，教育产出的劳动力和各种专门人才就是经济的基本投入要素。教育的进行又必须以经济提供资源投入为条件，或者说，经济和社会发展决定着劳动力的需求，包括劳动力的总量、结构与质量，教育则从宏观上决定着劳动力的供给，包括教育培养的劳动力的总量、结构与质量。教育经济学就是要研究一国在一定时期内教育的规模、结构与质量如何同经济与社会发展的需求及可能提供的条件相适应。

2. 研究教育与人力资本形成

人力资本理论是教育经济学的核心理论，教育与人力资本形成之间的关系也是教育经济学研究的核心内容之一。人力资本投资与物质资本投资都是经济发展不可缺少的生产性投资，但是在现代经济条件下，人力资本对经济发展的作用大于物质资本对经济发展的作用，资本投资的重点开始由物质资本向人力资本转换。教育正是作为人力资本投资的基本形式，对人力资本形成有着巨大的促进作用。因为人力资本投资的内容主要是对人的智力进行投资，而智力投资的主要形式就是教育。教育是一种长期性投资，它并不一定能获得即时回报，而是在未来社会活动中逐步实现其内在价值和收益的。

3. 研究教育投资行为

教育是培养人的活动，教育的基本职能之一是为经济和社会发展培养各种不同熟练程度的后备劳动力和专门人才，是培养和提高人的劳动能力，主要是培养和提高人的智力。同其他领域的活动一样，教育活动的进行必须投入一定的社会劳动，耗费一定的人力和物力。要进行教育活动，就必须从社会总劳动力中抽出一部分劳动力，消耗社会一定的产品和财富。此外，要进行教育活动，还必须有一定的物质技术条件。在商品货币关系存在的条件下，投入教育活动的人力、物力的货币表现就是教育投资。研究教育投资行为，主要涉及教育的产品属性、教育投资的特点、影响教育投资比例的因素以及教育投资合理负担与补偿等。

4. 研究教育的成本与收益问题

将教育视为一种人力资本投资行为，就必然涉及教育的成本与收益问题。教育成本是研究教育的经济功效或经济活动规律的出发点，没有进行成本分析，教育经济学只能停留在定性描述阶段，而无法做任何定量分析方面的工作。教育收益，是教育经济学研究的重要内容之一。通过教育的投入—产出分析或成本—收益分析，最终可使人们了解教育的功效等。同时，通过教育收益率的计算和分析，可以给政府和有关决策部门提供指导性的指标，并能帮助有关部门调整政策、改善教育环境、调整教育规模等，以促使教育活动朝着更有利于国家与社会的方向发展。对教育成本与效益问题的研究主要涉及教育成本与效益的概念、类别和计量方法分析。本书还将提出教育投资风险的概念，并对其进行深入探讨。

5. 研究教育规模经济问题

教育规模经济是教育领域中一种典型的经济现象，也是教育经济学的基本研究内容之一。教育活动具有一定的产业属性，任何产业的经营都要依赖于一定的资源，而资源的稀缺性决定了其需要相应的理论来指导资源被充分利用的实现。一定的资源只有达到一定的经营规模，才会产生规模经济。教育作为人力、物力和财力聚集的单元，学校作为一定意义上的市场主体，同样存在着规模经济与不经济问题。因此，研究教育规模经济主要是将规模经济理论放置于教育领域，以实现最佳教育经济规模。

6. 研究教育的供求与就业问题

研究教育的需求与供给主要是从宏观角度分析影响教育需求与教育供给的制约因素，运用微观经济学的供求均衡理论，对教育的需求与供给予以经济学分析，描绘出各类具体教育的不同供求曲线，分析其各自的供求均衡模式，以实现教育资源的有效配置。此外，教育与劳动力就业之间同样存在着密切的联系，教育具有人力资本投资性质，能够增加受教育者的人力资本存量，提高其将来就业的私人收益。一般来讲，一个人受教育水平越高，其工作收入水平也就越高。在一定程度上，就业问题的存在与教育供求之间的非均衡有关。

7. 研究教师薪酬与学生资助等具体问题

教育经济学既要从宏观角度研究教育与经济之间的相互关系，也要从微观角度研究教育领域内的具体经济现象，如教师薪酬、学生资助制度等。在知识经济时代，人力资本已经代替物质资本成为价值创造的主体，教师劳动作为人力资源开发和人力资本形成的重要环节，在提高劳动者素质、提升劳动者就业能力、增进社会公平、促进人的全面发展等方面发挥着重要作用，具有无可替代的价值，研究教师劳动报酬等问题具有重要的现实意义。此外，学生资助研究同样十分重要，如何确保贫困学生的入学机会是教育资源有效配置的内在要求，也是社会公平与正义的题中应有之义。

以上列举的只是教育经济学研究的主要或共同问题，而教育经济学的学科性质、形成与发展、理论基础、教育财政等也都属于教育经济学的应有研究范畴。

上述研究内容也基本反映了本书的内容框架，如图 1-3 所示。

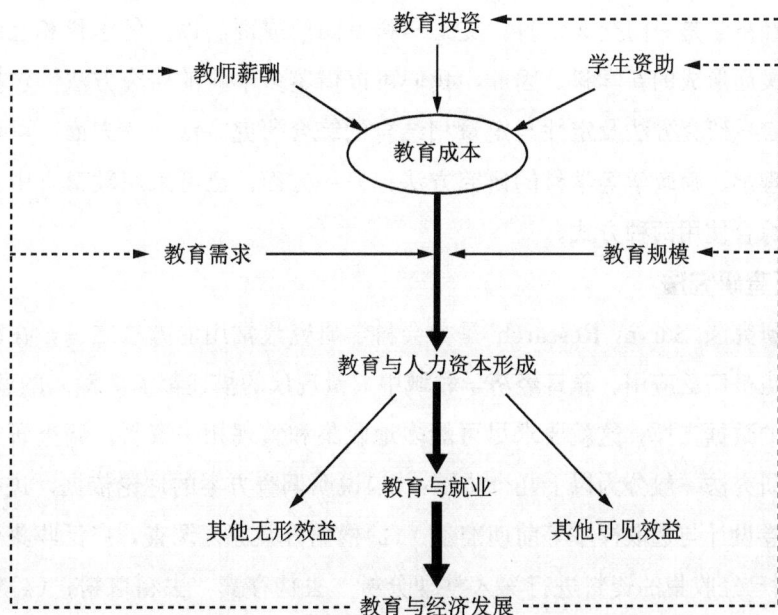

图 1-3　教育经济学核心内容示意

因此，教育经济学的研究内容可以简单概括为：教育投资等经济性输入行为，形成了一定的教育成本，影响教育的需求与供给，在教育规模经济作用下，产生教育的经济性输出，促进全社会的人力资本形成与积累，为社会提供大量的高素质劳动力，解决社会就业问题，进一步促进社会经济增长与发展，并产生了其他社会效益，进一步通过教育规划等途径影响教育投入等行为，形成教育发展与经济、社会发展的良性循环。

第四节　教育经济学的研究方法与研究意义

　　科学的研究方法，从最一般的意义上来说是指人们认识世界和改造世界的方法、技术和手段。任何科学理论都是人们运用一定的方法与手段所达到的对客观世界抽象的、系统的认识。当一门科学的研究对象或研究问题及研究的特定目的确定以后，研究方法就成为科学研究的首要问题。不同学科由于其研究对象、研究内容的不同，其研究出发点、研究过程以及研究方法都不尽相同。教育经济学作为一门独立的学科，其研究方法的确定关系学科发展的前景，有着十分重要的意义。

一、教育经济学的研究方法

　　教育经济学是一门交叉学科。交叉学科是两门或两门以上的学科相互结合、彼此渗透交叉而形成的新学科。因此，我们可以借鉴多学科的研究方法，包括定性研究方法、定量研究方法及定性与定量相结合的综合研究方法。一方面，可以借鉴经济学、管理学、财政学等学科的研究方法；另一方面，也可采用教育学中常用的方法，或者综合使用两种方式。

1. 调查研究法

　　调查研究法（Survey Research）是社会科学研究最常用的方法之一，在教育经济学研究中也被广泛应用。教育经济学领域中大量现象的描述都需要深入的调查分析，需要翔实的数据支撑，这就要求尽可能多地收集和整理相关资料，调查研究必不可少。调查研究法一般分为以下几个步骤：（1）说明调查方案的理论依据，进行可行性分析、问卷设计与选取样本等前期准备；（2）根据方案深入调查，广泛收集各方面资料；（3）对已经收集的资料进行深入整理分析，去伪存真，去粗取精；（4）对已有数据进行理论分析，并进一步付诸实践检验。

2. 定性与定量分析法

　　定性分析法（Qualitative Analysis）和定量分析法（Quantitative Analysis）是教育经济研究中的重要方法。瑞典教育学家胡森提出，教育研究中存在两种主要的研究方法："一是模仿自然科学，强调适合于用数学工具来分析的、经验的、可定量化的研究，研究的任务在于确定因果关系，并做出解释；二是从人文科学推衍出来的，所注重的是整体和定性的信息以及理解的方法。"这就是定性分析与定量分析。在教育经济学研究中，总是要把定性分析与定量分析结合起来。① 定性分析法是运用对具体事物抽象的方法（由个别到一般的方法）确定教育与经济相互关系的质的规定性。定量分析法是借助数学模型等方法来揭示教育经济学中的数量关系，以此来客观反映教育中的经济现象。定性分析是定量分析的基础，定量分析则是定性分析的深化和精确化。

3. 实证与规范分析法

实证分析法或经验分析法（Positive Analysis or Empirical Analysis）是一种以既定的社会行为为前提，分析和预测在这种前提下所产生的社会现象之间相互作用、不断再生和不断变化的运动过程的方法。它解决"是什么"等问题，即教育经济学研究中的一些实际问题，如教育投资问题等。规范分析法或理论分析法（Normative Analysis or Theoretical Analysis）是以一定的价值判断作为出发点，提出行为标准，并研究如何才能符合这些标准。规范分析法力求解决"应该是什么"等问题（如教育规模问题），研究经济体系应该怎样运行。二者的区别在于是否进行价值判断，前者主张摆脱价值判断，后者主张价值判断贯穿始终。二者的联系表现在，规范分析要以实证分析为基础，规范分析的演绎前提和结论必须通过实证分析的实践检验；实证分析要以规范分析为前提，实证分析的问题来自规范分析，而且为规范目标服务，实证分析中推理的逻辑取向也是由规范分析规定的。因而在教育经济学的研究中，通常将二者有机结合起来加以使用。

4. 制度分析法

制度分析法（System Analysis）是将制度纳入分析框架，将制度看作内生变量，探讨在不同的制度安排下，教育资源的配置效率问题。这种分析方法首先对经济学分析的前提假设做了重新界定，其建立在三个假定的基础之上：一是人类行为与制度具有内在的联系；二是人的有限理性，即环境是复杂的，人对环境的认识能力是有限的，人不可能无所不知；三是人的机会主义倾向，即人具有随机应变、为自己谋取私利的追求。制度分析法在这三个假定基础之上分析人类行为与制度的关系，说明了制度作为一种变量能够改变人们为其偏好所付出的代价。这种分析方法以强有力的证据向人们表明制度因素对社会、经济发展的影响无处不在，制度对经济行为影响的分析也应居于教育经济学研究中的重要位置。

---

① ［瑞典］胡森：《教育研究的范式（中译本）》；瞿葆奎：《教育学文集：教育研究方法》，179～183页，北京，人民教育出版社，1998。

5. 边际分析法

边际分析法(Marginal Analysis)就是用边际效用学说来重新认识和分析价值问题。效用是指商品或劳务满足人们的欲望或需要的能力。所谓"边际效用"(Marginal Utility),就是指最后增加的一单位商品或劳务所具有的效用。效用是价值的源泉,是形成价值的一个必要条件,但还不是充分条件,效用必须同物品的稀缺性相结合才能形成价值。一种物品越稀缺,边际效用越大,价值就越大。价值取决于边际效用,边际效用被认为是衡量价值量的尺度。边际分析是研究某一变量发生微小变动后另一变量所产生的相应变动,因此在经济学中引入边际分析法后就能精细地分析和研究各种经济变量发生变动时整个经济将发生什么变动。它主要研究市场与价格机制是如何解决"生产什么,如何生产,为谁生产"这三大基本经济问题,以探索消费者如何得到最大满足,生产者如何得到最大利润,生产资料如何得到最有利分配的规律,逐步成为一门致用之学,并且构成宏观经济学以及其他应用经济学产生和发展的前提和基础。同样,在教育经济学研究中,边际分析法是教育投资、教育成本与收益分析的一个有效工具。

6. 宏观和微观分析法

宏观分析法(Macroscopic Analysis)是从整个社会或国家范围对社会事物总量的发展变化所做的考察分析。教育经济学研究中应用宏观分析方法,主要是从整个社会和国家的角度对教育经济现象进行考察分析,或对一国发生的经济活动与教育活动总量的发展变化及其相互关系进行考察分析。微观分析法(Microcosmic Analysis)是对所研究的单个事物或事物内部进行分析。教育经济学研究中运用微观分析法,主要在于对教育内部的个体经济现象,或某一教育单位、教育者或受教育者发生的经济现象、经济条件的变化进行考察分析。教育活动都是通过微观教育单位——学校进行的,而学校的教育活动又是在宏观教育经济条件下进行并受其制约的。因此,教育经济学的研究经常将宏观分析和微观分析相结合,二者互为前提和补充。微观分析要以宏观研究为指导并以宏观要求为原则,而宏观分析要以微观研究为基础并以微观内容为素材。只有宏观分析与微观分析相结合,教育经济学的研究才能拓展新的内容,取得好的效果,因为这是理论与实践相结合的最好方法。

7. 静态与动态分析法

任何事物都是运动和静止的统一,既相对稳定,又处于运动之中。因此,在教育经济学研究中,应把静态分析和动态分析结合起来。静态分析法(Static Analysis)

是对某一时空点上的经济情况进行分析，观察其水平、规模、结构、特征等。教育经济学通常运用静态分析法对某一时期的教育经济现象进行分析、考察，对其当时状况和特点做一分析并得出结论，如某国、某地、某年按人口平均教育投资量分析，某年、某地（校）生均教育经费的比较分析，某年按人口平均国民生产总值与教育投资相对量的分析等。动态分析法（Dynamic Analysis）是对所研究的事物或社会现象在一定时期内的发展变化及运动情况进行分析，以寻找一定规律的方法。在教育经济学研究中，通常采用动态分析法，对某一时期（过去或未来）教育发展与经济发展，教育现象与经济现象相互作用、相互制约、相互影响所发生的变化编制一定的数列，通过一定时间内教育经济现象数量、质量的运动变化趋向寻找一定的规律，如 20 世纪 80 年代以来发展中国家教育投资趋势研究、学校教育投资比例的发展趋势研究、教育投资与经济增长的相关研究等。动态分析法的特点是，能够随时间的变动寻找事物或现象的变化规律，或预测某些教育经济现象在未来一定时间内的发展变化，它是在事物或现象运动中所进行的考察分析。

8. 个量与总量分析法

在教育经济学研究中，根据具体研究对象的不同，可分别采用个量分析法和总量分析法。个量分析法（Individual Analysis，又称"个体分析法"）主要以单个经济主体的活动为着眼点和研究对象，在假定其他条件不变的前提下研究个体的经济行为和经济活动，其特点是把一些复杂的外在因素排除掉，从而突出个体经济主体运行的主要现状和特征。总量分析法（Aggregate Analysis，也称"聚合分析法"）是以经济发展的总体或总量为着眼点的研究方法。这种研究方法是在假定制度不变的前提下进行的，它把制度因素及其变动的原因和后果与国民经济的个量都看成已知不变，在此前提下研究宏观经济总量及其相互关系。例如，在研究消费时，只着眼于考察社会总消费及其与总收入、总投资、总储蓄的相互关系。对于个体的消费行为及其变动则不予以关注。这种研究方法由于一开始就抓住了经济运动的总体状况及其总体结构的基本状况，因而其研究结果对把握国民经济全局具有重要作用。教育经济学研究中一般将个量分析与总量分析相结合，例如对教育个人成本与收益的个量分析以及对教育促进经济增长的总量分析等。

9. 统计分析法

教育经济学研究中的统计分析法（Statistical Analysis）是统计学中的数理统计方法在教育经济学研究中的具体运用，主要包括指数分析法、回归分析法、相关分析法等。统计方法是在事物的质和量的统一中，从量的角度认识事物的科学方法。它通过统计资料的收集、整理与分析三个步骤，提示事物的质，反映事物的发展规律。在实际研究中，往往将教育统计与经济统计方法结合使用来提示教育与经济之间的本质联系及其活动规律。这些统计分析方法是教育经济学的重要研究方法，如果没有适当的统计分析，教育经济学研究就只能停留在定性分析阶段，无法实现定性与定量分析相结合，学科的科学性就会受到影响。

10. 比较分析法

规律总是存在于大量现象中，只有从大量的现象比较中才能找出事物的运动规律。因此，在教育经济学研究中常常采用比较分析法（Comparative Analysis），包括国家之间、地区之间、单位之间的比较。相互比较是必要的，但比较不是对现象的简单罗列和介绍，而是要找出其异同、约束条件和共同规律。同时，在进行比较分析时，比较对象应具有可比性，应采用科学的比较方法。比较方法是对两种以上具有可比性的事物，选择其大小或优劣进行比较。这一方法可分为横向比较研究和纵向比较研究。前者指对不同的国家、地区或单位，在某一相同的时段内的教育与经济的相互关系与规律等进行比较和分析，找出它们之间的优劣点和异同点，并分别加以必要的量化或评述，以便使人们能够对别国、其他地区或其他单位的情况有所了解，并在日后的工作中能够有所借鉴。后者指对同一个国家、地区或单位在不同历史时段内的教育经济问题进行比较研究，可找出其发展变化趋势及特点。

上述几种研究方法只是教育经济学中较为常用的分析手段，但并没有穷尽，不少研究方法（如图示法）也可以应用到教育经济学研究之中，在此不再罗列。

二、学习和研究教育经济学的意义

任何一门学科的存在和发展都有其特定的现实意义，教育经济学也是如此。我国目前仍处于市场经济体制完善时期，国民经济飞速发展，综合国力不断增强，教育事业发展也取得了巨大进步，特别是近几年来我国高等教育发展更是成绩斐然。但我国的教育发展同样存在诸多问题，如教育公平问题、大学生就业问题、教育质量问题等，这些问题若得不到及时、有效的解决，就会阻碍教育事业的健康发展，甚至影响国民经济乃至整个社会的发展与进步。而任何以解决问题为宗旨的实践活动都需要有一定的理论作为指导，这也正是教育经济学存在与发展的现实意义所在。学习和研究教育经济学，正确认识和处理教育与经济的相互关系，对于促进我国社会主义现代化建设具有十分重大的意义。

　　开展教育经济学研究，有助于人们重新评价教育和经济的相互关系，揭示教育的经济价值，从而为政府部门处理教育与经济的关系提供决策的理论依据，促使教育与经济的协调发展。教育的经济价值在于国民教育对经济的贡献，美国劳动经济学家明瑟(Jacob Mincer，1922—2006)使用基于微观基础的人力资本收益方程核算了许多国家的教育对经济增长的贡献率，得出了"受教育年限每增加 1 年，收益增加 5%～15%"的结论。① 因而，教育的发展乃至高等教育所提供的人才资源对一个国家或地区的经济发展起直接的推动作用。但另一方面，也应反对把教育的经济功能扩大化，反对"教育商品化"。"教育商品化"(Commercialization of Education)是只看到商品经济对教育的积极作用，而忽视其消极影响，整个教育实践偏重于经济效益(姑且不论经济效益如何)。因此，正确认识和处理教育的经济价值，避免教育商品化，有利于促进教育与经济的协调发展。

　　党的二十大报告强调指出，教育是国之大计、党之大计，培养什么人、怎样培养人、为谁培养人是教育的根本问题。学习和研究教育经济学，有助于解释现实生活中的经济与教育结合现象，探索教育经济的规律，为教育工作者做好教学工作提供科学的依据，使他们能够对教育经济规律进行因果性的探索，能够更自觉地对待各种教育实践活动，尤其有助于学校管理。学习和研究教育经济学，可以提高办学效益，从而提高学校的管理水平。在市场经济条件下，投资效益最大化是投资者普遍追求的目标，教育消费作为一种生产性投资，同样也应该追求投资效益的最大化。我国已建成了世界上规模最大的教育体系，教育普及水平实现历史性跨越，但仍是世界最大的发展中国家，教育需求还在不断增长，如何加快建设高质量教育体系，利用有限的教育资源满足日益增长的庞大教育需求，办好人民满意的教育是我们面临的现实问题。这就必须特别注重提高教育资源的利用效率，提升学校办学效益。教育经济学主要揭示经济规律在教育领域中的作用及其特点，阐述影响教育投资利用效率的因素、提高办学效益的途径以及计量与评价教育投资利用效率的方法。这都将有利于教育工作者提高学校管理水平，加强教育工作的经济核算，提高办学效益。

　　学习和研究教育经济学能够对企业等社会用人单位的人力资源开发与管理起到积极的促进作用，对于受教育者及其家庭的教育投资决策也会产生积极的影响，能

① Mincer，J. "The Production of Human Capital and the Lifecycle of Earnings: Variations on a Theme," *Journal of Labor Economics*，1997(15)，pp. 526-547.

够使个人及其家庭更为理性地看待教育的成本与收益，在不同的教育投资决策方案中做出更为合理的抉择，引导良好的教育消费潮流，实现教育资源的有效配置。国家是教育的最大受益者，因为教育的经济效益虽然不能直接、立即体现在市场经济交换过程中，却存在于社会之中，教育不仅能产生经济效益，而且是国家综合实力的重要组成部分。因此，各国教育经费主要由政府承担是合理的。市场经济体制下，改革教育投资体制，多渠道筹集资金以充实教育经费，缓解我国教育财政困境成为必然选择，也为人们所理解。在新的形势下，多渠道教育资源的有效配置有利于教育事业的不断发展。这就要求有一支高水平的教育管理者与决策者队伍，既懂得教育规律，又懂得经济规律与管理原理。教育经济学将为之提供最为基础的专业知识。

第二章 教育经济学的形成与发展

教育经济学的形成与发展绝非偶然现象，而是科学技术和社会生产力高度发展的必然产物。人们关于教育与经济相互关系的思想在古代已经萌芽，随着近代资产阶级革命的完成，产业革命的实现，资本主义大工业生产的发展，教育经济思想也开始逐渐完善。但作为一门独立学科，教育经济学萌芽于20世纪20年代，最终形成于20世纪50年代末期60年代初期，20世纪70年代至90年代有了进一步发展，进入21世纪后又出现了一些新的发展趋势。本章着重介绍教育经济学产生之前的教育经济思想及教育经济学的新发展。

第一节 早期的教育经济思想

教育经济学作为一门科学，它的建立经历了一个漫长的历史过程。人们对它的认识也经历了从简单到复杂、从朴素到科学的历史发展过程。

一、萌芽阶段的教育经济思想

在教育经济学作为一门学科产生之前，有关教育与经济相互关系的思想已经开始萌芽(见表2-1)。在中国，法家代表人物、春秋时期的管仲认为，教育是富国强兵之道，主张并施教民众制造和改进农具、传授冶炼技术等，从而极大地提高了生产力并增强了国力。儒家创始人、春秋时期的孔子认为，人口、财富、教育是立国三大要素。《论语·子路》里曾论述两点，一是教育重要，二是先富后教，朴素地阐明了教育与经济的关系。春秋战国时期的思想家墨子认为，生产的好坏及发展如何与社会财富的增减及人们生活的苦乐息息相关，并且主张提高生产、施之以教。儒家代表人物之一、战国时期的孟子也较为详尽地阐述了经济与教育的关系，认为英明的君主只有让每一个人都可以吃得饱，再办好各级学校，反复地教导他们，天下才能归服。在西方，古希腊哲学家柏拉图（Plato）很早就有过教育经济思想的论述。他的《智术之师》（*Σοφιστής*）①一书提出耕田、畜牧、仿制器具等与知识的关系甚为密切，并认识到知识在生产中的作用。在那个时代，由于生产力水平和科技水平还相当落后，虽然人们已有教育经济的朴素思想，但不可能充分认识到教育对经济和社会发展的意义，因此还没有形成比较完整的教育经济思想体系。

表 2-1　教育经济思想早期萌芽阶段之代表人物与思想

代表人物	地点	所处年代	主要思想
管仲	中国	约公元前 725—前 645	认为教育是富国强兵之道
孔子	中国	约公元前 551—前 479	认为人口、财富、教育是立国三大要素
墨子	中国	约公元前 468—前 376	主张要提高生产必须施之以教
孟子	中国	约公元前 372—前 289	较为详尽地阐述了教育和经济的关系
柏拉图	古希腊	约公元前 427—前 347	认识到知识在生产中的作用

二、古典经济学家和庸俗经济学家的教育经济思想

古典经济学产生于 17 世纪下半叶新兴资本主义生产方式成长时期，完成于 19 世纪初期的英国和法国。这个时期，正值资本主义从工场手工业向机器大工业的转变。机器大工业生产的发展，一方面要求通过教育提高劳动者素质，使之掌握科学知识和生产技能；另一方面要求通过教育把科技转移到生产中去，使之成为现实的生产力，从而使教育成为发展生产的重要因素。一些古典经济学家关注到人的素质与生产力的相互影响，并依据劳动价值理论初步论述了教育对经济的意义。到了 19 世纪 30 年代，庸俗经济学取代古典经济学在资产阶级政治经济学中占据主导地位。与此同时，科学技术和生产力得到进一步发展，使得教育在经济中发挥的作用更加重要。

英国古典政治经济学创始人威廉·配第（William Petty，1623—1687）在他所著的 1676 年出版的《政治算术》②和 1691 年出版的《爱尔兰的政治解剖》③等著作中，提出了劳动创造价值、复杂劳动比简单劳动能创造更多价值的思想。他认为，技艺是

---

① 希腊文名，英文为"The Sophist"，详见 Heidegger, M. "Plato's Sophist," *Translated by Richard Rojcewicz and Andre Schuwer*. Bloomington：Indiana University Press，1997。
② Petty, W. "Political Arithmetic" in C. Hull（ed.）. *The Economic Writings of Sir William Petty*. Cambridge：Cambridge University Press，1899.
③ Petty, W. "The Political Anatomy of Ireland" in C. Hull（ed.）. *The Economic Writings of Sir William Petty*. Cambridge：Cambridge University Press，1899.

土地、资本、劳动之外的第四生产要素，基于科学技术基础上的劳动更具有复杂性；有这种技术时一个人所做的工作，等于没有这种技术时两个人所做的工作；由于人们的素质差异，他们所提供的生产力也是不同的。他还提出了要采取措施和进行必要的资本投入以提高人口素质的思想。由此可见，配第已经有了教育经济思想。伴随着古典经济学的产生，教育经济思想也初步形成。

法国古典政治经济学家、重农主义学派创始人魁奈（Francois Quesnay，1694—1774），于 1758 年出版了其代表作《经济表》（[法]*Tableau Economique*，[英]*Economic Table*）。他认为，构成国家强大因素的是人，人本身就成为自己财富的第一个创造性因素，因此人的习惯、性格等对生产力状况和经济社会都是十分重要的。

英国古典经济学的奠基人亚当·斯密（Adam Smith，1723—1790）首次对早期的教育经济思想进行了较为系统和专门的分析。1776 年在代表作《国民财富的性质及其原因的研究》[1]一书中，他首次把人的经验、知识、能力视为国民财富的主要内容和生产要素。他认为，社会上一切人们学到的有用的才能是与机器、工具等生产资料一样的财富。他进一步指出，要学习这种才能需受教育、需进学校、需做学徒，学习才能的时候，固然要花一部分费用，但这种费用可以得到偿还并能赚取利润。

法国资产阶级庸俗政治经济学创始人萨伊（Jean-Baptiste Say，1767—1832）在斯密论述的基础上做了进一步分析，1803 年在其著名的《政治经济学概论》[2]一书中特别强调人才，尤其是有才能的企业家的作用。他把科学知识当作生产力的一个部分，认为维持科学研究和传播科学知识的教育不是浪费行为，良好的教育能促进生产力发展，最能增进国家财富。他还认为教育是资本，应当产生不同于劳动一般报酬的利息。

德国经济学家李斯特（Friedrich List，1789—1846）1841 年在其代表作《政治经济学的国民体系》[3]一书中，分析了教育在经济发展中的作用，提出了与物质资本相对应的精神资本概念。认为物质资本是由物质积累所形成的，而精神资本则是智力的成果和积累。他把一国之中最重要的工作划分为精神工作和物质工作，认为这两种工作是相互依存的，精神生产的任务在于促进道德、宗教、文化和知识等的发展，这方面的成就越大，则物质财富的产量越大。反过来，物质生产越发达，精神生产

---

[1]　Smith，Adam. *An Inquiry into the Nature and Cause of the Wealth of Nations*. Chicago：The University of Chicago Press，1976.

[2]　Say，Jean-Baptiste. *A Treatise on Political Economy*. Philadelphia：Lippincott，Grambo & Co.，1803.

[3]　List，F. *National System of Political Economy*. London：Longmans，Green and Co.，1841.

就越能获得推进。由此可见，李斯特不仅把人的才智而且明确地把人的体力也视为精神资本即现代人力资本，这种论点对于教育经济学的建立具有很大的启发性。

古典经济学家和庸俗经济学家的代表人物与教育经济思想小结如表 2-2 所示。

表 2-2　古典经济学家和庸俗经济学家的教育经济思想

代表人物	国家	所处年代	主要思想
威廉·配第	英国	1623—1687	认为由于人的素质差异，其所提供的生产力也是不同的。
魁奈	法国	1694—1774	认为构成国家强大因素的是人，人本身就成为自己财富的第一个创造者。
亚当·斯密	英国	1723—1790	认为劳动生产率的水平受制于人们所受到的教育和培训的结果。
萨伊	法国	1767—1832	强调人才，尤其是有特殊才能的企业家的作用。
李斯特	德国	1789—1846	把人的才智和人的体力视为精神资本，即现代意义上的人力资本。

三、马克思主义的教育经济思想

从 17 世纪到 19 世纪，虽然古典经济学家和庸俗经济学家已经提出了一些教育经济思想，但是由于当时的科技和生产力发展水平有限，教育经济学还不可能成为一门独立学科。此后，经过一百多年的发展，这些思想才被当代西方经济学新古典学派所继承，并发展成为以人力资本为基础的西方教育经济学。马克思、恩格斯等批判地吸收了古典经济学派教育思想中的合理成分，提出了教育经济的一些基本思想，为教育经济学研究提供了基本理论。列宁、斯大林及邓小平等在社会主义建设的实践中，对正确认识和处理教育与经济的关系、教育对发展经济的作用、提高知识分子待遇和发挥其更大作用等问题，创造性地运用与发展了马克思主义教育经济思想(见表 2-3)。[①]

表 2-3　马克思主义教育思想提炼

人物	主要思想
马克思 恩格斯	(1)劳动者的教育或训练费用是劳动力价值的组成部分，它因劳动力的复杂程度而异。 (2)受过较多教育或训练的劳动者的劳动表现为复杂劳动，与简单劳动相比，它可以在同样长的时间内创造更多的价值。

---

① 　王玉崑:《教育经济学》，17～21 页，北京，华文出版社，2005。

续表

人物	主要思想
	(3)由教育所形成的工人的知识和技能、科学发展水平及其在工艺上的应用，是提高劳动生产率的重要因素。 (4)教育会生产劳动能力，因而是社会再生产的必要条件。 (5)在现代化生产中，教育的作用更加重要。
列宁 斯大林	(1)要建立强大的社会主义物质基础，必须把发展教育这个任务放在首位。 (2)教育经费是教育事业的物质基础，发展教育必须增加教育经费，使之在国家的预算中占有相当大的比重。 (3)在社会主义建设中，必须关心和爱护知识分子，提高教师社会地位和物质待遇。
邓小平	(1)发展教育事业是实现四个现代化的战略重点。 (2)教育事业必须与国民经济发展的要求相适应。 (3)经济发展后劲的大小越来越取决于劳动者的素质，只有把教育搞上去，中国的经济发展才能接近发达国家的水平。 (4)尊重教师，提高教师的物质待遇和社会地位。

习近平新时代中国特色社会主义思想实现了马克思主义中国化的新飞跃，教育思想着重强调：(1)教育兴则国家兴，教育强则国家强；(2)教育是民族振兴、社会进步的重要基石，是功在当代、利在千秋的德政工程，对提高人民综合素质、促进人的全面发展、增强中华民族创新创造活力、实现中华民族伟大复兴具有决定性意义；(3)教育公平是社会公平的重要基础，要不断促进教育发展成果更多更公平惠及全体人民，以教育公平促进社会公平正义。

马克思主义教育经济思想的主要内容可以概括为以下三个方面。[①]

1. 教育与经济的辩证关系

马克思、恩格斯的历史唯物论，科学地揭示了教育与经济之间的辩证关系。马克思、恩格斯认为，物质资料生产是人类社会存在和发展的基础，它决定着人类的政治生活和精神生活，也决定着教育的发展。马克思说："物质生活的生产方式制约着整个社会生活、政治生活和精神生活的过程。"[②]恩格斯指出："政治、法律、哲学、宗教、文学、艺术等的发展是以经济发展为基础的。但是，它们又都互相影响并对经济基础产生影响。并不是只有经济状况才是原因，才是积极的，而其余一切都不过是消极的结果。这是在归根到底不断为自己开辟道路的经济必然性的基础上

---

① 范先佐：《教育经济学》，5～7页，北京，中国人民大学出版社，2014。
② 《马克思恩格斯全集(第13卷)》，8页，北京，人民出版社，1962。

的互相作用。"①马克思、恩格斯的上述唯物史观深刻地揭示了社会存在和社会意识、物质生活条件和精神生活条件之间的关系，为我们科学地揭示教育与经济之间的关系提供了科学的世界观和方法论基础。教育作为一种传授知识、传递思想、培养人的社会现象，它的产生和发展，也只能从人们的物质资料生产方式及其发展中得到说明。

2. 教育的社会经济功能

马克思是把教育的社会经济功能放在社会再生产中加以考察的。在《资本论》中，马克思就阐明了社会再生产过程是物质资料再生产、劳动力再生产、生产关系再生产的有机统一。而劳动力再生产既是社会再生产的必要条件，又是教育与社会再生产的联结点。他还认为，劳动者是生产力中最活跃的因素，劳动者从事生产劳动，必须具有一定的劳动能力。马克思处在机器大工业生产的时代，随着科学技术和生产力的发展，劳动者从事生产劳动，必须掌握一定的科学文化知识和技能。为此，必须对劳动者进行教育和训练，教育会生产劳动能力。②

3. 劳动价值论与教育的社会经济效益

教育的社会经济效益是教育经济学研究的核心问题之一。在一国经济增长中如何计量教育所做出的贡献，是当今国内外教育经济学研究中尚未完全解决的难题。马克思在揭示劳动二重性的基础上所创立的科学的劳动价值论，为正确地解决这一问题奠定了理论基础、提供了方法论。马克思指出："比社会平均劳动较高级较复杂的劳动，是这样一种劳动力的表现，这种劳动力比普通劳动力需要较高的教育费用，它的生产需要花费较多的劳动时间，因此它具有较高的价值。既然这种劳动力的价值较高，它也就表现为较高级的劳动，也就在同样长的时间内物化为较多的价值。"③这就说明复杂劳动之所以等于加倍的简单劳动，是教育和训练的结果。同时，马克思在他的劳动价值论的基础上，创立了科学的国民收入理论。他批判了资产阶级经济学关于土地、资本、劳动是创造国民收入的三要素的错误理论，指出劳动是国民收入的唯一源泉。

四、新古典学派的教育经济思想

这里的新古典学派是指19世纪70年代"边际革命"(Marginal Revolution)以后到20世纪初叶，在继承古典经济学传统的基础上，利用边际主义经济学说分析经济运

---

① 《马克思恩格斯全集(第39卷)》，199页，北京，人民出版社，1974。
② 《马克思恩格斯全集(第13卷)》，210页，北京，人民出版社，1972。
③ 《马克思恩格斯全集(第23卷)》，233页，北京，人民出版社，1972。

行机制的各种学派。

英国的杰文斯(William S. Jevons，1835—1882)的专著《政治经济学理论》①，与同时期的法国经济学家瓦尔拉斯(Leon Walras，1834—1910)的《简明经济学百科全书》(*The Concise Encyclopedia of Economics*，1874)和奥地利经济学家门格尔(Karl Menger，1840—1921)的《国民经济学原理》(*Principles of Economics*，1871)的理论基础都是边际效用价值论，所用方法都倾向于主观心理和边际数量分析法，标志着新古典主义理论体系的诞生，史称"边际革命"。此后，新古典理论先在奥地利被庞巴维克(Eugen Bohm-Bawerk，1851—1914)等人扩充应用于资本理论与分配理论。关于新古典学派的教育经济思想，主要与瓦尔拉斯、庞巴维克和马歇尔的论著有关。瓦尔拉斯是迄今为止所见到的最早明确使用"人力资本"概念术语解说资本和生产等经济运行原理的经济学家；庞巴维克则是最鲜明和坚决反对使用人力资本概念和方法的经济学家；而马歇尔(Alfred Marshall，1842—1924)则是为当代人力资本理论提出格言和理论根据的经典作家。

1890 年，马歇尔在其著名的经济学著作《经济学原理》②一书中，一再强调教育对经济发展的重要性，把人的才能与其他种类的资本相提并论，认为都是提高生产力的重要因素，资本大部分是由知识构成的，知识是我们最有力的生产动力等。在马歇尔看来，人的坚强、决心、经历和自制力是一切进步的源泉。马歇尔还看到学校教育的作用，而且也较为科学地认识到非学校教育和学校教育的重要性，认为这几类教育都有助于人的才智和能力的提高。因此，他提出"把教育作为国家投资"的观点，认为用于人的教育投资是最有效的投资，在所有的资本中最有价值的就是对人投资而形成的资本。马歇尔将"人"视为"资本"的思想，对之后教育经济学的建立，特别是对于人力资本理论的形成意义重大。

新古典学派的代表人物及其教育经济思想小结如表 2-4 所示。

表 2-4　新古典学派的教育经济思想

代表人物	国家	所处年代	主要思想
瓦尔拉斯	法国	1834—1910	最早明确使用"人力资本"概念术语解说资本和生产等经济运行原理

---

① Jevons, Stanley. W. *Theory of Political Economy*. London: Macmillan and Co., Ltd., 1888.

② Marshall, A. *Principles of Economics*. London: Macmillan and Co., Ltd., 1890.

代表人物	国家	所处年代	主要思想
庞巴维克	奥地利	1851—1914	反对使用人力资本概念与方法
马歇尔	英国	1842—1924	强调教育对经济发展的重要性

第二节　西方教育经济学的形成与发展

////////////////////

任何一个思想体系的产生都有着特定的时代背景，学科的衍生与发展取决于科学发展的内在逻辑，而任何理论和科学的产生归根结底是源于人类社会实践，教育经济学也概莫能外。

一、教育经济学兴起与开拓的历史条件

教育经济学形成于西方发达国家，是现代社会、经济、科技和教育发展的产物。

1. 理论根源

西方教育经济学是在经济增长和经济发展新经济理论的影响下产生的。第二次世界大战以后，在西方经济理论界出现了一个新的经济理论，即经济增长和经济发展理论。由于现代社会为促进经济增长、协调经济与社会发展以及实现经济与社会发展目标都必然涉及社会教育问题，因此经济增长和经济发展理论也就自然成为教育经济学产生的理论根源和理论依据。

（1）人力资本理论的提出。许多经济学家对20世纪世界经济发达国家的经济增长和经济发展如何起飞，以及发展中国家如何追赶经济发达国家这些问题进行了理性分析和思考，提出了"人力资本理论"。这一理论的两个基本假设为：第一，学校教育能够提高个人生产能力；第二，具有较高生产能力的个体可以在劳动力市场上获得较高的个人劳动收入即工资。[①] 从某种意义上说，人力资本理论是教育经济学产生和形成的直接理论来源。

（2）计量经济学的发展。探索经济增长计算过程中的谜团促使教育经济学诞生。从20世纪初期到中期，美国国民经济大幅度增长，在运用传统的计量经济增长方法计算国民经济增长额时出现了剩余因子（Surplus Factor）。当时美国经济学者运用传

---

① 徐国兴：《高等教育经济学》，8页，北京，北京大学出版社，2013。

统计量方法——"集合生产函数分析法"（Set Production Function Analysis），分析美国出现剩余因子的原因。所谓"集合生产函数分析法"是把生产的增长看作由三个因素决定，即土地、人力、资本增长的集合表现。具体公式是：（在土地不变的情况下）生产的增长＝人力增长×工资比重＋资本增长×物质投资比重。一般情况下，运用这一计算公式大致可以计算出国民经济增长额。但是在分析美国 1929—1957 年国民经济增长时，只能求得物的投资增加与劳动力人数的增加，得到总产值额的 67％，而余下 33％的剩余因子却不知是由什么原因造成的。许多经济学家经过专门的研究发现，在分析劳动收入增长方面，应该有劳动力质量因素，也就是说应该有教育因素，教育是剩余因素的一个重要组成部分。由此可见，计量经济学的发展促进了教育经济学的形成。

2. 社会环境

教育经济学的产生除了有其理论基础外，还有其社会条件，即第二次世界大战后科学技术和社会生产力的高度发展。从 20 世纪 50 年代中期到 70 年代初期，世界主要发达资本主义国家的社会生产与社会发展都进入了一个黄金时代，它们把实现经济增长特别是国民经济增长作为主要目标。在社会经济迅速发展过程中，科学技术的发展及其在生产中的广泛应用，极大地推动了生产力的发展，有力地提高了劳动生产率。科学技术的高度发展不仅促进了社会生产力的发展，而且对劳动者文化素质要求也越来越高。面对新的技术要求，只有熟练掌握科学技术知识的劳动者才能最大限度地发挥他们的聪明才智。在社会对教育需求急速膨胀的同时，社会对教育的供给也大大增加。例如，1950 年美国政府经常性教育经费开支为 96.5 亿美元，1970 年猛增到 558 亿美元，20 年教育经费开支增长了近 5 倍。[1] 2012 年 OECD 国家的平均教育投入占 GDP 的 5.3％，其中有 11 个国家[2]已经达到甚至超过 6％。[3]

由此可见，世界各国为了提高劳动者的智力水平、培养大批科技人员和管理人员，都非常重视发展教育事业，高等教育也不例外。据统计，1950 年全世界在校大学生人数约为 630 万人，而到了 2007 年总数达到了 15250 万人，总数净增了 23 倍。在 50 多年的时间里，全球在校大学生人数一直处于直线上升状态，如图 2-1 所示。

---

[1] 马新力：《当代教育经济学研究》，20 页，天津，天津人民出版社，2002。

[2] 11 国指加拿大、智利、哥伦比亚、冰岛、以色列、韩国、新西兰、挪威、南非、英国、美国。

[3] OECD. Education at a Glance 2014[EB/OL]. http://www.oecd.org/turkey/Turkey-EAG2014-Country-Note.pdf, 2015-12-24.

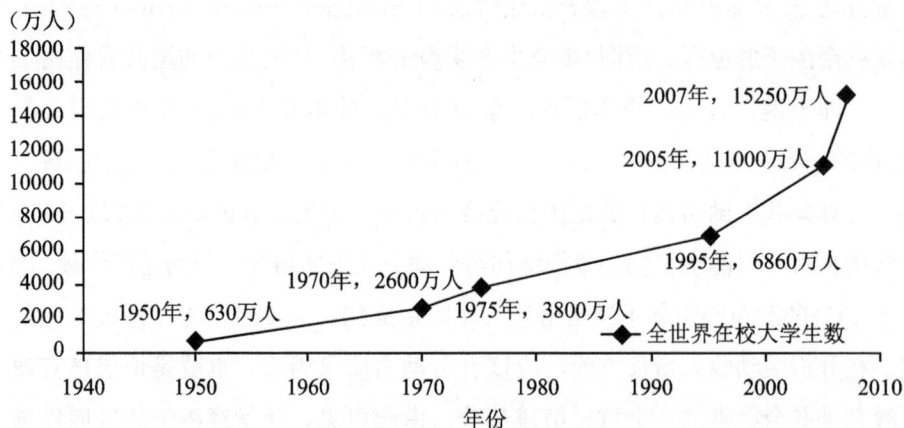

图 2-1　全世界在校大学生数随年份变动情况

数据来源：1950 年、1970 年及 1975 年的数据源于范先佐，《教育经济学》，19 页，北京，人民教育出版社，1999；1995 年与 2005 年数据源于图表：全球大学生人数在过去 10 年迅速增长，https://www. gov. cn/jrzg/2005-12/16/content_129189. htm，2024-02-29；2007 年数据来源 UNESCO. Global trends in tertiary education［R］. Global Education Digest 2009：Comparing Education Statistics Across the World，Montreal：UNESCO Institute for Statistic，2009，p. 9.

教育的迅速发展，使得教育日益成为社会生产和经济发展的决定性因素。事实上，教育已经成为国家的一种知识产业，这同时也为教育经济学的形成提供了客观条件。

3. 政治背景

教育经济学之所以能在西方产生，还有其深刻的政治和阶级根源。从 20 世纪初期到中叶是资本主义经济发展的重要时期，也是资本主义世界的竞争时期。两次世界大战都发生在这个时期。资本世界为了战争，不惜一切代价研制新式武器装备，带动了国际经济竞争。国际经济竞争就是技术竞争，而技术竞争的根本就是教育竞争。因此发展教育，追加教育投资，研究教育的经济价值，不仅是经济发展的需要，而且也是政治斗争的需要。

西方工业发达的资本主义国家，之所以重视研究教育的经济功能，不断追加教育投资，支持教育经济学的研究和创立，其根本原因是这些国家熟知，重视人力资本，增加教育经费，研究教育经济效益，可以获得更多的经济利润，增加更多的剩余价值。这些国家深知劳动力质量的提高和劳动力结构的改变与教育发展之间的关系，以及劳动力价值与教育经费之间的辩证关系。例如，日本的教育经费仅在 20 世纪 50—70

年代就增长了 10 倍，美国的一些大公司和财团也都以巨额资金支持人力资本理论的研究。

二、教育经济学的形成

苏联经济学家斯特鲁米林在其 1924 年发表的《国民教育的经济意义》[①]一文中首创劳动简化法，对教育的经济价值进行了充分分析，得出了"在教育上投入一个卢布，可以得到四个卢布的经济产出"的结论。他还用统计方法得出了"一年的学校教育比起同样时间的工厂工作平均能提高约 1.6 倍工人的劳动生产率"的结论。这是世界上最早用数量统计方法和数量化、定量化语言专门阐述教育的国民经济意义的论文，是世界上第一篇教育经济学论文，是现代教育经济学的开山之作。这篇论文主要由两大部分组成：一是体力劳动与学校教育的关系，二是脑力劳动与教育程度的关系。概括来讲，这篇论文主要分析了劳动者的年龄、工龄和教育程度三个方面对生产发展、经济增长的作用与影响，所采用的方法是从劳动收入与教育费用对比来计算教育程度的提高所带来的经济净收入。计算方法虽然很简单，但已数量化，这是首创。他的这篇论文有很高的学术价值，但在当时的苏联并没有引起很大反响，近 40 年后才被西方国家学者发现。1963 年 9 月国际经济学会（International Economic Association，IEA）在法国召开的"首届教育经济学专题研讨会"上，斯特鲁米林于 1924 年发表的这篇论文得到了与会者的高度评价。会上有学者指出，世界上最早论述教育经济意义的论文就是斯特鲁米林的这篇论文，并且确认他在 40 多年前运用的计算方法同现代的计算方法很接近，仍有重要的参考价值，是一个巨大贡献。因此，斯特鲁米林的《国民教育的经济意义》一文，被认为是教育经济学作为一门独立学科形成的标志。1962 年，斯特鲁米林又发表了《苏联教育的效率》一文，再加上 1969 年冉明（Б. А. Жамим）出版的《教育经济学》（Экономика образования）、1975 年科斯坦年（С. Л. Костанян）出版的《国民教育经济学》（Экономика народного образования）和 1976 年达依诺夫斯基（А. Б. Даиновскии）出版的《高等教育经济学》（Экономика высшего образования）等专著，苏联当时形成了有别于西方国家的独特的教育经济学体系。

西方国家最早研究教育经济学的论文是美国学者约翰·沃尔什（John R. Walsh）

[①] 斯特鲁米林（Станислав Густавович Струмилин，1877—1974），苏联经济学家、教育经济学家、科学院院士。文章原文为俄文，国际经济学会将之翻译为"The Economic Significance of National Education"——笔者注。

于 1935 年发表在美国《经济学季刊》上的《运用于人的资本概念》①，它被认为是西方国家研究教育经济学的第一篇论文。在该文中，他将个人的教育费用和以后的收入相比较来计量教育的经济效应，而不像斯特鲁米林那样着眼于从分析教育对社会全部贡献入手。沃尔什采用的是现值计算法，从而论证了在教育上的投资符合一般资本投资的性质，认为大学教育和专业教育可以取得收益但又要付出代价，补偿代价可以带来利润。

以明瑟、舒尔茨、贝克尔等为代表的研究者在推动西方教育经济学研究发展方面做出了很大贡献。1957 年美国哥伦比亚大学明瑟的博士学位论文《个人收入分配研究》②及其在 1958 年发表的《人力资本投资与个人收入分配》一文③，说明了教育程度的提高与经济收入提高的关系，用实证方法分析了教育的人力资本投资价值。20 世纪 60 年代初期，美国学者舒尔茨在研究农业经济的基础上认识到，提高现代农业生产率，必须依靠人的能力和知识，依靠科学技术进步，进而创立了人力资本理论。他运用余数分析法对人力资本在美国经济增长中的贡献和收益率做了实证分析，为西方教育经济学的形成奠定了理论基础。美国学者贝克尔④曾和舒尔茨同在芝加哥大学任教，也是人力资本理论的主要推动者。贝克尔的人力资本理论研究成果集中反映在他自 1960 年以来的一系列著作中，其中最有代表性的是《生育率的经济分析》⑤和《人力资本》⑥。1962 年英国经济学家约翰·维泽(J. E. Vaizey)⑦出版了《教育经济学》(*The Economics of Education*)，标志着"教育经济学"初步形成。维泽是最早研究教育经济学的学者之一，早在 1958 年他就出版了《教育成本》(*The Cost of Education*)一书，他把教育经费看作教育成本。丹尼森于 1962 年出版了《美国经济

---

① Walsh，J. R. "Capital Concept Applied to Man," *The Quarterly Journal of Economics*，1935，49(2)，pp. 255-285.

② Mincer，J. "A Study of Personal Income Distribution," PhD diss.，Columbia University，1957.

③ Mincer，J. "Investment in Human Capital and Personal Income Distribution," *Journal of Political Economy*，1958，66(4)，pp. 281-302.

④ 加利·贝克尔，美国芝加哥大学经济学教授，1992 年诺贝尔经济学奖获得者，以"经济分析"研究"非经济问题"著称，将经济学研究的范围放大到社会领域。

⑤ Becker，G. S. "An Economic Analysis of Fertility" in *Demographic and Economic Change in Developed Countries*. Princeton，NJ：Princeton University Press，1960.

⑥ Becker，G. S. *Human Capital*. New York：Columbia University Press for the National Bureau of Economic Research，1964.

⑦ 约翰·维泽(John Edward Vaizey)，也有译"韦锥"——笔者注。

增长的因素和我们面临的选择》一书。与舒尔茨所不同的地方是，他把教育因素算在人力资本因素之中，没有把其看作独立的因素，从人力中寻找教育因素，并提出有形教育和无形教育的区别。在此基础上，他提出了"多因素分析法"（Multiple Factor Analysis）。丹尼森对教育经济学形成的主要贡献在于，在具体的计算方法上更加细致和确切，对教育经济学的进一步数量化分析做出了贡献。首届国际教育经济学专题研讨会后，学术界决定出版教育经济学选集。1966 年由国际经济协会出版了英国剑桥大学经济学教授罗宾逊（E. A. G. Robinson）和英国经济学家维泽主编的《教育经济学会议论文选集》。① 1963 年教育经济学专题研讨会的召开及 1966 年罗宾逊与维泽《教育经济学会议论文选集》的出版，被认为是西方教育经济学形成的标志。1968 年鲍曼（Malcolm J. Bowman）等人②选编出版了《教育经济学书目选注》③，这些著作都系统地评述了教育经济学产生以来的主要研究成果。

总体来看，20 世纪 60 年代出现的以人力资本理论为理论基础和核心内容的西方教育经济学，在西方一直处于主导地位，主要代表人物有美国的舒尔茨、贝克尔、丹尼森和英国的马克·布劳格等，主要研究人力资本论，教育投资的来源、分配及其使用效率，教育与经济增长的关系，包括教育对国民收入增长的贡献、教育的个人和社会收益率等。教育经济学在这个时期日趋成熟，因此，布劳格把此一时期看成教育经济学的"全盛时期"，美国比较教育协会前主席马丁·卡诺伊（Martin Carnoy）称此时期为教育经济学成长的"第一代"（The First Generation）。④ 这个时期表现出了很多特点：有了以"教育经济学"命名的专著，有了评价教育经济学成果的著作，有了这门学科理论基础的专门著作，有了较为细致的计算方法著作和评价，有了关于这门学科的选编书目和资料，学科的研究范围和内容也有很大发展，大量涉及教育与规划、财政等方面的关系，同时也涌现出一大批教育经济学学者和专家，为教育经济学的进一步发展奠定了基础。教育经济学的形成过程可归纳为表 2-5。

① Robinson, E. A. G. and Vaizey, J. E. *The Economics of Education：Proceedings of a Conference Held by the International Economic Association*. London：Macmillan and Co., Ltd., 1966.
② 1963 年鲍曼等人发表了《教育在发展中的角色》一文，详见 Bowman, M. J. and Anderson, C. A. "Concerning the Role of Education in Development" in C. Geertz(ed.). *Old Societies and New States*. New York：Free Press of Glencoe，1963.
③ Bowman, M. J., Debeauvais, M., Komarov, V. E. and Vaizey, J. *Readings in the Economics of Education*. Paris：UNESCO，1968.
④ Carnoy, M. "Education and Economic Development：The First Generation," *Economic Development and Cultural Change*, Supplement, 1977, 25, pp. 428-448.

表 2-5 教育经济学的形成过程

年份	国家	代表人物	代表作	意义
1924	苏联	斯特鲁米林	《国民教育的经济意义》	标志着教育经济学作为一门独立学科的诞生。
1935	美国	沃尔什	《运用于人的资本概念》	证明了教育上的投资符合一般的资本投资性质。
1961	美国	舒尔茨	《人力资本理论》	奠定了西方教育经济学的理论基础。
1962	英国	维泽	《教育经济学》	标志着教育经济学的初步形成。
1966	英国	罗宾逊 维泽	《教育经济学会议论文选集》	与1963年的专题研讨会一起，被认为是教育经济学形成的标志。
1967	美国	丹尼森	《美国经济增长的因素和我们面临的选择》	为教育经济学的进一步量化研究等做出了贡献。

三、西方教育经济学的发展

20世纪70年代以后，西方教育经济学研究由高潮转入平稳发展阶段。

1. 20世纪70年代的发展

传统人力资本理论认为，教育是提高人力资本的主要手段，教育对促进经济与社会发展、提高受教育者素质及改善受教育者个人收入等有重要作用。然而，进入20世纪70年代后，西方部分教育学家开始摆脱人力资本理论的束缚，提出了不同的学说或观点，采用了不同的研究方法及途径去分析教育与经济的关系，重新评估教育的功能与经济价值，使这一学科进入了一个新阶段。西方学者称此新阶段为教育经济学发展的"第二代"（The Second Generation）。但教育经济学家的理论观点并不完全一致，大体上可以分为筛选理论、社会化理论、劳动力市场分割理论和社会网络理论①等几个学派。

（1）筛选理论。筛选理论（The Screening Theory）是由"过滤理论"（Filter Theory）、"筛选假说"（The Screening Hypothesis，也译为"筛选假设""甄别假说"）、"信号理论"（Signaling Theory，也称"就业市场信号模型"，Job-Market Signaling Model）、"文凭主义"（Credentialism）等构成的一种全新人力资本市场理论。筛选理论与劳动力市场分割理论、社会化理论等一并被视为"第二代人力资本理论"，其代

---

① 刘志民：《信号标识还是网络传递？——教育价值认知相关理论解析》，《2008年中国教育经济学年会会议论文集》，17~19页，上海，2008。

表人物有阿罗（K. J. Arrow）、斯宾斯（A. M. Spence）、斯蒂格利茨（J. E. Stiglitz）等，它以斯宾斯 1973 年的《就业的市场信号》①一文为形成标志。该理论认为，教育是一种过滤器（筛），通过它能鉴别出天生的聪明人，教育的目的是确认个人适应岗位培训的能力，而不是给工作者提供技能。斯宾斯运用信息不对称的思想方法来研究教育对经济发展的贡献，认为教育年限或者教育投资与受教育者工资间的正相关关系是雇主根据求职者的教育水准进行安排的结果，而不是因为人力资本理论所宣称的劳动生产率的提高。

筛选理论的基本观点是：其一，教育的作用是"筛选"——能甄别或反映受教育者的能力，但不能提高其能力。教育像是一种"过滤器""过滤装置"或"筛子"，通过它能鉴别出天生的有才干的人，教育的目的是确认个人适应岗位的能力。教育的经济效益就是教育的筛选作用——把不同能力的劳动力经过筛选，输送到不同等级的工作岗位。教育与生产率之间只是一种间接关系，教育只是表征个人能力的一种信号工具。其二，教育强化了筛选的"信号"，使接受教育越多者获得的收入也越高。那些受教育越多的人通常具有较高的生产力，但在学校获得的技能并不能对以后的劳动生产率有所贡献。雇主接受教育较多的人，并不是取决于其通过教育而获得的能力，而是将文凭看成有天生能力的一个"信号"，因此教育只是强化了反映个人能力的信号，但并没有改变一个人的生产力，即教育投资→获得了较高的文凭→强化了筛选的"信号"→获得了较高的工资。由此可见，筛选理论和人力资本理论都认为求职者的教育水平与工资高低是成正比的，并在分析中都采用了简化法，二者具有相同之处。其主要分歧在于：人力资本理论的观点是"教育→劳动生产率→工资"，认为提高受教育程度就会提高一个人的劳动生产率，从而得到较高的工资；而筛选理论认为"教育→筛选→工资"，教育只是一种信号，反映一个人的能力，并没有改变一个人的生产率，它在本质上只是不完全信息条件下的一种信号。其三，自身生产力高的人投资"信号"，以取得"象征性资本"（Symbolic Capital）。在经济交易中，常规市场中的货物或服务的交换会由于信息的失真而产生不平等，而信号是信息不对称的根本，通过一方向另一方传送的能够披露一些相关信息的信号就可能引发信息不对称问题。其四，"信号"有社会信息价值，却造成了国家资源浪费。教育只是通过一纸文凭反映个人的先天能力，虽对社会具有信息价值，这也被称作

---

① Spence，A. M. "Job-Market Signaling," *The Quarterly Journal of Economics*，1973，87（3），pp. 355-374.

"羊皮效应"[1]，但却耗费了大量的资源，更多的教育促使劳动者收入增加，但并不能增加社会生产率，然而国家仍不减弱对教育的投资。教育发展应当与经济发展水平相适应，如果经济增长落后于教育增长，就业机会相对减少，雇主对求职者教育水平的要求就会提高，其结果是人们为获得较高的文凭需求而使教育愈加扩张，形成教育与经济发展相悖的恶性循环怪圈。

根据布劳格的归纳，筛选理论有两个版本：强筛选理论(Strength Screening Theory)和弱筛选理论(Weak Screening Theory)。[2] 强筛选理论认为，教育仅仅具有信号的价值，只起筛选作用。弱筛选理论在强调教育筛选作用的同时，也认同人力资本理论关于教育生产性的成分，即教育不仅能够反映人的内在能力，也在一定程度上提高了个体劳动生产率。对于强筛选理论，绝大多数学者持怀疑态度，弱筛选理论得到广泛认可。也有学者对筛选理论进行实证分析，重在评估教育的生产性和信息性成分，以及两者之间的比较，可以分为五类：一是对所学专业和所从事职业匹配组与所学专业和所从事职业不匹配组进行比较，来检验劳动生产率是否完全是由工作岗位决定的"威尔斯假说"[3]；二是对辍学组与完成学业组进行比较，来检验学历是否仅为敲门砖的"羊皮效应"；三是对筛选起重要作用的行业或职业与筛选不起作用(或作用不大)的行业或职业的教育与收入之间的关系进行比较，来检验不同就业环境下筛选的强弱程度；四是通过比较各教育水平的实际和预期失业率来检验教育的筛选作用；五是通过考察招聘过程中教育信息的重要程度来检验筛选理论。

筛选理论的主要贡献是：它描述和解释了 20 世纪 70 年代以来困扰许多国家的教育文凭膨胀问题，有些学者甚至将它的产生称作经济思想史上人力资本理论的革命，因为该筛选假说提出了教育促进经济增长的另外一条途径——通过社会人力资

---

① "羊皮效应"(Sheepskin Effects)，也称"文凭效应"(Credential Effects)或"信号假设"(Signaling Hypothesis)，是指劳动力市场上的收入增加与文凭或学位的获得相关联，教育仅仅为雇主提供一个显示性的信号，但劳动力市场本身并不能帮助雇主识别受雇者的真实人力资本。劳动力市场功能越弱，"羊皮效应"就越强；而一旦劳动力市场功能改进，此效应就相应减弱。

② Mark，B.，*Economics of Education and the Education of an Economist*. Aldershot：Edward Elgar Publishing，1987.

③ 详见 Wiles，P. "The Correlation Between Education and Earnings：The External-test-not-content Hypothesis(ETNC)，"*Higher Education*，1974(3)，pp. 43-57. 威尔斯认为：如果学校教育只对能力具有确定作用而没有提高作用的话，那么劳动生产率完全不受劳动者所学专业的影响；所学专业与所从事的职业匹配的劳动者与不匹配的劳动者之间，应该不存在工资的差别。

源的合理配置进而促进经济增长。

筛选理论的不足之处是：该理论假设信息都是值得信赖的，而事实上并非如此，社会关系的特点显然影响着信号是否被雇主信赖和使用。该理论详细说明了信息效力与用途的确定因素，但不能解释为什么雇主会忽视他们从学校获得的信号，为什么学校不能给年轻人提供工作上的刺激；它聚焦于信息的经济价值，不能解释信号能否交流、接收、信任与使用，片面强调了教育的信号筛选作用，进而否认教育能提高人的认知技能从而提高劳动生产率的作用。

筛选理论在世界各国得到了广泛传播。但是，该理论（特别是强筛选理论）片面强调了教育的信号筛选作用，进而否认教育能提高人的认知技能从而提高劳动生产率的作用，因此总体来看其观点是不正确的，至少是不全面的。

（2）社会化理论。教育的社会化理论（Socialization Theory）是一种认为教育的主要功能在于维护资本主义经济制度生存和发展的激进理论。该理论从研究教育如何培养、训练劳动力的个性特征出发，论证教育与经济的关系。代表人物有鲍尔斯（S. Bowles）、金蒂斯（H. Gintis）、塞尔兹尼克（G. J. Selznick）与斯坦伯格（S. Steinberg）等。教育的社会化理论由鲍尔斯和金蒂斯最早提出，1976年他们合著了《资本主义美国的学校教育：教育改革与经济生活的矛盾》①一书，受到西方教育理论界的高度重视。他们对美国教育的功能进行了充分研究，指出美国教育向学生宣扬经济上成功，以及相应的社会政治地位的提高，关键在于人的能力、技能和所受的教育，企图以此使人们把社会政治经济地位不平等的根本原因归结为个体之间所存在的智力等因素差异，即政治性关系不平等的合理性观念。教育通过社会化为资本主义经济提供服务，教育对不同社会阶级学生的不平等待遇，反映和维持了不平等的资本主义生产关系。

社会化理论的基本观点是：首先，教育的经济功能源于它的社会功能，而教育的社会功能，远比教育提高知识技能对经济的影响更重要；在现代化的社会里，教育的作用首先不在于提高劳动力的知识技能或认知能力，而在于它的社会化作用，人力资本理论认为教育通过知识技能影响劳动生产率的观点是错误的，教育在经济中对生产、对个人收入的作用是十分有限的。其次，教育的过程就是使学生社会化的过程，培养劳动力的服从意识和个性品质的过程。正规教育系统是制作与传递他

---

① Gintis, H. *Schooling in Capitalist America: Educational Reform and the Contradictions of Economic Life*. New York: Basic Books, 1976.

们所指的"官方文化"的主要社会机构，包含官方社会理想标准或理想文化，是与"非官方文化"或"共同文化"有区别的[①]；国家的教育体系传递的价值反映了一个国家的官方或政治文化，是由现存政体的形式决定的[②]。再次，由于资本主义结构的等级化、分工化，不同的工作需要不同的个性特征，而对知识与技能的要求是有限的，教育只是培养这些特征的重要手段。以美国社会为例，大部分工作只需要很低程度的知识技能，工人工作的表现好坏主要在于工人本身非知识性的个性特征；通过教育系统的传送，学生接受了行为的价值、准则与方式的熏陶，即教育使人们接触到官方的社会标准与价值，教育的经济价值便是通过种种途径及手段使学生社会化，使不同阶级的学生经教育培养形成经济结构所需要的不同个性特征，从而使资本主义经济机制能正常运转。最后，经济的不平等是社会不平等的根源，教育改革与扩展不但没有改变经济的不平等结构、促进社会平等，而且还会再制造社会不平等，要实现社会平等就得改革经济。

社会化理论的主要贡献是：该理论揭露了资本主义教育的阶级实质，强调了教育对维护资本主义经济制度所起的作用，指出学校教育的社会化不仅在于使未来劳动者获得必要的知识与技能，更在于学习统治阶级所需要的个性品质。

社会化理论的不足之处是：该理论在强调教育与经济存在对应关系的同时，忽视了教育的相对独立性。因而，它对教育在整个社会经济发展中所起作用的论述带有片面性。

(3)劳动力市场分割理论。劳动力市场分割理论(The Segmented Labor Market Theory)，也称"劳动力市场划分理论"，发端于20世纪中期美国对于劳动力市场政策的研究与评估，它是在劳动力市场理论方面与新古典经济学理论相对立的相关理论的总称，其主要代表人物有克尔(C. Kerr)、多林格(P. B. Doeringer)、皮奥里(M. J. Piore)、戈登(D. Gordon)和卡诺伊等。1954年，克尔在其《劳动力市场的分割化》[③]一书中首次提出了内部劳动力市场与外部劳动力市场的概念；到了20世纪70年代，戈登、卡诺伊等进一步发展了该理论，注重分析劳动力市场的内部结构，说

① Selznick, G. J. and Steinberg, S. *The Tenacity of Prejudice*. New York: Harper Torchbooks, 1969.
② Weil, F. D. "The Variable Effects of Education on Liberal Attitudes," *American Sociological Review*, 1985, 50, pp. 458-474.
③ Kerr, C. "The Balkanization of Labor Markets" in E. W. Bakke et al. (eds.). *Labor, Mobility and Economic Opportunity*. Cambridge, MA: MIT Press, 1954.

明了不同种类或不同阶级的劳动者在劳动力市场上的确会获得不同的待遇；80年代中后期，多林格与皮奥里提出了二元劳动力市场分割理论，劳动力市场分割理论趋于成熟。

劳动力市场分割理论的基本观点是：首先，该理论认为人力资本理论是以完全统一的竞争性市场假设为前提，以劳动力自由流动、劳动力过剩与短缺的自我补偿、自我均衡机制假设为条件，这不符合市场客观实际，是不正确的。人力资本论在阐述工资分布规律和解释失业及歧视产生的原因及其后果等问题时存在缺陷。而现实的劳动力市场是一种不完全竞争和被分割的多元市场，由不同的群体组成，是高度分层的，具有封闭等级性，可分割为主要劳动力市场和次要劳动力市场。主要劳动力市场提供了大公司、大机构的工作，这些部门能提供高工资、良好的工作条件、劳动保障与发展机会；次要劳动力市场则主要提供小企业、小单位的工作，这些部门工作的待遇较差且不确定，也不对工人的技能给予奖赏，因此雇员与应聘者不能获取更好的职位与工资。其次，在不同的劳动力市场中，教育与个人收益的关系是不同的。在主要劳动力市场上，雇员主要为白人、受教育程度高者，教育程度与工资成正比；而妇女、少数民族与未接受大学教育的青年被限制在次要部门，且一旦被雇用就很难逃离，次要劳动力市场上，受教育程度与工资关系不明显。最后，教育被定位为进行劳动力分配的预备过程，教育对个人的经济价值，不在于提高个人生产力，而是决定一个人进入何种劳动力市场的重要因素。要想进入主要劳动力市场并取得较高报酬，就得接受高层次的教育。

劳动力市场分割理论的主要贡献是：其一，该理论揭示了教育在资本主义国家劳动力市场分割中的作用，解释了教育的扩展未能改变各阶级、集团收入不平等的现实。其二，该理论明晰了劳动力市场的分割性帮助了雇主控制工人并使文凭主义与不平等永远存在，市场分割的真正目标不是发现更好技能的个体，而是把社会的优越性保持在部分有权力的人手中。其三，该理论不否认教育能够提高劳动生产率与提供筛选信号的作用，但强调教育是人们由次要劳动力市场向主要劳动力市场流动的基本条件，是资本主义生产关系的再生产过程，教育平等化有利于促进社会公平。

劳动力市场分割理论的不足之处是：其一，该理论确信青年人不能找到好的工作，但没有解释为何青年人被限制在了分割上，而且限制的程度被夸大了。一些研究发现，尽管劳动力市场上存在一些障碍，但是还是发现了从次要到主要劳动力市场流动的大量证据，青年人尤为如此。显然，障碍有通透性，该理论不能解释为何会发生例外。其二，该理论不能解释为什么青年人会被不同对待或从青年到成人选择过程是如何发生的。该理论也承认当人们成人后工作会变得更好，但不能解释为何人们变老后反而会得到更好的工作。其三，该理论主要关心的是雇主一方，而关于个人方面阐述甚少。该理论列举了哪种人被指派到哪种工作，但没有说明为什么这些群体被选择，他们的反应如何，他们如何改变这些指派，以及为什么通常会发生例外。其四，该理论忽视了信息的作用，不能圆满解释雇主筛选指标的选择。如果雇主接收到了关于雇员生产力的良好信息，他们就不会忽视它，就不会有年龄、性别与种族方面的歧视。总之，尽管该理论解释了为何年轻人、少数民族与妇女得到了较差的工作，但它夸大了限制，特别是在解释例外与选择标准方面薄弱，因为它单方面集中考虑了雇用结构。[1]

由此可见，劳动力市场分割理论揭示了教育在资本主义国家劳动力市场划分中的作用，解释了教育的扩展未能改变各阶级、集团收入不平等的现实，从而形成了一个相对完整的理论体系。虽然该理论对教育与经济关系的论述不够全面，但对教育经济价值的分析和认识并没有推翻人力资本理论的体系，而是从另外一个视角丰富了人力资本理论。

(4)社会网络理论。社会网络理论(Social Network Theory)，也称"网络理论"(Network Theory)、"网络分析"(Network Analysis)，认为社会网络是由一系列社会关系联结在一起的节点(个体或组织)的总和，通过这种社会关系获得的资源对个体、社会团体、社会组织和社区实现目标是至关重要的。社会网络理论将人与人之间、组织与组织之间由于交流和接触而发生并存在的社会关系视作"节点"(Nodes)与"纽带"(Ties)，节点是网络内的个体成员，纽带是成员之间的关系，在节点之间有多种纽带。在其最简单的形式中，社会网络是所研究的节点之间的所有相关纽带的一张图。该网络可以用于确定个体成员的社会资本。这些概念通常被展示在社会网络图中，在网络图中节点是点，而纽带是线。该理论主要有"社会资本论"[2]和"结构洞论"[3]两

---

① Rosenbaum，J. E. et al. "Market and Network Theories of the Transition from High School to Work：Their Application to Industrialized Societies,"*Annual Review of Sociology*，1990(16)，pp. 263-299.

② Pierre，B. "The Social Space and the Genesis of Groups,"*Theory and Society*，1985，14(6)，pp. 723-744.

③ Ronald，B. *Structural Holes：The Social Structure of Competition*. Cambridge：Harvard University Press，1992.

种观点。社会资本论认为，社会资本是用来强化个体或企业之间行为规范的一种有效手段。一方面，社会资本可以充当一种资源，以网络的方式促进组织之间的合作，帮助企业获取资源；另一方面，社会资本可强化各方对这种网络的依赖，使各方按照已有网络的特征与规范去寻找新的合作者，以增加组织的社会资本。结构洞论则认为，竞争优势中更重要的是关系优势，即一个网络中位置处于关系稠密地带之间的稀疏地带，并将之称为"结构洞"（Structural Holes）。结构洞的存在，为活动于结构洞中的个体或组织提供了机会，带来了信息，并使资源通过这种新联结而流动，从而增加了社会网络的价值。个体为发展自身所需的机会更多地由关系提供。对于那些受过良好教育的人而言，网络带来的最大益处就是有同等的获取信息的机会。社会网络理论的主要代表人物有怀特（Harrison C. White）、格兰诺维特（Mark Granovetter）、布迪厄（Pierre Bourdieu）等。

社会网络理论的基本观点是：其一，信号理论假定信息都是真实的，而实际情况常常并非如此。社会网络理论描述了给定信息含义与交易信赖的一些方式，即信息不仅能通过市场传递，而且能通过网络传递。尽管存在潜在的欺骗可能，但信任还是增加了，因为交易镶嵌在个人关系与结构（或网络）之中，人们宁可与声誉良好的人打交道，甚至更愿意与以前交往过的人打交道，因此关系在经济生活中非常重要。一旦卖方与顾客建立起了良好关系，即便换了卖主，顾客仍然信任。其二，学校与市场的关系也一样，雇主依赖学校提供受教育者，而学校也依赖雇主雇用其毕业生。其三，理解与信任对评估信号非常重要。它们不是信号的要素，但其对信号的发生至关重要，市场需要保证信息被理解与信任的途径。途径之一就是将信号的理解与信任镶嵌在正在建立的机构关系之中。

社会网络理论的主要贡献是：社会网络理论的功能源于它与传统社会学研究的不同。传统社会学假设个体属性无论是友善的还是非友善的，聪明的还是迟钝的，都是重要的。而社会网络理论提出了相异的观点，即个体属性没有在网络内与其他成员所建立起的纽带重要，它充分考虑了机构关系的效率。市场模型主张学校与雇主的联结会干扰市场效率，而社会网络理论却认为这种联结能改善市场进程。该理论假定，机构之间的联结能够增加效率，并通过增加信息与信任加强所取得成就与工作之间的关系。

社会网络理论的不足之处是：该理论被用于解释许多现实世界现象，但对个体力量留有很小余地，认为影响个体成功的能力大多基于其所在网络内的结构，强调了学校与社会关联的重要性，却忽视了教育的自身价值。

综观 20 世纪 70 年代在教育经济学发展时期的研究，可以发现如下五大特征。[1]

(1)研究内容与范围有所拓展，如研究教育的生产性、社会对教育需求的预测、教育收支的预测、教育改革政策的制定与社会需求之间的关系等。总之，研究内容和范围比以前更丰富、更广，从最初研究在职职工的教育经济意义，发展到研究如何充分利用经济条件提高教育效能。

(2)出现新的研究课题，更加重视研究教育对社会需求和职业岗位的适应问题，如人口增长与普及义务教育问题、经济发展与人才需求问题、毕业生失业原因分析研究、教育计划与经济计划关系问题、国际人才流动分析研究等。

(3)在研究工作组织方面，国际性研究组织和机构不断增加，许多国家还在高等学校设立了专题性研究组织、研究学会和研究机构，比如联合国教科文组织(UNESCO)设立了"国际教育规划研究所"(International Institute for Educational Planning，IIEP)，法国于 1970 年成立了"教育经济研究所"(IREDU)，有些大学还专门设立了教育经济学研究所。

(4)具体计算方法研究有所突破，数量化、定量化以及数学模型等计算方法继续被重视，并且有了计算方法方面的专著，如《教育的经济计量模式》(*Econometric Models of Education*)等。

(5)许多国家在大学里开设了教育经济学课程，如英国的伦敦大学和美国的哥伦比亚大学等都开设了教育经济学课程。1970 年马克·布劳格出版了《教育经济学导论》，1972 年约翰·希恩(John Sheehan)出版了《教育经济学》，这些著作的出版为教育经济学的进一步发展奠定了基础。

总之，到 20 世纪 70 年代中期，教育经济学已经有了长足发展，成为国际学术界公认的独立学科，各国也都十分重视教育经济学学科的建设与发展，使教育经济学在世界范围内有了一定的地位。

2. 20 世纪 80 年代的发展

从理论上看，20 世纪 80 年代初期的教育经济学基本上是 70 年代的延续，没有大的突破。但是，随着时间的推移，新的问题不断出现，一些分析现行问题、修正旧观点、采用新方法的研究便陆续出现了。此一时期以下四个方面的研究内容较具

---

① 靳希斌：《教育经济学(修订本)》，21 页，北京，人民教育出版社，2002。

有代表性。[1]

(1)高新技术的发展与教育改革研究。这类研究主要是探讨高新技术的发展对教育程度结构及智能结构的影响。科技革命对社会和教育产生了重大影响，尤其是高新技术的快速发展及其普遍应用，不仅关系到教育而且关系到科技进步和整个社会经济的发展，而科技革命有可能使教育的两极分化进一步加剧。一方面，大多数教育质量较差的学校将为社会培养大批熟练劳动工人；另一方面，为数不多的高质量私立和公立学校将为高科技部门提供专门人才。这两类学校在各自不同的轨道上并行前进，互不沟通。为此研究者得出结论，高新技术的发展对教育的影响并非人们想象的那样大，不能夸大教育对培养高科技人才的作用。

(2)过度教育与生产率研究。"过度教育"(Over-education)是指工人的教育水平超过工作的技能要求，工人找不到理想的工作，没有实现职业愿望，它反映了教育结构及经济结构二者发展不平衡的现象。为此，西方一些教育经济学家对过度教育与生产率的关系进行了研究。结果显示，教育与劳动生产率的关系并不必然是线性或正向的，过度教育有可能影响劳动生产率。要解决这一问题，就要使教育与经济协调发展，教育结构与经济结构相平衡，劳动者能够找到满意的工作，实现其职业愿望，而不是劳动者所受教育的层次越高越好。

(3)教育与劳动力市场和收入分配研究。早期的西方教育经济学家从人力资本理论出发，认为在二元劳动力市场条件下，教育尤其是高等教育是低收入家庭子女进入头等劳动力市场的渠道。然而，20世纪80年代以来，西方教育经济学家开始对其早期理论中严格的"二元论"(Dualism)提出了疑问，劳动力市场的分割逐渐被认为是一种动态的劳动力市场化过程。他们通过历史的和多学科的分析拓展了对劳动力市场的探究工作，指出"二元论"过于简单。

(4)学校规模经济研究。学校规模经济理论主要来自经济学中的规模经济。有学者认为，从某种意义上说教育是一种产业，产业的经营需要运用各种资源，而资源各具特性，适当的经营规模才能使资源发挥其应有效能。因此，教育产业的经营必须依据规模经济的原理、最优化原理和科学管理方法，运用有限的人力、物力、财力取得最佳的办学经济效益。

事实上，在这一时期，内生增长理论与教育的外溢效应等也是不容忽视的研究

[1]　范先佐：《教育经济学》，21～31页，北京，中国人民大学出版社，2014。

领域。1986年美国经济学家保罗·罗默(Paul M. Romer)主要从人力资本内生的角度来考察教育对经济增长的贡献,明确把教育的作用放在了首要位置。他通过将知识或技术进步作为内生变量纳入新古典经济增长模型,提出了所谓"内生增长理论"(The Endogenous Growth Theory)①,他的基本观点有:一是知识和人力资本是经济增长的决定因素;二是强调技术内生化后,生产率的增长是一个自我产生的过程,当生产过程本身产生了新的知识(教育和培训),并且教育和培训作为新知识被纳入生产过程中时,生产率就会增加;三是各国经济增长的差别在于知识和人力资本导致的技术进步率的差异。1988年美国芝加哥大学教授卢卡斯(Robert E. Lucas,Jr)提出了"人力资本溢出模型"(The Human Capital Spillover Model)②,他将人力资本引入经济增长分析,假定在全球经济范围内存在人力资本外部性,认为该外部性是由人力资本的溢出造成的,这种外部性的大小可由全社会平均的人力资本水平来衡量。罗默和卢卡斯等人的文章发表后,内生增长迅速成为一个重要而广阔的研究领域。此外,国际贸易理论也被运用到教育对经济增长贡献的研究中来。哈夫曼(R. H. Haveman)和沃尔夫(B. L. Wolfe)于1984年发现,教育具有类似于出口的性质,除了可以直接形成人力资本外,教育还能够通过多种渠道促进其他部门的生产,产生了"外溢效应"(Spillover Effects),也就是教育的间接效应。③

因此,应该看到,20世纪80年代的教育经济学也有自己的发展特点,研究内容和方法都有了新的发展与变化,学科研究的内容重点发生了转移。从研究内容来看,这一时期从研究教育效益转向研究教育对社会或个人收入分配的影响,从专门研究教育对生产力的影响转向研究教育在选择就业者中的筛选作用,从重视研究学校教育投资转向重视在职培训研究,从侧重教育研究供给转向侧重对教育需求以及重视对教育的无形投入和无形收益的研究等。从研究方法来看,从使用横断表方式发展到运用多元化回归分析,从对教育经济学中各种数据绝对数分析发展到相对数分析,从静态分析法发展到动态分析法,从对教育经济效益投入产出对照分析发展到运用弹性替代分析以及建立计量模型等。

---

① Romer,P. M. "Increasing Returns and Long-run Growth," *Journal of Political Economy*,1986(94),No. 5,pp. 1002-1037.

② Lucas,R. E.,Jr. "On the Mechanics of Economic Development," *Journal of Monetary Economics*,1988(3),pp. 37-62.

③ Haveman,R. H. and Wolfe,B. L. "Schooling and Economic Well-Being: The Role of Nonmarket Effects," *Journal of Human Resources*,1984(19),pp. 408-429.

3. 20 世纪 90 年代的发展

20 世纪 90 年代，西方教育经济学研究者对一些新生问题的兴趣日益增长，主要有以下几个方面。

（1）信息时代对教育的影响研究。信息时代的来临，使教育理念、教育内容、教育模式等发生重大变革。卡诺伊认为，"信息时代的教育应当培育拥有高级解决问题技能并能帮助组织更多学习的工人"①。随着信息技术的进步，世界经济出现了全球化趋势。卡诺伊还认为，全球性的经济变化与劳动力市场的显著变化是相互关联的，为迎接世界经济的挑战，教育部门必须提倡批判性思考和注重解决问题的技能，并且更多地注重一般性的灵活的技能而不是过分的专门化的职业技能，应对儿童实施素质教育计划，终身学习随时间的推移变得越来越有必要。在全球化的竞争中，各国都必须注重劳动力的竞争力，像美国这样的超级大国如果要想获得竞争潜力就必须培养有高技能、创新性的劳动力。因此，进入 20 世纪 90 年代后，许多国家纷纷把人力资本发展作为一种战略与国家经济、社会和教育发展结合起来，并把它提到了国家发展核心政策的高度，如美国、英国、法国等国家的政府开始更多地介入教育发展。经济全球化对劳动力市场和教育产生了哪些影响？全球的教育经济学家面临着新的问题乃至批评——教育如何提高人的生产能力，教育如何促进个人的社会参与，教育能否在平衡社会中其他不平衡机制（如社会收入状况的不平等、社会参与的不公平等）方面发挥更大的作用？另外，在信息社会，技术的发展可以创造出使知识和学问来源多样化的文化教育环境，这些技术特点日益复杂，为人们所提供的可能性范围也越来越广，以计算机和信息技术为基础的教育技术在教育中产生的作用值得深入探索。

（2）教育的内生增长作用研究。内生经济增长理论在 20 世纪 90 年代得到了进一步的发展。新增长理论的领军人物、哈佛大学经济学教授菲利浦·阿洪（Philippe Aghion）与彼得·豪伊特（Peter Howitt）建立了具有创造性破坏特征的内生增长模型。他们认为，创造性破坏的过程使得创新的激励复杂化，源于有意识的投资、创新和发明的内生技术进步是经济增长的源泉，对教育投资的增加有利于跨代的社会阶层流动，能够避免经济陷入低增长的循环，并能增加工人的流动性，这一切对长期经

---

① Carnoy, M. "The Changing World of Work in the Information Age," *New Political Economy*, 1998, 3(1), pp. 123-128.

济增长具有显著作用。① 哈佛大学经济学教授曼昆（N. Gregory Mankiw）等人提出了
"扩展索罗模型"（The Augmented Solow Model）②，新增长理论经验研究的先驱罗伯
特·巴罗（Robert Barro）等人提出了"扩充式新古典模型"（The Extended Neoclassical
Model）③，人力资本被作为独立的投入要素引入总量生产函数，同样清楚地表明了
教育的人力资本投资可以使产出提高，从而促进经济增长。

（3）教育成本及财政研究。进入20世纪90年代后，教育成本与财政成为教育经济
研究的一个重点问题。教育成本及财政研究涉及教育生产资源的数量、筹措及利用等，
这不仅与教育投入有关，而且还涉及教育成本和教育的产出成本——效益评价等问题。
就教育财政而言，它不单是某种已有资源的配置问题，重要的是所希望支持教育活动
的机制或过程。教育财政的一个关键性问题是财政责任在政府和个人之间的适当划分。
根据"利益获得原则"，社会和各种成员都应负担与其所得利益有关的教育成本，可以
在对个人有利的私人收益和对社会有利的社会收益之间做出区分。当私人或社会获益
更多时，个人或社会应当为教育付费。在此期间，关于教育成本与财政的研究也取得
了很大进展。如美国学者布鲁斯·约翰斯通（D. Bruce Johnstone）继1986年提出了著
名的"高等教育成本分担"理论之后，先后发表了《高等教育成本》④、《高等教育财政
与管理》⑤等文章，不断完善和发展了"高等教育成本分担"理论；伍德霍尔（Maureen
Woodhall）继1985年对"教育投资"做了分析研究后⑥，又对高等教育学生贷款⑦、高
等教育财政资源变更与模型⑧等做了深入探索。

（4）教育对经济作用的实证研究。在这一历史时期，实证经济学已成为经济学的

① Aghion，P. and Howitt，P. *Endogenous Growth Theory*. Cambridge：MIT Press，1998.

② Mankiw，N. G.，Romer，D. and Weil，D. N. "A Contribution to the Empirics of Economic Growth,"*Quarterly Journal of Economics*，1992，107(2)，pp. 407-437.

③ Barro R. J. and Xarier Sala-i-Martin, Economic Growth, New York：McGraw-Hill press，1995，pp. 57-62.

④ Bruce，J. D. "The Costs of Higher Education"in Philip G. Altbach(ed.). *International Higher Education*：*An Encyclopedia*. New York：Garland Publishing，Inc.，1991，pp. 59-89.

⑤ Bruce，J. D.，Arora，A. and Experton，W. *The Financing and Management of Higher Education*：*A Status Report on Worldwide Reform*. Washington，D. C.：The World Bank，1998.

⑥ Woodhall，M. *Education for Development*：*An Analysis of Investment Choices*. Oxford：Oxford University Press，1985.

⑦ Woodhall，M. *Student Loans in Higher Education*，Vol. 1：Western Europe and USA，1990.

⑧ Woodhall，M. "Changing Sources and Patterns of Finance for Higher Education：A Review of International Trends,"*Higher Education in Europe*，1992，Vol. 17，No. 1，pp. 141-149.

主流，国外教育经济的实证研究主要集中在不同阶段、不同层次与不同类型的教育对经济增长的作用上。英国学者诺曼·格默尔（Norman Gemmell）发现，不同层次的教育与国家的经济发展水平表现出对应的关系，初等教育和中等教育与最穷的和中等发展水平的发展中国家经济增长关系更为密切，高等教育只对经合组织国家经济增长才是最重要的。[①] 美国学者克鲁格（Alan B. Krueger）等人发现，人力资本存量与经济增长之间存在着"倒 U 形"关系，平均受教育时间对经济增长作用的峰值为7.5 年，而 1990 年这些国家人口的平均受教育时间为 8.4 年，意味着这些国家将会得到负的收益。[②]

由以上的讨论可知，20 世纪 90 年代以来，西方教育经济学的研究在广度和深度上都有一定的发展，尤其是在信息时代对教育的影响、教育的内生增长作用、教育成本及教育对经济作用的实证研究等方面取得了大量研究成果。

4. 21 世纪以来教育经济学的新发展

进入 21 世纪后，教育经济学呈现出以下新的发展趋势。

（1）社会资本理论系统分析方法的运用。法国社会学家皮埃尔·布迪厄第一个对社会资本进行了系统分析。1980 年，其在《社会科学研究》杂志上发表了题为"社会资本随笔"的短文，正式提出了"社会资本"（Social Capital）的概念。自从该概念被引入学术研究以来，社会资本作为解释经济与社会发展的重要变量，已经越来越多地为学者们所采用。特别是进入 21 世纪后，它所表现出的强大解释力已经得到了越来越多研究者的青睐。如美国学者詹姆斯·科尔曼（James S. Coleman）和罗伯特·普特南（Robert D. Putnam）分别从社会资本的功能角度和"社会资本存量"这个概念来研究社会资本。社会资本理论弥补了人力资本理论研究的不足，通过借鉴社会资本理论对人际关系、社团组织、网络沟通以及规范契约等的研究，在教育经济学研究中教育对经济的影响同样也会因为教育对人际关系社会组织、网络应用以及契约规范的影响而对经济产生影响。从社会资本理论这一新的视角研究教育对社会资本投资、形成与影响以及对经济增长和社会发展的作用，能够更准确、更全面地把握教育与社

---

① Norman, G. "Evaluating the Impacts of Human Capital Stocks and Accumulation on Economic Growth: Some New Evidence," *Oxford Bulletin of Economics and Statistics*, 1996, 58(1), pp. 9-28.

② Alan, K. and Rouse, C. "The Effect of Workplace Education on Earnings, Turnover, and Job Performance," *Journal of Labor Economics*, 1998, 16(1), pp. 61-94.

会经济发展的关系。[1]

(2)新制度经济学理论的引入。1984年英国经济学家罗纳德·科斯[2]提出"新制度经济学"(New Institutional Economics，NIE)[3]后，这一概念在世界范围内得到了广泛传播，对教育研究也产生了重要影响，特别是新制度经济学理论对现实教育体制改革更具解释力。新制度经济学在教育经济领域研究中的运用有两个走向：一是把制度经济学作为一种思考问题的视角，继而作为一种方法来操作以分析教育中的问题；二是把新制度经济学作为理论基础，从新制度经济学中挖掘出与教育活动不同层面之间的联系。迄今为止，教育经济学中关于第一个方面的研究就是运用制度变迁理论作为解释高等教育体制改革与结构调整的理论基础。关于第二个方面的研究则是将产权理论引入教育领域，对教育资源配置效率和公平问题进行制度分析，并且提出了教育产权的概念及对有关问题的探讨。

(3)教育经济学跨国家的比较研究。进入21世纪以后，跨国家的比较研究变得越来越普遍，教育经济学国际研讨会为各国学者搭建了一个良好的交流平台。继1963年国际经济学会在法国召开"首届教育经济学专题研讨会"，法国教育经济研究所于1986年举办了一次"国际教育经济学专题研讨会"，20年后的2006年6月又成功举办了一次类似的会议。国际研讨会的举办不仅为各国学者提供了交流成果和经验的机会，而且对世界各国教育经济学研究的热点问题进行了深刻剖析，为未来的研究拓展了领域，提出了今后一段时间内的研究重点，如在知识经济条件下对成本补偿理论的新理解，为高等教育的超常规发展提供了新的财政资助策略，在教育资源短缺的情况下提出解决公平与效率冲突的新途径以及解决未来大学生失业问题的可能方式等。

(4)政府行为和社会对教育的需求行为研究。近年来，研究宏观经济学的微观基础成为西方经济学发展的一个重要趋势。对宏观问题的研究要建立在微观经济学的基础上，西方经济学研究的这种进展对教育经济学发展有着重要意义。在教育领域，除了个人对教育的选择行为外，教育领域的投资、运行及管理多是政府行为。因此，长期以来，教育经济学主要研究宏观教育问题，在既定的制度下研究总量间的关系

① 范先佐：《教育经济学》，29～30页，北京，中国人民大学出版社，2014。
② 罗纳德·科斯(Ronald Harry Coase，1910—2013)，英国经济学家，1991年获得诺贝尔经济学奖。
③ Coase，R. H. "The New Institutional Economics,"*Journal of Institutional and Theoretical Economics*，1984，140(1)，p. 229，p. 230.

和管理方式，研究教育如何适应经济增长以及满足社会对教育的需求。西方经济学在宏观经济微观化方面的努力，为教育经济学的研究提供了进一步的发展空间，政府行为和社会对教育的需求行为也成为教育经济学的研究对象。

西方教育经济学的发展历程，总结如表 2-6 所示。

表 2-6 西方教育经济学的发展历程

时间	主要研究范畴或成果	特点分析
20 世纪 70 年代	筛选理论、劳动力市场分割理论与社会化理论的形成	试图摆脱人力资本论的束缚，寻求更新的研究方法，挑战人力资本的主流地位
20 世纪 80 年代	高新技术发展与教育的关系、过度教育与生产率、教育与劳动力市场和收入分配、学校规模经济等研究	拓展了研究领域，在研究方法上更加趋向实证分析和个量分析
20 世纪 90 年代	教育与以信息为基础的世界经济、信息技术对教育的影响及教育成本与财政研究等	进一步开拓研究领域，研究方法在广度上和深度上均有一定发展
21 世纪以来	社会资本理论系统分析方法的运用、新制度经济学的引入、教育经济学跨国家的比较、教育投资与教育过程研究等	研究重点不断转移，理论研究深度不断加强，各项研究进一步深化

综上所述，一百多年来，西方教育经济学从向公众解释教育的经济价值，发展到指导教育实践和教育改革，吸收了西方经济学、社会学、教育学等多学科的最新研究成果，是多学科相互渗透、相互作用的结果。教育经济学已从最初的一种理论发展成由多种理论流派构成的一个全面的理论体系，在教育实践中显示出一定的生命力。

第三节 中国教育经济学的形成与发展

前面已经谈到，在我国古代，人们很早就认识到发展教育是经济发展、国家富强的条件之一，教育经济思想已经萌芽，但由于多种历史原因，我国教育经济学学科的形成与发展比较晚，同样也经历了一个复杂的嬗变过程。

一、中国教育经济学的形成过程

1. 20 世纪 20—30 年代：萌芽阶段

20 世纪 20—30 年代是中国教育较为自由发展的时期，中国的教育经济学研究也发端于这一历史阶段，研究者主要围绕"能否和怎样摆脱中国教育落后面貌"这一主题，针对教育经费、教育成本、教育财政等问题进行了较为深入的研究，开创了中国教育经济学研究的先河。

(1)邰爽秋①的《教育经费问题》。1935年上海教育编译馆出版了邰爽秋的《教育经费问题》，选辑了他在1928—1929年公开发表的论文，主要涉及教育机会均等是教育经费的中心问题、广开适合国情的增加教育经费途径、教育经费独立和统一教育经费行政四个方面的思想。他是中国第一个对教育经费进行系统研究的学者，他的教育经费研究从宏观研究到微观分析，从哲学背景到具体措施，具体措施中从经费增加途径到教育经费独立，再到统一教育经费行政，环环相扣，逻辑缜密，形成了一个完整的系列。他所提出的增加教育经费八点方案、教育经费独立的八点方案和统一教育经费行政的四点方案，在今天看来仍有重要的理论与实际意义。

(2)古楳②的《中国教育之经济观》。1934年上海民智书局出版了古楳的《中国教育之经济观》，收录了他发表的六篇论文，这些论文主要阐述了教育与生产之间的关系、办教育要合适人民的经济能力、培养学生所需要的教育成本和要注重教育的经济效率四个方面的问题。他的研究涉及教育与经济的关系、教育成本、教育效率等教育经济学的一些理论问题，尤其是对前两个问题的研究，在当时看来具有较高建树，其中对学生个人所需教育费用的研究，在中国尚属首次，影响较为广泛。他对当时所谓"教育是适应生活需要""教育就是生活"等观点产生怀疑，阐述了教育与经济的关系，主张教育为经济发展服务。他强调，教育者要有经济观点，一方面要研究国民经济状况；另一方面要研究教育历程之经济，注意培养学生的经济能力。在其著作中，古楳实际上已经触及了教育经济学的基本理论问题，初步构建了教育经济学的基本理论框架。他是世界上第一个提出"教育经济学"这一名词的人，比维泽提出同一名词还要早28年。

(3)陈友松③的《中国教育财政改造》。陈友松的博士学位论文《中国教育财政改造》主要从中国受教育者现状、中国教育经费现状与历史变化、生均经费与人均经

---

① 邰爽秋(1896—1976)，教育家，曾留学美国并获教育学博士学位，与晏阳初、梁漱溟、陶行知并称为"中国教育界四大怪杰"。

② 古楳(1899—1977)，教育经济学家，曾获东南大学教育学学士学位，在20世纪20年代致力于乡村教育运动，写过《乡村教育新论》等论著。

③ 陈友松(1899—1992)，教育家，曾留学美国获哲学博士学位，曾任北京师范大学教科所教授，出版专著多部。

费、教育预算占财政总预算比例、中国教育财政与来源、中国实施教育的经济能力、中国实施教育的财政能力等十几个方面进行实证研究。他对当时的中国教育经济状况进行分析后得出结论，中国在当时要想在最短时间内普及教育，只有两个办法：一是努力将财政制度按照财政专家的提议实行改造，教育经费独立不过是过渡时期的必需办法；二是采用教育专家所提倡的最经济、最简单的教育方法。陈友松是最早对中国教育财政与教育经费进行整体实证性研究的一位学者，其研究结果具有重要的理论与实践价值，达到了国际同期教育经济学研究的先进水平。

总之，20 世纪 20—30 年代中国的教育经济学已经萌芽，教育经费、教育成本、教育财政成为这一时期中国教育经济学研究的热点，邰爽秋的《教育经费问题》、古楳的《中国教育之经济观》和陈友松的《中国教育财政改造》，代表了这个时期中国教育经济学研究的最高水平。

2. 20 世纪 40—70 年代中期：停滞阶段

20 世纪 40 年代到 70 年代中期，由于抗日战争和"文化大革命"等一些历史事件的影响，刚刚起步的中国教育经济学研究被迫中断。另外，当时我国尚缺乏有组织的研究群体，没有学科核心概念与理论基础，缺乏与国外的学术交流，也成为学科难以形成和发展的重要原因。

3. 20 世纪 70 年代后期：重拾阶段

1978 年，党的十一届三中全会使中国进入了改革开放的历史性新阶段，中国的报刊上开始登载教育经济学学科介绍性的短文，以及探讨教育经济功能的文章，而关于教育本质问题的论争，成为中国新时期教育经济学研究的前奏。十一届三中全会后党的工作重点转移到了经济建设上，要搞经济建设就需要大批专门人才。而"文化大革命"所造成的人才短缺严重制约了经济的发展，这又促使人们对教育的经济意义进行深刻反思。从 1979 年起，对西方教育经济学的基本介绍成为中国人接触西方教育经济学的开端。1979 年 12 月邱渊教授在《教育研究丛刊》第一期上发表了《教育经济学的形成、发展及现状》一文，他从教育经济学的思想渊源、早期探讨、初步形成、继续发展和现况概要这五个阶段介绍了教育经济学，对于中国较为系统地理解该学科研究的基本成果起到了重要的作用。1979 年，全国教育科学规划会议提出建立我国的教育经济学，同年厉以宁等人开始教育经济学的比较研究。

4. 20 世纪 80—90 年代：形成阶段

20 世纪 80 年代初，是我国教育经济学的创立时期。1980 年美国经济学家舒尔茨到中央教育科学研究所、北京师范大学、复旦大学等机构讲学，传播人力资本理论，提高了中国学者对教育经济功能的认识。1980年《教育研究》发表了千家驹[①]的文章，针对中国教育事业经费状况进行了国际比较分析，指出一个国家的教育经费应该与本国的国民生产总值、国民收入、国家总预算开支有一定的比例关系。通过对这种比例关系的分析发现，中国比发达国家甚至第三世界国家都低很多，这是我国太不重视教育事业的结果。与此同时，为了促进学术交流与协作研究，1980年9月中央教育科学研究所在北京召开了全国教育经济学研究工作交流会，研究讨论了教育的生产性及教育在社会生产中的地位和作用、教育经济学的对象与任务等问题，于光远等经济学家和教育学家在会上积极倡导建立我国的教育经济学，会上成立了全国教育经济学研究会筹备组。筹备组成立后，1981年5月在北京举办了讲习班，邱渊教授首次系统介绍了西方与苏联教育经济学的产生、发展和基本内容。从此，教育经济学研究活动在全国有组织地蓬勃开展起来，学者们陆续翻译出版了希恩的《教育经济学》(1980)、科斯坦年的《国民教育经济学》(1981)、舒尔茨的《教育的经济价值》(1982)、贝克尔的《人力资本》(1987)、科恩的《教育经济学》(1989)、布劳格的《教育经济学导论》(1989)、舒尔茨的《人力资本投资》(1990)等著作。我国学者也先后撰写了一批教育经济学著作，如全国教育经济学研究会筹备组编写的《教育经济学概论》(1983)、厉以宁编写的《教育经济学》(1984)、北京师范大学教育经济学研究组集体编写的《教育经济学》(1984)、厉以宁等编写的《教育经济学研究》(1988)、韩宗礼编写的《教育经济学》(1988)、王善迈主编的《教育经济学概论》(1988)、杨葆焜主编的《教育经济学》(1988)、王玉崑编写的《教育经济学》(1992)、靳希斌编写的《教育经济学》等。另外，还出版了一些教育经济学相关研究专著，如王善迈的《教育投资与财务改革》(1988)、秦宛顺与厉以宁合作编写的《教育投资决策研究》(1992)、厉以宁与闵维方合作编写的《教育的社会经济效益》(1995)、王善迈的《教育投入与产出研究》(1996)、靳希斌的《市场经济大潮下的教育改革》等。

　　我国学者分析借鉴了国外教育经济学的有益成果，坚持理论联系实际的原则，在广泛深入调查研究的基础上，经过周密的专题研究，逐步建立起具有中国特色的社会主义教育经济学体系。1984年9月，中国教育学会教育经济学研究会成立大会在安徽黄山市召开，中国教育学会教育经济学研究会正式成立，1985年学会创办的

---

① 千家驹(1909—2002)，经济学家，中国科学院哲学社会科学部学部委员。

《教育与经济》杂志公开出版发行。此后一支体现多学科互相交叉与互相渗透、知识结构合理、具有较强研究能力的队伍不断发展壮大，并逐步构建了以教育投资的经济价值理论、教育的社会经济功能理论、教育的生产理论、教师劳动报酬问题、教育同经济与社会发展相协调的问题等为基本内容的理论体系。从体系建构的一开始，我国学者就将体系建构的立足点放到了教育与国民经济的关系上，重视建设我国自己的学科特色。

　　总之，20世纪80年代末至90年代初，是我国教育经济学研究的繁荣时期，也是教育经济学迅猛发展的时期，教育经济学受到社会的广泛关注，涌现出一大批专门研究教育经济学的专家和学者，出版和发表了大量专著、教材和学术论文。研究领域较初创时期更为扩展，研究内容也更为深入和具体，在研究方法上开始运用规范分析和实证分析相结合的方法分析我国教育经济学方面的现实问题，并出现了"高等教育经济学"等子学科。党的十四大以后，我国教育经济学又在一些新的研究领域进行了广泛探讨，主要包括市场经济条件下的教育与经济关系研究、教育投资短缺问题研究、教育资源合理配置问题研究、教育经济效益问题研究和市场经济下的教育运行机制研究等。经过90年代后期的发展，我国教育经济学已基本形成。

5. 21世纪以来：全面发展的新阶段

　　21世纪以来，我国教育经济学进入全面发展阶段和百花齐放时期。教育经济学无论是研究成果还是学科体系都极大地丰富起来。这个时期一个显著的特点就是很多学者都注重理论创新，个性化著作或论文大量涌现。研究者不再完全按照已有的学科体系结构对学科体系进行构建，而是根据自己的科研兴趣或优势对学科某一领域或某一方面以独特的研究视角和研究方法来研究问题，形成了富有个性化的体系结构。我国教育经济学在学科领域中取得了很大的成就，特别是在高等教育经济学研究方面取得了突出成绩，主要表现在以下几个方面。

　　(1)高等教育对经济发展的作用问题。关于教育对经济发展的作用研究已有大量专著出版，如王培根对高等教育与经济增长的互动关系做了深入分析，并建议通过高等教育的非均衡发展战略最终实现均衡发展，达到高等教育与经济协调发展的目标。[①] 叶茂林认为，教育是推动经济增长的重要引擎，也是推动社会文明与进步的

---

① 王培根：《高等教育经济学》，1～4页，北京，经济管理出版社，2004。

根本动力。他将教育对经济增长的影响归结为两个主要途径：一个是人力资本途径；另一个是教育推动技术进步和技术创新，提高经济资源的配置效应。[①] 刘雅静、孙世明把高等教育对经济增长的理论概括为人力资本理论、筛选理论和劳动力市场理论，认为教育对经济增长的作用是不容忽视的。他们还分析了高等教育和社会发展、政治文明和文化发展之间的关系，拓展了研究视角。[②] 我国研究者通过实证分析，充分肯定了高等教育在经济发展中巨大、积极的作用，对高等教育与经济发展之间的关系进行了国际比较，探讨了高等教育与技术进步之间的关系，对高等教育与就业、经济增长率、资源利用率、实际收入水平和收入分配结构等方面的关系进行了论证，确立了高等教育投资是生产性投资的观点，从而在根本上否定了高等教育投资是非生产性投资的传统看法，进而探讨了高等教育投资在国民生产总值中的合理比例问题，指出了高等教育投资相对于国民生产总值超前增长的必要性。

(2)高等教育投资的经济效益问题。一些学者在充分肯定高等教育在经济发展中的巨大作用，在确立高等教育投资是生产性投资观点的基础上对高等教育投资及其经济效益进行了许多有益探讨。一是高等教育系统的内部效益问题。在充分探求我国高等教育所面临的规模效益及其资源合理配置等问题的基础上，确立了我国高等教育总体规模的扩大应该走内涵式发展道路。二是高等教育的外部效益问题。以受教育者个人和家庭为考察对象，对受教育者的个人收益情况进行了实证调查研究，结果表明：在中国目前的社会经济条件下，受过高等教育者有显著的收入优势，高等教育是一项能够给个人带来收益的投资。

(3)高等教育的成本补偿问题。一些学者提出，高等教育不同于义务教育，高等教育在性质上较少地具有公共产品的特性，而相对较多地带有私人产品的特性，从而为高等教育进行成本补偿提供了理论依据。高等教育开支对税收支持的国家财政和个人交纳的学杂费的依赖程度将影响收入分配和社会公平性。对接受高等教育的人进行的财政资助实际上是一种收入的再分配。在进行高等教育成本补偿的同时，应充分考虑家庭经济状况较差的学生接受高等教育的机会，以尽可能促进高等教育机会分配的公平。

(4)高等教育经费多渠道筹措的可能性问题。一些学者探讨了社会主义市场经济条件下高等教育经费筹措的多渠道的可能性，如采用资本运作手段，通过与上市公

---

① 叶茂林：《教育发展与经济增长》，263～264页，北京，社会科学文献出版社，2005。
② 刘雅静、孙世明：《高等教育理论与实践》，1～2页，济南，山东大学出版社，2005。

司合作或校办企业上市等方法在资本市场筹资，也可参照国外学校直接上市筹资，通过学校与金融的结合，采用校内股份制。另外，还可以组建教育基金、发行教育债券、发放教育贷款等。

(5)高等教育经济学研究方法上的创新问题。一批掌握了现代科学的研究方法的研究者已经在我国高等教育经济学界成长起来，有些还结合中国的具体国情，对西方传统方法进行了改进或修正。例如，在计算收益率的过程中，研究者结合中国现有的统计方法，设计并采用了从以农村家庭为单位的经营性收入中分离出劳动者个人所做贡献的方法，这种方法是独创的，在西方传统研究方法中尚未提及。

从以上分析可知，我国教育经济学的形成与发展可以归结为萌芽、停滞、重拾、形成、发展五个主要阶段，归纳如表 2-7 所示。

表 2-7　中国教育经济学形成和发展过程

阶段	时期	主要事件
萌芽	20 世纪 20—30 年代	邰爽秋的《教育经费问题》、古楳的《中国教育之经济观》、陈友松的《中国教育财政改造》，代表了这个时期中国教育经济学研究的最高水平，标志着教育经济学开始萌芽。
停滞	20 世纪 40—70 年代中期	国内外政治大背景迫使我国教育经济学研究中断。
重拾	20 世纪 70 年代后期	1979 年 12 月邱渊发表《教育经济学的形成、发展及现状》一文，国内学者开始较为系统地理解西方教育经济学。
形成	20 世纪 80—90 年代	1980 年千家驹针对中国教育事业经费状况进行国际比较分析，1980 年 9 月中央教育科学研究所召开全国教育经济学研究工作交流会，1983 年 12 月《教育经济学概论》的出版标志着我国教育经济学的建立，1984 年 9 月中国教育学会教育经济学研究会成立大会召开，教育经济学研究蓬勃兴起。
发展	21 世纪以来	市场经济条件下的教育与经济关系研究、教育投资短缺问题研究、教育资源合理配置问题研究、教育经济效益问题研究和教育运行机制研究取得了很大成就，教育经济学获得新发展。

二、中国教育经济学的发展现状

虽然我国的教育经济学学科建立较晚且经历了艰难的发展历程，但是当西方教育经济学引入我国后，我国教育经济学研究者很快就不再仅仅满足于对西方的教育经济学理论"隔岸观花"的介绍和简单地照搬西方学者依据的原则和价值观开出的变革"良药"行事，而是创建了一个具有中国特色的学科体系，在教育经济学研究方面，取得了不少高质量的研究成果，在有些领域还进行了创新与发展。

在研究方法方面，注重实证研究和规范分析是目前我国教育经济学研究的一个明显特点。我国高等教育经济学主要采取调查统计、量化研究、数理模型、经济学模型等多种方式。教育经济学的另一部分属于规范研究范畴，实证研究和规范研究在各自适合的领域发挥着积极的作用。但是，在许多情况下，二者的融合所获得的结论优于单独使用其中的一种。我国学者走实证研究与规范研究相结合的道路，彼此补充，互为支撑，更加有利于学科理论建设。

就具体研究内容而言，主要集中在教育公平与教育资源配置、教育财政投资以及大学生就业与创业等领域。

1. 教育公平与教育资源配置问题研究

教育公平是社会各界和教育工作者长期关注的问题，而如何进行教育资源的合理分配或许有赖于对教育公平问题的解决。教育的扩展能够降低教育的不平等，但并不能彻底消除教育不平等。[1] 如我国基础教育资源的城乡分布差异，并不是单一的教育扩张能够解决的，这需要对资源进行合理的再分配。[2] 刘亚荣在分析了我国高等教育市场、政府和高校三方面机制变迁之后认为，要实现我国高等教育资源配置机制的转变，一方面需要变革政府的行为方式，采取逐层放权的方式，将高等教育成本和风险尽量在社会主体之间进行分担，将政府计划方式所可能产生的效率低下的风险降到最小；另一方面要积累大量市场经验，建立与市场主体动力机制相适应的适当的激励机制及强有力的约束机制，直至形成市场和政府的有效协调。[3]

2. 教育财政投资问题研究

在教育财政投资问题上，我国的教育财政投资于2012年达到4.2%，首次超过了4%，但是教育财政投资体制的转型步伐并没有结束。有学者在分析了区域间财政投入差异后认为，中部地区在办学条件、经费投入、师资配备、教师收入等方面相对均衡，但义务教育投入的生均指标显著落后于东、西部部分省份，中部地区义务

---

[1] 杨道宇、姜同河:《教育资源的城乡不均衡分布——以黑龙江省基础教育为例》,载《教育与经济》,2011(1)。

[2] 唐远雄:《教育扩展、地区差异与入学队列:教育不平等的分布逻辑》,载《教育与经济》,2015(4)。

[3] 刘亚荣:《从双轨到和谐——中国高等教育资源配置机制的转轨》,1~2页,杭州,浙江大学出版社,2010。

教育投入存在"水平塌陷"与"低水平均衡"现象，且有可能长期陷入"低水平陷阱"。[①]
这一负向的空间溢出问题，主要源于我国财政分权形成了财政激励，使得地方政府
过度追求经济增长，而忽视了对教育的投资。[②] 徐国兴认为，近年来我国高校公共
财政投入无论是在理念上还是实践上，都有很多的变化：在高等教育公共财政投入
力度上，发展趋势表现为绝对值稍微增加而相对值急剧下降；在高等教育公共财政
投入方式即分配上，表现为强化追求投资效率的政策目标。[③]

3. 大学生就业与创业问题研究

就业与创业是近些年社会关注最多的话题，如大学生就业意向调查、大学生创
业积极性和创业环境等。有研究表明，北京作为大学生就业的"香饽饽"，近些年已
经不再火热，非京籍高校毕业生在京就业人数呈现先增长后趋于平缓的趋势，而在
京就业的比例则呈现先略微上升又逐年下降的趋势。[④] 在创业方面，鼓励大学生创
业也是近些年国家推广的方式。面对我国当前大学生以被动型创业为主体的现实情
况，大学生创业的行为选择有赖于完善的竞争性创业市场的建立。

4. 教育经济学涉及的产品属性、道德规范及价值判断等问题研究

近年来人们也逐渐认识到教育财政的不同方式，如教育经费的筹措和分配，不
仅对教育资源配置产生重要影响，而且也会影响到教育和经济发展目标的实现。再
如，随着我国城市化水平的提高，如何控制农村人口合理外流，调节城乡人力资本
的供需平衡，成为学者们讨论的热点之一。总之，我国近年来的教育经济学研究一
直紧紧抓住教育领域中经济现象的核心问题，为国家宏观教育政策制定提供了重要
的理论依据。

到 2016 年 9 月，我国设有教育经济与管理博士点的高等院校有 18 个（见
表 2-8），硕士点高校有 114 个（见表 2-9）[⑤]，其中北京大学和北京师范大学教育经济
与管理专业为国家重点学科。

[①] 雷万鹏、钱佳、马红梅：《中部地区义务教育投入塌陷问题研究》，载《教育与经济》，2014(6)。

[②] 李成宇、史桂芬、聂丽：《中国式财政分权与公共教育支出——基于空间面板模型的实证研究》，载《教育与经济》，2014(3)。

[③] 徐国兴：《高等教育经济学》，110 页，北京，北京大学出版社，2013。

[④] 马莉萍、董璐：《逃离还是北漂？——高校毕业生落户北京政策与毕业生的就业选择》，载《教育与经济》，2015(3)。

[⑤] 根据中国研究生招生信息网"专业知识库"(http://yz.chsi.com.cn/zyk/)信息统计——笔者注。

表 2-8　拥有教育经济与管理专业博士点的高等院校(18 所)

北京大学*	北京航空航天大学*	北京师范大学*	东北师范大学*	东北大学*
复旦大学*	国家行政学院*	华南师范大学	华中科技大学*	华中师范大学*
华东师范大学*	南开大学*	南京农业大学*	厦门大学*	武汉大学*
中国人民大学*	中国矿业大学(徐州)*	浙江大学*		

注：带 * 者为一级学科博士点覆盖的二级学科博士点。

表 2-9　拥有教育经济与管理专业硕士点的高等院校(114 所)

北京大学*	北京航空航天大学*	北京科技大学*	北京理工大学*
北京师范大学*	长沙理工大学*	大连理工大学*	东北农业大学*
重庆医科大学*	长春工业大学*	东北财经大学*	东北大学*
东北师范大学*	福建师范大学*	福州大学*	复旦大学*
广西大学*	广西师范大学	广西师范学院	广州大学*
贵州财经大学*	哈尔滨工程大学	哈尔滨工业大学*	哈尔滨师范大学
杭州师范大学*	河北师范大学	河北经贸大学*	河南大学*
河北大学*	河南师范大学	黑龙江大学*	黑龙江科技大学
湖北大学*	湖南农业大学*	湖南师范大学*	华东政法大学*
华东理工大学*	华东师范大学	华南理工大学*	华南师范大学
华中科技大学*	华南农业大学*	华中农业大学*	华中师范大学*
淮北师范大学	暨南大学*	江西财经大学*	江西农业大学*
江西师范大学	昆明理工大学	辽宁大学	兰州大学*
辽宁师范大学	内蒙古工业大学*	内蒙古农业大学*	内蒙古师范大学
南昌大学*	南京大学*	南京航空航天大学*	南京农业大学*
南京师范大学*	南开大学*	宁波大学	宁夏医科大学*
青岛大学*	青海民族大学*	曲阜师范大学	山东财经大学
山东师范大学	山西财经大学*	陕西师范大学*	上海财经大学*
上海理工大学*	上海师范大学	沈阳师范大学	沈阳农业大学*
首都经济贸易大学*	首都师范大学	四川大学*	苏州大学*
天津大学*	天津理工大学	天津工业大学	同济大学*
武汉大学*	武汉理工大学	西北大学*	西北师范大学
西华师范大学	西北政法大学*	西南大学*	西南交通大学*
西南民族大学*	厦门大学*	湘潭大学*	江苏师范大学*
扬州大学	浙江大学*	浙江财经大学*	浙江工业大学*
浙江师范大学	郑州大学*	中国地质大学(武汉)*	云南财经大学*
云南大学*	中国科学院大学*	中国农业大学*	中国人民大学*
中南财经政法大学*	中南大学*	中南民族大学*	中国海洋大学*
中央财经大学*	重庆大学*		

注：带 * 者为一级学科硕士点覆盖的二级学科硕士点。

三、中国教育经济学研究存在的问题与改进

就我国教育经济学研究而言，至少有以下几个问题值得注意。[①]

1. 学科的理论基础和体系建设相对薄弱

由于教育经济学还是一门相对比较年轻的学科，学科的理论基础和体系建设相对薄弱在所难免——研究对象和边界比较模糊、缺乏独立范畴和相对严密的逻辑体系、没有较为完整与独立的理论等。教育经济学作为一门新兴学科，仅仅跟随时代潮流是不够的。由于学科的稚嫩，基础还不扎实，要想保持发展后劲，必须对学科的基本理论问题给予足够的重视。但在目前重应用轻基础、重专题轻理论的研究氛围下，进行学科基本理论研究已属不易，而要在理论研究上实现一定的突破，研究者无疑要面临更多的挑战。

2. 学科的研究方法尚欠严谨和规范

教育经济学是经济学、教育学乃至其他学科交叉而形成的，如果不懂教育学和脱离教育科研方法的运用，那也就谈不上对现实教育经济问题的把握。对现实问题的研究往往需要多学科方法的共同参与，学科本身应该是严谨而规范的。但从中国教育经济学研究的现状来看，教育学出身的研究者往往对经济学方法的掌握有一定的欠缺，而经济学出身的研究者往往对教育问题本身的特性又把握不太准确，因而在教育经济学研究方法的运用上，正如王善迈所说，"我们的研究还有些不足。研究方法，无论是规范研究还是实证研究都有待于完善"[②]。

3. 学科研究对象和研究边界尚显模糊

由于中国教育经济学研究队伍来源的多样化，教育经济学研究对象的边界显得模糊不清。尽管学术研究不应当被划定条条框框，但如果研究对象的范围宽泛得无边无际的话，那绝对是不严谨的。教育经济学的研究对象和研究边界是什么，哪些问题是教育经济学应该研究的，哪些不是，这些看似空疏的问题实则是一个关系到该学科能否健康发展的基本理论问题。

4. 原创性的研究特别是理论上的创新相对缺乏

对于中国来说，教育经济学是一个舶来品。[③] 早期研究大量翻译、介绍、诠释和运用外国的理论，不可否认普遍存在追随、模仿和验证的问题，缺乏原创性的发

① 范先佐：《教育经济学》，35～37 页，北京，中国人民大学出版社，2014。
② 王善迈：《加强教育经济学学科建设》，载《教育与经济》，2004(3)。
③ 王善迈：《创建中国特色的教育经济学科体系》，载《教育与经济》，2012(1)。

现和创新性的理论，重复劳动的现象较为普遍。加之教育经济学的很多理论本身还不十分完善，处于相对发展时期，即使是得到普遍认可的理论，能否适应中国的现实国情，仍然需要研究。例如，传统的适用于发达资本主义市场的教育经济收益率的计算方法，是否适用于中国这种发展中大国的研究就有很大的疑问。① 由是观之，加大对基础理论的研究不仅是必需的，也是紧迫的。据此，特提出以下发展建议。

(1)理论体系应逻辑化。主要从以下三方面着手：①确定逻辑起点。每一门科学都有特定的理论体系，而每一种体系都应该有各自的逻辑起点，它在学科体系的建设中起着至关重要的作用。有学者认为，教育经济学的逻辑起点应该是"教育服务"。②重构概念体系。可以说，一门学科的理论体系成熟与否，其核心是概念体系的建构是否科学，概念体系是理论体系的核心。总结教育经济学的基本概念发现，现有的基本概念体系尚不完整，逻辑层次不明显。应该从对概念体系的现状研究出发剖析目前概念体系存在的问题，理顺基本概念之间的逻辑性和层次性，构建完整、科学的概念体系。③重建理论体系。理论体系应该具有严密的逻辑范畴，它是通过作者的认识逻辑而展开的。概念是基于人们对现实事物的理性认识而产生的抽象要素，概念与概念之间的层次递进关系构成了概念体系的逻辑，沿着这种逻辑对理论内容的展开就构成了理论体系的逻辑。正是基于这样一种逻辑行程，对现有的理论体系进行重构可以凸显理论体系的整体性、系统性和逻辑性。

(2)研究视角要多样化。目前，我国教育经济学的研究视角主要集中在经济学、教育学范畴，具有一定的局限性。一个科学、成熟的理论体系应该以系统性和逻辑性为其重要标志，因此，理论体系的建构需要有系统论的观点和逻辑学的视角。应该将教育作为一个系统，探讨教育与社会系统环境特别是经济环境发生联系时产生的现象问题和理论问题，对该学科研究传统所累积的庞大理论知识进行合理的重建，运用系统论方法把已经获得的各种理论知识、现象、概念和原理构成一个科学的理论系统。

(3)研究领域应丰富化。首先，要加强微观领域研究。从研究层次来看，教育经济学应该从宏观、中观和微观三个层次进行构建，并结合实际问题完善理论体系。但从分析结果来看，目前我国的教育经济学理论框架主要以宏观和中观领域的教育经济问题研究为主，而对教育经济学的微观领域仍然缺乏研究兴趣，特别是教育内部

---

① 萧今：《教育经济学和教育发展的挑战》，载《北京大学教育评论》，2005(1)。

的经济问题，如对学校、班级教育中显现的一系列经济现象关注较少。其次，要重视主体研究。我国教育经济学发展至今，主要集中在对教育的客体研究上，而对教育主体(人)所引发的经济问题的研究力度不够。一些教育经济学著作已经注意了对教育者即教师问题的研究和探索，但受教育者(学生)在参与教育活动中所产生的经济问题还没有引起足够重视，只有零星研究，力量不足，论文也仅是从人的角度提出这一现实问题。

(4)引入专业话语体系。我国教育经济学研究者的许多探索在话语体系①中已经掀起了研究热潮，并且取得了丰硕的成果，但这些内容至今还没有被纳入理论体系，以致理论体系的发展与话语体系的发展相脱节。如教育产权、教育制度、教育运行机制、教育融资问题研究等在话语发展中已日渐成熟，应当将这些研究成果纳入教育经济的理论体系，这对完善教育经济学的学科理论框架具有积极的意义。

---

① 话语体系是彼此交流与理解并使用的同一套"概念—概念传输体系"的俗称——笔者注。

第三章 教育与经济增长

教育与经济是现代社会发展的两大基础。经济增长历来是经济学界探讨的热点问题，各国政府也将经济增长作为本国发展的首要目标，对教育及其与经济的关系比以往任何时期都重视。20 世纪 60 年代，美国经济学家罗默提出了新经济增长理论，将科学技术作为内生变量引入经济增长模型，教育在经济增长中的作用得到广泛关注，各国学者对教育在经济增长中的作用进行了大量研究。20 世纪中后期人力资本理论成为经济学研究中最活跃的领域，伴随着经济增长理论的产生与发展，教育与经济增长关系的研究成为经济增长理论研究的重要领域。国内外经济与教育领域的专家学者就教育与经济增长的关系从不同视角、运用不同方法进行了大量探索。尤其是近年来，内生经济增长理论的影响不断扩大，使得教育与经济增长研究步入了一个新阶段。本章简要回顾对教育与经济发展认识的演变过程，介绍教育对经济增长贡献的计量方法，并以我国为例运用计量经济学的方法分析教育投资与经济增长的关系。

第一节 教育与经济增长的理论分析

//////////////////////

教育与经济是现代社会发展的两大基础，但是对于两者之间的关系有着十分清晰的认识并上升到理论陈述的高度，也只是第二次世界大战以后的事情。

一、教育与经济增长关系的认识过程

在第二次世界大战后半个多世纪的漫长历程中，对教育与经济发展关系的认识经历了以下几个发展阶段。

1. 20 世纪 60 年代：重视和发展阶段

第二次世界大战后，世界各国都将如何促进本国经济增长作为国家制定经济发

展政策的核心问题，而教育是否能促进经济增长成为人们关注的焦点问题。在此背景下产生了人力资本理论，其代表性人物有舒尔茨、贝克尔、明瑟①等。他们认为完整的资本概念包括物力资本与人力资本。物力资本体现在物质产品上；人力资本体现在劳动者身上，是指凝聚在劳动者身上的知识、技能及其表现出来的能力，这种能力是生产增长的主要因素。而教育是形成人力资本的主要渠道，具有提高劳动生产率的重要作用。因此，增加教育投资具有拉动经济增长的作用。在认同人力资本理论的大背景下，不少国家将扩张教育作为促进经济增长的重要政策。另一个重要背景是，在市场机制失灵时，凯恩斯②的"有效需求不足"理论盛行，提出政府应该通过积极的财政政策来弥补教育支出，作为政府财政开支的重要组成部分。

2. 20 世纪 70 年代：争论与质疑阶段

到了 20 世纪 60 年代末与 70 年代，西方发达国家社会不平等状况不仅没有因为教育投资增加而改善，社会不平等问题反而还在加剧，不少学者发现过分进行教育扩张并不一定能够促进经济增长。在此背景下，前面已经提到，有不少学者对人力资本理论的普适性产生了怀疑，其他一些理论随之产生，其中最著名的是教育的筛选理论、劳动力市场分割理论和社会化理论。筛选理论认为，教育所起的作用在于区分学生的能力或天赋，筛选出能力不同的人。教育的社会化理论认为，教育的经济功能源于它的社会功能，而教育的社会功能远比教育提高知识技能对经济的影响更加重要。劳动力市场分割理论则强调，教育对个人的经济效益，不在于它提高了多少认知技能，而在于它是决定一个人在主要劳动力市场或次要劳动力市场工作的重要因素之一。另外，还有社会网络理论，间或也被用于解释教育现象，该理论强调学校在社会关系中的"节点"联结作用，通过该"节点"获取的资源对个体、社会团体、社会组织和社区实现目标都是至关重要的。

总之，20 世纪 70 年代以后，上述理论较为盛行，并成功解释了当时西方国家广泛存在的失业率过高、过度教育、文凭泛滥等现象。由此，人们更加怀疑人力资本理论，进而对教育促进经济增长的作用普遍持谨慎态度。在这种背景下，美国等西

---

① 明瑟比舒尔茨和贝克尔更早地将人力资本概念引入劳动经济学并用之解释工资差异。

② 凯恩斯(John Maynard Keynes，1883—1946)，英国经济学家，与萨缪尔森(Paul Samuelson)齐名，在其著名的《就业、利息和货币通论》(*The General Theory of Employment，Interest and Money*. London：Harcourt Brace，1936)中提出该理论。

方国家开始减少对教育的投资。后来，特雪拉①进一步归纳为两个主要原因：一是不认为教育能够促进经济增长，二是教育会与其他更有竞争性的项目分享有限的资源。

3. 20世纪80年代：理性与回归阶段

20世纪80年代对教育与经济增长作用的探讨开始进入一个新的阶段，主要贡献来自罗默和卢卡斯等提出的内生经济增长理论（Endogenous Growth Theory）。

罗默借用了阿罗的分析框架②，假定知识创造是投资的一个副产品，从而消除报酬递减的趋势，经验对生产率的这一正向影响被称为"干中学"（Learning-by-Doing），边干边学要靠每个企业的投资来获得③。一个企业的资本存量增加导致其知识存量同时增加。这一过程隐含着两个假定：一是阿罗的知识与生产率的提高来自投资和生产；二是每个企业的知识都是公共品，任何其他企业都能无成本地获得，知识一经发现就立即外溢。

卢卡斯④借用了宇泽弘文的模型⑤，假定现存的人力资本是教育部门中的唯一投入，这一修正造成物质资本与人力资本对增长率的不对称影响，这种不对称性源自物质资本与人力资本比率对真实工资率（每单位人力资本）的正效应。在这种框架中，如果人力资本相对丰裕，则广义的产出增长率会随物质与人力资本间的不平衡而变动；如果人力资本相对稀缺，增长率则会随着不平衡的增大而下降。人力资本的存在放松了对于广义资本而言的报酬递减约束，从而在缺乏外生技术进步的情况下也会导致长期人均增长。

尽管内生经济增长理论的兴起给予了教育及人力资本足够的重视，但由于理论

① Teixeira，P. N. "A Portrait of the Economics of Education，1960—1997,"*History of Political Economy*，2000(32)，pp. 257-288.
② 阿罗于1962年发表了著名的《干中学的经济效应》[Arrow，K. J. "Economic Implication of Learning-by-Doing,"*Review of Economic Studies*，1962(29)：pp. 155-173]一文，肯定生产经验也是生产过程中的一种投入，从而建立了"边干边学"模型。他是现代内生增长理论的奠基人。
③ Romer，P. M. "Increasing Returns and Long-Run Growth,"*Journal of Political Economy*，1986(94)，No. 5，pp. 1002-1037.
④ Lucas，R. E，Jr. "On the Mechanics of Economic Development,"*Journal of Monetary Economics*，1988(3)，pp. 37-62.
⑤ 宇泽弘文1965年在其《经济增长总量模式中的最优技术变化》[Uzawa，H. "Optimal Technical Change in an Aggregative Model of Economic Growth,"*European Economic Review*，1965(38)，pp. 641-680]一文中提出了宇泽模式，描述了人力资本和物质资本都能生产最优增长模式，指出技术变化源于专门生产思想的教育部门。

模型的复杂性，所以很难为一般民众所接受，仍然难以为教育争取更多的支持。

4. 20 世纪 90 年代：重拾信心和发展阶段

20 世纪 90 年代，教育在经济增长中的作用又重新得到了足够的重视。原因大致有两个：一是人力资本理论开始重新受到关注；二是内生经济增长理论进一步发展。

20 世纪 90 年代对人力资本的重视，来自人们对筛选理论的质疑，特别是筛选理论不能解释人们为什么投资教育及教育与收入的正向关系。尽管 20 世纪 80 年代发展的筛选模型曾试图在人力资本理论和筛选理论间进行平衡，但正如魏斯（Weiss，1995）所说，高的生产率是一种习得与人生能力共同作用的结果，而教育事实上对个体能力的提高具有重要作用。① 这表明，投资教育最终能够促进生产率的提高。20 世纪 90 年代以来的大量实证研究也证实，教育确实能够提高个人收入水平。

兴起于 20 世纪 80 年代的内生经济增长理论在 20 世纪 90 年代得到了进一步发展，正如内生经济增长理论的代表人物阿洪和豪伊特所言，对教育投资的增加有利于跨代际社会阶层流动，能够避免经济陷入低增长循环，并能增加工人的流动性，这一切对长期经济增长具有显著作用。② 人力资本理论的开山鼻祖舒尔茨也认为，相比地理空间、耕地、能源或地球上的其他资源而言，人力资本在提高人类收入和财富过程中起着决定性作用。③

经验研究的结果往往具有较强的说服力，进一步让人们相信教育与经济增长和个体收入之间具有正效应；同时，内生经济增长理论的影响也不断扩大，使得教育与经济增长关系的研究开始步入新阶段。

5. 21 世纪以来：跨学科知识引入与认知深化阶段

进入 21 世纪后，随着克鲁格曼（Paul Krugman）以新经济地理学获得 2008 年诺贝尔经济学奖，教育作用于经济增长的孤立状态被打破。地理学第一定理指出，任何事物都与其他事物互相关联，但较近的事物比较远事物的关联性更强。④ 这就启

---

① Weiss, A. "Human Capital vs. Signaling Explanations of Wages," *Journal of Economic Perspectives*, 1995(9), pp. 133-154.

② Aghion, P. and Howitt, P. *Endogenous Growth Theory*. Cambridge: MIT Press, 1998. pp. 521-522.

③ Schultz. T. W. "The Economic Importance of Human Capital in Modernization," *Education Economics*, 1993, 1(1), pp. 13-19.

④ Tobler, W. "A Computer Movie Simulating Urban Growth in the Detroit Region," *Economic Geography*, 1970(2), pp. 234-240.

发人们思考，教育影响经济增长时并非呈现国家、经济体、区域间的割裂状态，教育人力资本、教育投资不仅影响着本辖区的经济增长，其溢出效应亦可对相邻地理空间的经济增长产生重要作用。与此同时，空间计量经济学的发展成熟也为这项研究提供了技术支撑。但是，关于教育作用经济增长的方向性问题，学界的研究尚不明朗，正如罗森塔尔等所言，教育影响经济增长时确实存在着空间机制，且该机制的方向性为正。[①] 但是，费舍尔的经验研究却表明，相较于物质资本空间溢出后的正效应，人力资本溢出后的经济增长推动性不强。[②] 因而，关于教育以空间聚集的方式影响经济增长的机制，仍需要通过大量的经验研究进行佐证。

二、教育与经济的关联与互动分析

教育活动与经济活动可以看成相互关联的产业链，而且这种关联是双向的而非单向的，即教育活动与经济活动可以互为上下游产业。教育活动与经济活动间的连接纽带主要表现为两类关系：一是经济活动接受一定程度教育的劳动者（包括各类专门人才和具有一定劳动技能的劳动者）以及教育活动过程中创造的科研成果和科研产品。它们是教育活动的产出，是教育活动向经济活动提供的投入品。此时，教育活动是投入部门，处于产业链的上游；经济活动则是需求部门，处于产业链的下游。二是开展教育活动所需要的设施与产品（活动场所、教学与实验设备、教师办公设备及学生学习用品等）是经济活动的产出，是经济活动向教育活动提供的投入品。此时经济活动是投入部门，处于产业链的上游，而教育活动则是需求部门，处于产业链的下游。

1. 教育活动和经济活动关联中的前向联系

在教育活动和经济活动的第一种关联中，即教育活动处于上游产业时，前向联系是指教育活动的变化引起经济活动的相应变化。当教育活动的规模和质量不断提高时，教育活动向经济活动提供更多更好的劳动力和科研成果。教育活动向经济活动施加了"供给刺激"，这将诱导企业家更多地开展那些能够充分利用人力资本的生产活动，从而改变经济活动的产出结构，提高经济活动的产出效率。而在教育活动和经济活动的第二种关联中，即经济活动处于上游产业时，前向联系是指经济活动

---

① Rosenthal，S. S. and Strange，W. C. "The Attenuation of Human Capital Spillovers," *Journal of Urban Economics*，2008，64(2)，pp. 373-389.

② Fischer，M. M. "A Spatial Augmented Mankiw-Romer-Weil Model：Theory and Evidence," *The Annals of Regional Science*，2009(47)，pp. 419-436.

的繁荣带来经济增长与发展，使得整个国家、社会以及个人对教育的投资能力大为增强，从而对教育活动形成"供给刺激"，大大增加对教育的物质投入，促进教育活动的繁荣。

2. 教育活动和经济活动关联中的后向联系

在教育活动和经济活动的第一种关联中，即教育活动处于上游产业时，后向联系是指经济活动的变化引起教育活动的相应变化。当经济规模扩大或者经济结构发生变化时，经济活动对劳动力的需求规模和需求结构将发生改变，经济活动向教育活动施加需求压力，并引发教育活动在产出规模和产出结构方面的相应调整和变化。而在教育活动和经济活动的第二种关联中，即经济活动处于上游产业时，后向联系是指教育活动的变化引起经济活动的相应变化。教育活动的繁荣，特别是教育规模的迅速扩展，都是需要相应的物质投入为前提的，例如世纪交替时期我国高等教育扩招政策的实施，就需要大量物质资源投入高等教育领域，这样就对社会经济部门施加了一种需求压力，必然会引发产业链上游的经济活动的繁荣。

实际上，也正是由于教育与经济之间存在这种互为上下游产业的关系，两者之间的产业纵向关联也就显得更加复杂。例如，在教育活动与经济活动的前向联系过程中，教育活动虽然向经济活动施加了一定的供给刺激，却同时也向经济活动部门施加了需求压力，即随着教育活动的发展，教育活动对投入品的需求规模和需求结构将发生变化，由此引发经济活动中的相关部门扩大生产规模，改变产品结构。这种前向效应不再是单纯的前向联系，而是伴随需求压力的前向联系。同样，在教育活动与经济活动的后向联系过程中，经济活动不但向教育活动施加了需求压力，同时也施加了一定的供给刺激，即经济的繁荣与发展刺激了教育投资的增长，带来了教育的发展。由此可见，教育与经济之间存在着一种极为复杂的双向关联互动关系。

三、经济发展对教育的决定作用

经济包含物质资料的生产和再生产，是人类一切社会活动产生和发展的物质基础。经济发展的质量与效果从根本上制约着教育的投入，影响着教育的协调发展。经济发展对于教育的决定作用主要表现在以下几个方面。

1. 经济发展为教育的发展提供物质基础

一切社会活动都是直接或间接地适应经济发展的需要，并根据生产力发展水平可能提供的物质条件形成和发展起来的。教育是社会再生产的一个重要环节，是劳动力再生产的主要手段(它使简单劳动变为复杂劳动,使普通型的劳动力变为知识型的劳动力),它为经济的发展源源不断地输送高级专门人才,它的成本补偿和资金投入不能离开物质生产部门的支持,否则劳动力的再生产就无法继续。从这个意义上说,教育的发展依赖于经济的发展,或者说经济发展为教育的发展提供了可靠的物质保障。

2. 经济发展决定教育规模、速度和结构的变化

从形式上看,教育规模、速度和结构的变化,似乎是由教育的需求和供给两方面决定的,但实质上它仍是由经济发展的状况所决定的。先从教育的需求来看,它包括社会需求和个人需求两个方面。而社会和个人需求的变化,又往往受到来自人口、历史、文化、政治和经济等多种因素的影响,其中最基本的和最终的影响因素仍是经济。因为只有当社会经济总量规模、速度扩大和提高时,对教育规模、速度的需求才会随之增加;只有当社会经济技术水平提高时,对教育的人才结构和专业结构的需求才会有新的变化。而其他方面的需求如果没有经济发展这个前提,则不足以使整个教育的规模、速度和结构发生根本性的变化。再从教育的供给来看,形式上,它是指学校在一定时期内可能提供给家庭或个人的教育机会;但实质上,学校所能提供给家庭或个人的受教育机会是由学校自身的资源存量所决定的。而这些资源存量中,除了教师因素和场地等条件外,多数是由各级政府和社会所提供的,而政府的财政资助主要来源于国民经济的增长,社会的资助则来源于企业的收益。总之,教育的供给是由社会总资源中分配给教育的资源总量和比例所决定的。

3. 经济发展决定教育的内容与方法

现代科学知识(包括自然科学和社会科学的知识)的结晶和成果,大多体现在教育的课程内容、课程设置和课程结构之中,因此,学校的教育内容和方法也大多是由科学及其发展所决定的。尽管科学技术是现代经济发展的主要推动力,但科学的发展最终必须以社会经济的发展为依托,以物质资料的生产为前提。总之,经济发展对教育教学内容与方法的决定作用,是通过科学知识的传播和成果的应用为中介而起作用的,而且,随着现代经济的高速发展以及当代科学技术的日新月异,教育的内容和方法还将不断变化和推陈出新。

4. 经济发展决定教育的制度与体制

经济发展既是经济学的范畴,又是社会学的范畴,它不仅包括经济增长的内容,同时还包含社会结构、社会再生产、经济体制和制度以及人的全面发展等方面的内容。在经济制度上，我国有公有制和私有制两种基本形式，办学制度上也有公办和民办两种。经济制度对教育制度的决定作用，一般是通过国家的政治制度来间接实现的，因为政治是经济的集中体现。政治对教育的制约表现在：国家掌握教育的领导权，规定谁受教育，受什么样的教育，规定教育方针、教育目的、培养目标、教育制度、教育内容，制定教育发展规划，决定教师的培养和使用等。经济发展对教育的决定作用可以概括为如图 3-1 所示。

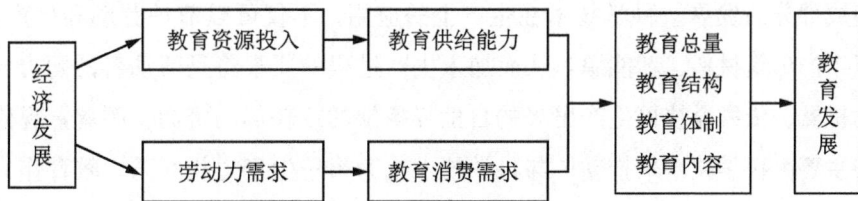

图 3-1　经济发展对教育的决定作用

四、教育对经济发展的推动作用

经济增长与发展主要取决于四个要素：一是劳动力，二是资本，三是劳动生产率，四是科技进步。这些因素共同作用的结果表现为经济增长。而教育对经济增长的作用也主要表现在教育对劳动生产率提高、科技发展、生产管理现代化的促进作用。此外，教育消费对经济发展同样具有一定的直接拉动作用。

1. 教育对劳动生产率的作用

"劳动生产率"（Labor Rate of Production）指劳动者的生产效果或能力，它用劳动者单位劳动时间生产的产品的数量或单位产品所耗费的劳动量表示。劳动生产率的高低首先取决于劳动者的质量和劳动手段、劳动对象的性能和质量。劳动者是生产的主体，是首要的生产力，是生产力诸因素中起主导作用和能动作用的因素。教育是提高劳动生产力的有力杠杆，劳动生产力充分发挥作用的直接结果是劳动生产率的大幅提高。现代经济增长所要求的劳动者已不是未受过教育和培训的劳动者，而是受过一定教育，掌握一定现代文化、科学技术知识和技能的劳动者。现代教育对经济增长的作用，正通过将知识形态的生产力世代传递下去，传播开来，提高现有劳动者的素质，尤其是提高未来劳动者的素质，推动劳动生产率的提高和经济增长。

2. 教育对科学技术发展的作用

在现代经济中，科学技术是第一生产力，是现代经济增长的决定因素。科学技术本身是人类征服和改造自然的精神力量，是知识形态的社会生产力。当科学技术应用于生产，引起生产力物的因素与人的因素发展变化时，就转化为直接的生产力。科学技术转化为直接生产力，通过物化为生产工具来扩大劳动对象的范围，改变与提高劳动对象的品质，通过教育使知识被劳动者掌握，从而创造出更高的劳动生产率和巨大的社会生产力。首先，科学技术不仅物化在生产的物质条件上，还体现在高度熟练的劳动力以及生产的科学组织和管理上，这使科学技术参与了生产体系中所有组成部分的发展。科学技术在生产上的应用，不仅可以节约劳动和生产资料，还可以生产出新材料、新能源，从而加入生产过程的要素将是劳动者的智力、自动控制的机器、依靠科技再生产出来的自然界稀缺的或耗尽的资源。因此，现代经济增长将主要由科学技术来推动。与科学技术成为第一生产力相联系，教育作为科学技术进步的基础，在经济增长中的作用也日益突出。

(1)教育是科学技术迅速、大规模、有效传递和传播的基本途径。科学技术的发展具有继承性，任何科学和技术的发现、发明和创造都不是凭空产生的，都是在前人和他人研究基础上的创新。可以说，科学技术的发展是一个不断传递、积累和发展的过程，是人类认识自然、改造自然历史过程的结晶。教育可以使人类历史上积累起来的基本科学理论、知识和技术世代相传，为新的科学发明和技术创新打下坚实的基础。与科学技术传递和传播的其他途径相比，学校教育是有目的、有计划、有组织的，是在教师的传授和指导下进行的，而且是将科学技术理论、知识、技能经过筛选、加工、优化后，采用科学的方法传授给学生的，因而具有高效、高质、大规模的特点。正规的学校教育，包括初等、中等、高等教育，担负着这一任务。

(2)教育是使科学转化为技术、科学技术转化为生产力的重要途径。科学技术转化为现实的生产力的重要条件是要有大批掌握科学技术的技术人员队伍和熟练劳动者队伍，前者将科学转化为技术，后者将技术转化为直接生产力。现代的中等和高等职业技术教育以及职前和在职培训、各种技术培训担负着这一任务。这种教育以传授一定技术基础理论和知识技能为主，以应用为目的，是对现有劳动者和后备劳动者在不同水平的普通教育基础上所实施的不同层次、不同内容的专业性、技术性教育，培养他们掌握特定技术和特定劳动的基础理论和知识、应用知识和技能。没有发达的中等、高等职业技术教育，就不可能培养大批的技术人员和熟练劳动者队伍，也就不可能迅速地将科学技术这种知识形态的生产力转化为现实的生产力。德国和日本之所以能将国内外最新的科学技术迅速转化为生产力，推动经济高速增长，得益于其发达的职业技术教育和职业培训。

（3）高等教育是科学技术研究的重要基地。科学和技术的发现、发明和创造是科学技术的生产过程，科学技术的传递和传播、学习和掌握则是它的再生产过程。高等教育不仅要传递和传播科学技术，而且要从事科学与技术的生产，是科学技术发现、发明、创造的重要基地。高等学校，特别是研究型大学，聚集了大批各学科的科学家和专家、学者，有先进的科学技术研究手段，有不断注入新鲜血液的创新团队——年轻教师、研究生和大学生。事实上，大量科学技术发现、发明和创造，都是在世界著名大学里完成的，许多学科的诺贝尔奖获得者都是大学教授。西方发达国家的大公司也都出巨资委托大学完成其所需要的科研项目，甚至资助大学进行基础性研究。

（4）教育培养了大批的科学家和工程技术专家。各个领域的科学家和工程技术人员队伍是科学技术主要的发明者和创造者，是科学技术发展的决定条件。造就庞大的科学家和专家队伍，要依赖教育的普及和提高，依赖教育的不断发展和创新。

总之，作为科学技术发展基础的教育，对科学技术和经济增长的作用将越来越大。

3. 教育对管理效率的作用

管理是人类共同劳动、共同活动的产物。决策是对行动方案的选择，是管理过程的核心，贯穿于管理工作的各个方面，是执行各项管理职能的基础。

第二次世界大战后，管理与管理科学得到了空前发展，国民经济的宏观与微观管理，已成为经济增长和经济发展的重要条件，管理、科学技术、教育被公认为推动经济增长的新的三大支柱。教育通过提高管理队伍的文化教育水平和管理科学水平，对提高管理与决策水平发挥着重要作用。现代管理已经从过去经验型的管理转变为科学型管理，管理学已经成为一门综合性科学，而要掌握管理科学，除了要有丰富的管理实践经验外，还必须进行系统的管理科学教育与培训。因此，需要通过教育提高管理人员的素质，源源不断地输送经过专门的管理教育与培训的管理人员，以不断提高管理水平。

4. 教育对经济发展的直接拉动作用

教育对经济发展的直接拉动作用主要体现在两个方面：一是短期内教育投入具有直接经济贡献功能。教育消费并非单纯的消费性、福利性投资，而是类似于物质资料投资，甚至是效益更大的生产性、建设性投资。教育事业的不断发展，要求将巨大的资金投入教育基础设施，并且教育活动自身也要消耗大量的劳动力。因此，教育投入可以为经济增长直接做出贡献，特别是短期内，由于教育需要大量资源投入，无论政府投资、企业投资或者家庭个人分担，教育投资增加都会刺激经济增长，且因投资的"乘数效应"(Multiplier Effect)，增加一定量的教育相关投入会带来数倍的经济效益产出。二是教育消费通过刺激社会总需求而在经济增长中发挥长期作用。市场经济条件下，随着社会经济的发展，人民生活水平不断提高，个人或家庭经济能力日益增强，人们的发展性消费需求日益旺盛，选择性教育需求也日渐明显。因此，教育市场在教育需求的不断增长中产生。这种积极的教育消费趋向，有利于增加社会总需求，有利于个人教育消费基金重新合理分配，甚至有利于改变人们的消费观念，改变家庭和社会的消费结构，并最终使人们更积极努力地获取足够的经济收入，有力地推动社会的发展。同时，教育消费还能拉动与教育相关的其他产业的发展，为经济增长做出间接贡献。

教育发展对经济发展的推动作用小结如图 3-2 所示。

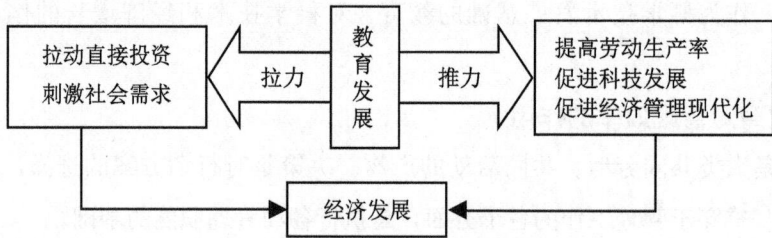

图 3-2　教育发展对经济发展的推动作用

五、教育投资的超前增长规律

从世界各国教育投资的历史和我国教育投资历史发展趋势看，教育投资的绝对量和一国经济发展有正相关关系。一般来说，高等教育经费占国民生产总值(GNP)的比例随着人均 GNP 的增加而超前增加，经济水平提高越快，超前幅度越大；普通中、小学教育投资也是如此，普通教育生均经费相对于人均国内生产总值是超前增长的，普通教育生均经费超前于人均国内生产总值增长幅度，且随着时间的推移而增加。教育投资与国民经济的关系有如下规律：一是一国教育经费占 GNP 的比例随人均 GNP 的增加而增加；二是教育投资的超前增加是各国经济发展的基本趋势，即教育投资增长率高于 GNP 的增长率；三是随着人均 GNP 的不断提高，教育投资的超前增加的幅度是逐渐减慢的，当人均 GNP 达到一个较高水平以后，在技术没有重大突破的条件下，教育经费在 GNP 中的比例将逐渐趋于稳定，那时教育投资与

GNP 接近于同步增加。

六、教育投资经济效益的形成规律

教育投资产生的经济效益主要是间接的和潜在的，在时间上比较迟缓，发挥作用的时间也比较长。

1. 教育投资经济效益的间接性与潜在性

从经济学的观点看，投资是为了产生未来的效益，尤其是经济效益。假定投资不能产生经济效益，那么投资再多也没有多大用处。教育既然是一种投资，无疑也是要讲求经济效益的。但理论和实践告诉我们，教育和教育经济效益并非一种直接的线性关系，也就是说，教育本身并不直接创造物质财富和产生经济效益，它往往需要经过一个中间环节作用于社会经济活动之后，才能产生经济效益。这个中间环节，即教育经济效益的形成过程。教育投资的直接成果不是物质产品，而是各级各类学校学生人数的增多和质量的提高，实现劳动者智力和素质的提高。只有当这些劳动力投入物质生产领域，并和生产资料结合后才能生产物质产品。教育是通过培养劳动力作用于物质生产来促进生产和经济发展的。因此，教育对物质生产和经济的作用是间接的。相应地，教育投资也不会直接产生经济效益，其收益必须通过结束教育后进入物质生产领域并创造剩余价值的劳动力来创造。因此，教育投资具有间接性。教育使劳动力获得知识、增长技能、提高政治思想和道德品质，从而使之有条件、有可能从事物质生产，创造物质财富。但是，这仅仅具有潜在可能性，如果合格劳动力不进入生产领域，或者即使进入了生产领域但却在岗怠工，这样的劳动力是不可能创造物质财富和剩余价值的。也就是说，在这种情况下教育投资是没有收益的。因此，教育投资具有潜在性。由此可见，教育投资要想获得教育经济效益，必须培养出合格的劳动力，必须实现劳动力与生产资料的结合，必须创造出物质财富并有剩余价值。

2. 教育投资效益的迟缓性

从小学到大学本科毕业，大致需要 16 年的时间，如果是研究生毕业，时间则更长。由于知识转化的"滞后"作用，学生毕业后，要有一个熟悉生产或工作的过程，要有一个把学到的知识转化为物质生产力的过渡时期。因此，教育投资的周期一般比教育的周期更长。合格劳动力进入生产领域并熟悉了生产过程，由于教育的作用使劳动力得到的增量部分多创造了价值，才能逐步偿还劳动力在受教育时所消耗的教育资金，最后才能得到收益。

3. 教育投资作用的长期性

一个人由于受教育获得了知识和技能，只要他活着并从事生产就在不同程度地发挥作用，即使接受继续教育，原有知识仍然起着重要的作用。也就是说，教育投资的结果，是使人获得了具有长期发挥作用的劳动能力，只要这个劳动能力不停止生产，教育投资就能不停地获得收益。教育投资的教育经济效益具有长期性。这条规律表明，人们接受教育，只是接受学校提供的一种教育服务，这种服务会给受教育者和社会带来更大的经济效益。但是，教育特别是基础教育并非立刻就能产生直接的物质效益。人们通过受教育而获得的生产能力，只能在以后的工作中逐渐得以体现。

第二节　教育与经济增长的模型分析

////////////////////////

关于教育与经济增长的模型分析，主要有以下几种方法。

一、生产函数法

传统西方经济理论认为，经济增长主要依靠两个因素：一是资本（包括土地）投入的增加，二是劳动投入的增加。根据这一理论，20 世纪 30 年代，美国经济学家道格拉斯(P. H. Douglas)和数学家柯布(C. W. Cobb)提出了柯布—道格拉斯函数，又被称作生产函数法。一般情况下，若经济的产出是 Y，有 i 个生产要素 X_1，X_2，…，X_i，则生产函数的一般形式为：

$$Y = F(X_1, X_2, \cdots, X_i, t) \tag{3-1}$$

式中，t 为时间变量。为了简化模型，在诸多生产要素中可进一步选择其主要因素，通常认为资金 K 和劳动 L 是最主要的因素，这样式(3-1)可简化为：

$$Y = F(K, L, t) \tag{3-2}$$

这就是用于测量资金、劳动、技术进步与产出之间关系的一般形式生产函数。技术进步因子用 A 来表示，经常采用的生产函数是柯布—道格拉斯生产函数：

$$Y = AK^{\alpha}L^{\beta} \tag{3-3}$$

式中，A 代表技术进步；K 代表资金；L 代表劳动（可用人数或劳动时间表示）；α 为资金的产出弹性，即在其他条件不变的情况下，资金增长 1％时，产出增长 α％；β 为劳动的产出弹性。在分析教育对经济增长的作用时，可把式(3-3)改写成：

$$Y = AK^{\alpha}L^{\beta}E^{\gamma} \tag{3-4}$$

式中，E 表示教育因子；γ 表示教育产出弹性。或：

$$Y=AK^{\alpha}L^{\beta}Q^{\gamma}R^{\delta} \tag{3-5}$$

式中，Q 表示教育与培训经费投入；R 表示科研与设计经费投入；γ 表示教育产出弹性；δ 表示科研与设计产出弹性。或：

$$Y=AK^{\alpha}(EL)^{\beta} \tag{3-6}$$

式中，E 表示教育因子。式(3-6)的含义是教育的作用相当于劳动力人数 L 扩大 E 倍。

1990 年，美籍华裔学者刘遵义（Lawrence J. Lau）等用柯布—道格拉斯函数对 1960—1985 年 58 个国家影响国内生产总值增长的因素进行了研究后发现：教育对总产出有很大贡献，就业人员平均受教育年份增加 1 年，可使国内生产总值提高 3%；对大多数发展中国家来说，教育的起始水平越高，教育对生产力的作用越大；教育的经济效益可能存在临界点，一般至少需要 4 年以上的教育才能达到读写算的最低水平。因此，教育起始水平只有超过平均受教育年份 4 年这个临界点，才能显示出巨大的经济效益。[①]

二、舒尔茨余数分析法

在国民收入增长额中，除了归因于资本投入和劳动投入的增长额之外，还有一部分国民收入的增长额得不到解释，这部分得不到解释的国民收入增长份额被称为"余数"（Residues）。1961 年，美国芝加哥大学教授舒尔茨在其《教育与经济增长》[②]一文中提出了余数分析法，通过对余数的量化分析计算教育对国民收入增长的贡献。

舒尔茨对余数的解释是：传统经济理论中所说的劳动投入，仅包括劳动的数量，而未包括劳动的质量，劳动质量的提高是人力资本投资增长的结果。因此，他在计算教育投资收益率的基础上，对余数做了量化分析，并通过这种分析计算出了教育对国民收入增长所做的贡献。他以西方经济学生产三要素为基础，通过柯布—道格拉斯生产函数建立要素组合关系，即在一段时间内经济的增长是土地、资本和人力三要素的组合，由于土地要素变化不大，可以不计，生产的增长就主要归结为资本和人力因素及其配置的变化。因此，通过计算一定时期社会为提高教育水平而增加的教育资本及其收益率和收益额就能测算出教育投资因素对经济增长的影响，以此

---

① 邬志辉：《教育先行的决策效益研究》，载《上海高教研究》，1997(8)。

② Schultz, T. W. "Education and Economic Growth" in N. B. Henry(ed.). *Social Forces Influencing American Education*，Chicago，The University of Chicago Press，1961，pp. 85-90.

来衡量教育的社会经济效益。将此计量方法用公式表示，即：

$$教育对经济增长贡献率 = \frac{教育投资收益增长额}{国民经济增长额} \times 100\%$$

式中，教育投资收益增加额是教育资本增加额与社会平均教育收益率相乘的结果，且：

某级教育投资收益率＝

$$\frac{该级教育毕业生人均收入 - 前一级教育毕业生人均收入}{该级教育人均投资} \times 100\%$$

而社会平均教育收益率是以各级教育费用比重为权数的各级教育投资收益率的加权平均。舒尔茨估计1929—1957年美国余值增长率约为3/5，他采用教育投资收益率计算法，计算出教育约占这一余值的3/10。具体计算步骤如下。

第一步，计算基期到报告期的国民收入增长数值并根据传统的集合生产函数计算方法，找出国民收入增长的余数。舒尔茨当时确定美国1929年为基期，1957年为报告期，统计出这一时期国民收入增长的结果。依据传统的集合生产函数计算方法，找出国民收入增长的余数。运用柯布—道格拉斯函数：$Y = AK^{\alpha}L^{1-\alpha}$。式中，$Y$ 表示产出量；L 表示劳动投入量；K 表示资本投入量；A 和 α 都是常数，其中 $A > 0$，$0 < \alpha < 1$。舒尔茨分析美国国民收入由1929年的1500亿美元，增长到1957年的3020亿美元(按1956年不变价格计算)时，依据集合生产函数分析法和这个时期国民收入分配情况(75%用于工资，25%用于物力资本)，计算出1929年国民收入中劳动力贡献部分为$1500 \times 75\% = 1125$(亿美元)，1957年为$3020 \times 75\% = 2265$(亿美元)；劳动力总数1929年为4920万人，1957年为6800万人；按1929年人均创造的国民收入为2287美元，1957年由劳动力创造的国民收入应为1555亿美元，而1957年劳动力的实际贡献是2265亿美元，余出710亿美元。这就是该时期国民收入增长的余数，或称剩余因子，结果如表3-1所示。

表3-1　1929—1957年美国国民收入增长情况

项目	年份		变动值
	1929	1957	(增加部分)
(1)国民收入(亿美元)	1500	3020	1520
(2)劳动总收入[(1)×0.75](亿美元)	1125	2265	1140
(3)劳动力人数(万人)	4920	6800	1880
(4)1929年平均收入[(2)÷(3)](美元)	2287	(2287)	—

续表

项目	年份		变动值
	1929	1957	（增加部分）
(5)1929年水平的总劳动收入[(4)×(3)]（亿美元）	1125	1555	430
(6)1929年与1957年劳动收入之差[(2)−(5)]（亿美元）	—	710	710

第二步，计算教育资本存量。用"反事实度量法"①计算出这个时期"教育投资存量"（Investment Stock of Education），公式如下：

社会教育资本积累总额＝$\sum$（各级教育毕业生人均教育费用×

社会各级学历者从业人数）

计算出1929—1957年美国教育总资本的增长，如表3-2所示。

表3-2　1929—1957年美国教育资本的增长

项目	年份		变动值
	1929	1957	（增加部分）
(1)相当于一学年的价值（美元）	614	723	109
(2)劳动者受教育年限总额（万年）	29300	74000	44700
(3)教育资本存量[(1)×(2)]（亿美元）	1800	5350	3550
(4)劳动者人数（万人）	4920	6800	1880
(5)1929年人均教育资本[(3)÷(4)]（美元）	3659	3659	—
(6)1929年水平的教育资本存量[(5)×(4)]（亿美元）	1800	2490	690
(7)1929年与1957年的教育资本存量之差[(3)−(6)]（亿美元）	—	2860	2860

---

① 反事实度量法（Counterfactual Measurement）由美国经济史学家福格尔（Robert W. Fogel）和恩格尔曼（Stanley L. Engerman）于1974年提出，两人于1993年获诺贝尔经济学奖。他们认为，在经济史的计量研究中，可以不根据事实，而是根据推理的需要，提出一种反事实的假定，并以此作为出发点来估算经济中可能发生的各种变化。这里的所谓不根据事实，包括两方面内容：一是某一事件或事物在历史上确实存在过，但可以假定它不曾存在，然后根据这种假定来估算经济生活中可能由此引起的后果；二是某一事件或事物在历史上不曾存在，但可以假定它存在过，然后根据这种假定来估算经济生活中可能由此引起的后果。在计量教育效益时，则可借用此方法，来计量教育在国民经济增长中的贡献大小。具体做法是，可假定某一历史时期内教育支出为零，或假定它与实际教育支出有出入的正值，甚至可假定虚拟的教育支出大于实际的教育支出，与此相应，虚拟的教育条件下可能的总产值可能大于实际的教育支出。这样，只要能够确定虚拟教育支出下的可能总产值，即可利用虚拟教育支出和实际教育支出之间的差额来解释可能的总产值与实际总产值之间的差额。这种方法的计算结果缺乏信度。

第三步，计算教育资本收益率。

$$初等教育收益率=\frac{小学教育毕业生工资-文盲工资}{小学教育投资}\times100\%=35\%$$

$$中等教育收益率=\frac{中等教育毕业生工资-小学教育毕业生工资}{中等教育投资}\times100\%=10\%$$

$$高等教育收益率=\frac{高等教育毕业生工资-中等教育毕业生工资}{高等教育投资}\times100\%=11\%$$

舒尔茨计算出，教育平均收益率为17.27%，如表3-3所示。

表3-3　各教育等级教育投资收益率　　　　　　　　　　　　　　　　单位：%

教育等级	(1)占总教育投资比例	(2)收益率	对教育投资收益率的贡献(1)×(2)
初等	28	35	9.80
中等	45	10	4.50
高等	27	11	2.97
合计	—	—	17.27

第四步，计算教育对国民收入增长的贡献。

教育资本增量2860亿美元×教育平均收益率17.27%≈495亿美元，这就是1929—1957年由于劳动者受教育程度提高所获得的收益。495亿美元相当于余数710亿美元的70%，同时495亿美元相当于国民收入增量1520亿美元的33%，即教育对国民收入增长的贡献率为33%。这就是说，舒尔茨计算出，当时美国由教育创造的国民收入约占总的国民收入增加部分的33%。

在舒尔茨的计算中，教育对经济增长的间接贡献等于教育的产出率（一定时期教育产出占国民收入的比例）（I_k/Y）与教育产出的收益率（γ_k）的乘积，舒尔茨还进一步分析了不同教育程度的教育产出对经济增长的间接贡献：

$$(I_k/Y)\times\gamma_k=(I_1/Y)\times\gamma_1+(I_2/Y)\times\gamma_2+(I_3/Y)\times\gamma_3 \tag{3-7}$$

式中，下标数字1，2，3分别代表初等教育、中等教育和高等教育。舒尔茨的余数分析法与丹尼森的增长核算法的主要区别有以下三点：一是丹尼森估算的是教育在国民收入增长率中的贡献，而舒尔茨估算的是教育在国民收入增长额中的贡献；二是丹尼森对国民收入增长中起作用的各种因素都做了数量化分析，而舒尔茨的研究则集中于教育的贡献；三是丹尼森是通过计算不同受教育程度劳动者的劳动质量系数来推算教育的作用的，而舒尔茨是通过计算教育投资的平均收益率来推算教育的作用的。相对来说，丹尼森对经济增长因素的数量化分析比较全面，也比较细致。

三、丹尼森系数法

"丹尼森系数法"又称"经济增长因素分析法"(Method of Economic Growth Factor Analysis)或增长核算法(Growth Algorithm)，是把经济总产出的增长率和各项投入要素增长率联系起来，通过测算来确定各项投入要素对总产出增长率的贡献。它是美国经济学家丹尼森在 1962 年出版的《美国经济增长的因素和我们面临的选择》①一书中提出的。丹尼森的方法同样是建立在西方传统经济学生产三要素理论基础之上的，所不同的是他把投入要素分解为劳动者人数、劳动者年龄、性别构成、劳动者受教育程度、工时、土地、存货、住宅、非住宅性建筑和设备等；将要素生产率即单位投入的产出因素分解为知识进步、资源配置改善规模节约、法律和人类环境、农业气候、劳动纠纷、需求强度等，并用某些方法加以量化，再从国民收入年平均增长率中逐项推算出包括教育因素在内的各因素所起的作用。他分析了美国1909—1928 年和1929—1957 年两个时期经济增长因素的变化。1974 年，他出版的《1929—1969 年美国经济增长的核算》一书中，将分析延伸到了 1969 年。另外，他还出版了发达国家间经济增长因素比较分析方面的著作。丹尼森测算教育对经济增长贡献的主要步骤如下。

(1)计算不同教育年限劳动者的收入系数和调整收入系数。丹尼森认为，教育年限的增加提高了劳动者个人对生产的贡献能力(劳动生产率)，并且提高了劳动者个人收入。因此，他用收入系数，即不同教育年限工人平均工资收入与基准劳动力工资收入之比来反映教育程度与劳动者生产能力及工资收入之间的关系。同时，丹尼森认为，劳动力的工资收入差别不完全是由受教育程度不同引起的，只有大约 3/5 是由受教育程度不同引起的。他的观点开始只是个假设，后来得到一些统计调查资料近似结果的支持。因此，他用 3/5 对收入系数进行调整，得到调整收入系数，调整公式为：调整收入系数＝[收入系数(100)＋(调整前收入系数－基准收入系数)(100)]×3/5。

(2)计算社会平均收入系数及其在一定时期内的年平均增长率。以各级受教育程度劳动者所占比重为权数对调整收入系数进行加权平均，即可得到某年的社会平均收入系数。再根据基期和报告期的社会平均收入系数，计算出该系数的年平均增长

---

① Denison, E. F. *The Source of Economic Growth in the United States and Alternatives Before Us*. New York: Committee for Economic Development, 1962.

率，以此来反映教育水平提高的年平均增长率。

（3）计算教育对国民收入增长额的贡献。教育因素属于劳动投入量，因此把教育水平提高的年平均增长率与劳动投入量在总投入量中的比重相乘，可得到教育水平提高对国民收入年平均增长率的影响，以此结果与同期国民收入年平均增长率相比，就可测算出教育水平提高的影响在国民收入年平均增长率中的比例，用公式表示为：教育贡献率＝[教育水平提高年平均增长率×劳动投入量比重÷国民收入年平均增长率]×100%。其中，分析教育对经济增长率作用的基本模型可归纳为：

$$Y = \sum_{i=1}^{m} \omega_i d_i + \sum_{i=1}^{n} b_i + \alpha \qquad (3-8)$$

式中，Y 为国民收入的增长速度；d_i 为第 i 个影响经济增长因素的增长速度；w_i 为第 i 个因素的权重；b_i 为第 i 个单位投入产出的因素的增长速度；α 为知识进步及其他的增长速度。

现以丹尼森对美国1929—1957年经济增长因素的分析为例，看其计量教育对美国经济增长所做贡献的分析过程，先给出丹尼森的计算结果，如表3-4所示。

表 3-4　美国 1929—1957 年国民收入增长率及因素

增长因素	年均增长率(%)	占年均增长率(%)
实际国民收入	2.93	100
一、总投入量的增加	2	68
劳动力因素变化所致的增长率	1.57	54
(1)实际工作时间变化所致	0.80	27
(2)教育的作用	0.67	23
(3)性别、年龄变化的作用	0.10	4
(4)资本变动的作用	0.43	15
二、单位投入量的产出增加	0.93	32
(1)规模节约等	0.34	11
(2)知识增进和应用	0.59	20
(3)资源配置改善	0.07	1

①以不同教育年限劳动者的收入确定简化系数。丹尼森将学生在校时知识和业务水平的提高归为"知识增进"（Enhanced Knowledge），他所说的教育只包括劳动者受到的正规教育年限的多少。他认为，教育不仅增加了个人收入，而且提高了个人对生产的贡献，故应在教育年限和个人的生产贡献间建立数量关系。为此，他利用1950年美国人口普查资料(该资料统计了25岁和25岁以上的男性)，按教育年限分

组的 1949 年的货币收入，以受过初等教育 8 年的男性收入为基准（100），求出其他教育年限的男性在收入上的相对差别，并假定同期收入差别中只有 3/5 是由教育引起的，就以 3/5 对实际工资差别进行调整，结果如表 3-5 所示。

表 3-5　美国 1950 年各级教育平均收入的简化系数

教育程度		平均收入的简化系数（%）	调整后的简化系数（%）	备注
初等	未受教育	50	70	计算举例，例如 5~7 年教育收入相当于 8 年的 80%，收入差为：（100－80）÷100＝20%，20%×3/5＝12%，这是教育影响收入的差，故教育简化系数为 88%。
	1~4 年	65	79	
	5~7 年	80	88	
	8 年	100	100	
中等	1~3 年	115	109	
	4 年	140	124	
高等	1~3 年	165	139	
	4 年或以上	235	181	

②计算报告期年份和基期年份的平均劳动简化系数。计算公式为：

某年各教育年限的平均劳动简化系数 ＝ $\sum$（各教育年限的简化系数 × 某年各教育年限的就业者比例）

③计算全期教育增长系数和年度增长系数。全期增长系数＝报告期（1957 年）平均简化系数－基期（1929 年）平均简化系数；设年度增长系数为 r，则有：

$$1 \times (1+r)^{28} = 1.296, \quad r = 0.93\%$$

④计算教育在国民收入增长率中的百分比。由于工资在全期国民收入中的比例为 73%，故年均教育在国民收入增长率中的百分比应是 0.93%×73%＝0.67%。又由于国民收入全期年均增长率为 2.93%，所以教育在国民收入增长率中的百分比应是 0.67÷2.93×100%＝23%。

丹尼森认为，知识增进作用为 0.59%，只有 3/5 是教育的作用，因此，全部来自教育在国民收入增长率中的百分比应是 0.67%＋0.59%×3/5＝1.02%，1.02÷2.93×100%＝35%，即 1929—1952 年国民收入年增长率 2.93% 中有 35% 是教育的作用。

丹尼森对其他因素也做了计算，最后加总起来还有 0.59% 得不到解释，他称之为"剩余因素"（The Remaining Factor），并把它归结为知识进展和在生产上应用的作用。他认为，知识进展和在生产上应用的作用中有 3/5 是教育的作用，因此将这两项相加才最终得到教育对国民收入增长率的贡献比例。可以看出，丹尼森系数法涉及诸多经济增长因素，而且用了平均失业率和出勤率等因素进行调整，因此被认为比舒尔茨余量法更合理一些，其计算方法也被认为比舒尔茨的计算更为严密。但他的方法仍存在一些不足，具体表现在：其一，与舒尔茨方法一样，以工资标准来计量经济效益，把劳动收入与劳动所创造价值等同起来，必然把劳动者创造的剩余价值排除在外，缩小了教育经济效益；其二，在对知识进展估计方面，知识进展可能会随列出的 20 多项因素的变动而变动，这与将知识进展作为一项独立因素分析相矛盾，可能会影响估计结果；其三，工资尺度的不合理性也影响了其适用范围；其四，在估计中，只考虑了劳动者教育水平的提高，而没有考虑劳动者教育存量的保持问题，会使测算结果严重偏低。

第三节　教育与经济增长的实证研究

////////////////

实证分析结果表明，教育与经济增长的确具有互动促进的作用。有人选取巴西、美国、英国、日本等国为样本，并将各国数据置于 VAR 框架下进行分析，分别测算各国教育的产出弹性及对经济增长的贡献率，不仅证实了教育对各国经济的积极影响，而且证实了教育与产出之间存在双向的因果关系，还发现一国经济的发展程度与教育对经济增长的贡献呈现正的非线性相关。[1] 本节将用实证方法分析教育与我国宏观经济及区域经济的发展关系。

一、中国教育投资与经济增长互动关系的实证研究

我国学者的研究结果也表明，教育与经济发展确有正相关关系。1978—2006 年，我国教育对经济增长的贡献率为 14.48%[2]；1952—2003 年，我国教育投资对经济增长的贡献率为 24.4%。[3] 有关学者利用 VAR 模型，运用 Johansen 协整检验及 Granger 因果关系检验、脉冲响应函数、方差分解等实证方法，验证了我国高等教育

---

[1]　姚益龙、林相立：《教育对经济增长贡献的国际比较：基于多变量 VAR 方法的经验研究》，载《世界经济》，2005(10)。

[2]　余维清：《教育对中国 1978—2006 年经济增长贡献率的研究》，载《黔南民族师范学院学报》，2008(4)。

[3]　范柏乃、来雄翔：《中国教育投资对经济增长贡献率研究》，载《浙江大学学报（人文社会科学版）》，2005，35(4)：52-59.

经费投入、人力投入与经济增长之间存在长期动态关系，高等教育经费投入与人力投入每增加 1%，分别推动 GDP 增长 0.251% 与 1.175%，说明高等教育经费投入与人力投入均是经济增长的原因，而经费投入更是人力投入的原因。[①] 还有研究结果表明，社会投资率每增长 1 个百分点，人均 GDP 年增长率仅提高 0.1 个百分点，如果人口增长率降低 1 个百分点，人均 GDP 年增长率可提高 0.36～0.59 个百分点；如果普及初等教育，学龄儿童入学率每提高 1 个百分点，人均 GDP 年增长率可提高 0.35～0.59 个百分点，两者的综合作用可提高人均 GDP 0.7～1.18 个百分点。[②] 运用柯布—道格拉斯生产函数对我国研究生教育的经济增长贡献率进行测算后发现，研究生教育对经济增长具有正向促进作用，年均拉动 GDP 0.46 个百分点，对 GDP 年均增长贡献率为 4.11%，但研究生教育对增长的贡献值小于物质资本的驱动作用。[③]

运用最新发展的"时间序列经济计量学"（Time-series Econometrics）分析方法——协整检验（Co-integration Test）和格兰杰因果性检验（Granger Causality Test）对我国教育投入的经济增长效应进行实证分析，可以探索在我国增加教育投入从而实现经济总量快速增长的政策可行性和有效性，方法如下。[④]

1. 变量选择和样本数据说明

教育投入量在一定程度上反映国家对教育的重视程度，其衡量指标通常有三个：一是年度教育经费总量，二是各级各类学校人均教育经费量，三是教育经费占国民收入、财政支出的比重。选用占我国教育投入绝对主体的政府教育投入作为教育投入（EI）的代表变量，检验教育投入效果的经济总量指标选用国内生产总值（GDP）。为考察中国教育投入的实际经济增长效应，按当年价格计算的数值 EI 和 GDP 均用零售商品价格指数 PI 进行调整，PI 以 1952 年为基期，样本数据主要来自《中国统计年鉴 2000》和《中国教育统计年鉴 2000》，样本区间为 1952—1998 年。

2. 研究的理论模型和方法

传统回归方法一般假定所用的时间序列是稳定的，事实上，经济中许多变量序

① 赵树宽、余海晴，等：《高等教育投入与经济增长关系的理论模型及实证研究》，载《中国高教研究》，2011(9)。

② 胡平平、张守祥：《税费改革后农村义务教育投入保障机制研究》，载《中国教师》，2003(6)。

③ 黄海军、李立国：《我国研究生教育对经济增长的贡献率——基于 1996—2013 年省级面板数据的实证研究》，载《高等教育研究》，2012(1)。

④ 周英章、孙崎岖：《我国教育投入对实际经济增长的贡献实证分析》，载《中国软件学》，2002(7)。

列是不平稳的。如果序列是不平稳的，在使用计量模型进行统计推断时，关于参数的一些统计分量不再是标准分布，所做的回归为"伪回归"(Spurious Regression)。格兰杰因果检验法有助于确定变量之间是否存在某种因果关系，协整检验则有助于考察在水平数据上变量之间是否存在某种长期的均衡关系。在对变量时序特征的要求上，格兰杰因果检验要求所用时间序列变量必须是平稳的，而协整检验的对象则是具有单位根特征的时间序列向量。因此，在运用这两种方法对实际数据进行分析之前，必须对所用变量进行"平稳性检验"(Stationary Test)。

(1)时间序列平稳性的 ADF 检验法。对时间序列平稳性检验称作"单位根检验"(Unit Root Test)，用于单位根检验的方法主要有：DF 检验法(Dickey-Fuller Test)、ADF 检验法(Augmented Dickey-Fuller Test)和 PP 检验法(Phillips-Perron Test)。ADF 检验法较为常用，其模型为：

$$y_t = \beta_t \Delta y_{t-1} + \cdots + \beta_p \Delta y_{t-p} + \alpha + \rho y_{t-1} + \delta_t + \varepsilon_t \qquad (3\text{-}9)$$

式中，$\{\varepsilon_t\}$ 是独立分布的，且 $E(\varepsilon_t) = 0$，$D(\varepsilon_t) = \sigma^2 < \infty$。检验基于统计量：

$$\frac{T(\hat{\rho} - 1)}{1 - \hat{\beta}_1 - \Lambda - \hat{\beta}_p} \text{或} t = \frac{\hat{\rho} - 1}{\hat{\eta}}$$

式中，$\hat{\rho}$ 为 ρ 的 OLS 估计值；$\hat{\beta}_t = (i = 1, 2, \cdots, p)$ 为 β_t 的 OLS 估计值；$\hat{\eta}$ 为 $\hat{\rho}$ 的标准差。比较实际值与临界值的大小，就可对假设 $H_0: \rho = 1$ 做出取舍。若拒绝 H_0，则不存在单位根，说明 $\{y_t\}$ 是平稳性序列；否则，就是不稳定的，应继续对 $\{\Delta y_t\}$ 重复检验。

(2)格兰杰因果性检验(Granger Causality Test)。设两个平稳时间序列 $\{x_t\}$ 和 $\{y_t\}$，建立 y_t 关于 y 和 x 的滞后模型：

$$y_t = c + \sum_{i=1}^{m} \alpha_i y_{t-i} + \sum_{j=1}^{n} \beta_j x_{t-j} + \varepsilon_t \qquad (3\text{-}10)$$

式中，c 表示常数项；滞后项 n 的选择是任意的。检验 x 的变化不是 y 变化的原因相当于对统计假设 $H_0: \beta_1 = \beta_2 = \Lambda = \beta_n = 0$ 进行 F 检验。RSS_1 表示方程(3-10)的回归残差平方和，RSS_0 表示方程(3-10)在原假设成立时的回归残差平方和，则统计量为：

$$F = \frac{(RSS_1 - RSS_0)/n}{RSS_0/(T - m - n - 1)} \sim F(n, T - m - n - 1) \qquad (3\text{-}11)$$

可利用统计量 F 对假设进行检验，如果 $F > F_\alpha(n, T - m - n - 1)$ 则拒绝原假设，

说明 x 是 y 的格兰杰原因；若 $F < F_\alpha(n, T-m-n-1)$ 则不能拒绝原假设，说明 x 不是 y 的格兰杰原因。

(3)恩格尔—格兰杰协整检验(Engle-Granger Co-integration Test)。协整检验的目的是研究 n 维向量单位根过程的各分量之间是否存在某种长期的均衡关系。基于"协整向量"(Co-integrating Vector)的不同估计方法，对随机向量的协整检验有最小二乘法和极大似然法。若向量中可能仅有唯一的协整关系，一般可用最小二乘检验法。由于考察的是二维随机向量的协整性，因此，采用以最小二乘法为基础的恩格尔—格兰杰协整检验方法。其步骤如下：

首先，对时间序列 x_t 和 y_t 进行回归，得方程：

$$y_t = c + \alpha_t x_t + u_t \tag{3-12}$$

然后，用 ADF 方法对回归方程(3-12)的残差序列估值 $\hat{u}_t$ 进行单位根检验，若残差序列估值 $\hat{u}_t$ 存在单位根，序列 x_t 与 y_t 不存在协整关系；反之，则序列 x_t 与 y_t 存在协整关系。

3. 实证分析结果

对变量 EI 和 GDP 分别取自然对数，记为 $\ln EI$ 和 $\ln GDP$，其单位根检验结果如表 3-6 所示。

表 3-6　ADF 单位根检验

变量	水平检验结果			一阶差分检验结果		
	ADF 值	检验形式 (C, T, L)	AIC	ADF 值	检验形式 (C, T, L)	AIC
$\ln EI$	−1.44	(C, T, 3)	−3.98	−4.26*	(C, T, 2)	−3.99
$\ln GDP$	−1.35	(C, T, 2)	−5.18	−4.49*	(C, T, 4)	−5.22

注：检验形式(C, T, L)中的 C, T, L 分别为模型(3-9)的常数项、时间趋势和滞后阶数，* 表示在 5% 的显著性水平上拒绝有单位根的原假设，即在相应的显著性水平上认为变量是稳定的。

在 5% 的显著性水平上，实际经济总量 GDP、教育投入 EI 的水平值取对数后检验结果均为非平稳的单位根过程，但其一阶差分均为平稳过程。由于对变量的数值变换并不改变变量之间的因果关系，所以可用各变量对数值的一阶差分进行格兰杰因果检验。由表 3-7 可知，教育投入具有非常明显的经济增长效应，而经济增长对教育投入也有重要的影响。

表 3-7　格兰杰因果检验结果

原假设	RSS $(m_0, 0)$	RSS (m_0, n_0)	FPE $(m_0, 0)$	FPE (m_0, n_0)	(m_0, n_0)	F
$\Delta\ln GDP \rightarrow \Delta\ln EI$	0.5851	0.3416	0.01656	0.01132	(5, 3)	8.87*
$\Delta\ln EI \rightarrow \Delta\ln GDP$	0.2103	0.1684	0.00539	0.00434	(3, 1)	10.24*

注：表中 F 分布的 5% 临界值分别为 2.93 和 4.21，* 表示在 5% 的显著性水平上拒绝原假设。

因此，在我国教育投入和实际经济增长之间存在互馈关系。因为 $\ln EI$ 和 $\ln GDP$ 均为单位根过程，可以由协整检验考察它们之间的长期均衡关系。由 $\ln GDP$ 对 $\ln EI$ 做回归的 OLS 估计，结果如下：

$$\ln GDP = 8.464 + 0.976\ln EI \tag{3-13}$$
$$(263.23)\quad(36.68)$$

$R^2 = 0.96$，$R^2_{-adj} = 0.95$，D.W. $= 0.36$，F $= 1039.85$；模型(3-13)中括号内的值为 t 检验值。设 $\hat{u}_t$ 为回归模型的残差，对 $\hat{u}_t$ 的水平值做 ADF 检验，结果如表 3-8 所示。

表 3-8　残差平稳性的 ADF 检验

变量	ADF 值	检验形式(C, T, L)	5%临界值	AIC
$\hat{u}_t$	-2.49^*	(C, 0, 3)	-1.95	-4.63

注：检验形式(C, T, L)中 C, T, L 分别为模型(3-9)中的常数项、时间趋势和滞后阶数，(C, 0, L)表示没有时间趋势的项，* 表示在 5% 的显著性水平上拒绝有单位根的原假设，即在相应的显著水平认为变量是稳定的。

由表 3-8 可知，在 5% 的显著性水平上接受 $\hat{u}_t$ 是平稳过程的假设，因此模型(3-13)中不存在谬误回归，我国教育投入和经济增长之间存在长期的均衡关系。由以上实证结果可以得出如下几点结论：一是我国教育投入和实际经济增长之间稳定地存在某种协同互动的均衡关系，教育投入的波动与经济增长的波动总是高度密切相关的；二是我国教育投入的经济增长弹性为 0.976，即教育投入增长 1%，经济增长 0.976%；三是教育投入是影响我国经济波动的重要原因，是推动经济增长的重要力量，增加教育投入有助于促进我国实际经济总量的增长，减少教育投入将制约我国实际经济总量的增长；四是实际经济波动是影响我国教育投入的重要因素，教育投入对经济总量增长具有较强的依赖性，经济的增长和发展水平决定着教育投入的规模。

二、教育对中国不同区域经济增长影响的实证分析

我国学者的研究结果显示，教育对我国不同区域的经济增长有不同程度的影响。随着教育普及程度的提高，教育对经济增长的贡献有了明显的提高。研究结果表明，利用平均受教育年限法代替人力资本指标后，教育对经济增长的贡献值均达到了较高的水平。1978—2006 年，东部地区教育的经济增长贡献值为 8.02%，西部地区为14.56%。[①] 运用 1996—2011 年我国 30 个省区市的省级面板数据建模，发现教育投入对经济增长具有正向显著的影响，教育投入的总体经济增长贡献值为 35%，同时表现出一定的时间差异，教育投入在 2000—2006 年的增长贡献值显著低于1996—1999 年以及 2007—2011 年两个时间段。东、中、西部地区教育投入对经济增长的贡献也呈现出显著差异，东部地区教育投入对经济增长的作用最大（$lnEDU$ 回归系数为 0.43），即预算内教育经费每增加 1%，可推动 GDP 增长0.43%；中部地区教育投入对经济增长的作用居中（$lnEDU$ 回归系数为 0.28），即预算内教育经费投入每增加 1%，可推动 GDP 增长 0.28%；西部地区教育投入对经济增长的作用最弱（$lnEDU$ 回归系数为 0.22），即预算内教育经费投入增长 1%仅能带动 GDP 增长 0.22%。由此可见，东、中、西部地区的教育投入对经济增长的作用存在显著差距，贡献率由东至西依次递减，体现出我国教育投入的区域非均衡发展。[②]

教育投资对经济增长影响程度的区域差异研究，可采取以下分析步骤。[③]

1. 教育投资的数据处理和分析模型

（1）教育投资的分析指标与数据处理。我国教育经费主要包括国家财政性教育经费、社会团体和公民个人办学经费、社会捐资和集资办学经费、学费和杂费、其他教育经费等项，其中国家投入资金占总教育经费的绝大部分，1996—2002 年比例都超过 64%，考虑到分区域数据的可获得性，选用国家财政性教育经费近似反映教育投资的总规模，用各区域 GDP 反映区域经济总量。数据处理上，一方面鉴于我国各区域在人口方面相差很大，为消除人口因素影响，以人均国家财政性

---

① 王金营、郑书朋：《人力资本在经济增长中作用的东部与西部比较》，载《人口与经济》，2010(4)。

② 范柏乃、闫伟：《我国教育投入对经济增长贡献率的时空差异研究——基于 1996—2011 年的省际面板数据》，载《国家教育行政学院学报》，2013(12)。

③ 郑丽琳：《教育投资对经济增长影响程度的区域差异》，载《重庆工商大学学报（西部论坛）》，2006(4)。

教育经费和人均 GDP 作为建模的样本数据；另一方面为便于分析比较，进一步将截面数据由 31 个合并为 3 个(三大区域：东部地区包括北京、天津、河北、辽宁、上海、江苏、浙江、福建、山东、广东、广西、海南；中部地区包括山西、吉林、黑龙江、安徽、江西、河南、湖北、湖南、内蒙古；西部地区包括重庆、四川、贵州、西藏、甘肃、青海、宁夏、新疆、陕西、云南)，组成一个 $N=3$，$T=7$ 的 Panel Data 模型。①

(2)关于 Panel Data 模型。利用 Panel Data 模型可以分析我国三大区域人均教育投资的特征及其所产生的区域经济差异效应。Panel Data 模型的一般形式为：$y=\alpha_i+\beta_i x_{it}+\varepsilon_{it}$。式中，$i=1, 2, \cdots, N$；$t=1, 2, \cdots, T$；$x_{it}$ 为解释变量向量；下标 i 代表不同个体(地区)；t 代表时间(年)，α_i，β_i 分别为截距向量及参数向量。模型中的系数随着时间和个体的不同而改变，因而可以反映模型中被忽略的时间因素和个体差异因素的影响。根据约束条件的不同可以将 Panel Data 模型分为变系数模型(Varying-coefficient Model)、变截距模型(Variable Intercept Model)和混合回归模型(Mixed Regression Model)等。如果只考虑模型在个体(或时间)上的差异且模型为固定效应模型，可以采用 F 检验来识别模型是变系数模型、变截距模型还是混合回归模型。

2. 模型估计和实证结果分析

(1)财政性教育经费支出模型类型的识别与估计。建模数据的样本期较短而截面数据较多，并且这一时期的教育经费支出相对稳定，因此认为模型参数与个体差异有关而与时间变化无关。同时，由于模型只对样本自身的个体差异情况进行分析，所以认为模型是"固定效应模型"(Fixed Effect Model)。对我国三大地区的人均财政性教育经费支出模型分别进行 F 检验，确定模型形式，宜用变系数固定效应模型加以拟合。根据新华在线 1996—2002 年有关数据，运用 E-views 软件中 pool 数据处理模块，利用广义最小二乘法(GLS)分别估计三大区域人均财政性教育经费与人均 GDP 之间的函数(共有 $3\times1=3$ 个模型)，计算结果列于表 3-9 中，估计过程中消除了截面数据之间的异方差性。方程回归效果整体显著，拟合程度高，系数的 t 检验值都通过，D.W. 值接近 2，没有一阶自相关。

---

① Panel Data 为"平行数据"或"面板数据"，是指同时融合时间和个体双重维度的数据结构。

表 3-9　我国分区域人均财政性教育经费对 GDP 影响函数的估计结果

类别	区域	系数估计值			判定系数	D. W. 值	F 值(P)
		α_i	β_i	β_i 的 t 检验值			
人均教育投资指标	东部	3047.26	28.71	32.40	0.998	1.82	0.00
	中部	1839.50	25.81	12.68			
	西部	1944.41	15.29	13.64			

（2）我国区域经济差异的教育投资效应分析。三大区域人均 GDP 与人均教育投资的影响效应明显存在差异，具体函数如下：

$$pGDP_{东} = 3047.26 + 28.71 pEDU_{东}$$

$$pGDP_{中} = 1839.50 + 25.81 pEDU_{中}$$

$$pGDP_{西} = 1944.71 + 15.29 pEDU_{西}$$

所建模型的回归系数 β_i 表明：国家在东部区域的人均财政性教育经费投入每增加 1 元，可使该区域人均 GDP 增加 28.71 元；在中部区域的投入每增加 1 元，可使该区域人均 GDP 增加 25.81 元；在西部区域的投入每增加 1 元，可使该区域人均 GDP 增加 15.29 元。显然，东、中、西三大区域人均教育投资在影响区域人均 GDP 的倍数上存在差异，其倍数比例为 1.88：1.69：1，东部区域人均教育投资的倍数效应高于中、西部。更重要的是，相同的经费投入带来不同的经济回报，进一步影响了国家的投资政策倾向。

（3）我国各区域教育投资效应差异原因分析。第一，国家在各区域投资规模不同。由于我国经济发展水平与发达国家相比还较低，用于教育投资的资金有限，国家对各地区的投资规模不同。以国家财政性教育经费为例，在东部地区的投入量为 1911 亿元，占 54.7%；中部地区的投入量为 911.4 亿元，占 26.1%；西部地区的投入量仅为 668.9 亿元，占 19.2%。从人均占有量看，东、中、西部三地比例为 1.59：0.89：1。无论是在总量还是在人均占有量上，国家财政性教育投资区域间都存在着相当大的差距。各区域教育投资规模的不同，严重影响了各区域内各级各类学校教师素质的提高以及教学仪器设备、图书馆设施等硬件条件的改善，进而对各区域的教育投资效益产生不同的影响，最终影响教育投入对区域经济增长的促进效应。

第二，国家在各区域投资结构不同。我国财政性教育经费支出结构主要分为高等学校、中等专业学校、中学（包括普通中学及职业中学）、小学、其他等，国家在教育经费支出结构上存在不合理现象。以 2000 年为例，东部地区高等学校、中学、小学的教育经费比为 1.06：1.09：1，人均教育经费支出结构比为 17.09：1.81：1；中部地区高等学校、中学、小学的教育经费比为 1.59：1.21：1，人均教育经费支出结构比为 30.58：2.05：1；西部地区高等学校、中学、小学的教育经费比为 1.84：0.88：1，人均教育经费支出结构比为 36.8：1.59：1。根据《1998 年世界发展指标》[1]相关数据，高等、中等、初等三级学生的人均教育经费支出结构比例，世界平均为 3.0：2.7：1，低收入国家平均为 12.8：2.7：1。从以上比例可以看出，我国各区域对高等教育投资大大高于中小学投资，其比例与世界平均水平有很大差异，即使与低收入国家平均水平相比，也很不合理。东部地区结构略为平衡，对中小学投资的力度比中、西部地区强，而中、西部落后的初等教育状况令人担忧。

三、关于教育消费能否拉动经济增长问题的讨论

教育对经济增长的影响分为两个方面：一是教育自身发展促进经济的增长。迄今为止，国内外学者对教育与经济增长效应的看法比较一致，都认为教育可以提高劳动者的生产效率，进而可以促进经济的长期增长。二是教育作为一种消费行为刺激经济增长。对此学术界的意见不一，主要有以下两种截然相反的观点。

1. 观点一：扩大教育规模有助于刺激经济增长

1998 年亚洲金融危机爆发后，亚洲开发银行驻中国代表处首席经济学家汤敏等人给有关领导提交了一份建议书，提出 3 年内把国内大学招生扩大 1 倍的想法，并详细计算了这样做对 GDP 增长、需求拉动以及缓和就业的影响。在政府推动下，高校很快开始扩招。汤敏等(1999)认为，如果在 3 年内(1999—2001 年)使中国高等教育的招生量扩大 1 倍，且新增的学生全额自费，则每年的教育消费可达到 240 亿元，用中国的投资乘数来计算，可以拉动近 1000 亿元的投资与最终消费，且在未来 4 年内会腾出 500 万～600 万个工作机会。[2] 也有人认为，从潜在需求看，当时全国居民储蓄已超过 5 万亿元，若按 50% 可实现购买教育的比例计算，保守的估计是，全国居民潜在的教育费用支出每年约为 2500 亿元[3]，相当于全国教育总经费。更为详细的计算结果显示，当时我国普通中小学生约为 2 亿人，如果允许少量学生以教育消

① 世界银行《1998 年世界发展指标》编写组：《1998 年世界发展指标》，北京，中国财政经济出版社，1999。
② 汤敏、左小蕾：《教育启动消费呼之欲出》，载《经济学消息报》，1999-02-19(1)。
③ 胡鞍钢、施祖麟：《我们需要一场教育革命》，北京，科教兴国战略与跨世纪教育研讨会会议论文，1998。

费形式"择校"，假定为总数的 1/10（2000 万人），择校费每人每年 5000 元，则有 1000 亿元的潜在收益；高中生及适龄高中学生约为 2000 万人，如果大部分学生以教育消费形式就读，假定为总数的 80％（约 1600 万人），每人每年收费 2000 元，则每年的潜在收益在 300 亿元以上；高等学校在校生和潜在学生约为 500 万人，如果大部分（80％）学生以教育消费形式就读，每人每年增加 5000 元的教育消费，则潜在收益每年约为 250 亿元。[①] 不少人也做过类似的计算，认为"通过扩大内需来带动经济增长已成为我国决策层和经济理论界的共识"，对大学生培养费高速增长的预期会促使高等教育机构从银行借款加大高等教育的基础设施投资，从而使教育投资支出大大增加。[②]

2. 观点二：不能过分夸大教育消费对经济增长的拉动作用

其一，扩大教育规模的"乘数效应"较小，对经济增长的拉动作用并不是很明显。国家统计局（1999）[③]利用里昂惕夫的投入产出模型计算了国民经济各部门的产出乘数和影响力系数，结果表明：教育的产出乘数低于平均值，影响力系数小于 1，且排序靠后。[④] 在校大学生因接受高等教育而衍生出的额外衣食住行消费支出调查结果表明，240 亿元教育投入将导致国民经济总产出的增量为 567.2 亿元，而不是 1000 亿元。[⑤] 也有研究结果表明，1999 年扩招 48 万学生增加最终需求总量为 56.6 亿元。[⑥] 1999 年普通高校招生从 1998 年的 108 万人扩大到 156 万人，招生计划增长幅度达 44.4％，以全国平均学费标准 3900 元计算（实际上可能低于这个数），此次扩招所带来的经济总产出增加也仅为 71.78 亿元。[⑦] 由此可见，高等教育投资量增加对

① 王之泰：《教育产业——一个新的经济增长点》，载北京教科院编：《教育产业参考资料选编》，1999：8。

② 赵坚、刘延平：《消除扩大内需的体制障碍，推动大规模人力资本投资》，载《经济研究资料》，1999(4)。

③ 国家统计局国民经济核算司：《1997 年度中国投入产出表》，30～66 页，北京，中国统计出版社，1999。

④ "产出乘数"（Output Multipliers）是反映某些部门产品或劳务的最终使用增加一个价值单位时，导致的国民经济总产出的增量。"影响力系数"（Effective Coefficient）则反映了特定部门对国民经济总产出的拉动力度的大小，如果特定产业部门对其他产业部门直接或间接的相互依存程度高，影响力系数就大，否则就小。

⑤ 宋荣绪：《世纪之交的教育热点问题思考》，载《河南社会科学》，2001(4)。

⑥ 丁小浩、陈良焜：《高等教育扩大招生对经济增长和增加就业的影响分析》，载《教育发展研究》，2000(2)。

⑦ 马陆亭：《教育对经济的"推动"与"拉动"》，载《高等教育研究》，2000(1)。

经济增长的拉动作用并不是很明显。其二，扩大高等教育的规模有"挤出效应"（Crowd-out Effect），增加教育消费同时意味着其他消费的减少。1997 年和 1998 年两年，我国居民的教育支出，包括家庭教育支出在内的多项支出在增长，并且增幅远远高于收入的增幅。随着家庭教育支出的增加，家庭其他类型的支出或者以较小的幅度增加，或者以下降的幅度变化。当居民在教育消费方面投入过多时，不得不减少在汽车、住房等方面的消费支出，更何况教育的乘数效应远不及汽车、住房等耐用消费品所带来的乘数效应。这就表明，增加高等教育投资与经济增长未必一定呈正相关关系。其三，扩大高等教育的规模产生了"过度教育"现象，对经济发展有负面影响。这种观点认为，我国仍处于工业化的初期阶段，高科技数量有限，经济发展对于高等教育的需求是有限的，而大量需要的是中等专业技术人员。如果不顾及教育发展的规律，单纯为拉动经济增长，延缓就业，不顾实际地增加高等教育招生数量，不仅不利于经济发展，而且有害于经济发展。过度教育短期和直接效应是抑制就业，长期效应是导致生产水平下降。由于过度教育直接产生了教育过剩，并降低了教育的价值，虽然进入劳工市场的就业青年教育水平上升，但生产力增长水平反而明显下降。在高知低就，甚至知识失业的过度教育情况下，劳动者所获得的知识得不到充分发挥，不能促进人力资本向有效人力资本转化，不仅是对有限教育资源的浪费，也会对社会经济的持续增长带来负面影响。

第四章　教育与人力资本形成

按照 H-O-S 理论[1]，一国主要出口那种本国相对丰裕和廉价的生产要素所生产的产品，同时进口那种本国相对稀缺的生产要素所生产的产品。但人们发现美国的情况与 H-O-S 的理论预测不符，存在"里昂惕夫之谜"[2]。现在人们认识到，这是因为美国出口的农产品包含了人力资本密集型的产品，资本丰裕型的国家是在出口专业人力资本的劳务。第二次世界大战后，西德、日本等战败国在短时期内奇迹般地迅速恢复和发展起来，瑞士、丹麦、韩国、新加坡、中国香港地区、中国台湾地区等资源禀赋很差的国家或地区经济也取得巨大成就，而大量以实施资本积累为先导的工业化战略国家在实践中却不很成功。人力资本理论的创立，开辟了人类关于人的生产能力分析的新思路，有力地解释了 20 世纪 50 年代经济增长之谜及知识与技术创新的特殊作用。由此可见，人力资本对于实现经济增长是极为重要的。如何解决人力资本的形成、积累和发展问题始终是世界各国面临的重大课题，也是教育经济学应当研究的重大理论问题。人力资本论是现代西方经济学的一个重要理论派别，也是教育经济学的理论基础。本章拟对人力资本与人力资本理论、教育对人力资本形成的贡献及人力资本如何促进经济增长和发展等展开讨论。

---

① H-O-S(Eli Heckscher-Bertil Ohin-Paul Semuelson)理论，即赫克歇尔—俄林理论，其模型是一个两国、两商品、两资源禀赋的模型。模型的理论的前提假设是：生产要素同质，产品的生产函数相同，生产的规模报酬不变，完全竞争等；在供给方面的假设是：各国的生产要素不同，商品的要素密集度不同。H-O-S 理论的主要结论是：①一国将出口那种相对密集使用其相对富裕的生产要素的产品，同时进口那种相对密集使用其相对稀奇的要素的产品；②随着国际贸易的进行，各国的要素相对价格将趋向一致。

② 美国经济学家里昂惕夫(Wassily Leontief, 1906—1999)于 1953 年发现，美国作为资本富裕的发达国家出口的是一般意义上的劳动密集型的农产品，进口的是资本密集型产品，这与 H-O-S 理论预测不符，被称为"里昂惕夫之谜"(The Leontief Paradox)。

第一节 人力资本与人力资本理论

////////////////////

按照西方经济学的解释,资本是生产要素之一,指能用于物质生产的社会资源,是为了获得一定的利润或收益预期所要付出的代价。资本有两种存在形态:一是物质资本形态,即通常所使用的主要体现在物质资料上的那些能够带来剩余价值的价值;二是人力资本形态,即凝结在人体中的能够使价值迅速增值的知识、体力和技能的总和。当人力资本理论得到经济学界认可后,传统的资本概念的内涵便由物质资本(Physical Capital)扩大到人力资本(Human Capital),突破了传统理论中的资本只是物质资本的束缚,使人们以全新的视角来研究经济理论和实践。

一、人力资本的含义

人力资本思想源于古希腊思想家柏拉图的《理想国》,他认为基础教育能提高人的先天能力。英国古典政治经济学家创始人配第也曾认识到人力的重要性,他认为人的作用甚至比物质的作用更大。在其著名的《赋税论》①一书中提出了"劳动是财富之父,自然是财富之母"的著名论断,认为"一个人如果技艺高超,就能够做许多没有本领的人所不能做的许多工作"。因此,不少学者认为,配第是最早具有人力资本思想的人。但真正将人力视作资本并初步提出人力资本思想的第一人却是亚当·斯密。18世纪,亚当·斯密在其代表作《论国民财富的性质及其原因的研究》中,首次把人的经验、知识、能力视为国民财富的主要内容和生产的要素。到了19世纪,关于人力资本开始有了一些较为明确的论述。法国新古典主义经济学家萨伊(Jean B. Say)在他的《政治经济学概论》一书中提出,人不是一生下来就有足够的身高和足够的力气来从事甚至是最简单的劳动,要到15岁或20岁才能获得这种能力,因此可以把人看作一项资本,这项资本由每年用以教育他的款项累积而成。在萨伊看来,劳动者技能的获得要花很长时间去学习和接受训练,并且要支付高昂的费用,但这些习得的技能能够提高劳动者的生产能力,所以它应当被视为一种资本。

20世纪50年代中期和60年代初期,人力资本逐渐形成一种理论体系和学说。美国经济学家明瑟在他的博士学位论文《个人收入分配的研究》(1957)和文章《人力资

---

① Petty, W. *Treatise of Taxes and Contributions*. London: Printed for N. Brooke, 1662.

本投资与个人收入分配》(1958)中都正式使用了"人力资本"概念，并着重研究了教育与个人收益的关系。美国经济学家舒尔茨则首先系统提出了人力资本理论。1960年在他当选为美国经济学会会长时发表了题为"论人力资本投资"(*Investment in Human Capital*)的就职演说，提出人的知识和能力也是资本，而且是比物质资本更重要的资本，人力资本是凝结在人体中能够使价值迅速增值的知识、体力和技能的总和，人力资本是经济增长的主要源泉，其投资收益率将远远超过物质资本的投资收益率。大部分学者都接受了舒尔茨的人力资本定义。美国经济学家贝克尔1964年在其《人力资本》一书中从家庭生产和个人资源分配角度系统阐述了人力资本及其投资，认为人力资本是用于增加未来货币和物质收益的人力资源的知识、技能和体能。20世纪80年代后，新增长理论把人力资本要素内生化，强调其内溢和外溢效应，深化了人力资本形成途径及对经济增长贡献的理论基础，最具代表性的有卢卡斯(Robert E. Lucas，Jr，1988)的人力资本外部性模型和罗默(Paul M. Romer，1990)的知识驱动模型——以在生产中累积的资本来代表当时的知识水平，将技术进步内生化。

从人力资本概念的形成与发展演变历史来看，学术界所谈的人力资本中的"人力"实际上指的是凝结在人体中的知识、技能和体力存量的总和，是"人"与"能力"的整体概念——"人力"(Manpower)。因此，人力资本就是指为提高劳动者的素质或工作质量，人们在保健、教育、培训等方面进行的时间和货币投资所形成的资本，是凝结在行为主体身上的体力、健康、经验、知识和技能等方面的能力，可以在经济活动中给行为主体及其所属的社会带来收益。人力资本与物质资本有着明显的不同，人力资本概念引入后，物质资本又被称作非人力资本(Non-human Capital)，指体现在物质资源上、以物质的数量和质量表现出来的资本，包括货币、建筑物、机器设备、场地、原料、道路、存货等。人力资本与人力资源(Human Resources)也有明显的区别，人力资源是能够推动整个经济和社会发展的劳动者的智力、体力、知识和技术的能力，即处在劳动年龄的已经直接投入使用和尚未投入使用的人口的能力。二者在概念上是一种包含与被包含的关系，人力资本是对劳动力资源质的概括，而人力资源则是劳动力质和量的统一，所以人力资源概念要比人力资本宽泛，也就是说，人力资本应包含于人力资源之中。但是，在实际的运用和研究当中，人力资源与人力资本又有着不同的内容和方向。首先，人力资源与人力资本有着不同的研究视点。人力资本是从投入—产出角度来研究人力在获益和经济增长中的作用，它关注的是收益问题；而人力资源是从人的潜能(体力、智力和技能)与财富关系的角度研究问题，是更广泛意义上的人力问题研究。其次，人力资源是一个存量概念，表现为劳动力质和量的总和；人力资本则兼有存量和流量的性质，既表现产出量(劳动者体能、知识和技能)的变化，也表现投资活动的特定积累。最后，人力资源问题涉及开发、配置、利用和管理等方面，而人力资本主要涉及人力资源质量的提升，所以进行人力资本投资是人力资源开发的重要途径。

二、人力资本的类型

人力资本在生活和工作中最直接的表现就是多种多样的能力，教育经济学一般将其划分为基础能力、技术研究能力和领导能力，并据此把人力资本划分为以下三种类型。

1. 一般性人力资本

一般性人力资本(General Human Capital)也称生产性人力资本(Productive Human Capital)，是指一般劳动者通过人力资本投资形成的，具有简单的分析、判断和完成程序性工作等能力的资本。这种类型的人力资本具有社会平均的知识存量和一般能力水平，对应的社会分工角色是普通劳动者。

2. 技能性人力资本

技能性人力资本(Technical Human Capital)也称技术研究性人力资本或科技性人力资本(Scientific and Technical Human Capital)，指具有某项特殊技能的人力资本。拥有此项人力资本的人能够从事科学研究和技术开发或指导工作，通常具备解决新问题的能力，对应的角色是专业型技术人才。

3. 企业家性人力资本

企业家性人力资本(Entrepreneurial Human Capital)也称管理者人力资本(Manager's Human Capital)，指拥有管理知识与技能的人力资本。拥有此类人力资本的人能够在特定条件下组织、协调人力资源和物质资源在一定范围内的最优配置，对应的社会分工角色是各级管理人员。

以上三种类型的人力资本缺一不可，一般性人力资本是经济发展的基础，技能性人力资本是经济发展的动力，企业家性人力资本是经济发展的灵魂。随着人力资本形态的转变，知识与能力要求呈梯度式增加，如图4-1所示。

三、人力资本的特征

人力资本与物质资本是经济发展不可缺少的两种要素。与物质资本相比，人力

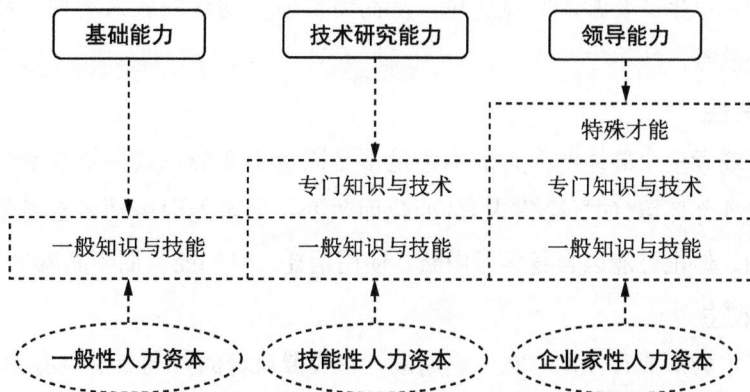

图 4-1　不同类型人力资本(要素)的知识与能力要求

资本具有不同的特征，依附性、能动性和产权特征是两者之间的核心差异。

1. 依附性

人力资本蓄存于人体之中，依附于劳动力本身，人力资本通过人力投资形式形成价值在劳动者身上凝结，一切才能、智慧、情感、价值观念和思想道德都依附于人自身，它与其所有者不可分离，并以人具有基础能力为前提。人力资本的价值量和新增价值的创造，必须在劳动过程中才能得以体现，如不参与劳动，人只是一个纯粹消费者，其资本价值量不能得到体现。

2. 能动性

人是人力资本的载体，人的目的性、主观能动性和社会意识，使人力资本成为不同于其他资本，具有自我丰富、自我发展、自我循环的独特运动过程的能动性资本，在经济活动中处于主导地位。正是由于人力资本能动性的发挥，才使科学技术的发明与使用、技术与管理的创新、经济的持续发展、社会的进步得以实现。

3. 私有性

私有性是指人力资本的不可继承、转让和剥夺性，人力资本的形成需要与其承载者不可分离，人力资本的所有权属于个人，它是不可继承、转让或被剥夺的。每个人的人力资本都需要通过自己的努力而获得。任何人不能剥夺个人的人力资本所有权，但个人可以向他人或机构让渡部分使用权。

4. 增值性

人力资本具有收益递增性，通过不断地使用和学习带来剩余价值，具有追求价值最大化的本性。与物质资本相比，它不但不会因使用而耗损，相反，随着在人力资本上投入的增多，获得的收益也将增加。高质量的人力资本可以获得高收入，并带动资本和其他生产要素的收益递增，从而使其他劳动者的收入增加，最终提高全社会的经济效益。

5. 可变性

一个人或者一个群体的人力资本存量不是固定不变的，其存量水平会随着人力资本投资和外部环境(如社会需求)的变化而改变，如可能因劳动者自身学习、使用而不断增加，但也可能因自身学习中断、使用消耗、赋闲贬值而不断减少。

6. 时效性

人力资本的形成和使用存在一定期限，一般劳动者的劳动年龄只有 40 多年的时间。一定时期内的人力资本总是会推动本期经济、社会发展的。为了与经济、社会发展相协调，人力资本必然要不断地补充、更新、提升并利用。若不适时开发和利用，人力资本就会失去其应有的价值。

四、人力资本投资

人力资本投资(Human Capital Investment)是指为了提高劳动者自身的知识、能力和健康的存量水平，实现预期收益最大化及降低磨损与贬值风险而进行的相关投资，主要包括：用于正规教育与职业培训，医疗卫生与保健，劳动力国内流动，国外移民入境、智力引进、国际人才吸收，提高企业能力、增强企业精神等方面的费用。舒尔茨(1960)曾将人力资本投资内容归纳为五大方面：一是医疗和保健，从广义上讲包括影响一个人的寿命、力量强度、耐久力、精力和生命力的所有费用；二是在职人员培训，主要是社会组织的培训和企业内部开展的岗位培训，也包括企业所采用的学徒制；三是正式建立起来的初等、中等和高等教育；四是不由企业组织的那种为成年人举办的学习项目，包括多见之于农业的技术推广项目；五是个人和家庭适应与变换就业机会的迁移。

1. 人力资本投资的特征

人力资本投资可以在未来带来更高的生产能力和经济效率，它呈现以下特征。

(1)人力资本投资渠道多元化。人力资本投资的基本功能在于开发和积累人的知识和能力，它既可以脱离物质生产过程，进行专门的人力投资，如学校教育投资，又可以与物质生产过程相结合进行在职培训的人力投资。

(2)人力资本投资具有累积性和可变性。人的能力的形成是一个由低到高、循序渐进的过程，所以人力资本存量都不是一次投资形成的，而是不断根据社会科技进步的状态和经济实践，经过多次投资、连续追加的结果。对人力资本投资的累积可以形成内部效应和外部效应。"内部效应"（Internal Effect）指个人的人力资本能提高自身的生产率和收益；"外部效应"（External Effect）指通过团体中的互动、相互学习，使平均人力资本水平上升，从而提高所有生产要素的生产率和收益。

（3）人力资本投资周期长，投资收益滞后。人力资本投资的核心是教育，而教育周期是一个漫长的过程，因而使得人力资本的投资和获取未来收益的时间间隔拉长，投资收益具有明显的滞后性。

（4）人力资本投资和收益的难以计量性。由于人力资本投资与日常的生活消费支出相互交织，所以很难将用于增加人的知识、提高人的技能的投资量剥离出来并加以准确计量。再加上人力资本是隐存的，很难找到适当的价值单位来衡量其存量和增量，所以也很难测定收益。

2. 人力资本投资决策的焦点

人力资本的形成借助于家庭、教育和医疗卫生等人类自身再生产活动，即"生活""消费"的行为来实现，所以很难将人力资本投资从日常生活消费中剥离出来，但人力资本投资绝不等于日常生活消费。对于这个问题，一般的认识和处理路径是：任何以个人自身为对象的活动，既是满足当前消费的手段又是获得将来利益的手段。一日三餐、休息睡眠、疾病救治、文化娱乐等活动的支出是为了满足当前的直接欲望，属于消费；而学校教育、职业培训、卫生保健、迁徙流动等活动的支出主要是为了将来长期获益，因而应看作人力资本投资。对于个人来说，日常消费和人力资本投资在时间、数量上存在某种替代、互补或相容的关系。一个人在对自己进行人生规划时，如何处理好两者的关系，实际上是一个如何处理眼前利益和长远利益关系的问题，这即是人力资本投资需要解决的焦点问题。

3. 人力资本投资的风险

任何投资由于存在未来预期收益的不确定性，都有一定的风险，人力资本投资也不例外。人力资本投资的风险具体表现在以下几个方面。

（1）人力资本流动带来的风险。经常表现为政府或企业投入巨资开发的，特别是专用性较强的人力资本，一旦流出，就会给投资者带来很大损失；后进地区承担人力资本投资，而发达地区获取人力资本投资收益，出现投资主体与收益主体错位，即落后地区人力资本水平较高的人员往往选择在经济发达的地区工作，导致后进地区自我发展能力越来越弱，区域间经济差距越来越大。

（2）技术进步带来的风险。科学技术上的重大突破会导致人力资本的加速折旧。

例如，为一项工艺而投资开发的人力资本，如果遇到科技创新，那么原有的工艺就会被淘汰，为其所进行的人力资本投资也必然贬值甚至毫无价值。

(3)宏观经济结构和产业结构调整带来的风险。由于人力资本投资具有投资周期长、投资收益回报滞后的特点，所以在经济繁荣时的人力资本投资可能由于经济萧条，受市场需求影响，从而导致该人力资本贬值；另外，某些行业在一段时间内属于"朝阳行业"，但由于国家经济政策调整而转变成"夕阳行业"，这时，劳动力供大于求，劳动力价格下降，导致人力资本投资回报率降低。

(4)意外风险。主要指由于人力资本主体身体健康欠佳，甚至意外伤残或死亡而导致的损失。

4. 人力资本投资的必要性

(1)促进经济增长。通过接受教育的方式，个体可以获得更多的知识和技能，从而形成更高的人力资本水平。当这种知识和技能通过劳动力市场进入生产过程的时候，劳动生产率得以提高，直接的表现就是个人因此获得更高的收入，社会经济因此获得更快的增长速度。

(2)提高社会资源的适应性和分配有效性。到目前为止，大多数的研究都发现，受教育和培训越多的人越能适应变化。他们能够从教育的培训中，创造出有利于自己的新的机会。更高的人力资本水平，往往使劳动者更能吸收新思想、适应新技术、改良原有技术，为劳动者提供条件，更好地在职业、行业或地域间流动，并帮助他们通过选择更富有成效的机会重新分配资源。

(3)促进劳动力供求平衡与增加就业。多年以来，我国劳动力市场始终存在两个特征，一是就业压力严峻与人力资本短缺并存，二是人力资本与物质资本不匹配，因此，劳动力市场中的人力资本规模、结构、水平与人才需求之间不平衡。通过人力资本投资，调整新增人力资本的结构，改善已有人力资本的存量结构，可以有效促进劳动力供给与需求的平衡，增加就业。在规模上，通过人力资本投资使生产要素比例趋于最优，提升要素边际报酬，改善人力资本外部匹配结构，从而增加就业。在结构上，人力资本与物质资本内部结构合理配置才能发挥各生产要素的最大作用。如果要素错配，一方面，会减少各生产要素边际产出，从而总体上减少就业；另一方面，虽然人力资本可以向下兼容性使用，但必然伴随高端人力资本的效率损失，直接导致高端人力资本无效积累，减少就业。在水平上，人力资本通过推动技术进步，促进经济增长，增加就业。

（4）促进收入公平。通过增加人力资本投资提高个人的收入，即人力资本投资表现出正收益率在全世界大部分国家是普遍存在的现实。同时，相当多的研究也发现，人力资本投资还能够在一定程度上提高全社会收入分配的公平程度。一方面，在人力资本投资收益率不变的前提下，人力资本投资的高收益率会吸引更多的人进行投资，人力资本在社会成员之间的分布更加平等，从而使收入差距缩小；另一方面，随着全社会人力资本存量的增加，禀赋、社会地位、制度等因素造成的收入差距对居民整体收入差距的影响减弱，从而使居民收入差距减小。

五、人力资本理论

第二次世界大战结束后，随着科技、经济、社会的飞速发展，许多西方学者意识到了教育与培训在经济增长中的重要作用，特别是发现教育的投入不单单是成本，而且是可以带来利润的资本投入，教育投入与物质投入相比更为重要。人力资本以及人力资本投资等概念开始为经济学家们所重视，并被以舒尔茨为代表的学者们逐渐上升到理论高度，发展形成了人力资本理论。20世纪50—60年代是人力资本理论的真正形成时期，也是人力资本与经济增长关系研究的转折点。从这一阶段开始，人力资本理论进入主流经济学的研究范畴，教育经济学也逐步成为一个相对独立的学科。这个阶段比较有代表性的是美国经济学家舒尔茨和贝克尔，而对人力资本要素作用的计量分析则首推丹尼森。

1. 人力资本理论的几个版本

（1）舒尔茨的人力资本理论。舒尔茨从20世纪50年代开始人力资本理论的研究，并将研究推到了一个新的高峰。舒尔茨的人力资本理论可归纳为以下几点：①人力资本存在于人的身上，表现为知识、技能、体力（健康状况）价值的总和。一个国家的人力资本可以通过劳动者的数量、质量以及劳动时间来度量。②教育可以提高人的认知能力，从而提高劳动生产率。教育投资的最大特点是对人的劳动不是从量的层面去判断，而是从质的层面去衡量。③教育投资是土地、人力、物力资本之外的另一个生产因素，单从自然资源、土地和资金等方面已不能解释生产力提高的全部原因，决定人类前途的并不是空间、土地、自然资源，而是人的能力；人力资本投资是经济增长的主要源泉，人力投资增长无疑明显地提高了投入经济奋飞过程中的工作质量，这些质量上的改进也已成为经济增长的一个重要源泉，有能力的人是现代经济丰裕的关键。④人力资本是投资形成的，投资渠道有五种，包括营养及医疗保健费用、学校教育费用、在职人员培训费用，择业过程中所发生的人事成本和迁徙费用。⑤在一定的条件下，教育投资可以转化为经济收入，人力资本投资是效益最佳的投资，人力投资的目的是获得收益，人力资本投资是回报率最高的投资。⑥人力资本投资的消费部分的实质是耐用性的，甚至比物质的耐用性消费品更加经久耐用。总之，舒尔茨的基本理论和观点是重视人力资本投资，认为教育投资是人力资本的重要源泉。舒尔茨对人力资本理论的贡献在于：他不仅第一次明确地阐述了人力资本投资理论，使其冲破重重歧视与阻挠成为经济学的一个新门类，而且进一步研究了人力资本形成的方式与途径，并对教育投资的收益率和教育对经济增长的贡献做了定量的研究。舒尔茨的观点影响深远，其人力资本理论与知识经济思想同出一源，对于深刻认识和理解已见端倪的知识经济颇有助益。

(2)丹尼森的人力资本理论。丹尼森在其1962年出版的《美国经济增长的因素和我们面临的选择》一书中利用柯布—道格拉斯生产函数来估计劳动和资本对国民产出的实质贡献，把该项剩余再次分解为各种不同组成元素，即分解为劳动和资本的质量的改进、产业内资源转移、规模经济、知识应用上的时延等，得到了较为令人信服的"余数"变量解释。通过精细的分解计算，论证出1929—1982年的美国经济增长中，有21.7%的份额要单独归因于美国教育的发展。显然，丹尼森的结论是对舒尔茨的结论的修正。丹尼森对人力资本理论的重要贡献在于他对人力资本要素作用的计量分析。学术界普遍认为，丹尼森的计算方法要比舒尔茨的严密精确。尽管这种计算由于缺乏公认的经济增长理论的支持，受到不少批评，但是，自20世纪60年代起，丹尼森的方法得到了非常广泛的传播，他的支持者们把这种方法应用到世界各国，包括不同社会制度与不同发达程度的国家，都取得了成功。不少学者认为，从20世纪60年代开始的十余年的世界各国教育经费的激增现象，在相当程度上应当归功于丹尼森和他的一大批追随者的共同努力。

(3)贝克尔的人力资本理论。加里·贝克尔被认为是现代经济领域中最有创见的学者之一，他于1964年出版的代表作《人力资本》被西方学术界视为"经济思想中人力资本投资革命"的起点。贝克尔突出了教育和培训对人力资本形成的重要作用，剖析了人力资本投资、收入与年龄之间的关系。贝克尔认为，所有用于增加人的资源并影响其未来货币收入和消费的投资均为人力资本投资，主要是教育支出、保健支出、国内劳动力流动的支出或用于移民入境的支出等；人力资本投资具有较长的时效性，因此投资时既要考虑短期收益，又要考虑长期收益；在职培训是人力资本投资的重要内容；收集信息、情报资料也是人力资本投资的内容，同样具有经济价值；

假设父母对他们的孩子的数目和教育水平有偏好，教育水平则受父母花费在孩子身上的时间和其他资源的数量影响。贝克尔对人力资本理论的贡献在于：他注重微观分析，弥补了舒尔茨只重视教育对经济作用的宏观分析的缺陷，注意将人力资本投资理论与收入分配结合起来。其理论的不足之处表现在：他沿用舒尔茨的人力资本概念，缺乏对人力资本本质的分析，也缺乏对人力资本全面的研究等。

上述人力资本理论对于人才资源的开发有两方面的突出贡献：一是明确了人力资本投资是生产性投资，是回报率更高的投资。人力资本论者主张全资本概念，即资本除了包含物质资本外，还应包含人力资本。舒尔茨和贝克尔等对人力资本的投资收益率进行测算，结果表明，人力资本的投资收益率大大高于物质资本的投资收益率。二是人力资本投资是多方面的，根本目的是提高人力资本的质量和促进人力资本的合理流动，而教育是众多投资中的核心。尽管人力资本理论强调了对人的投资，但是并没有给予知识、思想、理念等因素足够的重视。而随着经济增长方式的转变，这些因素恰恰是更重要的。

（4）人力资本理论的发展。20 世纪 80 年代以后，以知识经济为背景的新经济增长理论在西方国家兴起。该理论基于人力资本与经济增长关系的运行机制、均衡条件等方面的理论和模型研究，提出内生性经济增长理论，认为人力资本不仅能形成自身递增的收益率，还能使物质资本等其他投入要素形成递增的收益率，从而形成整个经济递增的收益率。该理论明确强调了具有特殊知识和专业的人力资本是经济增长的核心因素和发动机。这一时期的主要人物有罗默、卢卡斯、斯宾斯等，其中又以卢卡斯的人力资本理论为代表。新增长理论主要有两种范式：沿 Arrow-Romer 的建模路线分析研究与发展（R&D）和沿 Uzawa-Lucas 的建模路线引进人力资本要素。与 20 世纪 60 年代的舒尔茨采用新古典统计分析法不同，新增长理论采用数学方法，建立了以人力资本为核心的经济增长模型，克服了 20 世纪 60 年代人力资本理论的一些缺陷。将卢卡斯和罗默的模型推广到开放经济，可以得到内生技术进步增长理论的政策含义。一个国家要实现经济增长，关键是提高人力资本的存量，突破某个界限，走出人力资本存量低与经济增长慢循环的低水平陷阱。发展中国家可以通过扩大开放、推进贸易等措施提高本国人力资本，利用知识溢出效应在短时间内缩短与发达国家在知识积累上的差距。

①沿 Arrow-Romer 的建模路线。阿罗(Kenneth J. Arrow，1973)①认为，筛选理论者强调，学校教育只是一种鉴定而非生产的机制，学校教育本身并不会增加劳动者的真实生产力，其呈现的价值是为其教育凭证代表的象征意义。筛选的过程即为雇主依据不同的员工特征赋予其不同的职业，处理不同的工作，亦获得不同的工资。阿罗于 1962 年发表了《干中学的经济含义》②一文，指出在生产过程中积累的经验也是生产过程中的一种投入，并建立了"干中学"模型(Learning-by-doing Model)。假定生产函数 $Y=F(K，AL)$ 为 CD 函数，即：

$$Y(t)=K(t)^a[A(t)L(t)]^{1-a} \tag{4-1}$$

式中，Y 为产出；K 为资本总量；L 为总劳动人口；A 代表技术进步因子。然后假定知识存量也是资本存量的函数，并选择幂函数：$A(t)=\beta K(t)^{\phi}(\beta>0，\phi>0)$，代入上式可得：

$$Y(t)=K(t)^a\beta^{1-a}K(t)^{\phi(1-a)}L(t)^{1-a} \tag{4-2}$$

由于 $\dot{K}(t)=sY(t)$，其中 s 为储蓄率，所以 K 的动态学方程式为：

$$\dot{K}(t)=s\beta^{1-a}K(t)^{\phi(1-a)}L(t)^{1-a} \tag{4-3}$$

可得出以下结论：如果 $\phi<1$，那么经济的长期增长率是人口增长率 n 的函数；如果 $\phi>1$，则有一个爆炸性增长；如果 $\phi=0$，那么若 n 为正则有一个爆炸性增长，若 $n=0$ 则有一个稳定增长，增长率为 $\dot{Y}/Y=\dot{K}/K=sb$，其中，$b=\beta^{1-a}L^{1-a}$。阿罗模型显然已将技术进步的一部分作用内生化了。在这一模型中，产出不仅仅是有形要素投入的结果，而且也是学习和经验积累的结果。但在这一模型中，技术变量仍是外生的，它随着内生的资本存量变化而变化。而且，均衡增长率仍然是由人口或劳动力的自然增长率所决定的，而从未考虑到劳动力质的方面。

1983 年，罗默在他的博士学位论文《外部因素、收益递增和无限增长条件下的动态竞争均衡》③中建立了一个知识推动的"内生增长模型"(Endogenous Growth Model)。在这个模型中，罗默除了保留资本和劳动力两个基本要素之外，又引入了

① Arrow，K. J. "Higher Education as a Filter,"*Journal of Public Economics*，1973，2(3)，pp. 193-216.

② Arrow，K. J. "The Economic Implications of Learning by Doing,"*Review of Economic Studies*，1962(29)，pp. 155-173.

③ Romer, P. M. "Dynamic Competitive Equilibria with Externalities, Increasing Returns and Unbounded Growth,"Ph D diss. , University of Chicago, 1983.

第三要素——知识，使得对经济增长的解释更为合理。罗默认为，生产要素应包括四个方面：资本、非技术劳动、人力资本和新思想。其中，人力资本是按接受教育的年限来衡量的，而新思想是指特殊的知识，是经济增长的主要因素。知识积累得越多，用于生产知识的人力资本的边际产出率就越高。专业化的人力资本不仅自身具有收益递增的特点，而且会使资本和劳动等要素的收益递增，形成收益递增的增长模型。罗默指出，知识是一种公共物品，具有"溢出效应"，且可以从两个方面对生产活动起作用：一是导致新设计或新产品的生产，二是提高劳动者的生产效率。经济增长最终还是由技术进步引起的，但这里的技术进步不再是古典经济增长模型中外生给定的，而是内生于经济之中的，是研究部门不断地创新研究工作促使了整个社会的经济增长。在罗默的内生经济增长模型中，有三个部门都是努力使自身利润最大化的经济主体：研发部门（大学）、中间品生产部门和最终品生产部门。罗默将知识分解为一般知识和专业知识，一般知识可以产生规模经济效益，专业知识可以产生要素的递增收益，二者的结合不仅能形成自身递增的效益，而且能够使资本和劳动要素投入也产生递增收益，从而使整个经济的规模收益递增。知识能够提高投资效益，也是一种生产要素，在经济活动中必须像投入其他生产要素一样投入知识。为了将知识特性纳入模型中，罗默采用的生产函数为：

$$Y(H_Y, \quad x, \quad L) = H_Y^{\alpha} L^{\beta} \sum_{i=1}^{A} x_i^{1-\alpha-\beta} \tag{4-4}$$

式中，H_Y 是用于最终产品生产的人力资本数。$H = H_1 + H_2$，H 为人力资本，用受教育年限来衡量，H_1 为用于生产的人力资本，H_2 为研发部门的人力资本。L 为原生劳动（非技术劳动），x_i 为用于生产的第 i 个投入的数量，A 为中间产品。中间产品的生产涉及两部分成本，一部分是生产过程的耗费，另一部分则是向研发部门的购买。研发部门的技术开发使发现新的中间产品成为可能，推动中间产品 A 的边界向外拓展，A 随着时间变化的变化率为 $\delta H_2 A$。罗默得出的经济均衡增长方程为：

$$g = \frac{\dot{C}}{C} = \frac{\dot{Y}}{Y} = \frac{\dot{K}}{K} = \frac{\dot{A}}{A} = \delta H_A = \delta H - \frac{\alpha}{(1-\alpha-\beta)(\alpha+\beta)^{\gamma}} \tag{4-5}$$

由此可以看出，经济增长率与人力资本存量成正比，与研发部门的生产率成正比，与时间贴现率成反比，而与人口规模无关。罗默的分析表明，人力资本、研发投资与经济增长有正向影响关系。

②沿 Uzawa-Lucas 的建模路线。宇泽弘文（Hirofumi Uzawa）把生产部门分为物

质生产部门和生产知识的教育部门，他最先将教育部门引入新古典模型中来分析经济增长。1965年，他在《经济增长总量模式中的最优技术变化》[1]一文中，假定社会将配置一定的资源到非生产的教育部门，教育部门通过其对生产部门技术水平提高的作用来间接实现对产出的贡献。与阿罗模型一样，宇泽弘文模型的核心也是技术进步方程式：

$$\dot{A}=G(A\cdot L_E) \tag{4-6}$$

式中，$\dot{A}$为技术进步的变化率；G为技术进步函数；A表示现有的技术水平；L_E为教育部门劳动力。技术进步方程式表明，技术进步的速度取决于现有技术水平和教育部门的资源配置。基于这一技术进步方程式，宇泽弘文进一步给出了他的生产函数方程式：

$$Y=E(K，\dot{A}L_P) \tag{4-7}$$

式中，L_P为生产部门的劳动力配置。均衡增长条件为2^n（n为人口增长率），若人口或劳动力增长率小于零，则经济不会增长。这一生产函数表明：产出是有形要素和教育部门带来的技术进步这一无形要素的函数。由于引进了教育部门，宇泽弘文模型常被认为是最早的人力资本增长模型。

卢卡斯将舒尔茨的人力资本和索罗的技术进步概念结合起来，将资本区分为有形资本和无形资本，并将劳动力划分为纯体力的原始劳动和表现劳动技能的人力资本，认为只有后者才是经济增长的源泉。而人力资本的积累途径有两条：一是脱离生产的正规和非正规学校教育；二是生产中的边干边学，工作中的实际训练和经验积累。1988年，卢卡斯在其《论经济发展机制》[2]一文中提出了"两资本模型"（Two-Capital Model），将人力资本理论发展为新经济增长理论，并将目光拓展到发展中国家的经济发展上。在宇泽弘文模型的基础上，卢卡斯试着用人力资本解释经济增长。他假定每一个生产者用一定比例（β）的时间来从事生产，还用$1-\beta$比例的时间来从事人力资本建设，则技术进步方程式为：

$$\dot{h}(t)=h(t)\delta[1-u(t)] \tag{4-8}$$

[1] Uzawa, H. "Optimum Technical Change in an Aggregate Model of Economic Growth," *International Economic Review*, 1965, 6(1), pp. 18-31.

[2] Lucas, R. E., Jr. "On the Mechanics of Economic Development," *Journal of Monetary Economics*, 1988(3), pp. 37-62.

生产函数方程式为：

$$Y = AK^{\beta}(\mu Nh)^{1-\beta}h^{y} \tag{4-9}$$

式中，N 为劳动力人数；h 是人均人力资本；h^{y} 表示人力资本的外部效应递增。该模型最后导出的均衡增长条件为：

$$g = \frac{\dot{h}(t)}{h(t)} = \frac{(1-\beta)[\delta - (\rho - \lambda)]}{\delta(1-\beta+\gamma) - \gamma} \tag{4-10}$$

这表明，经济的均衡增长率与劳动力增长率 λ 有关，当 λ 等于或小于零时，经济的均衡增长仍是可能的。卢卡斯认为，舒尔茨的人力资本产生的是人力资本的内在效应，而边干边学产生的是人力资本的外在效应，这无疑拓宽了人力资本形成的途径。卢卡斯提出，经济增长以"内生技术变化"为核心，认为具有特殊知识积累和专业化的人力资本可同时提高劳动力与物质资本的生产效率，推动现代高新技术产业的发展，是促进经济增长的真正动力。卢卡斯假定有两种消费品 C_1 与 C_2，没有物质资本，而且人口数量不变。那么第 i 种商品的生产方式为：

$$C_{i(t)} = h_{i(t)}U_{i(t)}N(t) \quad i = 1, 2 \tag{4-11}$$

式中，$h_{i(t)}$ 是专业生产商品 i 的人力资本，它通过干中学获得；$U_{i(t)}$ 是用于生产 i 商品的劳动系数，$U_{i(t)} > 0$，且 $U_1 + U_2 = 1$；$N(t)$ 为劳动投入量。由于 $h_{i(t)}$ 是边干边学的结果，因而随着生产商品 i 的数量增加而上升。卢卡斯的模型表明，如果人力资本相对丰裕，则增长率会随着物质资本与人力资本之间的不平衡而变动。如果人力资本相对稀缺，增长率会随着不平衡的增大而下降。人力资本可以通过正规教育来积累，但可能更多的是通过"干中学"来积累。

卢卡斯对人力资本理论的贡献在于：他把人力资本视为最重要的内生变量，论述了人力资本对经济特别是现代经济的重要作用，强调了人力资本是一种特殊的具有主观能动性的资源，是促进经济增长的强大推动力；强调人力资本存量和教育培训等人力资本投资在内生性经济增长和从不发达经济向发达经济转变过程中的首要作用；强调作为人力资本培养与投资重要渠道的教育在现代社会经济增长和经济发展中的极端重要性。

总体来看，卢卡斯、罗默等人提出的新增长理论弥补了现代人力资本理论的不足，从而把人力资本作为一个独立的因素纳入经济增长模式中，使之内生化、具体化。新增长理论强调，国家和地区之间的增长差异不仅反映了它们在技术能力或自然资本上的差异，也反映了人力资本——知识和技能资源的差别。理念差距与物质差距同样重要。人力资本理论肯定了人在经济发展中的作用,并提出了提高人力资本的多元渠道,而新增长理论则深化了这个观念,突出了观念和思想创新的重要性,并且拓展了对知识和技能获得手段的认识,把实践和"干中学"也视为重要的手段,从而扩大了人才的标准,不仅要重视正规教育还要重视实践培训。但是,沿着罗默的思路,用在生产中累积的资本代表当时的知识水平直接将技术进步内生化,但却忽视了人力资本所体现的技术进步;沿着卢卡斯的思路,引进人力资本要素,认为技术进步主要取决于人力资本水平的高低及从事人力资本建设的投入程度,但却忽视了累积资本中所体现的技术进步。

③其他理论模型。劳动力市场中存在着有关求职者素质和技能的信息不对称现象,如雇主在雇用新雇员时无法区分高能力求职者与低能力求职者,劳动力市场将会出现诸如"柠檬市场"(The Market for Lemons)中所出现的现象,即只有低能力求职者被雇用,并接受较低的工资。为解决这个问题,斯宾斯于1973年提出了著名的"就业市场信号模型"(Job-market Signaling Model)[1],说明了如何通过发送信号实现甄别。斯宾斯假设人的天赋是不同的,教育成本和天赋能力呈负相关,用同样的成本,能力较高的人可以比能力较低的人获得更高的教育水平,而能力并非教育的结果。以学位为代表的教育程度,就成为一种有价值的信号。具有较高生产能力的人往往会选择接受更多的教育,通过获得高学位向雇主显示自己具有较高的生产能力。2005年5月28日在南京召开的"第五届企业跨国经营研讨会——转型经济下的人力资源管理与开发"上,斯宾斯做了题为"经济增长与人力资本的再思考"的公开演讲。他指出,中国与印度,同样实施了重大的政策变革而获得了显著的经济发展,但现在,中国的发展速度已经远远超过亚洲其他国家和地区,这是人力资本优势起了重要作用的结果。另外,明瑟(Jacob Mincer)1993年在其《人力资本研究》[2]一书中建立了个人的人力资本投资回报函数——收入与接受培训量之间相互关系的数学模型,从收入分配领域对人力资本理论做了诠释。

2. 人力资本理论的主要观点

西方人力资本理论的产生及发展,使人在物质生产中的决定性作用得到复归。

---

[1] Spence, A. M. "Job Market Signaling," *The Quarterly Journal of Economics*, 1973, 87(3), pp. 355-374.

[2] Mincer, J. *Studies in Human Capital: Collected Essays of Jacob Mincer*. Brookfield, Vermont: Edward Elgar Publishing Company, 1993.

人力资本理论重新证明了人，特别是具有专业知识和技术的高质量的人是推动经济增长和经济发展的真正动力。人力资本理论是经济学的核心问题。人力资本理论的主要观点可以概括如下。

(1)在一切资源中人力资源最为重要。人力资源是一切资源中最主要的资源。在经济增长中，人力资本的作用大于物质资本的作用，人力资本投资与国民收入成正比，人力资本比物质资本增长速度快，资本投资的重点应不断由物质资本向人力资本转换。人力资源可以进一步分解为具有不同技术知识程度的人力类型，技术知识程度高的人力带来的产出明显高于技术程度低的人力带来的产出。

(2)教育投资是人力资本投资的核心。人力资本的核心是提高人口质量，人口质量重于人口数量，教育是提高人力资本最基本的手段。教育消费是一种投资行为，应当把人力投资视为教育投资，这种投资的经济效益远大于物质投资的经济效益，不应把人力资本的再生产仅仅视为一种消费。

(3)教育投资是一种长期性投资。人力资本投资与物质资本投资都是经济发展不可缺少的生产性投资。但教育投资是一种长期性投资，它并不一定能获得即时回报，而是在未来社会活动中逐步实现其内在价值和收益。教育投资应以市场供求关系为依据，以人力价格的浮动为衡量符号。

3. 人力资本理论的重要贡献

在人类社会发展早期，一国经济的发展在很大程度上取决于自然资源和地域环境。传统的经济增长理论强调物质资本积累在经济发展和经济增长中的重要作用，认为经济增长取决于投入的劳动力数量和劳动生产率的提高，而这两者的积累又取决于物质资本的积累。因此，物质资本的积累便成为经济发展的决定性因素。到了资本主义近现代时期，物质资本又一度成为经济发展的主要动力。然而，随着社会经济和科技的发展，特别是在信息技术高速发展的知识经济时代，物质资本投入的因素已不能解释各国经济增长和发展的差异问题。而以知识、技术、信息表现出来的人力资本在生产过程中却发挥着决定性的作用，已成为知识经济社会发展投入的主要因素。经济发展的根本动力在于技术的创新和进步。而人力资本既是技术创新和进步的发动者和推动者，也是新技术的载体和传媒，人力资本的作用使生产过程中全部要素生产效率得以提高，最终推动经济的可持续性增长。人力资本理论的提出开辟了解释各国经济发展的理论新视角，成为现代经济发展的重要理论平台。

尽管也有国外经济学家对人力资本理论的研究提出了批评，认为这些研究特别是美国学者舒尔茨等人的计量分析结果夸大了人力资本的作用,但是更多的学者还是持肯定态度的。总体来说,人力资本理论的主要贡献在于:发现了教育培训与个人收入水平的关系,将人力投资划分为教育投资与培训两个变量,并建立了个人收入与这两个变量之间的函数关系;发现了人力资本投资与企业发展及国民经济增长的关系;发现了人力(劳动力)内涵扩大再生产的重要性,从而将人力的扩大再生产划分为内涵扩大再生产(劳动者素质的提高即人力资源的质量提高)和外延扩大再生产(劳动者的数量增加即人力资源的数量增长);发现了人力资源投入的生产性质,即人力资源投入不仅仅是消费,也是投资,从而将劳动者的支出划分为消费性支出和生产性支出(人力资本投资);提出了劳动者的质量(人力资源素质)问题,将劳动者概念划分为劳动者质量(素质)和劳动者数量,进而建立了劳动者质量(素质)与个人收入及经济增长的关系。

第二节　教育对人力资本形成的贡献

人力资本已成为经济学研究的一个重要领域,也成为经济学与教育、培训、医疗等领域联系的桥梁。世界各国和国际组织也越来越多地认识到财富不仅仅表现为有形物质资本,更包括承载在劳动者身上的无形人力资本。一般认为,教育是人力资本形成的主要方式和途径。

一、教育对人力资本形成的要素功能

教育的要素功能是指,通过教育形成的人力资本是生产过程中必不可少的先决条件或投入要素。在生产过程中,人力资本、物质资本两种要素相互作用才能使生产得以进行,缺一不可。舒尔茨等人创立人力资本理论后,教育部门作为人力资本的重要生产部门,其生产性就得到众多经济学家的关注。在舒尔茨看来,教育是人力资本投资的核心,是形成人力资本的主要手段,教育形成的人力资本是技术的载体,教育形成的人力资本增长意味着技术进步,技术进步是经济增长的真正源泉,因而教育是现代生产必不可少的要素。教育在人力资本的形成中担当主角,教育的经济价值在于它增加了人力作为劳动者的价值生产率。在罗默看来,人力资本是经济持续增长的发动机,是不可或缺的重要的生产要素,而教育部门是人力资本的主要生产部门。在卢卡斯看来,教育部门更是成了一个独立的生产部门,而且这个部门与其他生产部门不同的就是教育部门的生产更密集地依赖于人力资本。从上述西方经济学家的思想中不难看出，教育部门是生产、积累和提升人力资本最重要的部门之一，教育的经济价值就在于受过教育的学生转化为现实生产力后，不仅能生产出与一般劳动力相同的产出，而且可以生产出更高的产出。更为重要的是，从长期和动态来看，随着教育培养的学生不断地进入生产系统，生产系统的劳动力素质会不断提高，生产系统的效率、产出等也将不断提高。同时，教育给予个人的利益价值量（包括未来的物质满足和非物质满足）更是难以计量的。因此，在一定意义上，教育的生产功能就是人力资本的生产功能，教育与人力资本之间存在着甚为紧密的内在关系。

1. 教育通过提高劳动者智力素质使人力资本发生增值

在知识经济时代，由教育所带来的劳动者智力素质的提高对经济增长有着举足轻重的影响。劳动者的智力素质是指知识技能、熟练程度和智力水平等。而这些往往取决于劳动者受教育的程度、劳动经验的积累和技术进步的情况。通过教育，一方面可以增加劳动力的熟练程度；另一方面可以改变劳动者的劳动能力形态，使其从一个简单劳动力变为一个能从事专门复杂劳动的劳动者（包含脑力劳动者）。

2. 教育通过培养和提高劳动者创造力使人力资本增值

教育在推动人力资本增值的同时，也推动着知识创新、技术进步和技术创新的步伐。创造力是劳动者素质中最有价值的部分，人的创造力是人的思维力、想象力与知识智力的结合。虽然每一个身体发育正常的人都具有创造的潜力，但这种潜力的发挥必须接受教育的催化，特别是现代学校的教育。因为人的创造除了需要自身的好奇心、求知欲、冒险精神等因素外，更为重要的是必须以一定量的知识为依托，同时还必须掌握一定的方法，而所有的这些只有通过教育才能完成。

3. 不断接受教育是人力资本存量保值的重要基础和条件

教育投资是人力资本投资的最有效手段和最为重要的部分，是实现人力资源向人力资本转化的基础工程，是人力资本形成的关键。对教育进行投资的过程实质上是人力资本形成和积累的过程，不断地接受教育，掌握更多的新知识、新技能，就能够明显地提高人力资源的质量，不断地增加自己的人力资本，使高质量的人力资源作为人力资本而大大提高生产的效率，促进经济的快速发展。同时，教育和培训又是人力资本增值的主要方式。知识经济时代，知识更新的速度越来越快，一个人若不能及时地补充、完善、更新自己的知识和技能，那么其已形成的人力资本就会逐渐贬值最终消失。一个社会只有重视全员教育与终身教育，才能保持并不断提升人力资本层次。

4. 不同层次的教育决定了不同结构的人力资本

教育结构体系有着复杂的内部结构，人们在接受教育时必然被安置在不同的结构方阵中，随之就形成了不同的人力资本结构。人力资本结构分为一般性人力资本结构、专用性人力资本结构、研究性人力资本结构和应用性人力资本结构。通常来说，基础教育有利于一般性人力资本的形成，高等教育有利于研究性人力资本的形成，职业教育和专业培训则有利于专用性和应用性人力资本的形成。

5. 国民受教育水平反映了人力资本存量的大小

研究表明，受教育程度与人力资本存量有着高度的正相关关系。因此，通过测定、评估教育水平，可以较为准确地把握极难测定的人力资本的存续状况，从而使人力资本发展战略的制定趋于合理和可行。另外，劳动者的健康是人力资本发挥作用的根本保证。教育可以通过传授卫生健康知识、提高劳动者的自我保护意识及自我防范能力，来保证作为人力资本所必需的健康素质。

二、教育对人力资本形成的效率功能

教育的效率功能是指随着教育形成的人力资本增加，不仅人力资本的生产效率提高，其他所有生产要素(物质资本、技术进步等)的效率也随之提高。教育对劳动生产率的作用首先是通过劳动者的知识增加和经验积累从而提高劳动者的工作质量和工作效率来实现的。

影响工作质量状况的因素有许多(如劳动态度、管理体制、职业道德等)，但由人力资本所决定的人口素质是关键性因素。作为人文素质的职业道德、劳动态度等的培养，同样也离不开教育。大量经验证据也表明，教育的确具有生产率效应。较早提出教育生产率效应的美国通用电气公司前总裁杰克·韦尔奇认为，如果农民的受教育程度提高，那么农民对新技术的反应就会更加敏感，同时，农民也会由于更及时地采用新技术而获得更高的收入。罗默[1]、贝克尔[2]等在他们的理论模型中都认为，人力资本的边际收益率不会递减。美国南加州大学教授凯文·墨菲等的实证研

---

[1] Romer, R. M. "Increasing Returns and Long-Run Growth," *Journal of Political Economy*, 1986(94), No. 5, pp. 1002-1037.

[2] Becker, G. S. "Human Capital and the Personal Distribution of Income: An Analytical Approach" in Gary S. Becker. *Human Capital*. New York: NBER, 1975.

究也表明，美国在 1930—1989 年对人力资本的需求除 70 年代中期有所下降以外，一直呈现增长趋势。[1] 与此同时，通过教育增加的人力资本可以提高其他生产要素的生产效率，从而提高整个生产过程的生产效率。美国哈佛大学经济学家罗伯特·巴罗的研究表明，人力资本投入的增加可以减缓使物质资本边际生产率下降的趋势。[2] 人力资本的效率功能一方面体现在教育通过提高劳动力的劳动熟练程度和技术操作工艺水平从而提高其他生产要素的使用效率，减缓它们边际生产率的下降趋势；另一方面，它能使单位产出的投入成本下降。根据马歇尔对人力资本和物质资本投资选择的"替代原理"，教育形成的人力资本在一定程度上对自然资本和物质资本具有替代作用，人力资本投资的增加可以节约物质生产要素的投入，这对于建立可持续发展的生产模式、对于缺乏物质资本的国家而言，都具有重要意义，卢卡斯把人力资本带来的这种效应称为"外溢效应"（Extraneous Effect）。[3]

从上述两种功能的关系来看，要素功能是效率功能的基础或前提。但是，无论是要素功能还是效率功能，都与人力资本与其他生产要素的互补性有关。要素功能取决于生产要素之间的互补关系的性质，即是否存在这种互补关系。而效率功能则是在存在互补关系的前提下，由互补的数量关系所决定的，即互补性生产要素彼此的数量关系的实现程度。正是基于这种关系性质，卢卡斯认为，物质资本之所以不能流向穷国，是因为这些国家缺乏相应的人力资本。[4] 从技术进步的角度来看，人力资本的要素功能更多的是与技术进步和创新有关，即新的生产技术或新产品的生产过程都需要相应的人力资本作为前提条件。人力资本的效率功能则更多地表现为一个渐变的过程，即在生产技术一定的条件下通过人力资本投资的增加，增加边际产出，提高整个生产过程的生产效率。因此，人力资本的要素功能和效率功能在作用机制和途径等方面既有联系又存在着差别。但对于任何一个生产过程而言，人力资本的这两种功能都会同时发生作用。

---

[1] Kevin M. M., Shleifer, A. and Vishny, R. W. "Industrialization and Big Push," *Journal of Political Economy*, 1997(5), pp. 1003-1026.

[2] Barro, R. J. Economic Growth in a Cross-Section of Countries. *Quarterly Journal of Economics*, 1991(106), pp. 407-443.

[3] Lucas, R. E., Jr. "On the Mechanics of Economic Development," *Journal of Monetary Economics*, 1988(3), pp. 37-62.

[4] Robert, L. "Why Doesn't Capital Flow from Rich to Poor Countries," *American Economic Review*, 1990(80), pp. 92-96.

三、教育对人力资本形成功能的争议

自 20 世纪 60 年代以来，教育对人力资本形成的功能似乎已成定论，但争论尚未停息。反方的观点认为，教育并不能提高劳动者的劳动生产率，它只是作为"筛选器"，帮助雇主识别具有潜力或才干的人，而这些使劳动者自身具有更高的劳动生产率。早在 1965 年，美国学者阿诺德·哈伯格（Arnold C. Harberger）就发表了《对人的投资与对机器的投资：印度的案例》[1]一文，期望能够回答这个问题，可是一直到今天，问题似乎还未得到完全解决。

首先，根据人力资本理论的观点，教育或培训通过向劳动者传授知识技能来提高他们的劳动生产率，从而增加他们的终身收入。但反对者并不认同这种假设，认为：受教育劳动者获得的高工资只因他们的才能过人，而非受教育过程中获得的知识技能的缘故。此外，受过教育的劳动者多来自社会的较高阶层，且多在城市而非农村地区工作。因此，教育收益率的估计值大多需要调整。马克·布劳格（M. Blaug）1976 年发表文章对人力资本投资做了一个总结，他把对人力资本理论的实证研究称为"有稍许偏见的调查"（a slightly jaundiced survey）。[2] 他在文中预言：总有一天，当人们回顾历史时会发现：筛选假设标志着经济思想中人力投资革命的开端，它将为你展开一幅更丰富的、更全面的、连续不断的人生抉择轨迹图。筛选假设之所以如此重要，是因为它关注的是教育或其他形式的人力资本投资对劳动生产所产生影响的确切方式，并且提醒人们教育的作用远远不只是传授知识和技能。雇主之所以青睐受过教育的劳动者，是因为拥有教育文凭不仅标志着个体具备一定的知识、能力和态度，而且教育过程促进这些能力的形成和发展。换言之，人们日益意识到教育不但提供知识和技能，而且影响一个人的观点、动机和其他个性特点。这说明，人力资本投资的观点仍未过时，但它必须加以扩展，涵盖影响个人特性和技能的活动；同时必须认识到这类活动是以一种复杂的方式提高劳动者的劳动生产率。以上的争论既是对人力资本理论的完善，更是新的历史条件下对人力资本的一种检验。

---

[1] Harberger, A. C. "Investment in Men Versus Investment in Machines: The Case of India" in C. A. Anderson and M. J. Bowan (eds.). *Education and Economic Development*. Chicago: Aldine, 1965, p. 7.

[2] Blaug, M. "The Empirical Status of Human Capital Theory: A Slightly Jaundiced Survey," *Journal of Economic Literature*, 1976(14), pp. 827-855.

　　其次，国外教育经济学界还在内部劳动力市场的教育培训和正规学校教育的关系上展开探讨，认为内部劳动力市场的存在非常明确地限定了教育体系在人力资本形成过程中的角色，同时也影响了市场经济条件下劳动力的流动。如在美国，如同在 19 世纪的经济环境下一样，内部劳动力市场中的教育与培训随时都可以替代学校教育，而学校教育替代内部劳动力市场的能力则很有限。一直到 20 世纪 80 年代中期，对劳动力队伍的调查结果表明，对从生产、销售到管理的各个工作，内部劳动力市场培训与学校教育相比都有同等甚至更大的重要性。[①] 学校教育不是使学生在毕业后能立刻获得长期职业，而是使他们暂时从事一种过渡性工作，即在没有内部劳动力市场的单位里从事一种不需要多少技能的工作。在从事过渡性工作期间，年轻的劳动者可能通过外部劳动力市场更换工作。他们一旦获得长期职业，就不会轻易更换单位，而是通过在他们的内部劳动力市场变更岗位获得加薪；一些不适合过渡性工作或由于缺乏职业网络而没有机会找到这种工作的年轻劳动者往往只能在一级劳动力市场中找到一些没有或很少有在职培训的工作。[②]

　　最后，人们围绕不同类型和层次的教育培训的收益问题，以及人力资本和物质资本投资问题，展开了大量的研究活动。与此同时，经济学家和教育计划制订者却对这些问题产生了严重分歧。萨卡洛普洛斯于 1973 年分析了 32 个国家的社会和个人教育投资收益率[③]，1981 年他又分别对 44 个和 61 个国家的教育成本收益分析的结果进行了分析[④]，结果表明 1958—1978 年，44 个国家教育投资的社会和个人收益率呈现以下四个特点：①在各个教育层次中，小学教育的社会和个人收益率是最高的；②教育的个人收益率超过社会收益率，尤其在大学层次；③教育投资的各种收益率都大大超过了 10%（资本机会成本的一般标准）；④不发达国家的教育收益率比发达国家高，这反映出发达国家和发展中国家的两种资本稀缺程度不同，说明人力资本在发展中国家属于较有利可图的投资形式，而在发达国家则并非如此。

---

① U. S. Department of Labor，Bureau of Labor Statistics. *How Workers Get Their Training*：*A 1991 Update*. Bulletin 2407，August 1992.

② Paul，O. *Getting Started*：*The Youth Labor Market*. Cambridge，Mass：MIT Press，1980.

③ Psacharopoulos，G. *Returns to Education*. Amsterdam：Elsevier Scientific Publishing Company，1973.

④ Psacharopolous，G. "Returns to Education：An Updated International Comparison," *Comparative Education*，1981(17)，pp. 321-341.

第三节　人力资本对经济增长的贡献

在促进经济增长的资本、劳动力和土地三个要素中，由于土地的不可再生性，其数量是相对固定的，经济理论分析的重点就在于资本（尤其是人均资本）和劳动力数量与质量提高对经济长期增长的作用。在一个经济体中，资本存量的增加主要来自投资比率的提高以及自身的积累，资本效率的提高则取决于技术进步，劳动力数量的增长涉及出生率、死亡率与迁移行为，劳动力质量的提高则是一个专业化人力资本积累的过程。在物质资源禀赋有限约束的条件下，人力资本对经济增长的贡献作用日益凸显。

一、教育、人力资本与经济发展三者之间的关系

教育对经济增长所起的积极作用是多方面的，但我们必须找到能够实现这些作用的有效途径，使教育真正对经济产生推动作用。一般认为，教育推动经济增长有直接和间接两个途径：直接途径是教育部门作为社会系统的一部分，自身需要消费、投资，并会吸引国外留学生，从而创造社会财富，推动经济的增长；间接途径是由教育所带来的劳动者素质、技术以及各种能力的提高，即人力资本发生增值，进而推动各行业的技术进步，最终刺激整体经济增长，这是更为主要的途径。

教育对人力资本形成的功能在上一节已有介绍，通过教育形成的人力资本对经济增长的推动则主要有三个功能：一是人力资本的生产功能，即提供更多具有一定技能的劳动者以增加生产要素数量和提升劳动者技能水平以增加生产要素效率，从而推动经济增长。二是人力资本的制度性功能，即在文化、遴选、劳动力市场划分、意识形态等方面提供制度供给，从而推动经济增长。三是配置功能，即在社会流动、生育行为等方面改善劳动者的要素配置能力，从而推动经济增长。人力资本对经济增长的推动比较直接的表现是技术的创新和进步，同时，经济增长也反过来为教育的发展提供条件，在教育直接的经济产出和间接的人力资本效应下，技术不断进步，经济进一步增长（见图4-2）。

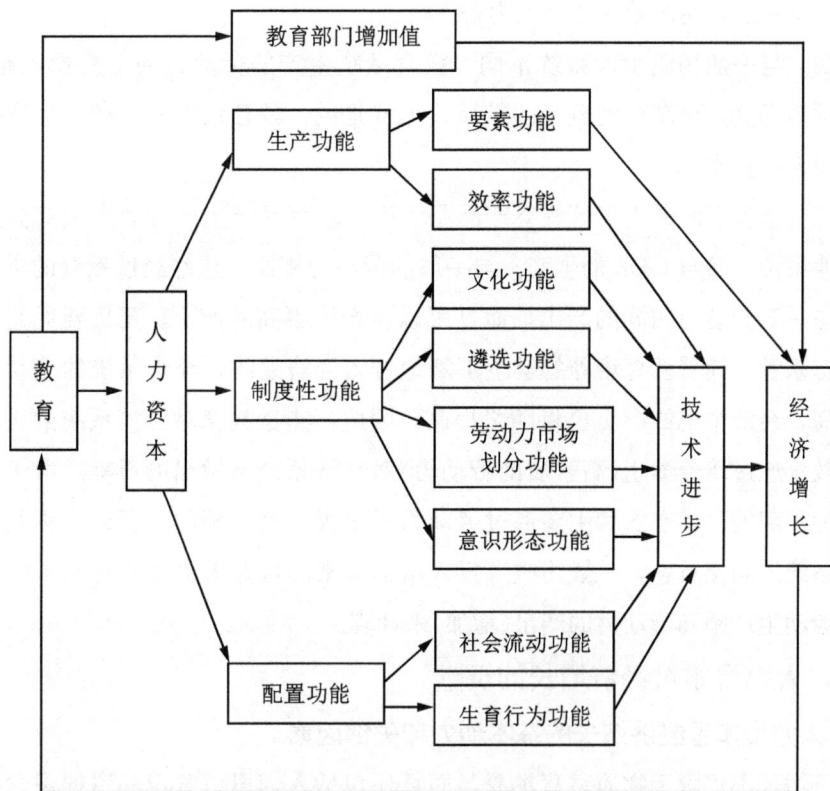

图 4-2　教育、人力资本及经济增长的关系

二、教育直接促进经济发展的特点

任何经济系统的投入都包括固定资产投入与劳动投入，这是教育系统与一般物质生产系统的相同之处；一般物质生产部门的产出（增加值）是用资本报酬与劳动报酬加上生产税净额与营业盈余来描述的，教育事业的产出也是如此，是由教育系统中资本与劳动投入所带来的增加值进行描述的。但是，与一般物质系统相比，教育系统在促进经济发展方面表现出以下特点。

第一，与一般物质生产系统投入不同的是，教育系统的一个很大投入是学生。但是，这些学生投入在国家编制的投入产出表中并未以实物或价值的形式得以体现。由于投入产出表是古典经济学与新古典经济学一般均衡分析的产物，而且这种一般均衡分析只注重物质生产的分析，很大程度上忽视了人的素质的不同，于是新古典经济理论用资本与劳动就不能很好地解释经济增长。事实上，学生投入也是一种资本投入，因为教育能使隐藏在人体内部的能力显现并增长，所以这种学生投入的结果是增加了无形资产的积累，形成能在未来给社会带来经济价值的人力资本。因而，舒尔茨、贝克尔、明瑟等称之为人力资本投入。

第二，与一般物质生产系统不同，教育系统生产的劳动力的主要投入是教师，这种劳动力是受过更高程度教育的结果。也就是说，教育系统的生产更加依赖于教育形成的人力资本。

第三，教育系统最主要的最终产品是学生，教育系统生产的学生大部分进入自身及其他系统，参与 GDP 的生产。与一般的劳动力相比，这些经过教育的学生不仅能生产与一般劳动力相同的产出，而且可以生产出更高的产出。更重要的是，从长期和动态来看，随着教育培养的学生不断地进入经济系统，经济系统的劳动力素质不断提高，经济系统的产出也将随之提高。因此，测量教育对经济系统的贡献，必须测量教育通过培养学生(高素质的劳动力)对经济系统所做出的贡献。由于这种贡献是一种长期的、动态的和主要通过劳动力质量提高来实现的，所以可称之为教育对经济系统的间接贡献，一般用教育投入增加带来的从业人员受教育水平的提高从而提高劳动生产率和劳动力的产出(增加)来计算。

三、人力资本对经济增长的贡献

1. 人力资本是经济增长的基本动力和关键因素

经济增长不仅限于物质财富本身，而且还包括人们思想意识和道德观念的进化与更新，经济增长首先始于现代化观念的形成和创新精神的发展。人力资本的发展将有助于重塑人的道德品格、精神素质，将有助于极大地提高人类对客观事物的洞察力，使人们越来越深入地认识和掌握客观事物的本质和规律，并在尊重客观规律的前提下，最大限度地发挥主观能动性，使经济活动顺应客观规律的要求，降低或缓和人与自然之间的矛盾和由此造成的损失，从而取得经济活动的最佳效果；人力资本的发展还将有助于促进人的全面发展，使人成为创造经济增长的基本动力。同时，人力资本也是实现一国经济腾飞的重要前提。在人力资本投资过程中形成的知识积累和经济增长之间，存在着一种互为因果的关系：知识提升人力资本存量，促进经济增长→人们在经济增长中积累了更多的新知识→人们增加的知识存量又推动了经济增长。

2. 人力资本通过劳动生产率提高进而推动经济发展

劳动生产率是反映一国经济增长的重要指标，劳动生产率的提高是推动经济增长方式根本转变的主导因素，是提高资源、资金利用率的先决条件。而在其他条件一定的情况下，人力资本存量与劳动生产率存在正相关关系，即人力资本存量越高，劳动者素质就越高，劳动生产率也就越高。人力资本对劳动生产率的作用是通过劳动者的知识增加和经验积累从而提高劳动者的工作质量和工作效率来实现的。这主要体现在三个方面：一是劳动者素质的提高主要是创新能力的提高，使得劳动者能积极从事发明创造，寻找新思路、新方法，用以解决生产经营中出现的问题和矛盾；寻找更加节约资源、劳动、体力的生产方法，引起物质资本、资金和技术投入使用效率的提高，使投入同样数量的物质资本、资金和技术能够获取更多的产出。二是劳动者素质的提高将引导物质资本、资金和技术投入的增加，促进自然资源的有效利用和深度开发。如有的自然资源在劳动者素质较低时，就不能投入生产过程并发挥其作用，但当劳动者素质提高后则可以成为生产要素用于生产并最终转化为社会财富。三是劳动者结构的改变和素质的普遍或部分的提高将使劳动力使用更加合理、使用率得以提高，即一定数量的劳动力可以从事多种工作，从而在不增加劳动投入和其他生产要素投入的情况下引起产出量的扩张。

3. 人力资本自身的效益递增性是直接推动经济增长的强大动力

计量经济学的发展使经济学家能够精确地计算出人力资本对经济增长的贡献率，得出的结论是：只有人力资本增值了，才能从根本上推动经济的发展。人力资本存量不仅会弱化其他生产要素边际收益递减的状态，而且其自身对于经济增长的作用还呈现效益递增的特性，从而实现总的规模收益递增。人力资本的主要含量是知识，包括科学知识、技术知识和管理知识等。按照专业化程度，它们可分为适用于大多数生产过程的一般知识和仅适用于特殊生产过程的专业知识。知识在经济增长过程中发挥功能时具有两个特征：其一，连锁性（外部性），即一种新知识或新方法在单个企业或部门的应用会很快对其他企业或部门产生示范作用，从而形成外部经济效应，这在一般知识场合表现得尤为明显；其二，累积性和扩张性，即当一种知识存量发展累积到一定程度而出现新的创新时，往往会带来生产方法的变革和生产能力的成倍增加。人力资本存量的扩大，即劳动者的生产知识，专业知识，各种技能、经验等的增加、完善、更新将提高劳动力质量和人均产出，从而带来劳动生产率的提高。

4. 人力资本通过对物质资本的能动作用来促进经济增长

在技术水平一定的条件下，连续地追加资本量，物质资本的边际生产率是递减的，这将使经济增长遇到极限。然而，当人力资本不断积累和提高时，这种局面将会改变。人力资本的提高和积累将会不断地改进生产的技术水平，从而提高物质资本的生产效率。一方面,人力资本的积累和提高将通过劳动力劳动熟练程度和技术操作水平的提高而实现物质资本的使用效率;另一方面,人力资本的不断积累和提高将通过劳动者自身能力的提高从而改进现有的生产技术和采用新的技术设备,使人们用质量更好、效率更高的新设备,实现物质资本的更新换代。

5. 人力资本通过替代其他生产要素推动经济发展

现代经济的增长已经不像过去那样单纯依靠自然资源、物质资本、劳动力人数等生产要素的投入,而是越来越多地需要引入智力因素来替代传统的生产要素。所谓"里昂惕夫之谜",实际上就是人力资本已经在整个生产要素中占据较大份额的一种表现,即"资本充足的国家出口的却是劳动密集型产品",原因在于投入这些商品中的劳动需要大量的人力资本。这表明,由于经济的不断增长,人力资本相比各要素而言,其补充和替代作用已变得越来越重要。

6. 人力资本的可再生性是现代经济增长的源泉

大多数物质资本是不可再生资源,其本身存量是一定的,因而发挥效用的潜能也是有限的。但人力资本却相反,人通过不断的学习,使自身的知识、技能、经验等得到不断的补充、完善、更新、发展,从而不断扩大人力资本存量、提升人力资本层次。所以,人力资本的可再生性和潜力的无限性是现代经济增长的源泉。

7. 人力资本投资提高劳动者收入水平进而促进经济增长

从投资角度看,劳动者的工资报酬是由劳动者所拥有的人力资本质量及其价值决定的;而人力资本的形成主要来源于教育投资,并且人力资本质量和价值的高低也取决于教育投资的数量和质量。所以,加大教育投资将提高劳动者的人力资本存量,从而增加其工资收入。由于国家与地域等不同,私人收益的实证估计通常有一个相对较小的标准差,通常是5%~15%。[①] 在储蓄率不变的条件下,人均收入增高,就必然带来总需求的提高和国民经济的同步增长。

8. 人力资本通过促进科技进步进而推动经济发展

在科技进步的发明、创新及扩散三个阶段,不论是新原理、新方法的提出,还是实现新技术在生产中的大规模运用,都需要一支素质良好的科学家、工程技术人员、企业家、生产管理人员及熟练工人队伍,这些都有赖于人力资本的不断积累。另外,人力资本投资与经济可持续发展也有内在的必然联系。从宏观上看,人力资

---

① Temple, J. "Growth Effects of Education and Social Capital in the OECD Countries," *OECD Economic Studies* No. 33, 2001/I, p. 64.

本是实现经济可持续发展的最主要和最基本的因素。新增长理论认为，在经济的长期增长中，除了土地、资本、劳动力等传统生产要素的贡献外，还有人力资本的不断积累，而且通过教育和培训所获得的专业化的人力资本和特殊的知识是保持经济长期持续增长的根本动力。人力资本增加，导致实际劳动供给增加，必然带动经济增长。在经济发展的前期，物质增长对经济贡献大，而在中期，经济增长主要是由人力资本推动的。从微观上看，人力资本投资能极大地促进企业的长期发展。从整个国家的宏观角度看，人力资本投资可以提高国民的技能、知识、素质，进而提高经济增长的质量，促进国家经济可持续发展。

第五章　教育投资

教育是培养人的活动，教育的基本职能之一就是为经济建设和社会发展培养各种后备劳动力和专门人才。通过教育，培养和提高人的劳动能力，主要是人的智力。与生产领域的活动一样，教育活动的进行也必须投入一定的社会劳动，耗费一定的人力和物力。要进行教育活动，就需从社会总劳动力中抽出一部分劳动力，即从事教育工作的教师、教育行政管理人员、教学辅助人员、总务后勤人员以及进入劳动年龄的受教育者，他们要消耗一定的社会财富和物品。此外，要进行教育活动，还必须有一定的物质技术条件，如房屋、建筑物、仪器设备等。投入教育活动的人力、物力、财力都是教育投资范畴，它是教育经济学研究的核心内容之一。

第一节　教育投资概述

对教育投资（Educational Investment），可以这样定义：它是指一个国家或地区，为了培养不同熟练程度的后备劳动力和各种专门人才，以及提高现有劳动力的智力水平和劳动能力而投入教育领域中的人力、物力和财力资源，它是以货币形式表现出来的费用总和。教育投资包含两层意思：一是教育投资是投入教育这一特定领域内的人力、物力和财力的货币表现；二是教育投资的目的在于培养和提高人的劳动能力和智力水平。

一、教育投资的主体

研究教育投资问题，必须弄清教育投资的主体，而投资主体的甄别取决于产品属性。长期以来，我国一直把教育作为公共产品，并以政府供给为其主要提供方式。然而，对教育产品属性的认知，国内外学者有着多种不同的观点。如布坎南（Buchanan，1968）、袁连生（2003）等认为，教育是准公共产品；王善迈（1997）则认为，义务教育属于公共产品，非义务教育属于准公共产品；劳凯声(2002)认为，教育是非垄断性的公共物品；吴辉凡、许治(2001)却认为，教育是有较大外部效益的混合品；阿特金森(Atkinson，1994)、臧旭恒(2002)等则更倾向于把教育当作私人产品或私人物品；厉以宁(2000)则认为，教育产品的类型有三种：公共产品的教育(义务教育、广播电视教育、各种特殊教育等)、准公共产品的教育(某一个团体、单位、协会为自己的职工、子弟、会员、家属所办的学校教育)和私人产品的教育(家庭教师)。

　　为什么不同学者对教育这一考察对象会有不同的属性判定结论？在第一章已经谈到，公共产品理论依据的是产品或服务在消费或使用上是否具有竞争性和收益上是否具有排他性，从而将全部社会产品和服务分为纯私人产品、准私人产品、纯公共产品和准公共产品。纯私人产品具有消费上的竞争性和收益上的排他性；纯公共产品则具有消费上的非竞争性和收益上的非排他性；准公共产品具有消费上的竞争性但收益上具有非排他性；准私人产品具有消费上的非竞争性但收益上具有排他性。① 按照这一理论，将教育看作私人产品的理由是：一方面，教育在消费上具有竞争性，即在既定的教育机会下，一个人受了教育，就减少了他人受教育的机会，或者说增加一个教育的消费其边际成本为正；另一方面，教育在收益上具有排他性，即教育消费的非整体性，使其消费在技术上易于分割(考试筛选、交纳学费)，可将一部分人排除在教育消费之外。所以，教育是可以由私人提供(兴办)的，需要接受教育的人也可以花钱"买"这种服务，私人办学就是此观点的例证。工业文明的出现，市场经济的发展，特别是教育对国民经济发展的促进作用的日益显著，使得政府开始重视教育。由政府提供的义务教育使得教育这项产品(服务)从此具有了消费上的非竞争性和非排他性：义务教育为符合条件的所有受教育者提供非竞争与非排他性教育机会，于是义务教育被看成了纯公共产品。由此可见，教育最初在我国作为一项产品(服务)出现时，是有私人产品属性的，随后才逐步演变成公共产品(义务教育)和私人产品(非义务教育)并存的情形。教育从私人产品演变为公共产品的根本原因不在于教育这项产品的消费属性变化，而在于人类社会发展进步的结果，即社会保障和公共福利增进的需要。也就是说，在没有社会保障与公共福利的情况下，是

---

① 需要说明的是，人们有时将纯私人产品简称为"私人产品"，将纯公共产品简称为"公共产品"，而将准公共产品和准私人产品统称为"准公共品"，这就容易引起概念上的混乱及认识上的矛盾——笔者注。

不会有义务教育的，也没有教育公共产品属性的存在。然而，在现代社会，由于教育具有巨大的正外部性，并且教育对一个国家经济与社会发展的巨大推动作用是有目共睹的，从而使现代社会的非义务教育成为既具有私人产品的属性，又表现出社会共同需要的准公共产品的特征。事实上，教育服务消费的竞争性，不完全的强制性，不完全的导向性，个人消费不等于集体消费的关系，决定了教育不具纯公共产品属性。教育服务的非排他性，具有外部性，内部性不为零的特征排除了教育具有纯私用品的可能性。教育服务的竞争性和消费效用的不可分割性和产权的共享性使得教育不具有典型的准私人产品属性。教育的竞争性同拥挤与否关系不密切，因此教育也不是典型的准公共产品。由此可见，教育具有介于纯公共产品与纯私人产品之间的混合品属性，过分强调教育的间接消费特征和外部性就会认为"教育是准公共产品"，过分强调个人的直接消费特征和内部性就会认为"教育具有准私人产品属性"。

现代社会，按接受教育者的成长阶段不同而提供的不同程度的教育，有初等教育、中等教育和高等教育，不同国家的政府总是根据其经济发展水平来确定可提供义务教育的程度。发达国家的义务教育一般包括初等和中等两个阶段，如美国、英国等，个别高福利国家的义务教育可延伸至高等教育阶段。高等教育尽管从总体上可视为一种收益内在化的私人物品或服务，但其外部效应还是十分显著的。高等教育投资的直接受益者是受教育者本人和他们的家庭，从这个角度来说，高等教育的受益者是可以分割的，但也不完全具备消费的非竞争性和受益的排他性，一部分人受益另一部分人可能不能享受，求学者的增加会导致消费的拥挤，虽不具"拥挤点"的典型特征，但也有不少经济学家还是将高等教育看成准公共物品。高等教育也不能完全由市场来调节，因为高等教育除了其可以分割的私人利益外，还有重要的社会利益——正外部性。按照成本—收益理论分析，有正外部性特征的产品，其私人收益与社会收益是不一样的，其差额是外部收益。由于外部性的存在，成本与收益不对称，就会影响市场资源配置效率。因为私人投资者决策时，只可能将其实际承担的成本和得到的利益进行比较，在外溢收益得不到报酬的情况下，就会较少地选择甚至摒弃从事该类活动。在20世纪90年代以前，我国的免费高等教育是计划经济时期的特殊产物，不符合市场经济体制的教育规范。

物品的类型与供给主体和供给方式有很大关系，纯共用品属性决定了它可由政府提供或在政府签约下由私人企业提供、国家预算分配，纯私用品由私人企业提供、市场分配。教育具有介于纯共用品与纯私用品之间的混合品属性，因此，教育可以由私人部门提供（如民办学校），也可以由公共部门提供（如公立学校）。但在现实生活中，对教育属性的划分除了主要考虑"消费上的非竞争性和收益上的非排他性"外，还应考虑外部性大小等特征。如将教育分成义务教育和非义务教育两大类，认为"义务教育具有很强的公共产品性质"，它是通过立法规范受教育者家庭以及各级政府的行为。在普及了义务教育的地区某个人接受了义务教育并不会妨碍他人也接受义务教育，即义务教育具有消费上的非竞争性；在提供了免费的义务教育的地区，不存在因某人没有或不愿意付费就将其排除在义务教育的范围之外，即义务教育具有受益的非排他性。因此，从理论上说，所谓义务教育就应该由政府提供，而对个人和家庭而言是免费的。义务教育以上的阶段教育具有消费的竞争性，其中高等教育具有更明显的"排他性"，比如限于高等教育规模的制约，招生人数有限，一些人一旦被高等院校录取而占用了高等教育的资源，享用其服务之后，至少意味着另一些人将不能接受高等教育，并且在技术上"排他性"也是可以实现的。但是由于高等教育不仅使受教育者直接受益，而且外部性也不为零，尽管具有浓烈的"私人产品"的色彩，但仍不是纯私人产品。因此，高等教育也应以政府提供为主，但可在国家预算分配条件下，向享用者收取一定的费用。与此同时，教育是公益性很强的事业，应得到全社会的关注。

总之，教育的混合品及公益特性决定了教育投资主体的多元化。教育的投资主体和经费来源有国家财政拨款、社会集资、学校自身投资、企业单位教育投资、学生家庭和个人投资等。

二、教育投资的性质

关于教育投资的性质，不同的学者有不同的看法。归纳起来主要有以下三种观点：消费性、生产性和消费生产双重性。

1. 消费性投资

"教育投资是消费性投资"，这种观点在我国曾经十分盛行。20世纪70年代之前，我国学者基本上都持这种观点，其原因是：教育费用是由国民收入再分配中的消费基金支付的，它不是投入物质部门，也得不到补偿。另外，教育投资一时看不到收益，只有投入，没有实质性的物质利益可言，而教育提高了人的文化品位，其获益者也只是个人，且多作用于受教育者的精神享受等意识形态方面。因此，教育投资被理所当然地归类为消费性投资。

2. 生产性投资

"教育投资是生产性投资",这种观点在西方国家十分盛行,以舒尔茨为代表的"人力资本理论"的倡导者们更是坚持这一观点。这种观点的依据是,教育能够生产劳动能力。教育是社会再生产和扩大再生产的必要前提,而教育投资则是社会劳动力再生产的必要的物质基础之一,没有教育投资,教育就不可能维持和发展。教育投资可以看成劳动力再生产费用的一部分,这种费用不论是从受教育者个人还是整个社会来说,将来均可获得相应的回报,如个人就业机会的增加、个人收入的提高等。物质生产部门也可从中提高管理水平、生产水平以及生产效率等。间接地讲就是,教育投资可以从物质生产部门因提高了劳动生产率而获得经济补偿。所以,从这种意义上来说,教育投资是纯投资行为,而不是消费行为,只不过投资回报期较长,并不是几年或者十几年,而是受教育者一生。其回报也不是一目了然的,有的可能是隐性回报,如受教育者获得较高文化欣赏水平,使他一生的文化品位较高,人生更为丰富等。如林荣日(2001)等就赞同这种观点,认为教育投资不应该被看作"双重性"的或"消费性"的,而应是纯粹的投资行为。

3. 消费生产双重性投资

教育既是消费行为,又是投资行为,因此,教育投资具有消费性投资和生产性投资的双重性,可以分为受教育者个人投资和作为公益事业政府投资两个主体来讨论。个人投资的主要表现形式是学费。学生缴纳学费的行为,首先可以理解为是一种消费性投资,学生购买了受教育的权利。同时学生的行为又是一种生产性投资,即通过受教育增长了知识、能力、才干等。政府投资也具有消费性投资和生产性投资双重性。其一,教育经费来自国民收入参加二次分配中的消费资金,教育本身不直接生产利润,也没有固定的经济回报,故教育投资具有明显的消费性。其二,政府可以通过投资为社会生产出大量的知识和技术,以及利用这些知识型人才推动和促进经济、科技和社会的发展,因此教育投资具有生产性。如范先佐(2012)等就认同这种观点,认为教育投资是培养和提高人的劳动能力的投资,应该是兼具消费性和生产性双重性质的投资。

客观来讲,"教育投资既具备生产性又具有消费性的双重性投资"观点更能确切地反映我国现阶段教育投资的实际状况。具体说来,教育投资是直接的消费性投资,间接的生产性投资;有形的消费性投资,潜在的生产性投资;今日的消费性投资,明日的生产性投资;有限的消费性投资,扩大的生产性投资。

三、教育投资的特点

教育不同于物质生产，教育投资有其自身的特点。

1. 周期长

教育的周期长，从小学到大学本科毕业，约需 16 年的时间，如果是研究生毕业，时间则更长。由于知识转化的"滞后"作用，学生毕业后，要有一个熟悉生产或工作的过程，即把学到的知识转化为物质生产力要有一个过渡时期。另外，教育投资首先要转化成教育能力，如培养教师、建设教学设施和设备等，然后才能培养劳动力。合格劳动力进入生产领域并熟悉了生产过程，由于教育的作用使劳动力得到的增量部分多创造了价值，才能逐步偿还他在受教育时所消耗的教育资金，最后才能得到收益。因此，教育投资的周期较长，一般比教育的周期还要长。

2. 递增性

教育投资具有递增性，随着教育成本的增加而不断增加。美国经济学家舒尔茨等[1]和英国经济学家希恩[2]分别对美英两国教育成本的历史进行研究后得出了相同的结论：教育成本在不断增长，其增长速度超过了物力资本的资源总成本的增长速度，或者其增长速度高于物价水平增长速度。教育成本增加，意味着教育对投入的资源数量需求增加，即教育要求投入更多资源。舒尔茨指出，教育是一个成本不断增加的行业。而希恩则认为，用于教育部门各项投入的价格比一般物价上涨得更快，许多家庭用于每个学生的实际经费已经有所增加，实际经费是指用于教育部门的各项投入，如教师、书籍和校舍等货币支出经过以适当价格指数调整消除了通货膨胀因素后的金额，这说明提供给每个学生的资源数量普遍增加了。

3. 非营利性

物质生产部门的目标是追求利润的最大化，而教育部门则不然，其主要功能是育人。因此，教育投资具有非营利性。有学者认为教育的公益性和服务性决定了国家在教育发展上的职责，而教育本身的育人功能又决定了教育事业的严肃性。纵观发达国家从工业化到现代化的发展历程，避免教育的纯商品化始终是严肃教育所追求的目标。我国的《教育法》明确规定，任何单位和个人举办教育不得以营利为目的。当然，教育投资的非营利性并不排除教育投资也讲求效益。教育举办者获取的合理

[1] Schultz，T. W. *The Economic Value of Education*. New York：The Columbia University Press，1963.

[2] Sheehan，J. *The Economics of Education*. London：George Allen & Unwin Ltd.，1973.

收益，应被看作他们应得的劳动报酬。

4. 附着性

教育投资是培养和提高劳动者劳动能力的投资，它表现为劳动者劳动能力的提高，而劳动能力是依附于人体之上的。在生产过程开始之前，它隐藏于劳动者的身体之中，是潜在的；在生产过程之后，它物化在物质产品之中，是无形的。因此，教育投资在生产过程的前后，都是依附于人体或物质产品之上的，具有附着性。

5. 间接性

教育投资效益的显现是间接的，教育不能直接同生产资料相结合，也生产不出任何物质资料或物质产品来，教育是通过培养劳动力作用于物质生产来促进生产和经济发展的。因此，教育对物质生产和经济的作用是间接的。相应地，教育投资也不会直接产生经济效益，其收益必须通过教育结束后进入物质生产领域并创造剩余价值的劳动力来创造。因此，教育投资具有间接性。

6. 长期性

教育投资的经济效益具有长期性。一个劳动力由于受教育获得了知识和技能，只要其生命没有结束并从事着生产劳动，这些知识和技能就会不同程度地发挥作用。即使他(她)要接受继续教育，原有的知识仍然起着重要作用。一个劳动力，能够工作几十年，这要比一台机器使用的年限长得多。也就是说，教育投资的结果，是获得了具有长期发挥作用的劳动能力，只要这个劳动力不停止生产，教育投资就能不停地获得收益。

四、教育投资的作用

教育投资对于提高人力资本的质量，提高国民整体素质，增加国民生产总值，促进经济的迅速发展，具有极其重要的作用。

1. 实现经济可持续增长

教育投资是一种生产性投资，通过开发人力资源，可以增加产品的科技含量、文化含量乃至艺术含量，可以增加物质资本的边际生产率，可以直接促进国民生产总值的增长。由此可见，持续的教育投资能使教育发达，促进经济的持续、高速和稳定发展。教育投资形成的人力资本积累是发展中国家实现经济可持续增长，缩短与发达国家差别的主要动力源泉。一些发展中国家曾经非常强调提高储蓄水平和投资水平，强调对物质资本的投资，不重视教育投资，结果是这些国家的经济却不能迅速腾飞。

2. 促进消费及增加就业

教育投资可以形成一个新的经济增长点，促进消费，增加就业机会。教育投资的回报率很高，据西方经济学家估算，20 世纪 90 年代发达国家居民高等教育的投资收益率是 12.3%，中等收入国家包括发展中国家这一指标更是高达 20%，同时，教育可以为全社会提供占从业人员总量约 40% 的就业机会。① 如美国的教育产值处于美国经济所有产业的第三位，仅教育服务一项每年创造的收入就达 2000 亿美元，提供 200 万个劳动就业机会。据统计，2014—2015 学年，包括我国在内的各国留美学生约为 97.5 万人，在美开销达 305 亿美元，为美国提供了 37.3 万个工作岗位。目前的现实是，我国诸多家庭把子女接受教育放在首位，教育支出是人们储蓄的主要目的。这种个人教育支出递增的趋势已由国内的大中城市向小城镇扩展，由东部地区向西部地区扩展，教育投资已成为我国城镇家庭的主要支出之一。全社会教育投资意识的增强，一方面可以改变我国目前高等教育严重供不应求的局面，促进教育事业的发展；另一方面可以通过个人教育投资和消费的增加，带动经济的增长。

3. 增加企业竞争力

教育投资可以最大限度地开发投资主体的人力资源，增加企业本身的竞争力。如今企业产品的生命周期越来越短，哪个企业率先开发新技术和新产品，就能最先获得高额利润，能迅速跟进的企业也会获得一定的发展机遇。相反，那些产品开发速度慢的企业则会被淘汰。因此，开发投资主体的人力资源，以增加企业的竞争力，关系到企业在激烈的市场竞争中能否占领战略高地，而这一优势的获取离不开对教育的投资。

第二节　教育投资的合理比例

教育投资比例是教育投资的核心内容之一，是指教育投资在国民经济中所占的比重。教育投资的比例有外部比例和内部比例之分。外部比例是指一个国家或地区教育投资占国民经济有关指标的比例，反映的是国家对教育投资的规模、教育与国民经济之间的关系和政府对教育的重视程度；内部比例是指教育投资在各级各类教

① 于小强：《教育消费热点分析》，载《南京人口管理干部学院学报》，1999(4)。

育中的分配比例，反映的是教育的投资结构与资源配置情况。衡量教育投资量和教育投资水平的指标，主要有教育投资占国民生产总值的比重、教育投资占国民收入的比重、教育投资占财政预算支出的比重等，这些是硬性指标。通过这些数据进行各国间或地区间的比较，可以大体衡量该国或地区对教育的重视程度，比重大的国家和地区，显然对教育的重视程度要高。政府为鼓励社会对教育投资或参与教育活动而制定的各种教育法规、政策等，被认为是软性指标。只有把软硬指标两者综合起来加以考虑，才能更好地反映出政府对教育的努力程度。另一种经常用于衡量教育投资的指标是人均教育经费。这一指标也非常重要，它可直接反映教育发达程度和水平。"人均教育经费"(Per Capita Education Expenditure)是指全国人口中平均每人占有教育资源的比重，这一指标值越高，说明国家的教育资源越为丰富，直接反映了政府对教育的重视程度，因此这个指标也常被归为硬性指标。

一、确定教育投资合理比例的依据

关于教育投资占国民经济的合理比例问题，许多学者已做了大量研究。如王善迈(1999)认为，教育投资占国民经济的比例是否合理有三个客观判定依据：一是教育投资能否适应教育事业发展的需要。教育投资同教育事业的规模和速度是否相适应，可以用来检验教育投资在国民经济中的比例合理与否。二是教育所培养的劳动力和专门人才能否适应经济和社会发展的要求。教育投资在国民经济中的比例合理与否，最终表现在教育所培养的不同熟练程度的劳动力和各级各类专门人才的数量、质量、结构同经济和社会发展的要求是否相适应。三是国民经济比例是否合理。教育投资比例实质上是国民经济综合平衡的问题。整个国民经济比例协调，教育投资比例就会合理；反之，教育投资比例也不会合理。靳希斌(2002)等学者认为，将教育投资在国民生产总值和财政支出中所占比例作为判断和衡量我国教育投资比例合理与否的标准具有重要意义，但需要科学使用。(1)将教育投资占GNP的比例这一标准作为判断教育投资比例是否合理的依据，符合国际惯例和我国的实际情况。而且使用这一标准，计算比较简便，易于同世界上不同经济水平和相同经济水平的国家进行比较。但是，使用这一标准时需要注意以下两点：其一，教育投资计算口径必须统一。为了统一计算口径和便于具体操作，国家财政性教育支出，只列入各级财政、发改委安排的教育支出，至于其他各类支出可统一算作社会对教育的投入。其二，用这个标准来衡量我国的教育投资水平是可行的，但对不同地区而言，不完全适用。不能单纯按其收入水平来衡量其支出水平，其中也包括教育投资水平。同样的道理，也不能套用教育投资占国民生产总值的比例来衡量一个地区的教育水平。(2)关于教育投资占财政支出的比例，有学者认为《中国教育改革和发展纲要》①中提出的相关百分比标准，可以作为衡量和判断教育投资比例是否合理的重要标准，但要顾及因时、因地、因财政体制的变化。在现行的财政体制下，我国以支定收的格局并未改变，地区之间很不平衡。单纯用教育投资占财政支出的比例来衡量一个地区教育投资比例是否合理，往往难以做出准确的判断。(3)关于教育拨款的"三个增长"，在指出上述两大判断标准各自局限性的时候，不少学者也提出 1985 年《中共中央关于教育体制改革的决定》②和 1993 年《中国教育改革和发展纲要》所提出的"三个增长"的原则比较切合实际，也比较容易执行，是多年来行之有效的办法。另外，还有学者从国际比较的角度就教育投资的比例问题进行了研究，如张铁明(1998)、曲恒昌与曾晓东(2001)等。他们认为，尽管国家间经济情况千差万别，但它们都处在当前激烈的科技竞争和产业不断转变的环境里，并承担基本的教育和科技发展的投资责任。因此，教育投资又是可以比较的，比较的标准就是教育投资占 GNP 等的比例。

二、确定教育投资总量与比例的原则

一般来说，确定教育投资总量有以下四条基本原则。

(1)上限和下限原则。确定教育投资总量，总的原则是要依据经济发展与教育事业发展的比例关系。因此，一国国民经济发展水平、国家经济实力状况能为教育提供多少人力、物力和财力，用货币表现就是总的货币投入量，这种国力所承担的可能性就是确定教育投资问题的上限原则。一国为了实现其经济增长目标，满足其经济增长所要求的最低的人才供给量，就要测算培养这些人才的教育费用总额，维持经济目标增长所需最低限度的人力供给量，就是确定教育投资问题的下限原则。

(2)规模与速度原则。确定教育投资总量，还要考虑教育事业发展目标，即教育事业发展的规模和速度指标。教育事业发展目标高、规模大、速度快则要求教育投资总量较大，反之则较小。其主要指标有四种：一是义务教育普及率及增长率。二

---

① 中共中央、国务院于 1993 年 2 月 13 日正式印发，是 20 世纪 90 年代乃至 21 世纪初教育改革和发展的蓝图，是建设中国特色社会主义教育体系的纲领性文件——笔者注。

② 1985 年 5 月，《中共中央关于教育体制改革的决定》颁布，这是一个具有里程碑意义的重大事件。它与 1984 年颁发的《中共中央关于经济体制改革的决定》和《中共中央关于科技体制改革的决定》一起，被认为构筑了 20 世纪 80 年代以经济体制改革为中心的制度变革的主线——笔者注。

是非义务教育升学率及其增长率，这主要反映中等教育发展规模和速度。三是高等教育在校生人数及其增长率。四是成年人口中扫盲率及职工、农民接受各种业余教育和各种培训增长率。

(3)经济政策与物价水平原则。一国经济政策和物价水平，对确定教育投资总量具有直接作用，特别是物价指数的影响更为明显，因此在确定教育投资总量时，首先要遵循国家物价水平原则，教育投资总量必须随着物价指数的增长而增长。另外，由于世界性物价上涨，求学者费用增加，用于教育部门的各项投资和资源价格上升速度加快，相应的投资总量也必须增加。

(4)受益与能力原则。确定教育投资总量，还要考虑国家收益与投入能力。世界许多国家都认识到，教育投资具有社会经济价值，可以促进生产发展和经济增长，追求教育投资问题可以带来更大的经济利益；社会不断趋向于科学和文明，世界各级各类教育求学者人数在普遍增加，义务教育在逐渐延长。因此，世界各国都在充分利用国际政治环境缓和条件进行经济改革、增强经济实力、提高经济发展水平，同时不断增加教育投资总量，具体数值要根据国家的经济实力而定。

确定教育投资比例也有四条基本原则：一是增长原则。对于一个发展中国家来说，由于其经济发展起步较晚，一般来说教育投资比例比较低。为加速现代化进程，必须增加教育投资，即采取教育投资比例增长原则。二是超前增长原则。如果一个发展中国家所确定的社会经济发展目标很高，又需要大力发展，就需引进和运用高新科学技术改造传统产业。那么，在教育投资比例上就必须采取超前增长原则。三是减缓与稳定原则。当一个国家的经济发展达到相当高的水平时，教育投资增长比例就应该逐步采取减缓和稳定发展原则。四是弹性系数原则。当国民经济某项指标达到某种数值时，教育投资比例要相应地有个弹性增长数值。

三、确定教育投资总量与比例的基本方法

确定教育投资总量与比例的基本方法有以下三种。

1. 规划法

规划法(Planning Method)也称"人才需求预测法""人力预测法""测推法""概算法"或"供求平衡法"，是确定教育投资总量和比例最基本和最常用的方法。它是根据规划既定的经济和社会发展目标，预测实现该目标所需的各类人才数量，再推算并规划出教育投资的应有比例，包括四大步骤。

步骤一：预测各层次人才供给量(S)。根据已规划的一定时期内社会和经济发展

目标，预测和确定规划期内实现目标所需要增加的各行业、各类人才的数量和质量，即人才需求预测。根据预测数据，预测各级各类教育事业发展的规模和速度，即计算满足社会经济发展目标需要的人才供给量，通常以各级各类在校生数(S)为依据。

步骤二：计算人均教育经费(U)。按国家规定的教育费用标准，考虑近几年来教育经费变化情况，计算规划期内各级各类学校每年人均教育费用。公式如下：

$$U = \left[(\sum_{i=1}^{n} V_i)/n\right] \times (1+r) \tag{5-1}$$

式中，U 为规划期内某年某一教育层次人均教育培养费用；V_i 为过去 i 年内该层次教育的实际人均教育费用；n 为规划年之前的实际计算年数；r 为该教育层次人均教育经费增幅百分比的平均值。

步骤三：计算各层次教育总费用(M)。根据步骤二和步骤三两项预测数据，计算各层次教育投资总费用。测算公式为：

$$M = S_1 U_1 + S_2 U_2 + \cdots + S_n U_n \tag{5-2}$$

式中，M 为规划期内某年度教育投资总量；S 为某级某类学生总数，如 S_1 为小学生数，S_2 为中学生数……；U 为某级某类学校学生人均教育费用数。

步骤四：计算教育投资比例(R)。求出教育投资总量(M)及同一年度国家财政预算支出总值(T)后，就可计算出规划期内同一年度教育投资比例，即：

$$R = (M/T) \times 100\% \tag{5-3}$$

使用此方法时应当注意的问题是：(1)社会经济发展目标的确定必须实事求是，符合客观实际，目标过高或过低均会影响对教育投资预测的准确性。(2)社会经济发展目标人才需要量的预测必须采用科学方法进行，使预测的结果和数据具有一定的可信度。(3)计算各级各类学校人均教育费用逐年增长指标，不能以某年为标准指标，因为人均教育费用是逐年加大的。事实上，最终投资总量和比例的确立，除了以计算结果数值为参照外，还要与国家对教育的财政承载能力进行对比和调整，最终得出符合国情的结果。

2. 比较法

比较法(Comparative Method)也称"国际比较法"，是通过教育投资的国际比较确立本国教育投资总量的方法，也是确定教育投资比例最常用的方法之一。比较法有横向(断面)分组比较、纵向(断面)历史序列比较和历史序列比较与横截面比较相结合三种。(1)横向(断面)分组比较即横断面分组比较，是通过对各国或地区的横向比较，来确立本国(地区)的教育投资比例。该方法将不同人均国民生产总值或人均国民收入的国家分成几个组,在同组内进行比较,比较简单,但不是很科学。需要注意的问题是:其一,同组各国经济发展水平应大体相近或相同;其二,比较时所使用的国民经济各项指标和教育投资统计口径必须一致;其三,各国社会制度、经济结构、产业结构不同,对国际横断面比较有一定的制约作用,比较研究时必须加以注意。(2)纵向(断面)历史序列比较即纵断面历史序列比较,是将一国现时国民经济发展水平教育投资比例,与别国某个历史时期国民经济发展水平相当时的教育投资比例进行比较,进而确立本国未来的教育投资总量或比例,如经济不发达国家教育投资比例可以参照经济发达国家历史上所处的不发达时期的教育投资比例。(3)历史序列比较与横截面比较相结合是指,按人均国民生产总值分组,使现阶段人均国民生产总值处于某一水平的某个发展中国家与历史上某个阶段人均国民生产总值处于相同水平的发达国家具有可比性,然后考察各国教育投资情况,使用计量经济模型,给出对应于不同经济发展水平的国际教育投资平均水平,最终确立本国投资比例。

应当注意的问题是:其一,国际历史比较,必须同横断面分组比较相结合;其二,进行国际历史比较时,必须注意各历史时期各国科学技术发展程度;其三,无论是纵断面的比较还是横断面的比较都应考虑各国的社会制度和国民经济结构等差异。

3. 曲线法

曲线法(Curve Method)也称"坐标图式法",是通过绘制教育投资量(或比例)与相关变量(如国民收入增长量、投资收益率等)的曲线来确定教育投资比例的方法。教育投资与一般产业投资之间密切相关,如图 5-1 所示。

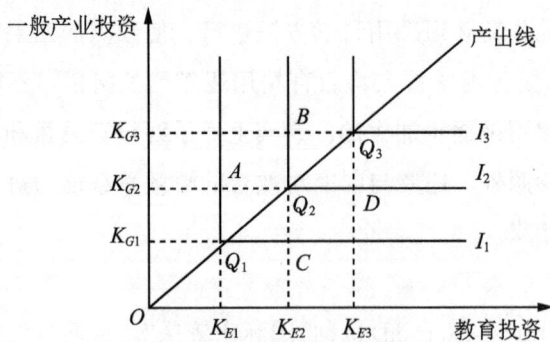

图 5-1 教育投资与一般产业投资产出模型

在图 5-1 中,I_1,I_2,I_3 为一定数量的教育投资与一般产业投资的等产量线,当教育投资与一般产业投资分别为 K_{E1} 和 K_{G1} 时,共同决定产出量为 Q_1;如果一般产业投资增加到 K_{G2},而教育投资不增加,则组合点为 A;相反,如果教育投资增

加到 K_{E2}，而一般产业投资不增加，则组合点为 C。由此可见，单方面增加投资都不可能使总产出量增加到 Q_2，只有当教育投资增加到 K_{E2} 而一般产业投资增加到 K_{G2} 时，总产量才能达到 Q_2；依此类推，要使产量达到 Q_3，二者的投资必须达到 K_{E3} 和 K_{G3}。因此，要使产量成比例增加，一般产业投资与教育等基础设施投资必须实现一定比例的递增。欧美发达国家多是从增加一般产业投资开始，再增加教育等基础设施投资，增长路径大致是：$Q_1 \rightarrow A \rightarrow Q_2 \rightarrow B \rightarrow Q_3$；而日本、韩国在经济发展过程中，则首先增加教育等基础设施投资，然后增加一般产业投资，增长路径大致是：$Q_1 \rightarrow C \rightarrow Q_2 \rightarrow D \rightarrow Q_3$。这里的"教育"是一个笼统概念。事实上，经济发展与各层次、各类型教育的关系远非这么简单，应当离析变量，专项研究。

一般来说，政府在考虑财政支出时，要遵循最大社会收益原则。在图 5-2(a)中，政府的预算应当是 OA，此时，社会净收益 BC 是社会总收益（TSR）与社会总成本（TSC）之差，是社会总收益曲线与社会总成本曲线之间的最大垂直距离。如果政府支出小于 OA，说明有一部分的潜在净收益没有实现。如果政府支出大于 OA，说明政府多出来的支出使社会成本超过了社会收益。当政府支出达到 OA 时，边际社会收益（MSR）与边际社会成本（MSC）相等，如图 5-2(b)所示。

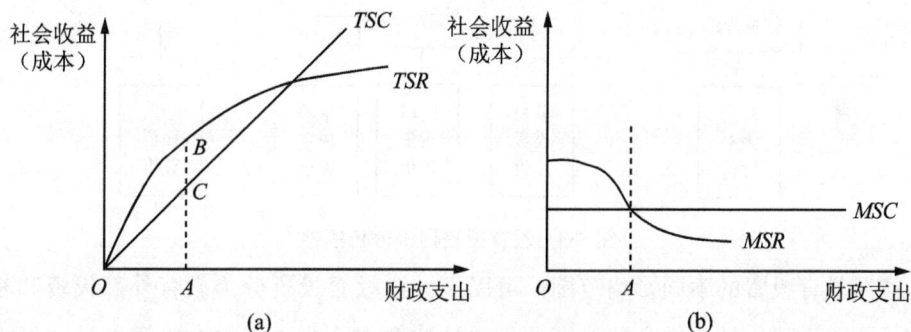

图 5-2 政府投入最佳规模

因此，在边际收益与边际成本相等之前，政府公共部门的支出无论在每一个领域还是在总额上都应增加，以使社会净收益最大化。教育领域也不例外，也可通过绘制边际成本与边际收益曲线，来获取最佳教育投入量。

在实际应用曲线法时，靳希斌（2002）总结了三种途径：一是教育投资总量曲线——通过绘制教育投资量与国民收入增长量的关系曲线来确立教育投资量，教育投资总量与社会经济需求相一致时，国民收入随教育投资总量增加而增长，反之则会下降。因此，一般来说，该曲线的顶点就是合理的教育投资量。二是最佳教育投资量曲线——通过绘制教育投资量与收益率曲线确立最佳教育投资量。这种方法选择了两个制约因素，即个人能力和教育投资来源。选择边际成本(MC)小、边际收益(MR)大处作为最佳教育投资量。三是教育投资比例曲线——通过绘制教育投资比例与国民收入的关系曲线确立教育投资比，国民收入最高点对应值则为最佳投资比例。

四、教育投资评价

所谓"教育投资评价"(The Evaluation of Educational Investment)是对一个国家、一个省份或一个县(市)范围内的教育投资多项指标进行合理性评估。教育投资评价的目的是为教育投资的科学决策服务，为决策部门提供思路，提供教育投资监测数据，便于社会监督，以完善全国教育投资评价监测制度，使教育投资更为合理。按照教育投资主体的不同，可以把教育投资分为两种：一种是政府及社会投入，称为社会教育投资；另一种是家庭和个人投入，称为个人教育投资。教育投资评价分析框架，如图5-3所示。

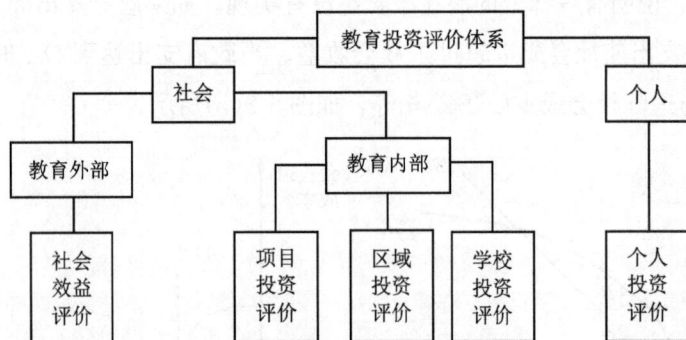

图5-3　教育投资评价分析框架

按照教育投资的不同影响范围，可以把社会教育投资分为教育外部投资和教育内部投资两方面，社会教育的投资评价也从这两方面入手。教育投资的社会经济效益评价是对教育投资外部效益的评价，内部的教育投资评价主要指区域(国家—省区—县市)教育投资评价和学校教育投资评价。在教育投资评价中，除了对整个区域以及整个学校教育投资评价之外，还有一类评价涉及单独的教育投资项目，也就是对某个地区或某项工程的专项投资评价。教育投资项目评价也就是对某个专项投资的评价，这与教育内部投资评价有交叉，但考虑到我国教育支出结构的特殊性，教育投资项目在教育经费使用过程中的重要性等，也将教育投资项目评价作为社会教育投资评价体系的一部分。教育投资评价的指标体系可以从以下几个方面来构筑。

1. 教育投入的努力程度评价

对教育投资总量的评价，主要分析教育投资在总量上是否满足了区域社会经济和教育发展的需要。通过考察教育经费占国民经济主要指标——GNP(或 GDP)和财政支出的比例是否合适，是否符合本地区特点来评价教育投资总量是否合理。公共教育投资的努力程度评价指标是财政性教育经费占 GNP(或 GDP)的比例。财政教育投入的努力程度评价指标是预算内教育经费占财政支出的比例。

2. 教育投入的进步程度评价

分析教育投资增长速度是否达到法律、政策性的规定，包括预算内教育经费的增长是否高于经常性财政收入的增长，生均教育事业费是否增长，生均公用经费是否增长，以及人均教育经费是否增长等方面的指标。

3. 教育资源配置的合理性评价

分析教育投资的分配是否合理，主要评价教育事业费与教育基建费的配置比例，反映教育事业发展中的基建投入水平；教育事业费中公用经费所占比例；教育事业费在高等教育、中等教育、初等教育中的分配比例；不同教育类别例如中等职业教育经费占中等教育经费的比例等；此外还要评价各级教育生均教育事业费的差异，以考察财政教育资源对各级各类学生分配的公平性。

4. 教育投资利用效率评价

评价教育投资利用效率的指标相当多，有教育成果数量、教育成果质量、教育人力资源利用效率、教育物力资源利用效率和教育财力资源利用效率以及教育规模效益指标等。其中，教育规模效益指标和代表教育人力资源利用效率的生师比是最常用的反映教育投资利用效率的评价指标。如果学校规模太小，不能充分适当运用教育资源，就会导致单位学生培养成本偏高的不经济现象；但如果学校规模太大，又会衍生人际关系淡漠及行政僵化等不经济现象。唯有适度规模的学校才能获得较好的规模效益。

五、中国公共教育投资情况

与世界平均水平相比，我国公共教育投资比例是偏低的，甚至低于欠发达国家的平均水平。统计结果显示，OECD 成员公共及私人用于教育的花费占 GDP 的 6%以上，每年大约有 15500 亿美元。[1] 根据联合国教科文组织的统计，1980 年以来发达国家的公共教育投资比例基本保持在 4.9%以上，欠发达国家也在 3.8%左右，转

---

[1]　Temple，J. "Growth Effects of Education and Social Capital in the OECD Countries,"*OECD Economic Studies* No. 33，2001/I，p. 58.

型国家总体呈现逐步下降的趋势，如表 5-1(a)所示。

表 5-1(a)   1980—2012 年世界公共教育投资比例基本状况   单位：%

国别	1980	1985	1990	1995	1999	2012
发达国家*	5.1	4.9	5.0	5.1	5.0	5.4
欠发达国家*	3.8	3.9	3.8	3.9	4.4	4.7
转型国家*	6.4	6.3	4.3	4.6	3.6	4.2
所有国家*	4.9	4.8	4.7	4.7	4.5	5.0
中国**	3.0	2.9	3.0	2.4	2.8	4.3

注：* 1980—1995 年数据①及 1999 年与 2012 年数据②为公共教育支出占 GNP 的比重。**中国的数据均为公共教育支出占 GDP 的比重。

改革开放以来，我国公共教育投资比例的变化可分为六个阶段：(1)1978—1990年，公共教育投资比例时高时低，呈现不规则变动。(2)1990—1995 年，公共教育投资比例持续下降。(3)1996—2002 年，公共教育投资比例平稳上升。(4)2003—2004年，公共教育投资比例呈现短暂下降趋势。(5)2005—2012 年，公共教育投资比例呈较大幅度持续增长态势，最终于 2012 年突破了 4%的目标值。(6)2013—2020 年，公共教育投资比例出现小幅下降趋势，见表 5-1(b)、图 5-4。

表 5-1(b)   2012—2020 年有关国家公共教育投资占 GDP 比例变化情况   单位：%

国家名称	年份								
	2012	2013	2014	2015	2016	2017	2018	2019	2020
中国*	4.1	3.85	3.73	3.82	3.79	3.67	3.54	3.54	3.57
日本	3.65	3.62	3.55	3.27	3.15	3.13	3.08	3.16	3.42
印度	3.87	3.84	—	4.11	4.25	4.31	4.36	4.41	4.47
韩国	—	—	—	4.45	4.33	4.33	4.46	4.68	—
德国	4.96	4.94	4.92	4.86	4.84	4.87	4.98	5.12	4.66
法国	5.46	5.50	5.51	5.46	5.42	5.45	5.41	5.35	5.50
英国	5.66	5.50	5.56	5.51	5.38	5.38	5.17	5.21	5.53
美国	6.28	6.25	6.14	4.95	4.80	5.11	4.91	4.99	6.05

数据来源：UNESCO. Government expenditure on education as a percentage of GDP (%) in Sustainable Development Goal 4 (SDG 4) data, UIS Statistics (unesco. org)，2023-01-28.

---

① "World Education Report 2000：The Right to Education—Towards Education for All Throughout Life," *Paris：UNESCO*，2000.

② "EFA Global Monitoring Report 2015：Education for All 2000—2015：Achievements and Challenges," *Paris：UNESCO*，2015b.

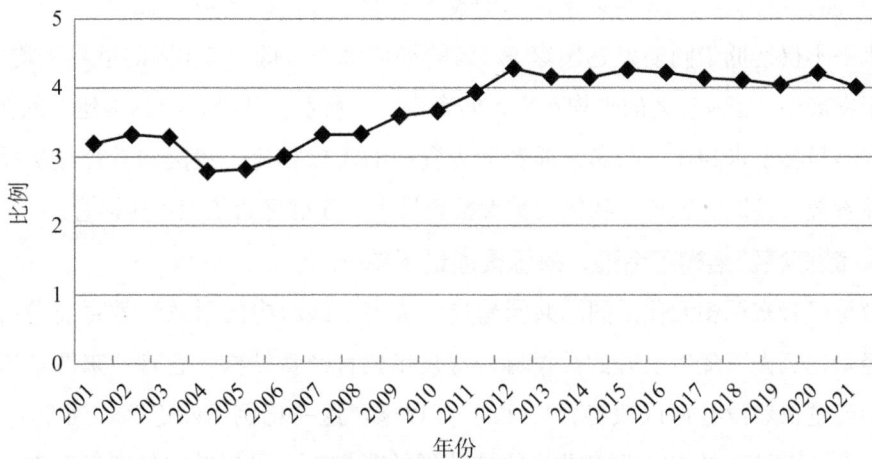

图 5-4　2001—2021 年我国财政性教育经费占 GDP 的比例(%)变化情况

数据来源：2001—2021 年"全国教育经费执行情况统计公告"，详见表 5-2(a)，表 5-2(b)，表 5-2(c)，表 5-2(d)；因统计口径差异，"公告"中的数据略高于 UNESCO 的统计数据（见表 5-1b），2012—2021 年二者相差 0.18～0.7 个百分点；在后文的讨论中，均以"公告"数据为准——笔者注。

当然，把不同经济发展水平国家的公共教育投资比例进行算术平均的方法过于简单，缺乏足够的科学性。因此，应当建立计量经济模型来分析经济发展水平对公共教育投资比例的影响。但不管怎样，教育经费不足必将会制约教育事业的发展。总体来看，在"后 4%时代"我国教育投资仍存在以下几个方面的问题。

1. 教育经费投入历史欠债问题

我国财政性教育经费包括各级政府的教育拨款、各级政府征收的用于教育的税费、企业办学经费支出和校办产业减免税等。自 1993 年《中国教育改革和发展纲要》第一次提出"20 世纪末达到百分之四"的目标到 2012 年真正实现，其间多年存在欠账现象。尤其在 2006 年以前财政性教育经费，无论占国民生产总值的比例，还是占国内生产总值的比例，除个别年份外，大多年份均未超过 3%。例如，2005 年全国国内生产总值为 183084.80 亿元，国家财政性教育经费占国内生产总值的比例为 2.82%。因此，为弥补历史缺口，我国的教育财政投入需要给予"补偿性增长"。[①]

2. 教育投入水平与需求仍存在距离

2004—2012 年的八年间，财政性教育经费支出占国民生产总值的比例呈现连续增长之势，终于在 2012 年达到了 4.28%。到 2014 年，这一比例已经连续三年突破

---

① 袁本涛：《教育投入还需持续努力》，载《光明日报》，2016-01-14。

4%。然而且不论自 2013 年以来出现的投入下滑趋势，即使是 2012 年 4.3% 的历史最高水平不仅远低于同期发达国家 5.4% 的平均水平，低于 5.0% 的世界平均水平，也低于发展中国家 4.7% 的平均水平，如表 5-1(a) 所示。此外，与我国建设创新型国家的战略目标要求相比，与高素质劳动力资源的需求相比，我国的教育经费投入依然存在着较大差距。因此，我国在扩大教育投入方面的努力依然不应懈怠。

3. 教育经费结构不合理、来源渠道过于单一

教育经费来源多元化是国际共同趋势，从表 5-2(a) 中的财政性教育经费占全国教育经费比例先下降后上升的数据看，这几年教育经费结构不合理、来源渠道过于单一的问题依然没有得以改善。自 2006 年以来，这一比例不断走高，到 2012 年甚至高达 80% 以上。在政府财政收入增速放缓的背景下，过于单一的来源渠道也增加了保障教育经费的压力。因而我国的教育投入需要凝聚全社会的力量，进行合理的制度设计以调动社会投入的积极性就显得尤为迫切。

表 5-2(a) 2001—2005 年预算内教育拨款与财政收入变化

项目类别	2001	2002	2003	2004	2005
财政收入(亿元)	16386.04	18903.64	21715.25	26396.47	31649.29
财政收入增幅(%)	22.33	15.36	14.87	21.56	19.90
全国教育经费(亿元)	4637.66	5480.03	6208.27	7242.60	8418.84
全国教育经费增幅(%)	20.49	18.16	13.29	16.66	16.24
财政性教育经费(亿元)	3057.01	3491.40	3850.62	4465.86	5161.08
财政性教育经费增幅(%)	19.29	14.21	10.29	15.98	15.57
财政性教育经费占全国教育经费比(%)	65.92	63.71	62.02	61.66	61.30
财政性教育经费占国内生产总值比(%)	3.19	3.32	3.28	2.79	2.82
预算内教育拨款占财政支出比(%)	14.31	14.76	14.68	14.90	14.58
预算内教育拨款(不含城市教育费附加)(亿元)	2582.38	3114.24	3453.86	4027.82	4665.69
预算内教育拨款增加比例(%)	23.81	20.60	10.91	16.62	15.84

数据来源：教育部、国家统计局、财政部，全国教育经费执行情况统计公告。

表 5-2(b) 2006—2011 年预算内教育拨款与财政收入变化

项目类别	2006	2007	2008	2009	2010	2011
财政收入(亿元)	38760.2	51321.78	61330.35	68518.30	83101.51	103874.43
财政收入增幅(%)	22.47	32.41	19.5	11.72	21.28	25.00

续表

项目类别	2006	2007	2008	2009	2010	2011
全国教育经费(亿元)	9815.31	12148.07	14500.74	16502.71	19561.85	23869.29
全国教育经费增幅(%)	16.59	23.77	19.37	13.81	18.54	22.02
财政性教育经费(亿元)	6348.36	8280.21	10449.63	12231.09	14670.07	18586.70
财政性教育经费增幅(%)	23.00	30.43	26.20	17.05	19.94	26.70
财政性教育经费占全国教育经费比(%)	64.68	68.16	72.06	74.12	74.99	77.87
财政性教育经费占国内生产总值比(%)	3.01	3.32	3.33	3.59	3.66	3.93
预算内教育拨款占财政支出比(%)	15.18	16.26	16.32	15.69	15.76	16.31
预算内教育拨款(不包含教育费附加)(亿元)	5795.61	7654.91	9685.56	11419.30	13489.56	16804.56
预算内教育拨款增加比例(%)	24.22	32.08	26.53	17.9	18.13	24.57

数据来源：教育部、国家统计局、财政部，全国教育经费执行情况统计公告。

表 5-2(c)　2012—2016 年公共财政教育支出与财政收入变化

项目类别	2012	2013	2014	2015	2016
财政收入(亿元)	117253.52	129209.64	140370.03	152269.23	159604.97
财政收入增幅(%)	12.88	10.20	8.64	8.48	4.82
全国教育经费(亿元)	27695.97	30364.72	32806.46	36129.19	38888.39
全国教育经费增幅(%)	16.03	9.64	8.04	10.13	7.64
财政性教育经费(亿元)	22236.23	24488.22	26420.58	29221.45	31396.25
财政性教育经费增幅(%)	19.64	10.13	7.89	10.60	7.44
财政性教育经费占全国教育经费比(%)	80.29	80.65	80.53	80.00	80.00
财政性教育经费占国内生产总值比(%)	4.28	4.16	4.15	4.26	4.22
公共财政教育支出(亿元)	20314.17	21405.67	22576.01	25861.87	27700.63
公共财政教育支出增长比例(%)	25.79	5.37	5.47	14.55	7.11
公共财政教育支出占公共财政支出比例(%)	16.13	15.27	14.87	14.70	14.75

注：2012 年起，《全国教育经费执行情况统计报告》中的统计项目将"公共预算教育经费"替换为"公共财政教育支出"(包含教育事业费、基建经费和教育费附加)。

数据来源：教育部、国家统计局、财政部. 2012—2016 年全国教育经费执行情况统计公告[EB/OL]. http://www.moe.gov.cn, 2023-01-28.

表 5-2(d)　2017—2021 年公共财政教育支出与财政收入变化

项目类别	2017	2018	2019	2020	2021
财政收入(亿元)	172592.77	183359.84	190390.08	182913.88	202554.64
财政收入增幅(%)	8.14	6.24	3.83	−3.93	10.74
全国教育经费(亿元)	42562.01	46143.00	50178.12	53033.87	57873.67
全国教育经费增幅(%)	9.45	8.41	8.74	5.69	9.13
财政性教育经费(亿元)	34207.75	36995.77	40046.55	42908.15	45835.31
财政性教育经费增幅(%)	8.95	7.39	8.25	7.15	6.82
财政性教育经费占全国教育经费比(%)	80.00	80.00	80.00	80.00	80.00
财政性教育经费占国内生产总值比(%)	4.14	4.11	4.04	4.22	4.01
公共财政教育支出(亿元)	29919.78	31992.73	34648.57	36310.47	37463.36
公共财政教育支出增长比例(%)	8.01	6.93	8.30	4.08	5.17
公共财政教育支出占公共财政支出比例(%)	14.71	14.48	14.51	14.78	15.25

数据来源：教育部、国家统计局、财政部. 2017—2021 年全国教育经费执行情况统计公告[EB/OL]. http://www.moe.gov.cn, 2023-01-28.

第三节　教育投资的合理负担与补偿

教育成本分担(Sharing Cost of Education，又称教育成本负担)，是指教育成本由谁支付、如何支付的问题，即教育成本如何在政府、企业、个人等社会各方之间合理分摊并最终实现的问题。在任何社会条件下，教育投资最终都来源于国民收入，但是国民收入经过初次分配和再分配后，相关主体应该承担多少教育经费决定着教育经费是否充足和有效的教育供给能否增加。在教育成本数量一定的情况下，教育成本的分担结构就成为教育成本问题研究的重点。

一、教育成本补偿理论的提出

1984 年秋，时任美国纽约州立大学布法罗分校校长、后任纽约州立大学校长的经济学家布鲁斯·约翰斯顿(D. Bruce Johnstone)在美国科罗拉多召开的"大学资助服务三十年：2000 年议程"会议上首次使用了"高等教育的成本分担与转移"(Sharing and Shifting the Cost of Higher Education)这一概念。1986 年，他又出版了《高等教育的成本分担：英国、联邦德国、法国、瑞典和美国的学生财政资助》一书①，提出了著名的"成本分担理论"（Theory of Sharing Cost），即应由纳税人（政府）、学生、学生家长和社会人士（捐赠）共同分担高等教育的成本。此后，成本分担理论逐渐成为世界各国制定教育（特别是高等教育）学费政策的重要理论依据。具体来讲，教育成本分担主要指中央与地方政府根据各自的财力状况对教育费用进行合理分担，而教育成本补偿则是由教育受益各方，根据各自收益高低及支付能力大小对教育费用进行补偿，有时把教育成本分担与补偿统称为教育成本分担。约翰斯顿认为，教育活动的运行，必须投入一定的社会劳动，耗费一定的人力和财力。在市场经济条件下，用于教育的人力与物力资源便构成了一定的教育成本。高等教育成本至少包括四个方面：一是教学成本，诸如教师和行政人员工资、设备、图书、行政活动等支出。二是研究支出，由于各校对于研究重视程度的不同，这项支出差异比较大。三是学生生活支出，诸如住房、饮食、服装等方面的费用。这些支出尽管与学校财政支出关系不大，但学生和家庭必须支出，这是他们接受高等教育所付出的重要组成部分，也是社会关注高等教育成本上升的重要方面。四是放弃的收益，从理论上讲，它是高等教育成本的重要组成，无论对于劳动力短缺的社会来说还是对于学生个人来说，都是不可忽视的。

二、教育成本分担与补偿的原则

理论界一般认为，教育成本分担与补偿的最主要的原则有两个：一是利益获得原则；二是能力支付原则。两条原则不是彼此孤立的，而是相互联系、缺一不可的。其中，利益获得原则是根本的，体现了市场经济中的等价交换原则。

1. 利益获得原则

"利益获得原则"（The Benefit-received Principle），就是收益多的人应分担较多的成本，收益少的人分担较少的成本。为了合理地负担教育投资，使教育投资的负担合乎公平，教育投资的负担应与收益相配合，收益多的人应负担较多的投资，收益少的人负担较少的投资，无收益者不负担。因此政府、企业与个人在负担教育投资时应根据各自的收益来决定，同时不同的个人在负担教育投资时也应依据收益而定。当然，在利益获得原则下，学费可能偏高，对于家境清贫的学生来说负担将显

---

① Bruce，J. D. *Sharing Costs of Higher Education*：*Student Financial Assistance in the United Kingdom*，*the Federal Republic of Germany*，*France*，*Sweden*，*and the United States*. New York：College Entrance Examination Board，1986.

得过重。为使机会均等、人尽其才，以利社会发展，政府必须制定多种资助政策。贫穷的人其教育的机会成本较高，对他们而言资助政策应能让他们有足够的勇气放弃就业而选择入学。因此，无论是政府、企业，还是个人，应依据各自的收益大小来确定负担教育投资的多少。

2. 能力支付原则

"能力支付原则"(The Ability to Pay Principle)，是指所有从教育中获得好处和利益的人(无论是直接的还是间接的)都应该按其支付能力大小提供教育经费，能力越大，支付越多；能力越小，支付越少。因为依据边际效用递减的规律，能力高的人，其超额财富的效用较低，这样富有者多支付教育经费是公平的。而且一定的支付能力即对国民收入的占有也决定了有可能负担的教育成本。可从以下三个层面来理解：一是在高等教育供不应求的情况下，把有限的教育机会通过公正、公平途径给予那些最具有培养前途的学生；二是考虑支付能力，涉及教育投资回报时，也要注重教育投资能力，否则有失教育公平，但必须考虑一国生产力发展水平和居民的承受力；三是个人在各类院校各种专业中接受教育后，其获得的利益不同，个人对此所支付的教育补偿也应是不同的，应确定个人合适的成本分担比例。

严格来讲，上述两项原则基于的是约翰斯顿的高等教育成本补偿理论。但是，就我国现实而言，除了上述两项基本原则外，本书认为还应兼顾教育机会公平和教育利益外溢补偿原则。教育的机会公平是指教育应面向全体社会成员提供服务，政府在制定教育投资政策时要关注弱势群体，使每个人都能享受平等的权利。教育是实现社会公正理想的途径与重要手段，在现代社会经济条件下，教育已成为决定一个人未来收入水平高低，乃至成为决定一个人前途命运的关键性因素。对弱势群体来讲，若不能接受良好的教育，则大多意味着继续贫困下去。对于整个社会来讲，不均等的教育机会，会使社会收入分配不平等的局面继续下去，从而影响社会的稳定。保证社会每个成员都享有教育的权利是社会公平的重要组成部分，也是文明社会的发展目标之一，更是保障和促进社会政治、经济、文化持续发展的重要前提。以个人的能力与努力(而非家庭财产)来获得更好的教育机会，是社会保持正常运转的重要制度保障。所以，政府应把教育，特别是基础教育看成公益性事业，发挥投资的主体作用，并通过国家助学贷款等政策手段，调节贫富差距，实现教育机会均等。因此，应在"利益获得原则"前提下，结合"能力支付原则"，考虑教育机会的公平性。由此可见，教育机会均等原则实质上是具有普适性的"能力支付原则"在个体方面的应用延伸或特殊应用。外溢补偿原则是指由某一地方政府提供的公共服务的利益"溢到"没有付费的地区，这些利益接收区应为利益提供区提供经济补偿。义务教育是全民性教育，但因其分散性而由地方政府提供，具有利益"外溢"特性，即由地方提供的义务教育的收益会"外溢"到其他地区，这是由我国区域经济发展不平衡的格局造成的。我国现阶段社会流动的一般特点为从"山里流向山外""从农村流向城镇""从小城市流向大城市""从落后地区流向发达地区"，而逆向流动的可能性较小，即从经济发达城市流向山村和贫困地区的情况极少出现。农村和贫困地区也就成了为发达地区培养人才的训练场所，为他人做"嫁衣"。因此，中央政府和地方政府应加大对贫困和农村地区的教育投资来矫正利益"外溢"问题，给予全部或部分补偿。同时，那些发达城市和地区也应对贫困地区做一定的补偿。因此，教育的利益外溢补偿原则是利益获得原则在整个国家宏观层面的教育成本补偿问题上的具体体现。

三、高等教育成本补偿的主体与途径

从成本补偿理论来看，教育投资的主体和渠道都应当是多元的。就高等教育的成本补偿而言，由于国家、企业和个人均从教育中获得了好处和利益，因此，受教育者、用人单位和国家等对高等教育都应进行成本补偿。

1. 个人家庭

由于高等教育总体上可被视为一种收益内在化程度较高的"混合品属性"服务，这种服务不仅能给学生带来一定预期经济利益，而且还能够使他们得到某些非经济利益，因此，从权益与义务对等这一公平角度看，个人应负担部分高等教育成本。舒尔茨曾说，人力资本有助于提高劳动生产率，也有助于提高企业家式的才能，这种才能在农业和非农业中，在家庭生产力中，以及在向较好职业和生活地点迁移中，都很有价值。从预期经济收益来看，可以说，个人收益与教育程度的高低成正比。这一点可用美国 2014 年不同学历人群年均收入比较的数据得到充分证明，如表 5-3 所示。受教育者个人对高等教育的成本补偿，原则上至少应按教育的成本价格交纳部分学习费用，主要是交纳学费和杂费。高等教育学费水平的确定，一般要考虑教育成本与居民的支付能力。

表 5-3　2014 年美国 25 岁以上不同学历人群年均收入比较　　　单位：美元

学历	人均年收入	
	男性	女性
博士学位	100710	80540
专业学位	121750	91810
硕士学位	84160	60830
学士学位	68160	51350
副学士学位	51110	37480
受过学院教育但未获学位	46900	34380
高中教育完成者	40930	30650
受过高中教育但未完成者	30840	21990
受过少于 9 年教育者	26580	20990

数据来源：National Center for Education Statistics，Digest of Education Statistics：Table 502.20.Median annual earnings，number，and percent of full-time year-round workers 25 years old and over，by highest level of educational attainment and sex：1990 through 2014，http://nces. ed. gov/programs/digest/d15/tables/dt15_502.20.asp? current＝yes，2016-09-19。

　　我国政府 1993 年颁布的《中国教育改革和发展纲要》明确指出，缴费标准由教育行政主管部门按生均培养成本一定比例和社会及家长承受能力因地、因校(或专业)确定。根据我国目前的情况，受教育者个人对高等教育成本补偿比例不能过高。一方面，我国居民收入水平和实际支付能力还有限，且没有建立起比较完善的学生资助体系；另一方面，我国高等教育个人收益率不高。国际经验表明，无论是发达国家还是发展中国家，多数财政稳定的公立院校一般可从学生那里获得占总经常性支出 15％～25％的收入，因此不少学者认为我国受教育者的个人高等教育成本负担应在生均成本的 20％～25％。当然，在此比例之下，有些家庭，特别是农村家庭还是很难负担的。因此，需要同时建立、健全助学贷款和勤工俭学制度，使那些低收入家庭的子女能够接受高等教育。对低收入家庭补助和对受教育者本人补助，两者对教育消费的刺激结果有很大差异。如图 5-5 所示，低收入家庭得到补助后，预算线由 AB 外延到 $A'B'$，无差异曲线由 I 变为 I'，个人用于教育消费和其他产品的消费同时增加，其中，其他产品的消费 OF 增加到 OF'，教育消费由 OD 增加到 OD'，均衡点又由 E 外移到 E'。因此，对低收入家庭补助有明显的收入效应，但补助对象可将这种补助款用于购买其他产品，而难以保证家庭增加对教育的消费。若对受教育者本人直接补助(如发放免费入学卡)，预算线由 AB 外移到 $AA'B'$，其中 AA' 部分为补助数额，由于 AA' 等于 BB'，说明补助款全部用于教育消费，补助后无差异曲线由 I 变为 I'，个人用于教育的消费 OD 增加到 OD'，而 DD' 等于 BB'，而对其他产品的消费 OF 不变，新的均衡点 $E'>E$，只增加了教育消费，如图 5-6 所示。因此，对受教育者直接补助的方式要优于对低收入家庭补助的方式。

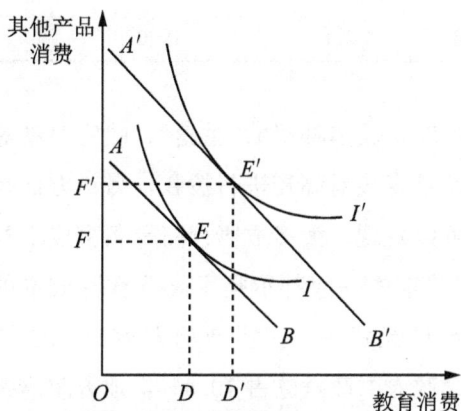

图 5-5　对家庭补助后个人教育
　　　　　消费的变化

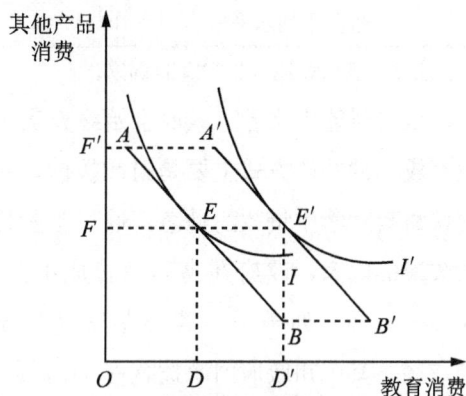

图 5-6　对受教育者直接补助后
　　　　　个人教育消费的变化

2. 政府部门

政府对教育的投资能够获得巨大的经济效益和社会效益。因此，政府应是高等教育投资的主要组成部分。教育经济学的研究表明，无论是发达国家还是发展中国家，教育投资对经济增长都做出了重要贡献。如今，发展高等教育已成为增强综合国力的基本途径，国家的政治稳定、经济发展和文化繁荣等，都离不开高等教育的发展。因此，作为高等教育外部高收益的代表，政府自然应承担其必要的成本。也就是说，虽然家庭和社会是高等教育的主要受益者，如表 5-4 所示，但因其对社会的巨大外部效应使得各国政府在发展高等教育时都承担了主要责任。[1]

表 5-4　2004 年按地区估算的高等教育收益率　　　　　　　　单位：%

地区	高等教育的社会收益率	高等教育的个人收益率
亚洲*	11.0	18.2
欧洲、中东、北非*	9.9	18.8

---

[1]　Psacharopoulos, G., Patrinos, H. A. "Returns to Investment in Education: A Further Update," *Education Economics*, 2004, 12(2), pp. 111-134.

续表

地区	高等教育的社会收益率	高等教育的个人收益率
拉丁美洲/加勒比海地区	12.3	19.5
OECD 国家	8.5	11.6
撒哈拉以南非洲	11.3	27.8
世界平均水平	10.8	19.0

注：*表示该地区非 OECD 国家。

从支付能力来看，政府也始终充当了高等教育成本补偿的"主角"，政府对高等教育成本的补偿方式主要是财政拨款，一方面是直接对高校进行拨款，另一方面是国家财政对学生贷款的贴息。通过国际比较可以发现，大多数实行高等教育成本补偿政策的国家，政府在高等教育成本分担与补偿中一般都承担了高等教育成本的50%~60%。如美国，其公立高等学校的年总经费中，三级政府财政拨款占了55.7%，其中州政府财政拨款占41.7%，联邦政府财政拨款占10.3%，地方政府拨款占3.7%。① 我国《教育法》第五十五条明确规定："国家财政性教育经费支出占国民生产总值的比例应当随着国民经济的发展和财政收入的增长逐步提高。""全国各级财政支出总额中教育经费所占比例应当随着国民经济的发展逐步提高。"第五十六条还规定："各级人民政府教育财政拨款的增长应当高于财政经常性收入的增长，并使按在校生人数平均的教育经费逐步增长，保证教师工资和学生人均公用经费逐步增长。"这两个"逐步提高"和三个"增长"从法律层面保障了我国政府对教育投入的稳定增加。

另外，政府对教育的成本补偿能增加教育的消费。以私立学校教育为例，政府对私立高校补助后，能降低私立学校向学生收取学费的标准，个人的预算线由 AB 外移为 AB'，与无差异曲线 I 相交于 E' 点，个人对教育的需求由 OD 变成了 OD'，教育消费净增 DD'，如图 5-7 所示。当然，如果政府对教育成本补偿后，学校（无论是公立还是私立）不是降低学

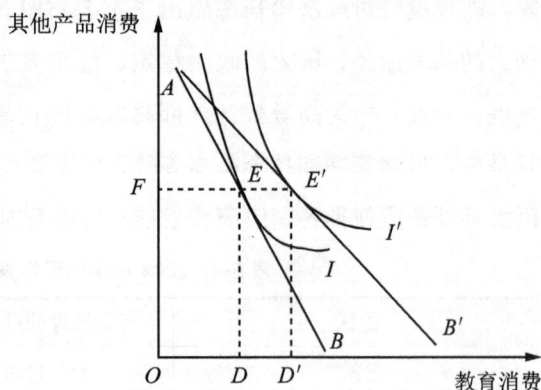

图 5-7　政府对私立学校补助后个人教育消费的变化

① 胡卫：《民办教育的发展与规范》，41~43页，北京，教育科学出版社，2000。

费，而是用来提高教师待遇或改善硬件条件等，个人的教育消费需求增量可能就不会非常明显。

3. 企业单位

用人单位作为高等教育成果的主要摘取者和教育投资的主要受益者，从利益获得原则出发，也应该参与高等教育成本的分担与补偿。用人单位对高等教育成本的补偿方式，主要是依法纳税增加国家财政收入补偿高等教育成本和按使用高校毕业生人数给高校支付一定的培养费。对经济效益好的用人单位，还可以通过设立各种助学金、专项奖学金和定向奖学金，或帮助录用的毕业生偿还其就学期间所借贷学金，或通过对教育提供各种资助和捐赠等办法和途径来进行补偿。据统计，美国20世纪初工程师和工人的比例为0.4：100；60年代上升为2：100；80年代则达到33：100。[1] 在高度现代化的生产条件下，普通教育、专业技术教育及中等教育只能培养普通劳动力从事一般的生产劳动，而现代企业需要的从事高科技复杂劳动者只能是接受过高等教育的人。

4. 高等院校

高等院校通过教育活动、附属企业及医院向社会提供服务，还将其所拥有的知识优势、科研设施作为特殊商品，与企业进行交换，使教育更好地面对经济建设主战场，促进教育改革、改变教育观念、提高人才素质，也为高校自我发展提供了充足经费。高等教育成本补偿主体是多元化的，高等院校往往很难通过以上三种补偿主体就能完全解决教育成本支出问题。高校也应该利用自身资源的优势，实行产、学、研一体化，积极开辟创收渠道，扩大社会捐助，以弥补办学成本补偿的不足。高校同企业结合，也可以给高校提供生产实践的园地，提供社会信息，提供用人岗位，而且可以锻炼高校的科研队伍，促进高校的教学和科研发展。更重要的是，高校可获得可观的经济收入，利用这些收入又可以购买先进的仪器和设备，高薪聘请著名教授，提高高校的办学水平，这就直接支持了高校教育事业的发展。因此，高校分担和补偿一部分高等教育成本也被认为是合理的。

5. 社会人士

虽然社会人士从高等教育中没有直接获得收益，但是高等教育的发展有利于国家的政治稳定、经济发展和文化繁荣等，因此社会人士从社会收益上讲，也能获得

---

[1]　张芳，陈艳利：《高等教育成本补偿机制的国际比较》，载《经济研究参考》，2004(60)。

较高的回报。而且通过对高等教育的成本补偿，可以获得很高的声望，实现他们的人生价值。因此，社会人士也间接成为高等教育成本的补偿者。

需要特别强调的是，从20世纪以来各国高等教育的发展历史看，对高等教育实施成本补偿，更多的是个体所应承担责任的象征意义上的经济补偿。从受益角度来分析，个体在接受高等教育后无论是在经济收益方面还是在社会收益方面都能获得较高的回报。各国在确定个体承担培养成本补偿额度时，总是将个人和家庭的经济承受能力作为最重要的因素。

四、国外高等教育的成本补偿模式

按照成本补偿与教学活动发生的时间关系，可以把成本补偿的实现形式归纳为三种：实时收费制、预付学费制和延迟付费制。"实时收费制"（Real-time Charging System or Tuition Paid off System）是指学生在每学期或每学年初一次性缴纳学费。这是一种无论在时间上还是空间上都较为流行的成本补偿形式。它的好处是确保了学校的经费来源，减少了成本补偿中的不确定因素，但是，不同学校对学生的收费标准不同。"预付学费制"（Tuition Pre-Paid System，PPT）是指在学生接受高等教育之前就由家长按现行价格为孩子付清全部学费或者以储蓄形式为孩子预先储备学费。这种制度的好处在于消除了学费上涨、通货膨胀等因素的负面影响，同时预先筹集的资金有利于缓解高等教育的财政危机，并形成高等教育经费的良性循环。缺点是对提前付出学费的受教育者而言风险太大，在实践上并不普遍，仍处于尝试阶段，缺乏成功的经验。"延迟付费制"（Tuition Delaying-paid System，or The Delayed Payment System）是指通过低息贷款、奖学金、贷学金等以学生未来的收入或服务形式支付现期的学费，尽可能地扩大和保证平行的入学机会，帮助学生上大学的制度，通常通过延迟付费计划来实施，主要形式有学生贷款、毕业生税、服务合同、奖学金等，主要通过贷款形式实现。从目前国外实践来看，各国都有自己的特点。

1. 美国：成本补偿模式多元化

美国成本补偿模式的最大特点在于它的形式多样性与主体多元化。从形式上讲，其采用的成本补偿模式几乎囊括了前面提到的所有已知成本补偿形式（除毕业生税以外），而且即使从一种具体补偿模式来看所采取的措施也不尽相同，如美国联邦政府提供的贷款就有五种之多。在美国，交纳学费对高等教育成本进行补偿分为预付学费制、延迟付费制及实时付费制，但为了确保学校经费来源，通常采用实时收费制。

美国的预付学费制通常通过 PPT 项目来实施，包括学费储蓄计划和州学费预付计划。学费储蓄计划又分为州储蓄、国家储蓄和商业储蓄计划等。州储蓄计划只限于州内实行，无法解决高中毕业生进入其他州的大学这个问题。国家储蓄计划使用全国通用的储蓄债券，避免了州储蓄计划的缺陷，但其回报率无法与学费的上涨同步。商业储蓄计划由大学储蓄银行进行业务操作，风险由投资者、银行和联邦存款保险公司共同分担。州学费预付计划则预先按照现行价格付清学杂费，以后无论学杂费上涨到何种水平都只按现行价格收费，既能解决高等学校的财政紧张问题，又能使居民家庭不必担心学杂费上涨得太离谱。美国的联邦家庭教育贷款方案是由教育部管理、受联邦政府资助、在美国学生资助体系中影响最大的方案，由政府部门和私营机构合作开展；担保机构则通过参与协议（Organization Participation Agreement，OPA）由联邦教育部补偿其由担保学生贷款造成的损失；放贷机构包括商业银行、储蓄和贷款机构及信用联盟（Credit Union），主要形式有学生贷款、毕业生税、服务合同、奖学金等。20 世纪 60 年代以来，联邦政府实行的众多高等教育法案，其中包括《高等教育机会法案》（The Hope and Opportunity for Postsecondary Education Act of 1997，HOPE 法案），使联邦政府拨出大量经费，以设置奖学金、贷学金等方法，直接发给学生，支持青年进入高等学校学习。1993 年，为了减少坏账风险，美国实施了《国家与社区服务信托法案》（National and Community Service Trust Act of 1993），提出以从事公共服务为大学生申请联邦贷款的条件，如果学生毕业后的收入不足以偿还贷款，可以做两年的社会服务工作（如维持社会治安、教学或为困难家庭服务）来抵偿贷款。这样，一方面使所有想上大学的青年不必顾虑日后偿还债务；另一方面也为社区提供了一支素质较高的社会工作队伍。

2. 澳大利亚：灵活的实时与延迟付费制

澳大利亚的高等教育是当今国际高等教育中一个极其重要的组成部分，它的教育成本补偿主体主要是政府。2014 年，联邦政府和州政府的财政投入（政府拨款与向学生提供的贷款）占到高等教育机构经费收入的 60.42%，如表 5-5 所示。几乎所有高等教育机构都可以获得国家的财政拨款，包含事业费拨款、研究项目费和专项投资费等。以 2005 年为例，联邦政府投入高等教育机构的总经费高达 88.06 亿澳元，如表 5-6（a）和表 5-6（b）所示。

表 5-5   2007—2014 年澳大利亚高等教育机构收入构成   单位：%

来源	2007	2008	2009	2010	2011	2012	2013	2014
澳大利亚政府拨款	41.58	44.18	43.25	43.29	43.30	44.35	42.29	41.31
学生贷款(澳政府提供)	13.78	13.98	13.95	14.28	14.15	14.9	17.06	17.67
州/当地政府财政资助	2.20	2.19	2.16	2.02	1.97	1.94	1.64	1.44
预付学费	2.69	2.60	2.53	2.49	2.36	2.35	2.28	2.08
学费与杂费	21.82	22.03	22.67	23.26	22.97	22.08	21.83	22.80
投资收益	5.23	2.78	3.98	3.76	3.76	3.72	3.71	3.89
咨询与合同收入	4.70	4.78	4.52	4.08	4.29	4.18	4.05	4.27
其他收入	8.00	7.46	6.93	6.83	7.20	6.48	7.13	6.53

注：其他收入包括专利、商标、许可证收入以及联营和(或)合资公司净收益。

数据来源：Department of Education and Training. Finance Publication 2007—2014，https://education.gov.au/finance-publication，2016-09-20。

表 5-6(a)   1983—2005 年澳大利亚联邦政府向高等教育部门的投入   单位：百万澳元

投入类型	1983	1988	1996	2000	2001	2002	2003	2004	2005
事业费拨款	3496	3878	5623	5576	5629	5706	5685	5694	5704
研究项目	89	121	440	479	474	563	690	755	829
投资项目	59	117	42	42	42	42	42	42	42
总计	3644	4116	6105	6097	6145	6311	6417	6491	6575

数据来源：Parliament of Australia, Higher Education Funding Policy—Funding Statistics, Table 2: Commonwealth Resources available to Higher Education Institutions, 1983—2005, http://www.aph.gov.au/library/intguide/SP/HEfunding.htm, 2007-02-13。

表 5-6(b)   2006—2013 年澳大利亚联邦政府向高等教育部门的投入   单位：百万澳元

拨款项目	2006	2007	2008	2009	2010	2011	2012	2013
联邦拨款计划	3249	3496	3792	4104	4847	5046	5837	6108
其他拨款	1690	1746	767	713	568	1868	2044	2086
联邦奖学金拨款	180	210	122	138	67	297	301	246
其他基金	175	719	110	821	395	742	553	366
其他	10	8	—	—	—	—	—	—
总计	5304	6179	4791	5776	5877	7953	8735	8806

数据来源：Department of Education and Training, Higher Education Report 2006—2013, https://education.gov.au/higher-education-report，2016-09-20。

1988年澳大利亚颁布《高等教育拨款法案》（Higher Education Funding Act 1988），1989年澳大利亚开始实行《高等教育贡献计划》（The Higher Education Contribution Scheme，HECS），学生按学科和学习负荷缴纳相当于成本20％的学费。这种制度是修改后的实时付费制与延迟付费制的学生贷款的结合，体现了高度的灵活性，受到学术界的好评。其缴费方式有三种：一次性缴纳HECS规定所应承担的教育成本，给予25％的折扣；先缴纳500澳元或以上的教育成本，其余的延期支付，所缴纳的部分给予25％的折扣；全部所应承担的教育成本延期支付，无折扣。2003年澳大利亚议会通过的《2003年高等教育支持法》规定，从2005年开始全面取代1988年《高等教育拨款法案》，提出了联邦拨款计划（Commonwealth Grant Scheme）、其他拨款（Other Grants）和联邦奖学金拨款（Grants for Commonwealth Scholarships）三种拨款形式。另外，澳大利亚还采取了以下几种成本补偿措施。

（1）学费专业差异。尽管澳大利亚联邦政府会补助部分高等教育费用，但是学生依然需要缴纳部分学费。具体付费标准按照学生专业的不同分为三档，政府规定各档学费区间，高校收费不能超过该学科所在学费档位的最大值，如表5-7所示。

表5-7 2016年澳大利亚学费分类

收费档位	学科专业领域	收费标准（澳元）
第一档	人文科学、行为科学、社会研究、教育学、临床心理学、外国语、视觉与表演艺术、护理学	0～6256
第二档	计算科学、建成环境学、其他医学、专职医学、工程专业、调查、农业、数学、统计学、自然科学	0～8917
第三档	法律、牙医、医学、兽医、会计、行政管理、经济学、贸易	0～10440

数据来源：Student Contribution Amounts—Study Assist, http://studyassist. gov. au/sites/studyassist/helppayingmyfees/csps/pages/student-contribution-amounts, 2016-09-22。

（2）学费折扣。学生在开学时，如果一次性缴纳学费，将享受折扣。1989年实施的HECS计划，在学生选择一次性缴纳所应负担的高等教育成本后，给予15％的折扣，后来联邦政府为鼓励更多的学生选择一次性付费方式，将折扣增加到25％。

（3）收入挂钩的贷款偿还比例。HECS计划在1989年实施时每年的偿还比例是债务人工资收入的2％；1994年改为按工资高低将偿还比例分成四个等级，从2％到5％；90年代后期偿还比例分为七个等级，从3％到6％；2015年的偿还比例分为从4％到8％九个等级。偿还比例的提高有利于缩短还贷期限，使政府尽早地收回贷款。

而偿还比例等级的增加自然是为了体现公平的原则，如表 5-8 所示。

表 5-8　不同年份与收入挂钩的贷款偿还比例

2015—2016 年收入门槛(澳元)	2016—2017 年收入门槛(澳元)	年还款占收入的比例(%)
低于 54126	低于 54869	无
54126～60292	54869～61119	4.0
60293～66456	61120～67368	4.5
66457～69949	67369～70908	5.0
69950～75190	70909～76222	5.5
75191～81432	76223～82550	6.0
81433～85718	82551～86894	6.5
85719～94331	86895～95626	7.0
94332～100519	95627～101899	7.5
100520 以上	101900 以上	8.0

数据来源：Loan Repayment—Study Assist, http://studyassist. gov. au/sites/studyassist/payingbackmyloan/loan-repayment/pages/loan-repayment，2016-09-22。

3. 日本：成本补偿辅助制度完善

在日本，高等教育收费与成本补偿有以下两大特点：一是私立学费差距悬殊，家庭负担比例大。日本国、公立大学与私立大学的一个根本区别是，国立、公立大学的日常经费主要来自中央、地方政府，私立大学的日常经费主要由学生的学费来解决。根据日本文部省的调查结果，日本国立大学的学费包括听课费、入学注册费和鉴定费三项。所有国立大学不分地区、学科专业实行相同的收费标准。私立大学的学费除包括与国立大学相同的以上三项费用外，还有设施、设备使用费，所以私立大学学费远远高于国立大学。随着日本国民人均收入水平的提高，国立、私立大学之间悬殊的学费差距引起了人们的关注。日本教育的一个重要问题是家庭负担的教育费过重。从 20 世纪 60 年代起，日本就采取了"保持国、公立大学和高中的学费稳定，扩大公共教育费支出，减少以义务教育为中心的各级公立学校教育费家庭负担"的政策。公共财政负担占总教育费的 66% 左右，私费负担约占 34%。[1] 日本国立大学法人化改革第一个"六年中期计划(2004—2009 年)"期间，其第一大财源——来自政府公共财政的运营费交付金逐年减少，而设施费补助金、大学自有资金及竞争

---

[1]　张芳，陈艳利：《高等教育成本补偿机制的国际比较》，载《经济研究参考》，2004(6)。

性资金三项收入都不同程度地增加。① 从总的趋势看，尽管日本政府采取积极鼓励私人办学和国家补助的政策，为振兴私立学校、减轻学生家庭负担采取了一些措施，公共财政负担的比率有逐年上升的势头，但实际上学生家长对教育费的负担仍然较重，每个家庭都将工资的相当大的一部分用在子女教育上，这对工薪阶层来说是一个相当大的负担。二是学生贷款及成本补偿相关辅助制度完善。从成本补偿形式来看，日本一般只采用延迟付费制中的学生贷款方式。具体实施方法有日本育英会奖学金制度。此奖学金实际上是一种贷学金，贷款形式以商业抵押贷款为主，需要学生毕业后定期定额偿还，具体分为无息、有息两种。该奖学金由国家财政补贴，还款期限长达 20 年。为了减轻学费对学生及其家庭带来的压力，日本政府还采用学费减免制度。学费减免制度只针对国立大学学生，私立大学学生无权享受此待遇。除以上两种配套政策以外，日本的勤工俭学制度也相当完善，大学生收入的 1/5 是本人的打工收入。

除了日本，韩国、菲律宾、巴西、中国台湾地区也采用了这种模式。从成本补偿形式来看，这些国家和地区一般只采用延迟付费制中的学生贷款方式，学生贷款通常由准官方机构负责发放与管理。

五、高等教育费用持续增长的理论诠释

OECD 的研究报告《2014 年教育概览》（Education at Glance 2014）显示，1995—2011 年 OECD 成员国的高等教育支出占 GDP 的份额平均为 1.5%（其中加拿大、智利、韩国和美国超过 2.4%）；成员国的大学生人均年度教育支出为 9262 美元，美国以超过 19000 美元居世界第一位，其次是瑞典、丹麦、瑞士等国；除澳大利亚、巴西、捷克、匈牙利、以色列和瑞士等少数几个国家外，大多数成员国的大学生人均教育支出都呈上升趋势（5%～10%）。美国是世界上高等教育最为发达的国家之一，拥有一套较为完善的高等教育成本分担与补偿体系，其教育费用为何会持续增长？维达（Vedder，2004）曾对美国的高等教育财政状况提出过批评，他认为"美国高校学费增长速率已经远远超过通货膨胀率，但高等教育的生产力却没有大幅度提高"。金布尔（Kimball，2014）指出，虽然美国政府已经开始着手处理高等教育成本及学费的上涨问题，但很少有人能够真正理解和懂得如何控制这种持续增长现象。事实上，时至今日，经济学家对到底使用何种经济学模型和理论正确认识和解释高等教育费

---

① 刘牧：《法人化改革后日本国立大学财源的变化及影响》，载《中国高教研究》，2013(2)。

用持续增长现象还争论不休,本节对用于解释这一现象的一些理论进行讨论。[①]

1. 班尼特假设:政府对高校学生的补助导致高校学费的增加

一些美国研究者发现,政府对高等教育的财政支持措施是导致高校学费增长的主要原因,而这正是"班尼特假设"(Bennett Hypothesis)的核心内容。班尼特假设的由来是美国原教育部部长班尼特(Bennett,W. J.)1987 年在美国《纽约时报》上发表的那篇著名社论《我们贪婪的院校》(Our Greedy Colleges),之后在学术界引起了激烈且持久的争论,现在被简称为"班尼特假设"。在这篇社论中,班尼特宣称,"如果说近年来财政援助的增加能使高校轻率地提高其学费的话,相信联邦贷款补贴将更加促进学费的增长"。按照班尼特的说法,虽然从 1978 年开始政府就对高校提供补助金(Subsidies),这大大增加了高校的学生数量,但自 1980 年之后,高校学费增长的速度甚至超过了通货膨胀率的增长。此后,"财政资助的增加会使学费增加"就成了班尼特假说的代名词,这就招致了激烈的争论。不少学者认为这个观点是荒谬的,因为大部分学校是公立或非营利性的,他们怎么可能贪婪地追求"利润"呢?但也有人认为,这个观点准确地描述了现实。

近年来,一些研究者对班尼特假设的有效性进行了检验,使其再度引起学界关注。例如,2012 年吉仑(Gillen)用经济学方法验证了班尼特假设的有效性。吉仑的检验表明,班尼特假设是具有有效性和说服力的。但没有充分的证据证明,政府对高校每增加 1 美元的经济补助,势必会导致高校增加 1 美元的收费。吉仑的研究结论是,政府每增加 1 美元的经济补助,导致高校学费的增长区间是 0~1 美元。2013 年贝赞可(Besanko)研究指出,所谓班尼特假设就是"政府增加对学生的资助(如佩尔助学金)具有违反人们直觉的提高学费的效应",这是一个严肃的观点,有关验证也多是从经济学理论上分析的,具有混合性,应当谨慎。

2. 鲍莫尔效应:造成高等教育费用持续增加的原因是"成本病"

一些研究者认为,高等教育行业具有"成本病",这正是高等教育费用持续增加的原因。高等教育的"成本病理论"(Cost Disease Theory)源自鲍莫尔成本病理论(Baumol's Cost Disease Theory),也称"鲍莫尔效应"(Baumol's Effect),最初是由鲍莫尔(William J. Baumol)和鲍文(William G. Bowen)于 20 世纪 60 年代提出的。经过长期的检验,被认为在高等教育行业中客观存在。按照成本病理论,对于一些行

---

① 刘路、刘志民等:《高等教育费用持续增长的理论诠释》,载《教育科学》,2015(5)。

业(如生产制造业)来说,劳动力不是决定生产力的关键因素。例如,某工厂可以通过使用效率更高的机器来代替劳动者生产出更多、更好的产品。所以,当员工要求增加工资时,只能增加这种类型行业的成本,并不能真正提高生产力。然而,对于劳动密集型产业(如教育和表演艺术行业)来讲,劳动力水平的高低是影响生产力大小的关键因素,而且这种行业不能轻易通过替换劳动力的方式来提高生产力。以大学为例,若某一个学校拥有一批较高素质的师资队伍,将会导致该学校相对具有较高的竞争优势。除了人才会影响学校"生产力"外,其他因素的影响力都很有限。因此,为了保持这种竞争优势,高校需要满足像教授这类技能型人才不断增长的工资需求,否则就有被其他学校"挖走"的可能。1995 年,鲍莫尔与布莱克曼(S. B. Blackman)明确提出,高等教育成本病是导致高校成本不断上涨和学生支付给学校学费越来越多的主要原因。高等教育成本病理论提出后,高教界普遍认为该理论对高等教育发展具有深远影响,并且也普遍接受了教育费用上涨的速度确实要比消费价格指数上涨速度快的现实。2012 年,成本病理论的另一位提出者鲍文对高等教育成本病做了进一步的诠释。他指出,成本病具有普遍性,因为它存在于所有行业,但在劳动密集型产业(如表演艺术和教育行业)表现得尤为突出。对于这些行业来说,通过替代劳动力的方法来提高自身的生产力会比较难。在市场的影响下,经过一段时间后,所有具有相对较高资历的员工就会要求他们所在的行业增加他们的工资至一个与其他行业工资增长速度相同的水平。鲍文同时也承认,尽管成本病现象的产生给高校本身带来了教育费用增长的压力,但是并不是导致教育成本增加的唯一因素,其他导致高校面临费用上升压力的因素还包括:效率低下(如一些学校仍然使用过时的或者已无法满足高校需要的组织结构)、利益的驱动(高校始终将自身发展利益放在首位,一些相对财政状况较好的高校会花重金聘请具有较高名望的学者来校任教就会使这些学校增加学费以获得更多的收入)、学生毕业时间延长而占据教育资源引起的资源供给不足、学费增长速度远远超过生均成本、贷款问题等。庄蓓拉(Trombella,2010)也持类似看法,认为高等教育的成本病理论就是指高等教育平均成本的增长速度相对其他行业快得多,因为高等教育不像其他行业那样可以通过使用替代劳动力的方法来提高自身的生产力(教育质量)。但是,也有学者对高等教育成本病理论提出了质疑。例如,马西(Massy,1996)认为,教师生产率的大小实际上与生师比有很大关系,因为教师的人工成本占高校总预算的 50%～70%。

3. 鲍文法则:无形的竞争导致高等教育费用和收费的持续增加

近年来,关于高等教育成本和学费持续增长原因的一种得到广泛认可的解释是高校之间产生的无形竞争，这种无形竞争导致高等教育费用和收费持续增加的显现被称作"鲍文法则"（Bowen's Law）。鲍文法则也称"收益成本理论"（Revenue Theory of Costs），最初是由美国经济学家鲍文（H. R. Bowen）于1980年提出的，该理论用于解释高校费用为什么会持续增长。鲍文指出，高等教育机构的主要目标在于追求卓越的教育质量和良好的声誉与社会影响。然而，实现这些目标需要高校支出大量的费用，例如保持较低的生师比，支付教职员工较高的工资，给学生提供先进的教学设施与设备等。克洛特费尔特（Clotfelter，1996）认为，由于高等教育机构是非营利性机构，高校获取收入的手段比较单一，这就使得高校只能通过尽可能地增加对学生的收费以增加收入，再将收入全部用于自身发展，最终导致高校产生支出不断增加的"累积效应"（Accumulative Effect）。美国学界普遍认为，鲍文法则是具有说服力的。为了追求卓越的教育水平，高校间会出现无形的竞争，而这种竞争直接导致高校费用持续增加。鲍文强调，如果教育成本的持续增长不能够引起高校足够重视并采取相应措施减缓增长趋势的话，那么整个国家的高等教育系统将会失去民众的支持并产生严重的问题。

第六章　教育成本与收益

从教育经济学的角度来看，教育具有消费与投资的二重性，教育既是一种消费性活动，也是一种生产性活动，教育部门也被看作一个生产性部门。教育成本常常被看成教育投入的一个主要部分，对教育成本与收益进行探讨和比较，能够为国家、家庭和个人的教育决策提供依据。但是，仅用经典的经济学理论对教育成本与收益进行分析尚有缺陷，由此引发了教育经济学研究者对教育成本与收益分析方法的专门探索与改进。本章将对教育成本与收益概念、类别和计量方法予以系统分析，并以新的视角分析教育投资风险，力图较为全面地剖析教育成本与收益及其在各层面教育决策中的作用和意义。

第一节　教育成本

//////////////////////

一、教育成本的含义

与产品成本概念的形成与发展一样，人们对教育成本的认识也有一个发展过程，且研究的角度不同，所采用的教育成本内涵也不相同。最早提出"教育成本"（Costs of Education）概念的是英国经济学家约翰·维泽。1958 年维泽出版了《教育成本》[1]一书，尽管他没有给出教育成本的确切定义，但从书中的表达可以看出，他是将教育经费视同教育成本的。1963 年，舒尔茨在其《教育的经济价值》[2]一书中提出"教育全部要素成本"（Total Factor Costs of Education）概念，认为教育的全部要素成本可分为两部分：一是提供教育服务的成本，二是学生上学时间的机会成本。第一部

---

[1] Vaizey, J. *The Costs of Education*. London：Allen and Unwin, 1958.

[2] Schultz, T. W. *The Economic Value of Education*. New York：The Columbia University Press，1963.

分成本包括教师、图书馆工作人员、学校管理人员的服务成本，维持学校运行耗费的要素成本，以及房屋、土地等的折旧、陈废及利息成本，但不包括与教育服务无关的附属活动的成本，如学生食堂、住宿、运动队活动等成本，也不包括向学生提供的奖学金、补助等转移支付性质的支出。第二部分成本为学生因上学而放弃的收入。他明确指出，教育成本与教育经费是两个不同的概念，教育经费是一个统计概念，它包含了一些不属于教育成本的东西，而同时又缺少一些重要的教育成本项目。

科恩(Cohn，1979)认为，教育成本可分为两大类：教育直接成本和教育间接成本。直接成本主要是学校提供教育服务的成本，但也有一部分是学生因上学而发生的支出，如额外(与不上学相比)的食宿费、服装费、往返于家庭与学校之间的交通费，以及书费、运动器械等学校用品费用；间接成本主要包含学生上学放弃的收入、学校享受的税款减免、用于教育的建筑物、土地等资产损失的收入(利息或租金)等。这种观点得到大部分教育经济学者的认同，如盖浙生(1982)、阎达五与王耕(1989)、靳希斌(2001)等，只不过在直接成本和间接成本的称谓和内容上略有差异而已。

也有学者从其他角度定义教育成本，如曾满超和莱文(Tsang & Levin，1985)认为，从经济分析的角度来看，教育投入成本最合适的定义是机会成本，它可以通过在其他最佳使用状态下的价值来衡量。因此，教育的实际成本不仅包括公共教育经费，也包括私人成本。王善迈(1996)认为，教育成本是用于培养学生所耗费的教育资源的价值，或者说是以货币形态表现的，为培养学生由社会和受教育者个人或家庭直接或间接支付的全部费用。投入教育的各种资源，如果不是为了培养学生，而是用于其他目的则不能构成教育成本。还有人将教育成本看作教育部门为了培养人才所耗费资源的尺度。林荣日(2008)认为，教育成本应该分成广义教育成本和狭义教育成本。前者是指从国家或者社会的角度来看，培养一名学生所耗费的来自国家、社会、学校和学生个人的年度资源总和(这里包括机会成本、固定资产折旧成本和潜在租金总损失等)；后者是指从学校角度看，学校为培养一名学生所花费的资源总和(不包括机会成本)，因而又被称为学校教育成本或者学校教育培养成本。

总之，教育成本应从支出的角度来定义，它不同于教育经费，因为教育经费更多的是从投入的角度来定义的。教育成本的本质是为使受教育者接受教育服务而耗费的资源价值，它既可以表现为教育资源的购买价格，也可以表现为因资源用于教育所造成的价值损失或因为教育而得到的支出的节省。前者称为"实际成本"(Actual

Cost)或"货币成本"(Monetary Cost)，后者称为机会成本或间接成本。

二、教育成本的分类

按照教育成本的支出主体、目的、性质和计量单位不同，可以将其分为若干类别。

1. 教育直接成本和间接成本

"教育直接成本"(Direct Cost of Education)又称"教育现时成本"(Current Cost of Education)，是指社会和个人为教育而直接支付的费用总和，它分为教育社会直接成本和教育个人直接成本。教育社会直接成本包括政府直接拨出的教育经费，包括用于教育设施建设与购置的费用、教师的工资、图书资料及社会的资助、捐赠等费用；教育个人直接成本即受教育者个人负担的学习费用，具体应包括学杂费、书籍文具费、交通费及其他一些费用，但不应包括全部的住宿和伙食等费用，因为即使个人不上大学或不在学校登记注册也会发生这些费用。但直接成本中应当包括那些任何超出不上大学的生活费用。

教育间接成本是指除直接成本以外个人和社会在教育上投入的所有费用之和，也称"教育机会成本"(Opportunity Cost of Education)或"教育择一成本"(Alternative Costs of Education)，它反映了资源稀缺的现实，由教育社会间接成本和教育个人间接成本两部分构成。教育社会间接成本包括国家对教育产业的税收减免、银行对教育贷款的利息优惠、学生已满劳动年龄因入学而不去就业，由此造成的社会可能获得的税收、教育机构土地和建筑物的潜在租金以及固定资产的折旧费等；教育个人间接成本是指学生已满法定劳动年龄因接受教育而放弃的就业收入或可能节省的个人、家庭的开支。

显然，我们无法精确地测量一个人的教育间接成本，但可以运用一些方法概略地估计出来。例如，学校占有的土地和建筑物等资源，如果用于其他用途或租借出去，也必然产生收入，这种放弃的租金收入就可被视为其机会成本。一个中学毕业生面临两种选择，要么继续上学，要么就业。如果选择上学，那么他(她)就会由此放弃选择就业可能得到的收入；如果选择就业而且如愿以偿，就会得到一笔收入；即使没有岗位可以供其正式就业，他(她)也可以帮助家庭劳动，从而增加家庭收入或减少家庭雇用别人的支出。他(她)不去上学而去就业所得的收入或从事家务劳动为家庭增加的收入或减少家庭雇用别人的支出，就是其教育个人间接成本。

2. 教育社会成本、个人成本和部门成本

"教育社会成本"(Social Cost of Education)又称"教育公共成本"(Public Cost of

Education)，指国家和社会培养每名学生支付的全部费用，包括社会直接成本和社会间接成本。教育的社会直接成本是指政府通过财政支付的教育费用、各社会团体和个人对教育的捐款和捐赠以及学校办企业、进行有偿社会服务自筹收入等。教育的社会间接成本是社会用于教育的土地、建筑物、设备等固定资产而未用于其他方面可能放弃的租金、固定资产的折旧费和税收，达到法定劳动年龄的学生因受教育而未就业可能放弃的税收、国家对教育产业的税收减免、银行对教育贷款的利息优惠等。

"教育个人成本"(Personal Cost of Education)指受教育者个人(或其家庭)所承担的教育成本，包括教育的个人直接成本和教育的个人间接成本。教育的个人直接成本是学生本人、家庭、亲友为学生受教育直接支付的学费、杂费、书籍文具费、文体费、生活差距费等；教育的个人间接成本是达到法定劳动年龄的学生因受教育而未能就业可能放弃的就业收入等。

"教育部门成本"(Sector Cost of Education)指某一地区、某一部门或某一具体教育单位的教育成本，包括教育部门的直接成本和教育部门的间接成本。教育部门的直接成本是某部门因为教育活动而直接发生的人力和物力的损耗；教育部门的间接成本是指某部门由于教育活动而放弃的可能的收入。

3. 教育总成本、固定成本和可变成本

"教育总成本"(Total Cost for Education)是指在一定教育领域和一定时期消耗在教育上的一切资源的总和。它可以是某一国家或地区的教育成本总额，也可以是某一所学校(或其他教育机构)的教育成本总额。一所学校的教育总成本，包括上述社会成本和一部分个人成本，因为有一部分个人成本，如学生的书本等学习用品费、往返学校的交通费等并不交给学校而直接消费，它不包含在学校的总成本之中，却构成了个人教育成本的一部分。

"教育固定成本"(Fixed Cost of Education)是指在一定时间和一定学生数量的范围内，其费用发生总额不随学生数量的增减而变化、保持相对稳定的费用，如校舍、实验设备的折旧费等。

"教育可变成本"(Variable Cost of Education)指在一定时间内，其费用发生额随学生数量增减而变化，而单位学生分摊的这类费用却是相对固定不变的成本，如管理人员和被纳入正式编制的教师的奖金、超工作量报酬等。

4. 教育平均成本和边际成本

"教育平均成本"(Average Cost of Education)也可称为"教育的单位成本"(Unit

Cost of Education），是指在一定时期（如一年）内教育的总成本除以在此期间该考察单位接受教育的人员数量，即：教育平均成本＝教育总成本/考察期内考察单位接受教育的人数。以学校为例，一般情况下，教育总成本随着学校规模的扩展而增长，而平均成本不会明显提高或降低。"教育边际成本"（Marginal Cost of Education）亦称"教育增量成本"（Incremental Cost of Education），是指由学生增量所导致的成本增量，它是根据增加一个学生导致总成本的增加量来估算的。

平均成本和边际成本之间的关系在不同学校之间是有变化的，变化的程度取决于成本与学校规模之间的关系。当在校学生数量增加时，总成本必然增加，但是，平均成本和边际成本依学生数的变化可能增加，可能减少，也可能保持不变。平均成本和边际成本在不同情况下之所以不同，是因为学校的某些成本是固定的，而另一些成本则随学校规模变化而变化。平均成本和边际成本的变化方式取决于固定成本与可变成本之间的比例、所有资源是否得到充分利用、是否有多余的能力，即不增加固定成本也可以增加学生的数量。在校生增加时所引起的成本增加，取决于所增加的学生的数量。增加一名学生，也许测量不出成本增量，但增加到一定量时（如50名或100名学生），所导致的边际节约可能是相当明显的。

5. 教育的货币成本和非货币成本

"教育的货币成本"（Monetary Cost of Education），是指在教育活动中可以用货币衡量的资源消耗，如政府和社会对教育的财政投入、教职工的工资和奖金、学生的学杂费等。它包括教育直接货币成本和教育间接货币成本。教育直接货币成本是指直接以货币或其他实物形式对教育的投入，如国家的教育拨款、社会的资金、土地、图书捐助等。教育间接货币成本是指那些不以货币或其他实物形式投入教育活动中，但可以通过一定方式折算成货币进行测量的教育成本，如学校和个人的机会成本等。

"教育的非货币成本"（Non-monetary Cost of Education）是指在教育活动中发挥作用但无法用货币或实物形式进行衡量的教育投入，主要包括学生个人在接受教育过程中努力的学习态度、承受的紧张和焦虑等心理压力。

6. 教育潜在风险成本

"教育潜在风险成本"（Initial Risk Cost of Education），是指由于劳动力市场、教育机构与受教育者三方的信息不对称，或由于教育的种类没有充分说明与劳动力市场相关的劳动力种类，而导致受教育者完成学业后所面临的就业形势与预期的差异。

这种差异越大，说明这种潜在的风险成本也越大。风险提高，投资额就会减少，个人和家庭的教育投入作为一种投资行为也不例外。当教育投资与其他投资相比，风险较小且有较高的回报时，教育投资会长盛不衰；当教育投资得不到回报或回报率较低时，人们对教育的投资热情就会下降，从而减少在教育上的投入。另外，假如教育投资的回报期过长，会在无形之中增加受教育者的机会成本，这也会影响教育投资的积极性。

7. 教育成本的其他分类

如何更科学、更规范地对教育成本进行分类，迄今为止，仍然是个尚未解决的难题。我国许多研究者根据自己的分析，对教育成本给出了相应的分类框架。如曾满超(1988)提出了教育成本负担分类法，他将教育经常性成本按成本项目和功能排列，构成一个教育成本矩阵；韩宗礼、高建民(1990)提出了按教育成本分担主体分类法，该分类方法与教育成本负担分类法没有太大的区别，他们只是提出了具体到小学生教育成本的分类，比较适合小学使用；王玉崑(1991)提出了按教育成本实际支出分类法，他以教育成本是否实际支出为标志进行成本分类；袁连生(2000)在综合上述各种分类方法的基础上，在他的《教育成本计量探讨》一文中提出按教育成本本质、构成及功能分类法。

虽然理论界对教育成本的界定基本达成了共识，但教育承担了多重社会职能，又深受政治、经济、文化多重因素影响，因此对于教育成本的分类，不同学者基于的视角不同，其结果自然不同。以上四种分类方法，各有优缺点，且受其适用范围所限。在实践中，对教育成本进行分类应注意以下几个问题：一是应把教育经费来源渠道与教育成本项目区分开。教育经费来源渠道不等于教育成本项目，不能完全以教育经费来源渠道来分类。二是应先区分教育经费等投入在教育活动中所起的不同作用，然后再进行合理归类。比如学校的离退休人员经费就不能简单地全部计入教育成本，因为这些经费并未全部在当期的教育活动中起作用，而在职教职工工资中未包含的养老费，则应计入本期教育成本；科研投入应根据其对教育活动所起的不同作用区别对待，既不能把全部科研投入归为教育成本，也不能将科研投入完全排除在教育成本之外；后勤服务投入的归类也应根据其不同的服务对象、服务主体进行区分。三是学生所获得的奖学金、助学金是否应归入教育成本，要根据奖学金、助学金的来源渠道和教育成本的核算主体确定。如果来自政府拨款或社会捐助，从社会角度讲，应视作教育收入的转移支付，不能重复计入教育成本；从学生个人角度讲，则应视作对其学习努力程度的货币补偿，应作为个人机会成本的表现形式计入教育成本。如果奖学金和助学金是通过债权、债务账户核算的，则不应算作教育成本。

三、教育成本的计量

1. 教育社会成本的计量

(1)社会直接成本的计量。有不少研究者对教育的社会平均直接成本计量方法进行了探讨，下面做一选介。

①韩宗礼(1988)设计的应用于高等教育研究的社会直接成本计算方法公式如下：

每名毕业生社会直接成本=(学制期各年各项费用总和÷学制期各年平均在校生数总和)×学制期，即 F_i 为学制期内各年度的学校费用，$\overline{X_i}$ 为学制期内各年的平均在校学生数，T 为学制期年数(例如，本科生学制期为 4 年，则 $T=4$)，i 表示项目数。

$$m = \frac{\sum_{i=1}^{T} F_i}{\sum_{i=1}^{T} \overline{X_i}} \times T \qquad (6\text{-}1)$$

其中，F_i 包括下列各项费用：

一是折旧资金(A)，包括：各种建设设备折旧资金(A_1)、各种固定资金折旧资金(A_2)、各种大修资金(A_3)。其中，固定资产折旧资金包括教学设备折旧资金、科研设备折旧资金、图书设备折旧资金、一般公用设备折旧资金，其公式为：

$$A = A_1 + A_2 + A_3 \qquad (6\text{-}2)$$

二是流动资金(B)，包括：各项公务费(B_1)、各项业务费(B_2)、教学科研费(B_3)、助学金(B_4)、奖学金(B_5)、其他费用(B_6)，其公式为：

$$B = B_1 + B_2 + B_3 + B_4 + B_5 + B_6 \qquad (6\text{-}3)$$

三是工资资金(C)，包括：校本部人员工资(C_1)、各种补助工资(C_2)、职工福利费(C_3)、外籍专家工资(C_4)等，其公式为：

$$C = C_1 + C_2 + C_3 + C_4 \qquad (6\text{-}4)$$

四是学校预算外收益资金(D)，包括：校办工厂和农场收益(D_1)、科研收益(D_2)、技术开发和社会服务收益(D_3)、专利(D_4)、举办各种培训班收益(D_5)等。计算培训班收益时，应注意只计算用于举办培训人才有关的收益费用，教学、科研及校本部人员福利性质的培训费用(P_1)不应计算在内。另外，存入银行的学校基金

部分(P_2)也应不计算在内,其公式为:

$$D=D_1+D_2+D_3+D_4+D_5-P_1-P_2 \tag{6-5}$$

五是国际援助及社会团体、个人集资捐资的资金(E),包括:国际组织资助(E_1)、世界银行贷款(E_2)、华侨及社会人士捐资(E_3)、社会厂矿企事业单位集资(E_4)等,其公式为:

$$E=E_1+E_2+E_3+E_4 \tag{6-6}$$

另外,我国国家拨给各级各类学校教育事业费中,还包括一些与学校教育、科研活动无关的费用(G),在具体计算时要剔除不计。如非校本部人员的工资和各项开支(G_1)、离退休人员的工资和各项开支(G_2)、来我国实习和留学人员的各项开支(G_3)、学校举办的函授和夜大等业余教育费(G_4)、遗属补助费(G_5)等,其计算公式为:

$$G=G_1+G_2+G_3+G_4+G_5 \tag{6-7}$$

根据以上各项内容调整公式为:

$$F=A+B+C+D+E-G \tag{6-8}$$

式(6-1)中 $\bar{X}$ 的计算公式为:

$$\bar{X}=\frac{年初在校生数\times8+年末在校生数\times4}{12} \tag{6-9}$$

如果学校里同时有本科生、研究生、进修生以及函授生等,可按当量本科生计算。假定设本科生为1,硕士生为2,博士生为3,在读研究生和进修生为1.5。以平均在校生数为加权平均数。

②王善迈(2000)提出的社会平均直接成本计算方法的公式如下:

$$每名在校生的社会直接成本=\frac{学年度各项费用支出总和-无关费用}{学年度在校生数} \tag{6-10}$$

上述计算公式中的各项费用中,比较难处理的是固定资产费用。由于学校建筑物、限额以上的教学科研设备和公用设备(如给排水、供暖、供电、通信、交通等),都是通过基本建设投资形成的,其物质形态在较长时间内发挥作用,在成本核算中只能计算折旧。但是,由于教育部门是非营利性机构,政府从未规定过学校各类固定资产的折旧率和使用年限,目前只能参照企业同类固定资产的折旧率进行计算。舒尔茨在估算教育成本时,假定学校所使用的土地无折旧,初等和中等学校的建筑物和设备的折旧率分别为3%和10%,高等学校的建筑物和设备的折旧率分别为2%和10%,这种折旧率也可以供我们参考。

③苏联学者科斯塔年(Костанян，1983)提出的社会平均直接成本计算方法的公式如下：

$$M=\frac{(A+B+C+P)\times T}{N} \tag{6-11}$$

式中，M 为国家花费在一个学生身上的全部费用；A 为每年的折旧基金；B 为每年的流动基金；C 为每年的工资基金；P 为学校每年的经济收益；T 为学生在校的学习年数；N 为每年的学生平均数。

④林荣日(2008)提出社会直接教育成本是指与学校教育有关的年度经常性费用和固定资产折旧费用的总和，再分摊到每位学生身上的成本，即指学校每位学生在某学年内占有的社会直接教育费。计算公式如下：

$$S=(P-R)/N \tag{6-12}$$

式中，S 代表某学年社会直接教育成本；P 为该学年度教育经费总支出；R 为该学年与教学无关的所有费用总和；N 代表该学年度的所有在校生的总数(可为折合人数)。

(2)社会间接成本的计量。根据前文的定义，教育的社会间接成本主要包括三项内容：一是教育机构土地和建筑物的潜在租金以及固定资产的折旧费，可以参照市场上同类物品的租金和企业折旧进行计算；二是学生已满劳动年龄因入学而不去就业，由此造成的社会可能获得的税收，可以按同龄就业者创造的财富的平均税收水平计算；三是国家对教育产业的税收减免、银行对教育贷款的利息优惠等，可根据实际减免、优惠的税款进行计算。但是，由于市场的波动性、土地和建筑物等固定资产的多用途性等不确定因素过多，对教育的社会间接成本的计量比较困难，现实中还没有成熟的方法，只能粗略估算。

2. 教育个人成本的计量

(1)个人直接成本的计量。林荣日(2008)提出的个人直接成本计量方法的公式如下：

$$S_i=\sum_{n=1}^{m}R_{in}-\sum_{j=1}^{k}r_{ij} \tag{6-13}$$

式中，S_i 为第 i 级教育层次的个人直接成本；R_{in} 为第 i 级教育层次个人和家庭用于教育的各项直接费用，n 代表费用种类，主要包括学杂费、书本费、纸本费、交通费、因上学而额外多支付的吃、穿、住及文娱体育费等；r_{ij} 为第 i 级教育层次学生个人获得的奖、助学金及其他从学校方面得到的收入等。

但是，考虑到奖学金在一定程度上可以被看作对学生主观学习努力程度的货币化衡量方式，加上现在助学贷款的普遍实行，本书认为可以把个人直接成本的计量公式修改为下式：

$$S_i = \sum_{n=1}^{m} R_{in} - c_i - h_i + T_i k \tag{6-14}$$

式中，c_i 为第 i 级教育层次个人获得的奖学金；h_i 为个人从学校或社会得到的助学金和勤工俭学收入；T_i 为贷款金额；k 为利息率，若学生没有申请贷款，则 k 可取值为零。

(2)个人间接成本的计量。个人间接成本即个人接受教育所付出的机会成本，它反映了教育资源稀缺的现实，但不同时期、不同地区的教育资源稀缺程度是不一样的，因此，对个人间接成本的计量也存在不同的方法。

①美国学者舒尔茨(Schutlz，1981)提出的个人间接成本计算方法。舒尔茨首先做了如下三个假定：其一，假定14岁以下的学生不存在因为上学而放弃收入的问题，所以他只把14岁以上的学生计算在内；其二，假定这些学生全部进入劳动力市场，并全部进入工业部门；其三，不存在因14岁以下的学生全部进入劳动力市场而引起工资水平下降的问题。计算分为三步进行。

第一步，以某一年(如1949年)为基期。他把学生(不论男女)分为中学生和大学生两级，将他们就业时可能得到的全部收入与工业普通职工的收入进行比较，即记为：

$$M = \frac{学生就业全部收入}{工业中一个职工平均周工资} \tag{6-15}$$

根据计算，一个中学生如果就业，一年的平均收入相当于一个工业工人11周的平均收入，即 $M=11$；一个大学生如果就业，一年的平均收入相当于一个工业工人25周的平均收入，即 $M=25$。采用这个比例，在调整失业率之后，就可推算其他年份的数值。

第二步，职工平均周工资乘11，等于该年中学生平均每人放弃的收入；职工平均周工资乘25，等于该年大学生平均每人放弃的收入，即：

$$该年一个学生上学平均放弃的收入 = M \times 工业中平均周工资 \tag{6-16}$$

第三步，把上述计算结果分别乘以该年中学生和大学生人数，得出该年学生放弃的收入总额。即：

$$该年机会成本 = 学生总数 \times 该年一个学生上学平均放弃的收入 \tag{6-17}$$

②美国学者费希洛(Fishlow，1979)提出个人间接成本计算方法。费希洛认为，

舒尔茨的假定是不充分的，即不能假定全部中学生都到工业部门去就业，必须假定其中一部分人可能到农村就业，特别是农村的学生。考虑到学生在农村就业的可能性以及农业劳动的特点，学生就业的年龄可能更低，比如在 10 岁时就参加劳动，即从这时起就因上学而放弃收入。计算分四步进行。

第一步，从学生总人数中分离出 10 岁及 10 岁以上的学生人数，并确定其中可能在非农业部门就业和在农业部门就业的人数。

第二步，计算学生可能在非农业部门就业的收入，即：

学生可能在非农业部门就业的收入＝可能在非农业部门就业的学生人数×

一年内放弃收入时间所占比例×

非农业部门就业者的平均收入　　　　（6-18）

第三步，计算学生可能在农业部门就业的收入，即：

学生可能在农业部门就业的收入＝可能在农业部门就业的学生人数×

放弃收入的月数×

农业就业者的平均月收入　　　　（6-19）

第四步，将第二、第三步计算的结果相加，即得出学生一年放弃的总收入。

这种计算方法是从全社会角度出发计算一年内培养已进入就业年龄的学生的总机会成本，再把社会总的学生机会成本除以社会全体学生数，就可求出平均每个学生的个人机会成本。但此种计算方法也有其不足之处。首先，它的计算范围只限于农业部门和非农业部门，未考虑到社会各行各业之间的收入差别；其次，把合法劳动年龄降低到 10 岁，也是不能准确说明问题的。

③韩宗礼（1988）提出的计算大学生总间接成本（M）计算方法。公式为：

$$M = \sum_{i=1}^{n} \left[\sum_{j=1}^{m} (P_j \times \alpha \times A_j) \right]_i \qquad (6\text{-}20)$$

式中，n 为求学年限；m 为概率项数；P 为可能在某部门就业的概率；α 为一年放弃收入的时间百分比；A 为同一就业部门水平相当的职工年平均收入；j 为选择职业的项数序；$\sum$ 为加总符号。

例如，一名从高中升入大学的学生，他/她并不十分肯定能在哪个部门或行业就业，只能估计出自己从事小学教师职业的可能性较大，其概率为 0.9，而从事工业劳动的可能性较小，其概率为 0.1。假定他/她一年可能放弃收入的时间为 100%，小学教师年收入为 600 元，工人的年收入为 520 元，四年情况相同，则 $P_1 = 0.9$，

$P_2=0.1$，$A_1=600$，$A_2=520$，$\alpha=1(100\%)$，$n=4$，$m=2$。代入式(6-20)，计算结果为：$M=\sum\limits_{i=1}^{4}(0.9\times1\times600+0.1\times1\times520)_4=2368$(元)。

使用此种计算方法，要考虑到计算个人放弃收入的部分，是以参加工作部门的平均工资来计算的，因此不是十分准确。因为工资并不能代表劳动者创造社会财富的全部，如果以劳动者创造的净产值来计算更为合适。

以上分析的是以货币衡量的教育成本。除此之外，考虑到教育是激发人的潜能、发展人的道德与智力、增加人的知识和技能、使之更善于进行个人选择与社会选择，而且教育过程中，教与学都需要付出精力和时间，所以在货币成本之外，教育总成本中还应该包括非货币成本。学习期间的心理成本是非货币成本中最主要的部分。为获得学历或学位而付出的努力，对一些人来说是一种相当大的负效用，如紧张、焦虑等，而对另一些人来说，学习则可能是一种享受，能获得新知识所带来的愉悦和满足。显然，教育的非货币成本很大程度上取决于个人的主观感受，带有很大的不确定性，因此在分析时不得不回避掉。

第二节　教育收益

///////////////////////////

教育是一种具有双重属性的行为：它既是投资行为，也是消费行为。作为一种投资行为，就会涉及投入与产出的问题。在经济学中，如果投入大于产出，说明这种投资行为是不合算的。如果产出大于投入，则说明这种投资产生了收益。当把教育当作一种消费行为的时候，作为消费者，我们都希望能够买到"物超所值"的物品，即我们所付出的成本要小于购买到的商品的价值。换句话说，当学生付出成本购买教育商品的时候，就是希望教育能够带来丰富的收益。

一、教育收益的含义

"教育收益"（Returns to Education）是指教育能给个人和社会带来的好处（经济的和非经济的），是教育活动中物化劳动和活劳动的消耗与所取得的符合社会需要的劳动成果之间的比较。从经济学角度来看，教育过程是从教育资源投入、利用到教育产品（毕业生）产出的过程，是教育机构和受教育者共同参与的双边的劳动过程。与其他劳动过程一样，教育过程也有一个投入与产出、所费与所得的问题。一个接受过高等教育的毕业生参加工作的起点工资比一个小学毕业生参加工作的起点工资高100元，那么我们可以说这100元就是因接受教育而增加的收入减他因上学花费的成本如书本费、学费、交通费等，即教育带给他的收益。这一部分可以称为"教育的经济收益"。此外，教育对健康人格的形成也有巨大的影响。正面的、良好的教育可以使人更加成熟、睿智，而这种变化对人本身的发展起到了积极作用，即"教育的非经济收益"。从社会角度讲，教育为社会培养了大批高技能人才，促进了社会发展。人们因接受高等教育提高了自己的素质间接地减少了社会犯罪现象的发生，政府机关因雇用高等教育人才而提高了办事效率，企业因接收了高技术人才而提高了生产效率等，都是教育为社会带来的好处。但是，教育还会给个人和社会带来负收益。对不爱学习的学生来说，上学成为一种痛苦的经历。现代社会出现的篡改计算机程序、伪造信用卡等智能犯罪正是教育给社会带来的负面影响。

与教育收益相近的一个概念是"教育效率"(Efficiency of Education)，它指的是教育的直接产出(学生学习成绩、毕业率、巩固率等)与教育投入的对比关系，而教育收益指的是教育的间接产出(个人收入的增加、消费的获得、国民经济的增长、收入分配的改善等)与教育投入的对比关系。

二、教育收益的分类

通常人们用个人税前收入和整个社会支付的教育成本的对比关系来表示教育给社会带来的收益，而通过考察个人税后收入与其支付的教育成本来理解教育给个人带来的收益。教育的收益是多方面的，基于不同的视角对教育收益的理解就会有所不同。

教育收益的基本分类可以从两个维度来考虑。首先，根据获得教育收益的主体不同，可以把教育收益分为私人收益和外部收益。"私人收益"(Private Benefits)指受教育者自身从教育中获得的收益；"外部收益"(External Benefits)或"社会收益"(Social Returns)指除受教育者以外，其他社会成员获得的收益。其次，根据教育收益是否能够用货币度量，可以把教育收益分为市场化收益和非市场化收益。"市场化收益"(Benefits of Marketization)指从教育投资行为中获得的可用货币度量的收益；相应地，"非市场化收益"(Returns of Non-marketization)指很难或无法用货币度量的教育收益。但是，从基本分类的角度来分析教育收益仍显过于宽泛，不容易把握。为此，在这两种维度的基础上可进一步细分出四种类型的教育收益，如图6-1所示。

收益能否用货币度量

收益主体		市场化	非市场化
	私人	市场化私人收益	非市场化私人收益
	社会	市场化外部收益	非市场化外部收益

图 6-1　教育收益的分类

1. 教育的市场化私人收益

所谓教育的"市场化私人收益"(Private Benefits of Marketization),就是受教育者从教育中获得的、最终可用货币度量的收益(一般指个人收入的增加)。教育的市场化私人收益含教育质量的收益和教育数量的收益两种类型。前者指在受教育年限不变的情况下因教育质量的提高而获得的收益,后者指从增加的教育年限中得到的收益。

受教育数量与个人收入的正相关关系在实证方面得到了广泛证明,即在其他条件相同的情况下,受教育程度高的人总是比受教育程度低的人获得更高的收入。在经济分析中,这一关系可由年龄—收入曲线反映出来,受学校教育水平较高的人在任何年龄段上的绝对收入水平都处于较高位置。"个人教育投资收益"(Benefit of Personal Education Investment)指的是因个人受教育数量的增加而带来的市场化收益。传统观点认为,在接受相同教育年限的情况下,较高质量的教育能够更好地提高受教育者的认知能力,从而在未来的工作中表现出更高的生产能力,获得更高的收入,这就是教育质量的收益。然而许多实证研究表明,教育质量(用学习成绩、能力测试成绩等指标衡量)与个人收入之间的正相关关系难以得到普遍的证实。美国著名教育经济学家卡诺伊(Carnoy,1999)认为,教育质量对未来收入的影响可能主要在于它能够改变一个人做出接受更多教育的决策,即那些学习成绩较好的学生更有可能进一步接受高层次的教育,从而由增加的教育数量中获得经济回报。根据这种观点,教育质量对市场化私人收益的影响很可能是间接的,而非直接的。

1957年,美国经济学家明瑟描述了一张代价效益分析图[①],如图 6-2 所示。明瑟认为,决定一个人就业后是否继续参加培训的问题,要考虑到教育程度的提高与经济收益提高的相互关系。若某人就业后不参加培训,那么他的收入曲线为 W_{δ},参加培训后则他的收入曲线由低升高斜率加大而变为曲线 W,比较直观地突出了培训期所放

---

① Mincer, J. *A Study of Personal Income Distribution*. New York: Columbia University, 1957.

弃的收入(α_δ)与受训后全部可能增加的收入之间的关系，即 α 一般趋向大于 α_δ。此方法既可加总计算全部收益，又可具体计算某年收益。从方法上讲，它既可用代数、几何求解，又可用微积分处理。鉴此，此图后来被教育经济学者普遍地改编使用，教育成果的效益分析就从在职培训延续到了正规教育，并扩大到了全部教育。

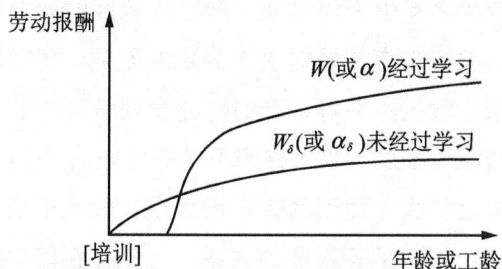

图 6-2 明瑟的教育代价效益图示

2. 教育的非市场化私人收益

接受教育不但能给个人带来货币化收益，还能增加其一生中的非货币化利益。第一，教育具有消费收益。如个人在受教育期间从求知活动中获得乐趣，一生中从阅读、艺术欣赏及其他娱乐活动中享受到快乐等。第二，教育产生消费者选择效益。即在相同的预算约束下(或相同收入水平下)，受教育程度较高的人能够选择效率更高的商品组合和服务组合，产生更大程度的效用满足。第三，教育改变储蓄行为。实证研究表明，人们接受的教育越多，通过储蓄行为防范风险的意识越强，因而教育水平与储蓄率之间存在较强的正相关关系。第四，教育提高家庭内部生产力。特别是由于妇女参与家庭事务处理的效率，而这些活动发生在市场之外，其效率的提高很难用货币来衡量。第五，教育改善个人及其家庭成员的健康状况，表现为延长预期寿命、减少患病可能、增进配偶健康等。第六，教育促进婚姻选择效率。通过接受较高层次的教育，年轻人容易找到在家庭地位、收入能力和性格品质等方面与自己相符的配偶。也有研究发现教育程度高的人离婚率和再婚率都比较高，对个人来讲，这是有能力对自己的婚姻状况进行及时调整的表现。第七，教育影响生育行为，进而影响私人非市场化收益。在宏观层面上，一个国家的平均受教育程度越高，婴儿出生率越低；在微观层面上，受教育程度越高的人生育的孩子越少。

3. 教育的市场化外部收益

教育的市场化外部收益主要体现在两个方面。首先，教育能促进经济增长。教育对经济增长的贡献是 20 世纪 50 年代以来便一直备受关注的研究领域，其代表人物有美国经济学家舒尔茨、丹尼森和苏联学者斯特鲁米林等。有关这方面的实证研究可谓汗牛充栋，西方经济学家运用的方法有增长核算法、教育收益率法和跨国比较法，苏联学者采用的方法是劳动简化法。结果都证明教育对于一国的经济增长有很大的贡献。其次，教育影响收入分配。教育对收入分配作用的研究始于美国经济学家明瑟，后来的研究大多集中于探讨某一国家或地区的教育扩展和教育机会的分配对收入分配的影响。关于教育扩展对收入分配的影响，研究结果不一而足。有的研究发现教育扩展会减少收入不平等；有的研究发现教育可能会加剧收入分配的不平等；有的研究则支持教育扩展与收入分配不平等之间的"倒U形"关系，即在教育扩展初期，收入不平等会扩大，而到教育扩展后期，收入不平等会缩小。至于受教育机会的不平等程度与收入不平等程度的关系，也不存在简单的线性相关关系。在某一时期，教育不平等的降低会带来收入不平等的减少，在另一时期则伴随着收入不平等的加剧。总体来看，教育对收入分配的影响远非简单的线性关系，而且在改变收入不平等的过程中，与劳动力市场供给方(劳动者的个体特征，如个人的能力、受教育程度等)的作用相比，劳动力市场需求方(如宏观经济波动、产业结构调整、技术变迁、工资歧视等)的作用可能更具有决定意义。世界银行的相关研究还表明，为了使教育更有效地改善收入分配状况，必须使人力资本与其他生产性资本(自然资本和物质资本)相结合，并在政策上更平等地分配土地和股本，鼓励竞争以及提供开放性的竞争市场。

4. 教育的非市场化外部收益

教育还能给全社会带来各种很难或无法用货币度量的非市场化外部收益，包括培养民主社会的公民、提升整个社会的文明程度、保持社会的公平性和流动性、增进技术的变革和普及、稳定社会秩序和减少犯罪、增进公民的法制意识、促进生态环境保护，等等。

5. 教育的代际收益

教育的"代际收益"(Generation Benefit)，即教育不仅对当代人产生收益，也会影响受教育者子女的行为和福利。这些收益包括：提高子女的受教育程度、影响子女的智商和学业成绩、在一定程度上决定子女的职业和收入、改善子女的健康状况和改变子女的生育行为等。由于教育产生了如此广泛的代际收益，以至于有人提出应该通过发行国债为教育筹资，从而让未来的受益人分担当代人的一部分教育成本。

6. 教育的负收益

教育产生的某些负面的影响称为"教育的负收益"(Negative Return of Education)，

有两种可能：一是对那些学习成绩不好或不爱学习的学生来说，上学可能不是一种享受，而是痛苦的经历。二是过度教育产生的低效率。实证研究表明，当工人的受教育程度高于工作要求时，可能会导致工人较低的工作努力程度，因而降低劳动生产率，反过来会影响其工资收入。

三、教育收益的计量

进行教育收益计量的目的在于提供一种测定投资预期结果的方法，以作为社会或个人有限资源合理分配的准则。

1. 教育收益计量的难点

从教育的非市场化收益（无论是私人还是社会）包含的内容来看，对教育的非市场化收益的计量是十分困难、十分复杂的事情。因此，我们讨论的重点将是教育市场化收益的计量。

然而，对教育的市场化收益的计量也绝非一件易事，其原因有两个方面。第一，教育成本的计量不容易精确。撇开至今还没有得到普遍认可的教育成本计量公式不谈，就教育成本的表现形式而言，对其进行准确测度也是非常不容易的。教育成本不能简单地理解成社会和个人对教育活动的投入，应理解成在社会和个人的消费和投资中对社会和个人的教育活动发挥作用的那一部分。然而，从总的教育投入中准确区别出对社会和个人的教育活动发挥作用的那一部分并进行精确计量几乎是不可能的。第二，教育成果的表现形式具有非独立性、迟效性、长效性和间接性等特征。教育成果"非独立性"（Non-independence）是指教育投资只能产生教育成果，即培养熟练劳动力和复杂劳动力以及发展科学，不能直接产生经济财富，它体现在劳动者身上，不是独立存在的，只有当劳动者和教育成果与物质生产资料相结合时，才会产生可测量的经济效益，再加上人的劳动能力是与人的年龄、工龄、性别以及思想和身体状况紧紧相关联的，因此很难准确计算教育的经济功能。所谓"教育成果的迟效性"（Delaying Effect of Education）是指教育成果在经济发展中产生作用需要一定的时间，教育作用的显现一般要在教育活动完成几年甚至十几年后才发生。教育成果的"长效性"指教育成果一般能在长达几十年的时间内产生效益。而"间接性"表现在：教育投入不直接作用于物质产品，而是作用于人，因而物质产品交换不能通过直接与教育投入价值比较来计算，而是通过教育成果来计算经济效益，教育成果的计量本身就十分复杂，很难准确确定一级教育水平会比另一级教育水平增加多少经济效益。另外，教育具有"双重职能"，既有促进生产发展、增加经济收入的职能，又有提高人的精神生活的作用，二者很难截然分开。

因此，对教育收益的计量只限于教育的市场化收益，而且是近似性的、概算性的。尽管如此，通过一定的计量模型，还是能够近似地计算出某一时期教育对国民经济增长或个人收入增加的贡献。

2. 教育市场化收益的计量前提

由于存在教育收益计量的难点，加之教育收益计量模型的缺陷，我们不可能无条件地把教育的各种市场化收益计算出来。因此，在进行教育市场化收益计量之前，应首先明确如下四个前提假设：其一，接受同一级教育后的教育产品质量是无差异的，即某级教育的毕业生在质量（学习能力、工作能力等方面）上没有差别；其二，在劳动力市场上，每一名毕业生都能尽快找到与其专业对口的工作，学有所用，人尽其才，忽略工作搜寻成本，这样才能集中体现他们接受教育的价值；其三，教育市场化收益发生的时间段内，社会、经济、文化条件没有重大变化；其四，教育市场化收益的发生是连续的、稳定的、均匀的。

3. 教育市场化收益的计量方法

长期以来，学界试图用精确的模型函数来计量教育的市场化收益，取得了一些成果，以下简要介绍几种有代表性的计量模型。

(1)教育市场化外部收益计量。在宏观层面上，教育的市场化外部收益是通过社会人力资本总量增加对经济增长的贡献来实现的，可应用生产函数方法、丹尼森系数法、舒尔茨余数分析法、复杂劳动简化法等计算（详见第三章），此处不再赘述。

(2)教育市场化私人收益计量。教育的"市场化私人收益"（Private Benefits of Marketization），是指受教育者从教育中获得的可用货币度量的收益（一般指个人收入的增加）。衡量个人收益的依据是人们相信教育能够增加未来的收入，这种未来收益的增加一般表现为受教育后劳动者的终生工资报酬的增加。要对投资发生一段时间后所取得的收益进行计算，就需要对连续分布于未来一段时期中的收益进行累进折算。由于以下两个原因，在将来得到的收益价值要低于现时所获得的同等数量收益的价值：一是如果人们计划消费自己的收益，那么他们一般愿意尽早地付诸消费，这是由于现在享受这种消费的确定性相对来说要大一些，生活的不确定性使得人们对于在未来能否享受这种消费变得没有把握。二是如果人们计划将他们的货币收益用于投资而不是用于消费，那么他们可以获得投资的利息，从而增加他们在未来所能够获得的资金数量。因此，无论人们准备如何使用他们的收益，他们都将在某种程度上对未来才能获得的收入进行贴现。所谓"贴现"（Discount），就是把未来收入和支出折算成现在的价值，其理论基础就是货币具有时间价值，即今天的 1 元钱与明天的 1 元钱是不等价的，其计算公式为：

$$PV = \frac{E_t}{1+r} \tag{6-21}$$

式中，PV 是"现值"（Present Value）符号；E_t 表示的是第 t 年的收入值；r 是年利息率；t 表示时间。PV 表示在 t 年收入 E_t 的现在价值。由于一项投资的成本和收益都是在一定年限内发生的，我们可以将贴现公式（6-21）进行如下扩展：

$$PV = E_0 + \frac{E_1}{(1+r)} + \frac{E_2}{(1+r)^2} + \cdots + \frac{E_t}{(1+r)^t} \tag{6-22}$$

式中，E 代表收入流，E_0 是立即得到的新增加收入，E_1 是下一年的新增收入，E_2 是第二年得到的新增收入，依此类推；t 是收入流的年限或者说是个人的预期工作生命周期；r 是利息率。值得注意的是，新增收入（或成本）E_0 立即发生不需要贴现，但是下一年或一年后得到的新增收入 E_1 必须贴现一年。式（6-22）中的第三项的分母是平方，第四项的分母是立方，这是因为 E_2 和 E_3 的值必须贴现 2 年和 3 年，以确定它们的现值，依此类推。E_2（第二年后得到的新增收入）除以 $(1+r)$ 贴现为第一年后的收入，但还必须再除以 $(1+r)$ 得出现值，因为在第一年和第二年期间其价值继续降低。

要考核一项投资的效益，重要的就是看其投资收益的现值是否大于投资支出的现值，而不是看总收入是否大于总支出。传统的不考虑现值的计算方法，一方面夸大了未来的收益，另一方面缩小了开支的成本。在现值的计算中，利息率 r 的大小对于现值大小的影响很大，二者成反比。对教育的市场化私人收益一般用净现值法进行计量。一般而言，个人的收入水平与他所受的教育年限呈正相关关系，受教育的年限越长，其知识面越广，研发能力越强，一般情况下其收入也越高。当然，这只是一个预期收益，事实上可以通过统计方法计算出这部分收益，通常将未来收入中上学超出不上学（就业）的可能收益的那部分加以贴现、汇总，作为教育的投资收益。以高等教育为例，如果用 n 表示工作年限，Y_t^1 表示大学毕业后个人未来第 t 年的货币收入，Y_t^0 表示没有上大学的个人同期的收入水平，假定影响收入的其他条件相同，那么大学教育投资的"个人收益净现值"（Net Present Value）为：

$$NPV = \sum_{t=1}^{n} \frac{Y_t^1 - Y_t^0}{(1+r)^t} \tag{6-23}$$

举例来说，假如一个18岁的高中毕业生正面临是继续进入大学接受教育还是直接进入劳动力市场就业的选择，下面就用前面介绍的现值法来分析其决策，如图6-3所示。

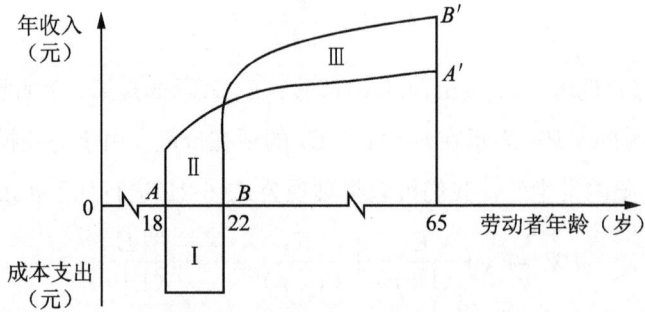

图6-3 教育投资决策分析模型

在图6-3中，假设劳动者工作至65岁退休，并且暂不考虑65岁以后的各种福利待遇情况。曲线 AA' 代表18岁高中毕业后立即进入劳动力市场就业的终生收入曲线。曲线 BB' 代表高中毕业后先去上四年大学，22岁毕业后再进入劳动力市场就业的成本—收入曲线。图中横轴下的封闭区域 I 表示上大学期间支出的直接成本，横轴上的封闭区域 II 表示上大学期间所放弃的收入(间接成本或机会成本)。区域 I 与区域 II 面积之和，为上大学的个人总成本或总投资。封闭区域 III 表示大学毕业后可获得的净收入增量，它应等于上完大学再就业所能赚得的终生收入与不上大学直接就业所能赚得的终生收入之差。教育投资的收益和投资成本发生在不同的时间。从图6-3中还可以看出，大学成本支出发生在22岁以前，而收益却是发生在22岁之后，并持续了若干年。因此，考虑到货币的时间价值，投资主体需要将未来的收益流折算成现值，即计算出基点处的收益总和，并与折现成基点处的成本总和进行比较，确定投资净现值，以此决定教育投资是否合理可行。假如以22岁为基点，那么个人大学教育投资净现值的计算公式是：

$$NPV = \sum_{n=22}^{64} \frac{E_{n-18}}{(1+i)^{n-18}} - \sum_{n=18}^{21} \frac{C_n}{(1+i)^{n-18}} \tag{6-24}$$

式中，E_{n-18} 为高中生22~64岁因上大学而可能获得的年收入；C_n 为该高中生18~22岁上大学的各种成本；i 为假定给定的年利息率。如果经过调查、分析预测，能够得出所期望的成本与收益，就可以得到投资净现值(NPV)。如果 $NPV>0$，那么教育投资在经济上就是合理可行的；如果 $NPV=0$，那么接受大学教育就没有什么必要；如果 $NPV<0$，那么接受大学教育是不经济的，应该立即就业。同时，依

据以上分析，还可以得出以下推论：第一，在其他条件相同的情况下，目光短浅者（对未来的事情或结果不是非常看重的人）比目光远大者上大学的可能性小。第二，其他条件相同，投资后的收入增量越多，即收益时间越长，那么一项教育投资的净现值就越有可能为正，即投资越具有经济合理性。比如年长者比年轻者更不愿意接受进一步的教育，因为在人劳动年限一定的前提下，年龄越大，受教育后的收益时间就越短，并且所放弃的收入（机会成本）也就越多。第三，在其他条件相同的情况下，大学毕业生的工资报酬与高中毕业生的工资报酬差距越大，愿意投资于教育的人就会越多。也就是说，不仅收入增量流的长度会影响人们的决策选择，收入增量的规模也会影响教育投资的决策，美国的实证数据[①]能够支持这一点。

四、教育收益率

"教育收益率"（Rates of Return to Education，RORE）是对一个人或一个社会因增加其受教育的数量而得到的未来净经济报酬的一种测量，估算学校教育的收益率是研究教育投资收益的基本方法之一。萨卡罗普思洛斯（G. Psacharopouslos）在1981年总结出计算教育收益率的三种方法，即"简便法"（Short-cut Method）、"明瑟法"（Mincer-type Method）和"内部收益率法"（Internal Rate of Return Method）。内部收益率法也称"精确法"（Elaborate Method）或"完全法"（Full Method）。

魏新等人（1999）在对中国农村地区教育收益率研究中还采用了"边际收益法"（The Marginal Earning Method）。刘泽云、萧今（2004）在总结了上述几种教育收益率计算缺陷的基础上，在多层次、多主体的分析框架下，采用"分层线性模型"（Hierarchical Linear Model，HLM）建立了一个"三水平增长模型"（Three-level Growth Model）来分析正规学校教育、企业培训投入和个体成人教育投入对个人工资及其增长的重要作用。

下面将对有关方法分别予以简要介绍。

1. 简便法

$$r = \frac{\Delta Y / Y}{\Delta S} \qquad (6\text{-}25)$$

式中，Y 表示某一教育水平人群的平均收入（如高中毕业）；ΔY 表示上述教育水平人群比低一级教育水平（如初中毕业）人群的平均收入的增量；ΔS 表示这两级教育

---

① ［美］伊兰伯格，史密斯：《现代劳动经济学——理论与公共政策》，潘功胜译，266 页，北京，中国人民大学出版社，1999。

水平之间受教育年限的差值（如 3 年）；r 则表示多接受一年高中教育带来的收入增加的百分比。哥路特（W. Groot）和奥斯特贝克（H. Osterbeek）于 1992 年提出了数学上更为精确的计算方法：

$$r = (\ln Y_2 - \ln Y_1)/(S_2 - S_1) \tag{6-26}$$

式中，Y_1，Y_2 分别表示低一级教育水平和高一级教育水平的平均收入；S_1，S_2 分别表示这两种教育水平的受教育年限。用上述两种方法计算出来的便捷法教育收益率略有不同，习惯上一般采用第二种方法。

2. 明瑟法

美国经济学家明瑟（1957）借鉴亚当·斯密的补偿原理，以人力资本理论为基础提出了教育的收益方程，并以此为基础推导出教育收益率。明瑟收益率 r 的定义是：

$$r = \frac{\Delta Y/Y}{\Delta S/S} \tag{6-27}$$

式中，Y 为劳动者收入；S 为受教育年限。明瑟在解释现实中的收入差异时认为，在一个完全竞争的劳动力市场上，人力资本是决定个人收入的关键因素。这是因为人力资本决定劳动者的劳动生产率，人力资本较高的劳动者其劳动生产率一般来说也较高，因此应该获得较高的劳动报酬。而人力资本的两种主要形式是从学校教育中获得的知识以及在工作中通过干中学、知识外溢或在职培训中获得的能力。虽然很难精确地衡量一个人的知识水平，但是人们普遍认为它和受教育程度有关，因此受教育年限是一个很好的代理变量。当然，进行人力资本投资（接受教育或技术培训）便意味着获得收入时间的延迟。在均衡条件下，将要求具有不同人力投资量的个人的终生收入流的贴现值相等，因此，人力投资量越大的人其年收入便越高，这种收入上的不均等显然是对于人力资本投资在收益上的补偿。同样的道理，一个人的工作能力也是难以测量的，在劳动者参加工作后，劳动技能随着实践的增加而提高，但随着个人年龄的增大，体能逐渐下降，接受新知识的能力也下降。同时，随着世界知识更新和技术进步的突飞猛进，劳动者原有的知识和技术也会老化进而被淘汰。因此，劳动者工作到一定年龄时，劳动技能或劳动生产率随着个人年龄的增加反而会下降。于是，明瑟个人收入函数中仅仅包含了受教育年限和工作年限[1]两个解释变量，假设不分性别教育收益率，考虑随机误差项，采用的计量回归方程的

---

[1] "工作年限"原文为 Experience，中文文献中通常将之翻译为"工作经验"，实质为"工作经历"；本书为尊重中文资料翻译习惯，在本章中公式字母解释中使用"工作经验"——笔者注。

表达式如下：

$$\ln Y = a + bS + c(EXP) + d(EXP)^2 + e \tag{6-28}$$

它的扩展形式为：

$$\ln Y = a + bS + c(EXP) + d(EXP)^2 + Xf + e \tag{6-29}$$

式中，$\ln Y$ 是工资或收入的自然对数；S 为个人的受教育年限；EXP 是个人的工作经验；$(EXP)^2$ 是个人工作经验的平方（反映个人收入与工作年限之间的非线性关系）；X 是一个矢量，代表了决定工资的其他因素（如个人的社会经济地位、性别等）；f 也是一个矢量，代表与这些因素对应的回归系数；e 为随机误差项；b 就是明瑟收益率（正规学校教育的私人收益率），c 被视为工作经验的私人收益率，b 和 c 分别表示正规学校教育年限或工作经验每增加一年导致的工资增加的百分比；a 表示一个人的天赋，即出生时就具有的能力。由于个人收入随工作年限的增加呈现先增后减的变化，所以 c，d 取值分别为正值和负值。这是因为在劳动者劳动生涯早期，工作年限对收入有正影响，收入随工作年限增加而增加，但当工作达到一定年限时，收入达到最大值，之后随着工作年限的增加收入逐渐减少。明瑟法还可以估计各级教育的明瑟收益率及平均收益率：

$$\ln Y = a + b_p S_p + b_s S_s + b_h S_h + c(EXP) + d(EXP)^2 + e \tag{6-30}$$

如果完成了初等教育，令 $S_p=1$，否则为 0；如果完成了中等教育，令 $S_s=1$，否则为 0；如果完成了高等教育，令 $S_h=1$，否则为 0。这样，回归系数 b_p，b_s，b_h 的估计值分别表示完成初等、中等和高等教育对于未完成该等教育的平均收益率。在估算出各级教育的平均收益率之后，就可以用下面的公式估算各级教育的边际收益率。

$$r_p = \frac{b_p}{n_p}; \quad r_{s-p} = \frac{b_s - b_p}{n_s - n_p}; \quad r_{h-s} = \frac{b_h - b_s}{n_h - n_s}$$

n_p，n_s，n_h 分别表示完成初等教育、中等教育和高等教育所需要的年数。于是，r_p，r_{s-p}，r_{h-s} 就分别表示初等教育、中等教育和高等教育的边际收益率，它们的直观含义分别是：与未接受初等教育的人相比，每多接受一年初等教育带来的收入增加的百分比；与初等教育学历的人相比，每多接受一年中等教育带来的收入增加的百分比；与中等教育学历的人相比，每多接受一年高等教育带来的收入增加的百分比。

明瑟收益方程是一个分析研究收入决定的很好的模型，研究者通常根据自己的研究目的，在模型中加入其他变量，如性别、地区、部门等。例如陈良焜和鞠高升(2004)在明瑟收益方程中引入了反映性别的二进制虚拟变量(女：$G=0$，男：$G=1$)来调整方程中的参数，对包括截距和斜率的所有参数进行调整，建立如下可变参数模型：

$$\ln Y = a + a_1 gender + b_0 S + b_{01} gender S + c_1 (EXP) +$$
$$c_{11} gender (EXP) + c_2 (EXP)^2 + c_{21} gender (EXP)^2 \qquad (6\text{-}31)$$

式中，a_1，b_{01}，c_{11}，c_{21} 分别是对不同性别回归量初始的获得收入能力、教育年限、工龄、工龄的平方回归参数的调整。

再如岳昌君(2004)根据我国劳动力市场的特点和工资制度的状况，结合样本数据中变量的种类，在明瑟回归模型中加入了性别、地区、行业、单位所有制性质、职业性质等控制变量，将回归方程变形为：

$$\ln Y = a + b_0 S + c_1 (EXP) + c_2 (EXP)^2 + \sum d_j D_j + e \qquad (6\text{-}32)$$

综合考虑受教育者完成各级教育情况，回归方程也可变形为：

$$\ln Y = a + b_p S_p + b_s S_s + b_h S_h + c_1 (EXP) + c_2 (EXP)^2 + \sum d_j D_j + e$$
$$(6\text{-}33)$$

式中，D_j 为表示不同性别、地区、行业、单位所有制性质和职业性质的虚拟变量；d_j 表示不同性别、地区、行业、单位所有制性质和职业性质的收入差别。由于可能存在劳动力市场的分割性，以及劳动力流动仍然存在各种限制等原因，不同地区、行业、单位所有制性质和职业性质的教育收益率也可能是不一样的，因此他还将教育变量(E)与控制变量(D_k)之间的交互项纳入回归方程，回归方程的形式变为：

$$\ln Y = a + b_0 E + c_1 Work \exp + c_2 Work \exp^2 + \sum d_j D_j + \sum e_k ED_k + \mu$$
$$(6\text{-}34)$$

综合考虑受教育者完成各级教育情况，回归方程也可变形为：

$$\ln Y = a + \sum b_i E_i + c_1 Work \exp + c_2 Work \exp^2 + \sum d_j D_j + \sum e_k ED_k + \mu$$
$$(6\text{-}35)$$

近年来，众多学者注意到明瑟收益方程在选择样本时存在偏差，开始使用赫克曼(Heckman，1979)的"两步修正法"进行修正。[1]

---

[1] Heckman, J. "Sample Selection Bias as a Specification Error," *Econometrica*, 1979, 47(1), pp. 153-161.

第一步，构建个人参与工作概率模型，公式为：

$$\mathrm{Prob}(D=1\,|\,Z)=\Phi(Z_\gamma) \tag{6-36}$$

式中，D 表示工作情况，$D=1$ 表示有工作，否则 $D=0$；Z 是解释变量，如外生解释变量、工具变量等；γ 指未知参数；Φ 是指标准正态分布的累积分布函数。计算逆米尔斯(Inverse Mills Ratio)比率：

$$\lambda=\frac{\phi(Z_\gamma)}{1-\Phi(Z_\gamma)} \tag{6-37}$$

第二步，构建收入方程：

$$Y=X\beta+U \tag{6-38}$$

将预测概率加到收入方程中，由此就得到更确切的受教育程度与个人收入之间的统计模型：

$$E\,[Y\,|\,X,\ D=1]=X\beta+E\,[U\,|\,X,\ D=1] \tag{6-39}$$

刘泽云(2015)运用 Heckman 两阶段模型估计了我国 1988—2007 年高等教育回报率。[①] 基于明瑟收益方程的高等教育回报率公式为：

$$\ln W=\alpha H+X\beta+\mu \tag{6-40}$$

式中，$\ln W$ 为个人工资的自然对数；H 是一个虚拟变量，$H=1$ 表示接受过高等教育，$H=0$ 表示未接受过高等教育；X 是一个矢量，包括常数项和一系列控制变量，β 为其系数；α 表示高等教育回报率。

在估计高等教育回报率时可能存在样本选择偏差问题。可以观测到当前正在工作的劳动者的工资信息，但观测不到当前未参加工作的劳动者(如失业者、从事家务劳动的妇女)等的工资信息。如果某些因素(如受教育水平)既影响个人进入劳动力市场的概率，又影响个人的工资，那么即便使用工具变量法也不能得到正确的估计结果。选择 Heckman 的两阶段模型纠正选择偏差。第一步，基于全部劳动力人口(不论目前是否就业)估计参与方程：

$$\mathrm{P}(work=1\,|\,Z)=\Phi(Z_P) \tag{6-41}$$

如果能观测到个人工资，即进入劳动力市场，$work=1$，否则，$work=0$。Z 包括方程(6-40)中外生解释变量 X、工具变量 S 以及影响劳动力参与但不影响工资的变量 M。使用该方程，针对有数据的工资样本，计算出逆米尔斯比率。

[①]　刘泽云：《上大学是有价值的投资吗——中国高等教育回报率的长期变动(1988—2007)》，载《北京大学教育评论》，2015，13(4)。

第二步，使用有工资的数据样本，进行工具变量估计：

$$H = Z\theta + \delta\lambda + V \tag{6-42}$$

$$\ln W = \alpha H + X\beta + \varphi\lambda + \mu \tag{6-43}$$

式(6-42)为工具变量估计的第一阶段回归，解释变量包括逆米尔斯比率 λ 和式(6-41)中所有解释变量 Z。式(6-43)为第二阶段回归，其中 α 就是在纠正遗漏变量偏误和样本选择偏差后的高等教育回报率。

3. 内部收益率法

内部收益率法也称内部报酬率(Inner Return Rate，IRR)法，估算教育投资收益的主要步骤如下。

(1)计算投资预期收益的现值。设某项投资在 t 年内为投资者带来收益，投资完成后每年投资收益为 B_i，折现率为 r，t 年内投资收益现值为 PV，根据现值计算公式有：

$$PV = \sum_{i=1}^{t} \frac{B_i}{(1+r)^i} \tag{6-44}$$

(2)计算教育投资预期成本的现值。设教育投资成本为 C，平均分布在 n 年内完成，每年投资成本为 C_j，投资成本现值为 PVC，根据现值计算公式有：

$$PVC = \sum_{j=1}^{n} \frac{C_j}{(1+r)^j} \tag{6-45}$$

(3)计算教育投资报酬率。令投资总收益现值等于投资总成本现值，即 $PV = PVC$，则有：

$$\sum_{i=1}^{t} \frac{B_i}{(1+r)^i} = \sum_{j=1}^{n} \frac{C_j}{(1+r)^j} \tag{6-46}$$

因为 B_i，C_j，t，n 为投资者预期确定的，是已知值，所以可以根据式(6-46)求出折现率 r，该折现率 r 即为教育投资报酬率，表示教育成本和教育收益的贴现值相等的贴现率。显然，它是教育投资者能够接受的最大利率。在此利率下，个人能够偿还为教育投资所借的贷款，收支相抵。

用内部收益率法可以计算教育的社会收益率和私人收益率。需要指出的是，在计算私人内部收益率时，教育成本用私人的直接教育成本和间接教育成本(机会成本)，教育收益用税后收入；在计算社会内部收益率时，教育成本用私人成本加社会成本，教育收益用税前收入。如果计算出来的内部收益率大于对物质资本投资收益率的一般估计(如10%)，那么可以认为教育投资相对于物质资本投资而言是有利的。

人们在进行教育投资决策时，也常常把上面所得到的教育投资的报酬率 r 与个人主观确定的内生时间偏好率（内部报酬率）S 进行比较。所谓"内生时间偏好率"（Endogenous Rate of Time Preference），是指个人关于货币时间价值的偏好，即个人愿意接受的最低利息率，它一般要大于或等于货币的市场利率。根据以上分析，当 $r \geqslant S$ 时，进行教育投资是合理的；当 $r < S$ 时，就不应进行教育投资。由于内部报酬率的高低取决于个人的主观意愿，又深受环境的影响，所以很难精确测定，这就使得用内部报酬率估计教育收益率的方法有很大的局限性。

4. 恩格尔曼计算法

美国人口经济学家恩格尔曼（Engerman，1976）认为，人口投资时间比较长，难以根据已知的投资期限来计算投入量和收入量。为此，他把投资期限限定在一个时期内（如13年），而把收益扩展到其他时期带来的收入，以此来分析教育（正规教育）投资收益率。其计算公式为：

$$C + X_0 = \sum_{i=1}^{n} \frac{Y_i - X_i}{(1+r)^i} \tag{6-47}$$

式中，C 表示受过第13年教育的直接费用；X_0 表示受过第13年教育而放弃的收入；X_i 表示受过12年教育的人的收入；Y_i 表示受过13年教育的人的收入；n 表示受了13年教育之后可以赚取收入的总年数；r 表示第13年教育的收益率；i 表示观察年份。根据这个公式所要资料可以计算出教育投资的收益率。恩格尔曼还指出，根据上述公式计算出的教育收益率是一种"事前收益率"（Pre hoc Rates of Return），即"预期收益率"（Antidote Rates of Return），而不是"事后收益率"（Post hoc Rates of Return），即"实际收益率"（Actual Rates of Return）。两种收益率不一致是绝对的，认识到这一点很重要，因为未来市场对某一专业技术人员需求的变化，可能使受教育者得到意想不到的好处，也可能因为专业技术过时或其他意外事件而使受教育者遭淘汰。而且，接受更多教育除有可能因为文化或技术水平高直接带来较高的工资收入外，还有可能因为以下原因而间接地增加其收入：受过教育的人与未受过教育的人相比，能够较为合理地安排个人的支出，较为理性地处理每项消费，从而使每一单位的货币支出更为有效，这也等于增加了收入；受过教育的人通常会更加珍惜和懂得如何保持自己的身体健康，从而提高身体素质，降低患病的风险，增加未来的收入；受过教育的人与未受过教育的人相比，知识面比较广，技能相对全面，因而适应能力较强，从而有较多的机会变换职业，以获取更高的收入，即使工艺过程和产业结构发生较大变化,也不致失去就业机会。

5. 边际收益法

魏新(1999)提出的边际收益法的计算公式如下:

$$Y = a + bS + c(EXP) + d(EXP)^2 + e \tag{6-48}$$

式中,各字母的含义与明瑟收益率计算公式(6-28)相同,不过因变量是收入或工资的绝对值,因而回归系数 b 表示每多接受一年教育带来的收入绝对数的增量。

6. 其他计算法

芝加哥大学赫克曼(Heckman,2005)认为,明瑟收益方程忽视了时间序列对个人收入的直接影响。[①] 鉴于此,赫克曼提出了下列修正公式:

$$V_S = Y_S \int_s^T e^{-rt} dt = \frac{Y_S}{r}(e^{-rs} - e^{-rt}) \tag{6-49}$$

式中,S 代表受教育年限;Y_S 代表每一年的收入;r 代表利率;T 代表工作年限,而且工作年限不依赖于受教育程度。为了消除工作年限对个人收入的影响,该公式也可变化为:

$$\ln Y_s = \ln Y_0 + rs + \ln\left[\frac{1 - e^{-rT}}{1 - e^{-r(T-s)}}\right] \tag{6-50}$$

上述是研究教育投资收益的最常用方法,在估算教育收益率时得到了广泛应用。但是,这些方法或多或少都存在着一定的局限性,具体来说包括以下几个方面:第一,教育收益率方法得以成立的基本前提之一是存在完全竞争的劳动力市场,从而在均衡状态下工资率能够反映工人的边际生产能力。然而在发展中国家和地区,劳动力市场往往被严重分割,工资并不由市场供求状况决定,市场信息也不充分。因而,在这些地区人们有理由怀疑教育收益率方法的有效性。第二,教育收益率只能表明接受教育能够带来多大程度的预期收益,但不能揭示教育实现这些收益的内在机制,因此教育收益率可以作为个人投资决策的依据,但不足以作为制定政策的依据。第三,决定个人收入的因素很多,而且彼此之间存在相互影响,教育收益率难以把教育对收入的作用单独剥离出来。第四,被普遍采用的横向计算方法使用同一时间段内不同年龄人群的收入数据,用年龄较大的劳动者的当前收入作为年龄较小者的未来收入的估计,这一替代使得计算结果实际上是过去的教育收益率,而不是

---

① Heckman, J. J., Locher, L. J., Todd, P. E. "Earnings Functions, Rates of Return and Treatment Effects: The Mincer Equation and Beyond," *National Bureau of Economic Research*, 2005.

当前的教育收益率。第五，在对教育成本的计量方面，明瑟收益率法没有考虑到教育的直接成本，内部收益率法对教育成本的界定也存在模糊之处。第六，教育收益率的计量忽视了教育的非市场化私人收益和外部收益。第七，教育收益率只把接受教育的数量作为影响个人收入的因素，忽视了教育质量的差异对收入的影响。

在估算教育收益率的几种方法中，简便法不需要通过抽样调查便可计算得出，简便易行，但这种方法比较粗糙。边际收益法计算的实际上是教育的绝对收益，而不是收益率，因而实际研究中很少用。内部收益率法考虑了教育的直接成本和间接成本，能够估算教育的私人收益率和社会收益率，而且估算结果可以同其他资本形式（如物质资本）的投资收益率进行比较，因而在理论上受到欢迎。但是，内部收益率法对数据的要求比较高，在大多数国家，特别是发展中国家，很难采集到研究所需数据，因而方法运用受到限制。明瑟收入函数避开了教育成本的复杂计量，提供了一个更简便的、对数据要求较低且便于进行各种比较的方法，使得教育收益率估计的经济含义更加清晰。虽然赫克曼提出的计算方法是在明瑟法的基础上的改进，但国内学者常用的还是明瑟法。因此明瑟法成为教育经济学领域最常见的衡量教育收益率的方法。然而，明瑟法仍存在一些不足，主要体现在：在明瑟收益方程中，学校教育年限的回归系数估计值代表了每多接受一年学校教育带来的收入增加的百分比，这一结论的成立需要一些前提假设。例如，学校教育年限是给定的，是一个外生变量；学校教育年限与工作经验之间相互独立，个人接受学校教育的行为在其工作之前完成；学校教育对于每个人的工资收入的影响都是相同的，不因个人能力、家庭背景或所处的团体、组织而异。但是，在现实生活中，上述三个前提假设都是难以成立的。赫克曼（1979）认为，明瑟法在选择样本的时候也存在一定误差，他总结有两种：一是被调查者的自我选择行为偏差。最常见的是对女性样本的估计，即由于女性的自我选择不就业行为而导致教育收益率被偏估。二是取样者的选择偏差。例如由于参与就业者的数据容易获得，但被排除在劳动力市场外的数据就很难获得，因此仅仅依靠可获数据进行分析可能会导致教育收益率的偏估。[①] 明瑟法估算出来的教育收益率存在偏差，可能会误导个人或政府的教育决策。总之，教育收益率的计算办法尚在不断完善之中。

---

① Heckman，J. "Sample Selection Bias as a Specification Error," *Econometrica*，1979，47(1)，pp. 153-161.

第三节 教育投资风险

/////////////////////

从上述讨论可知，人们之所以选择接受教育而不选择就业是因为人们完全相信，在对教育进行投资并接受教育后能够获得比不接受教育更多的市场化和非市场化收益。投资理论认为，投资是为了获得可能的不确定的未来值而做出的确定的价值牺牲，未来是不确定的，由不确定性决定的风险正是投资的本质。教育收益具有特殊性，它的获得是一个面向未来的长期过程，且依赖于人的生命状态、生存环境、发展路径选择、信息获取和合理的就学、就业制度安排等众多因素。因此，无论对于个人还是社会来讲，教育投资是有风险的。

一、教育投资风险的含义

把教育作为一种投资是人力资本理论的核心观点，但传统人力资本投资理论的最大缺陷就是没有考虑投资的成本约束，只是从效率产生的必然性考虑，忽视了投资主体的投资行为可能会产生的实际收益与预期收益的不一致情形，即风险(市场风险和道德风险)的存在。

与物质资本投资风险研究中的情形类似，对教育投资风险也不存在一个通用的定义。但国外主流的研究者如麦戈德里克(P. J. McGoldrick)和卡诺伊(Martin Carnoy)等都将教育投资风险界定为教育投资收益的变动，而不是单独考察教育投资的损失，并且也认同风险与不确定性是等同的意义。国内一些学者也分别给出了对教育投资风险的理解。如赵宏斌(2004)认为，教育收益的不确定性，即教育风险，是指由于种种不确定因素的存在，具有相同教育水平的个体存在着获取不同教育收益的可能性。马晓强、丁小浩(2005)把个人教育投资风险定义为个人教育投资收益的变化，而不是单独考察教育投资的损失，并且认同风险与不确定性是等同意义。金利娟(2005)认为，教育投资风险是指一定的经济主体为了获取未来一定时期不确定的效益而将现期拥有的资源转化为教育资本的风险。赵恒平、闵剑(2005)认为，高等教育个人投资风险是指个体进行高等教育投资时可能发生的各种结果的变动程度，是高等教育个人投资的不确定性，或者说高等教育个人投资中不利事件发生的可能性。宋之杰、牛晓叶(2006)以高等教育为例，认为高等教育投资风险是指投资者为获得个人收益或社会收益将资本投入高等教育领域，而在其投资活动过程中所面临的遭受损失或不能获得预期收益的可能性。艾哈迈德（Ahmet，2005）等认为，高等教育风险是存在的，最主要的表现就是辍学率逐年上升。[①] 王明进、岳昌君（2007）认为，教育投资风险是指预期收入与接受教育之后实际收入的差值，而这一差值是不确定的。[②]

综上所述，对教育投资风险可进行如下定义：教育投资风险是指在一定条件下和一定时期内，由于各种变量的不确定性，教育投资者预期获得的教育收益与未来实际获得收益不一致的可能性。

二、教育投资风险的类型及来源

教育投资风险依据投资主体不同、风险存在的范围及其是否可以分散和规避、风险存在的时间长短不同、风险来源不同、风险是否可见、风险的性质不同等标准，可分为若干类型。

1. 个人（家庭）教育投资风险和国家、举办人教育投资风险

按照教育投资主体的不同，教育投资风险可以分为个人（家庭）教育投资风险和国家、举办人教育投资风险。

（1）个人（家庭）教育投资风险。个人（家庭）教育投资风险主要包括以下五大类：①"教育预期收益风险"（Risk of Expected Benefit in Education），指教育投资者个人在进行是否投资时所估算的教育收益的实际值与估算值之间不一致的风险。②"教育的专业风险"（Professional Risk in Education），指教育投资者个人所选择的专业不能适应市场需求的风险。③"教育就业风险"（Employment Risk in Education），指教育投资者个人所面临的就业市场的波动、就业政策波动及就业环境的优差原因使得投资者个人不能获得理想工作的风险。④"教育过度风险"（Risk of Over-Education），指教育投资个人所拥有的教育超过了需要，所获得的技能超出了工作中所要求的技能所造成的技能低效用风险。⑤"教育的人身风险"（Risk of Life in Education），指教育投资者个人由于人体生命的结束而使得人力资本消失，造成人力资本投资成本损失的风险。

（2）国家、举办人教育投资风险。国家、举办人教育投资风险也包括五大类：①

① Akyol Ahmet and Kartik Athreya. "Risky Higher Education and Subsidies," *Journal of Economic Dynamics and Control*, 2005(29), pp. 979-1023.

② 王明进，岳昌君：《个人教育投资风险的计量分析》，载《北京大学教育评论》，2007，5(2)，pp. 128-135.

"教育的投资资金风险"（Risk of Investment Funds for Education），主要是指教育举办单位的投资经费不足，向银行大额借款而可能造成的到期无法偿还贷款的风险。②"投资过度风险"（Risk of Over-investment in Education），指教育办学规模过大，而招生生源不足，造成教室、图书等学校资源浪费，达不到规模办学的风险。③"教育的投资经营风险"（Operation Risk of Investment in Education），指学校管理者在对学校的办学层次、专业结构、自我宣传等内容进行经营过程中出现的风险。④"教育质量风险"（Quality Risk of Education），指学校所培养的学生不能满足国家、社会以及用人部门需要或学生的潜能不能被充分调动的风险。⑤"教育的就业市场波动风险"（Risk of Fluctuating Market in Education），指学校在确定专业设置、人才培养模式时所依据的就业市场信息在学生就学期间发生变动，致使学生就业状况不好而产生的风险。

2. 教育投资的系统风险和非系统风险

按照风险存在的范围及其是否可以分散和规避，教育投资风险可以分为系统风险和非系统风险。"教育投资的系统风险"（Risk in Education Investment System），是指由于外部不确定因素引发的风险，即所有的教育投资者都无法控制、无力排除、无法分散和无法规避的风险，主要包括政治风险、政策法律风险、宏观经济风险和社会风险。"教育投资非系统风险"（Risk in Non-education-related Investment System），是指由于教育投资者或受教育者本身的不确定因素引发的，在一定程度上可以克服或排除、分散和规避的风险，主要包括教育选择风险、教育个体风险、就业市场风险、道德风险（信用风险）、财务风险、管理风险、健康和安全风险等。

3. 教育投资的永久性风险和暂时性风险

按照风险的存续性，教育投资风险可以分为永久性风险和暂时性风险。"教育投资的永久性风险"（Permanent Risk of Investment in Education），是指教育投资主体和客体面临的潜在的、长期的、连续的、稳定的风险，如由于个人对某一学科的偏爱、教育对不同受教育者的影响、教育环境的变化等产生的不确定性。"教育投资的暂时性风险"（Temporary Risk of Investment in Education），是指教育投资主体和客体面临的可变的、暂时的、间歇的、波动性风险，如就业市场波动的可能、人们对某一教育项目（如出国留学、外语考试培训等）的偏好改变的可能等。

4. 不同来源的风险

根据风险来源的不同，教育投资风险可分为三类：一是社会风险，即由社会变迁导致的教育投资风险，包括市场风险和环境风险等；二是政策风险，即由政府政策的变化而导致的教育投资风险；三是个人风险，即由教育投资者个人原因导致的教育投资风险，包括经营风险、个性风险和意外风险等。

5. 有形风险和无形风险

按照风险出现的可见性，教育投资风险可以分为有形风险和无形风险。"教育投资的有形风险"（Tangible Risk of Investment in Education），是指能够轻易感受到的教育投资贬值的可能性。它包括：校舍、图书等教育基础设施的使用折旧，教育决策错误，学校人才流失，个人健康状况转坏，专业不对口，由于生疏、遗忘等引起的知识技能的减少等。"教育投资的无形风险"（Intangible Risk of Investment in Education），是指不容易让人察觉的教育投资收益变动的可能性。这种风险主要是由社会发展、科技进步引起的。例如，科技的飞速发展使学校原来开设的专业变得不适应劳动力市场需求。

6. 不同性质的风险

按照风险性质的不同，教育投资风险可以分为道德风险（也称信用风险、违约风险）；市场风险，即市场不确定性所形成的教育收益低于预期的可能性；判断风险，即教育投资主体认为投资客体具有升值的能力和潜力，但实际上客体不具备这种能力和潜力或不努力实现投资者的意愿的可能性；不可抗拒风险，即教育投资客体（比如某个人）突然死亡或受到某种意外的人身伤害而致疾致残的可能性。除此之外，国外有学者将风险分为市场风险、流动性风险、信用风险、操作风险和不可规避风险。市场风险是指学费随着物价的变动而变动。流动性风险是指受教育者在毕业之后找不到工作。信用风险指受教育者在毕业之后由于失业或者收入低的原因无法偿还上学所欠的借款。操作风险主要是指健康风险。不可规避风险是劳动力市场的波动造成教育投资者在毕业之后找不到工作。

三、教育投资风险的计量

基于不同风险的认识，投资风险也有不同的计量指标。将风险定义为"结果的变动性"的风险观对应的是"以收益的方差为基础"的风险计量指标，包括"方差""标准差""变异系数"等；将风险视为"对损失的测算"的风险观对应的是以收益的"下偏矩"（Lower Partial Moments，LPM）为基础的风险计量指标，包括目标半方差、单边离差均值等。在 LPM 法中，只有收益分布的左尾部才被用来进行风险度量。在教育投资风险实证研究文献中，大多采用第一种风险观及相应的计量指标。

基于不同的研究方向，在具体的实证研究中，教育投资风险的计量方法也有所不同。对教育投资风险的实证研究可以从计量对象上概括为以下两个方向：一是研究教育与收入风险之间的关系；二是对标准明瑟收益方程中的教育收益率系数变化的考察。在第一种研究方向的实证研究中，主要是对收入的变动程度与教育程度间关系的考察。其中，对收入的计量指标主要有原始收入、对数收入、收入残差、收入残差的反对数等，在收入变动的计量指标上，也存在诸多选择，经常使用的指标主要有方差和变异系数两种。在第二个研究方向中，从实证方法方面又可分为以下三种：一是对标准明瑟收益方程中教育收益率进行时间序列估计，将其变化程度作为投资风险的计量水平。例如哈特戈(Hartog，1993)等人对新西兰教育投资收益的时序考察，特罗斯特尔等(Trostel et al.，2000)对 28 个国家的国别比较研究，奥利等(Orley et al，1999)利用元分析(Meta Analysis)对以前的 96 个教育投资收益研究的比较，都是近年来有代表性的研究。二是对个体间教育投资收益率差别的研究。哈默、霍根及沃克(Harmon，Hogan & Walker，2003)拓展了标准的人力资本收益函数，包括了学校教育收益率的分散程度。他们认为教育收益率是因人而异的，并把它作为一个随机系数。三是对分位数回归技术的应用。"分位数回归"又称"分量回归"(Quantile Regression，QR)，由科恩克和巴萨特(Koenker & Bassett，1978)提出。在收入分布的平均数回归估计中，回归系数被假定在整个收入的条件分布中是不变的，从而限制了对收入分布中一些重要特征的考察。分位数回归与平均数回归估计相比，具有两个优点：一是约束条件减少，因为它允许参数 β 在因变量的条件分布中的不同分布点变动，因此可以对回归关系进行更详细的特征描述；二是分位数回归对特异值更具包容度，这是因为分位数回归中残差的最小化不是如在最小二乘中的平方值，特异值并不特别得到强化。如果回归中的残差项不呈正态分布，分位数回归比平均数回归更具有效率(Buchinsky，1998)。因此，分位数回归估计方法现已成为描述样本分布整体情况的有力工具。赵宏斌(2004)和马晓强、丁小浩(2005)也都采用这种方法计量教育风险。下面就重点介绍分位数回归估计法。

传统的"普通最小二乘估计法"(Ordinary Least Square Estimation，OLS)是估计自变量对因变量的条件平均数的效果，其假设是不同分布点上自变量的效果是相同的。而分位数回归则是一种更一般化的估计方法，其目的是观察分布中不同分位点上自变量的不同作用。分位数回归中，参数估计一般采用"加权最小一乘"(Weighted Least Absolute，WLA)准则，其表达式为：

$$\min_{\beta \in R^k} \left\{ \sum_{i:\ y_i \geqslant x_i\beta} \theta \,|\, y_i - x_i\beta_\theta \,| + \sum_{i:\ y_i < x_i\beta} (1-\theta) \,|\, y_i - x_i\beta_\theta \,| \right\} \qquad (6\text{-}51)$$

式中，y_i 为因变量；x_i 为自变量；θ 为估计中所取的各分位点值；β_θ 为各分位点估计系数值。其基本含义是在回归线上方的点（残差为正），其权重为 θ；在回归线下方的点（残差为负），其权重为 $(1-\theta)$。当 $\theta = 0.5$ 时，即为"中位数回归"（Median Regression）。估计的参数值 β_θ 将随 θ 值的变化而变化。

就收入分布而言，在均数回归估计中，回归系数被假定在整个收入的条件分布中是不变的，从而限制了对收入分布中一些重要特征的考察（Buchinsky，1994）。如果研究的是教育投资收益率的变动情况，普通最小二乘估计（OLS）只能得出教育投资收益率的条件均数回归值，要想考察整个收入分布中不同收入点上教育投资收益率的差异，传统的分析思路是将样本再划分为数个小样本分别进行估计，但这种截断方法实际上是在特征近似的小团体内部自行比较，必然导致样本的选择性偏差。而分位数回归模型在回归中将使用到所有的观察值，这对全面考察教育投资收益率的变动情况十分合适。

采用明瑟收益方程，进行分位数回归的方法为：

$$\ln\omega_i = x_i\beta_\theta + \mu_{\theta i} \qquad (6\text{-}52)$$

式中，ω_i 为收入；x_i 是自变量；β_θ 是参数；$\mu_{\theta i}$ 为随机扰动项；$0 < \theta < 1$。对第 θ 个分位点回归所得的各项系数值被定义为对下面问题的求解：

$$\min_{\beta \in R^k} \left\{ \sum_{i:\ \ln\omega_i \geqslant x_i\beta} \theta \,|\, \ln\omega_i - x_i\beta_\theta \,| + \sum_{i:\ \ln\omega_i < x_i\beta} (1-\theta) \,|\, \ln\omega_i - x_i\beta_\theta \,| \right\} \qquad (6\text{-}53)$$

对分位数回归估计中系数的解释与均数回归估计中系数的解释是一样的。对教育年限的回归系数而言，均数回归中的意义为：由条件分布中各平均收入点回归而形成的收入函数中教育年限的偏回归系数；与此类似，分位数回归中教育年限回归系数可解释为：条件分布中由同一分位点回归得出的收入函数中教育年限的偏回归系数。

取 $\beta_{\theta=last}$ 为最后一个分位数回归所得的系数值，$\beta_{\theta=first}$ 为第一个分位数回归所得的系数值，由于其差可能为负，故取其绝对值 $dif = |\beta_{\theta=last} - \beta_{\theta=first}|$ 来计量教育投资风险。

举例来说，若最后一个分位数取 9，则如果第 9 与第 1 分位的教育收益率系数差的绝对值较大，表明高分位上的教育收益率与低分位上的相差较大，个体进入劳动力市场后面临的教育风险较大；反之，如果绝对值接近于零，则无教育风险。

第七章　教育规模经济

教育规模经济既是教育经济学研究的一项重要内容，也是政府制定政策的一个有用工具。中共中央、国务院公布的《关于加快发展第三产业的决定》，将"教育"看作"为提高科学文化水平和居民素质服务的部门"，划为第三产业。从这个意义上来说，教育具有产业属性，即经济基础属性。但另一方面，教育又具有反映和反作用于经济和社会的属性，即上层建筑属性。任何产业的经营都要依赖于一定的资源，而资源的稀缺性决定了其需要相应的理论来指导，以实现资源的充分利用。一定的资源只有达到一定的经营规模，才会产生规模经济。教育作为人力、物力和财力聚集单元，学校作为一定意义上的市场主体，同样存在着规模经济与规模不经济问题。本章试图将规模经济理论应用于教育领域，探讨教育的规模经济问题，以实现最佳的教育经济规模。

第一节　教育规模经济与规模不经济

虽然规模经济研究始于物质生产部门，但随后广泛应用于教育等非物质生产领域。近年来，教育规模经济与规模不经济的问题是教育经济学研究的重要议题之一。其原因在于教育是一种促进规模逐步扩大的知识产业，急需大量资源的投入，各国面临的普遍问题是教育资源的短缺，如何使有限资源投入发挥最大效能，是国内外学者共同关注的研究焦点。

《中华人民共和国教育法》规定：学校及其他教育机构具备法人条件的，自批准设立或登记注册之日起取得法人资格。显然，从民法的角度上来看，学校是法人，而且是事业法人而非企业法人。[①] 法人是民法上的概念，我国《民法典》第五十七条

---

① 根据我国《民法典》，区分企业法人和机关、事业、社团法人的一个重要标准就是看是否以营利为目的。

规定："法人是具有民事权利能力和民事行为能力，依法独立享有民事权利和承担民事义务的组织。"学校取得法人资格除具备《民法典》规定的法人条件外，还应同时满足《教育法》中学校设置的条件。《中华人民共和国教育法》第二十七条规定："设立学校及其他教育机构，必须具备下列基本条件：(1)有组织机构和章程；(2)有合格的教师；(3)有符合规定标准的教学场所及设施、设备等；(4)有必备的办学资金和稳定的经费来源。"既然学校是事业法人而非企业法人，那是否存在经营问题(生产性活动)呢？严格来说，是没有的。但是，规模经济有两个模型，一个是工厂模型，一个是公司模型。工厂模型是从设备、技术、生产工艺过程等角度提出的，因此可以称为生产技术规模经济，其形成原因是技术经济规律。公司模型是从经营管理的角度提出的，因此又可以称为经营管理规模经济，其形成原因是公司的经营管理。而学校同样存在着人事管理、行政管理、财务管理等管理活动，尤其是对教师与学生的管理占有相当比重，并且也从事着一定意义上的经营活动，如学校后勤工作等。因此，可将学校管理纳入公司经营管理模型，来分析教育规模(学校经营规模)的经济与不经济问题。

一、教育规模经济

对于教育规模经济可以这样理解，假设资源投入是以单位学生成本计算，产出则是以学生(在学或毕业)人数计算。如果学校淘汰及损耗比例特别大，在学人数与毕业人数相差甚多，则只能以毕业人数作为产出单位。学生人数增加的比例大于单位学生成本增加的比例，培养学生的单位平均成本因学生人数上升而下降的情况，便是"教育规模经济"(Economies of Scale in Education)。如果用 a 表示学生人数增长率，用 b 表示单位学生成本增长率，$a>b$，则是教育规模经济；反之，如果 $a<b$，便是教育规模不经济。通常教育资源的投入分成固定资本成本和变动经常成本。资本成本不变，学生人数增加比例永远大于单位学生成本增加的比例。事实上，学生人数不断增加，单位资本成本也不断减少，一定会出现规模经济。经常成本则不然，经常成本增加比例小于学生人数增加比例时，单位平均经常成本将因学生人数增加而上升，因此，教育规模经济应指单位平均经常成本因学生人数增加而下降的情况。反之，教育规模不经济则指单位平均经常成本因学生人数增加而上升的情况，如图 7-1 所示。MC 表示边际成本曲线，AC 表示平均经常成本曲线，AB 段边际成本大于平均成本，教育规模经济，但没有最大化；B 点为最佳教育规模点，此时两条曲线相交于 E 点；BC 段会产生教育规模不经济现象。

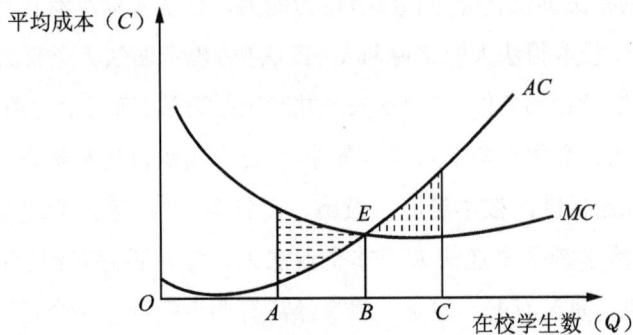

图 7-1　单位学生成本与学校规模的关系

为什么会形成教育规模经济？教育规模经济的形成机理是在保证教育质量前提下，使学校资源获得充分和适当的使用。同时，规模经济的产生必须在规模扩大后不致衍生不经济缺陷的条件下才能成立。参考国外的一些研究成果，明显的规模效益主要在学校规模很小时表现出来，表现显著的正的规模效益的学校规模范围因学校类型的不同而有所不同。在校生人数有了大幅度的提高（如我国 20 世纪 90 年代后期的大规模扩招）后，这时再增加学生人数、扩大招生规模，则需要额外增加管理人员、教学人员、设备，尤其是教室等，即固定成本要相应增加，特别是当规模扩大后，如果管理措施跟不上，则会产生互相扯皮、增加内耗等现象，就降低了资源利用效率。形成教育规模经济的原因主要有以下几个方面。

1. 教学效率提高

在小学校，一个教师或行政人员可能要同时承担几种工作。而规模较大的学校，人力资源相对充足，劳动分工较为细致合理，教师和行政人员角色专门化、专业化，教师不必担任非其所学的专业课程，重复课次数增加，教学过程会出现显著的"学习效应"（Learning Effect），从而提高教学内容、方法的熟练程度以及教学效率与效果，学校运行的边际收益增加。

2. 教学技术进步

教学设施是学校的基本办学条件，部分教学设施具有极强的专业性、方向性和不可替代性。教育规模的扩大，使学校有能力购置先进的专业化教学实验设备，采用多媒体、局域网、远程教育等现代化教育手段，提高教学质量，降低教学变动费用，获得技术进步带来的经济节约。

3. 资源有效利用

生产要素的整体性是指兴办学校，相关教育资源必须同时投入与运用。生产要素的不可分割性则指某些资源的购置及运用必须是一个自然单位,具有不可分割性,如人力、教室、实验室、教学仪器设备、图书、办公用房、学生宿舍、运动场馆、食堂等。学校规模的扩大,有利于充分利用现有办学条件,减少生均教育成本。

4. 交易成本降低

大规模学校可凭借其财产担保与社会信用从金融部门获得大量低息贷款,以及为其带来基本建设、仪器设备、招生、教材、毕业生就业等采购或推荐经济上的优惠,降低交易成本,使其具有更强的风险承担能力。

5. 专业数量增加

一般而言,高等学校规模的扩大是与其专业数量呈同方向变化的,专业数量的增加具有两个方面的报酬递增效果。一是不同专业教师可以进行知识交流,有助于提高教师的学识、教学质量与科研水平。二是同伴效应。学生在一个规模大的学校里可以听到不同专业的知识讲座、获取不同专业的知识,不同专业的学生也可以进行知识交流,产生知识交流的报酬递增现象。

6. 学校声誉提升

企业的目标是追求价值或利润最大化,学校这类组织则是追求社会声誉(名望、地位)最大化。学校规模的扩大,预示着其声望、社会地位的提高和社会价值的实现,满足学校管理层与教职员工的成就感,并使其有机会从国家或社会获得更多资源,以优越的教学科研条件和薪金吸引稳定高水平的师资队伍及高素质的学生,从而产生规模效益。

7. 生均成本降低

院校一定时期的成本费用总额可分为固定成本和变动成本。固定成本主要由固定资产折旧、工资、福利、津贴、办公费、差旅费、学科(专业)开办与建设费等构成,这类成本是由学校的基本办学条件所引起的,在一定时期和一定规模的在校生范围(相关范围)内,其总额不受学校在校生人数影响。但生均负担的固定成本则随在校生人数成反比例变化,即在校生人数增加,单位固定成本下降;在校生人数减少,单位固定成本上升。其中,行政管理费用是降幅最大的费用项目。因此,在一定范围内扩大学校规模有利于生均成本的降低。

二、教育规模不经济

"教育规模不经济"(Diseconomies of Scale in Education)包括两种情况:一是教育规模过小,达不到规模经济;二是教育规模超越了规模经济,同样会产生教育规模不经济。

1. 学校规模过小产生的教育规模不经济

学校规模过小，就不能充分发挥资源（如教室、仪器、教师等）的效用，这样单位学生成本就会偏高；资源就不能获得适当而充分的运用，例如，教学不易分工，教师兼课过多，负担过重且业务难以专精；因人力、物力有限，不宜安排适当的教育机会。规模过小的学校一般处于成长过程之中，如果固定投资增加，规模扩大，单位学生成本就会减少，从而产生规模经济。

2. 学校规模过大产生的教育规模不经济

学校规模过大产生教育规模不经济的原因主要有三点：一是人际关系疏离。学校的社会结构与学生教育成就有着密切的关系，学校成员间（包括教师、行政人员及学生）等社会交互作用的品质决定学校教育的成败。也就是说，在学校社会结构中，如果各领域交互作用情形良好，则良好的教学及学习气氛因之产生。否则，如果这种交互作用情形不良，则教学及学习气氛将转坏，行政人员或教师可能因此而工作懈怠或调离，学生也可能会厌学或辍学。二是行政管理僵化。高校规模过大，将会滋生"大组织病"（Large Organizational Problems）。管理层次增多，管理幅度增加，需要增添若干中间机构和工作人员，沟通及协调困难增加，降低管理效率并导致成本支出增加。部门本位容易产生，部门之间的摩擦增加，职工积极性降低，工作中相互推诿，工作效率低下，人际关系冷漠，滋生不参与及不隶属情绪，从而产生不经济缺陷。三是灵活性差，部分教育资源闲置。大规模高校难以适时地根据市场对人才的需求变化调整其规模、专业结构、人力资源和教学设施，学校的局部师资、教学设施可能因生源等因素影响而出现闲置浪费现象。

从以上论述可知，学校规模过小会导致资源的浪费，不能物尽其用；规模扩大，可增加资源利用率，增强资源效用，降低单位学生成本，产生规模经济。但规模扩大到一定程度之后，如果继续扩大，易产生人际关系冷漠和行政僵化等不经济缺陷，得不偿失。因此，教育规模经济的形成取决于三个条件：一是教育资源的充分利用；二是教育资源的适当利用；三是规模扩大但不衍生不经济缺陷。唯有适度规模的学校方可获得教育规模经济。

三、学校规模经济的特殊性要求

学校规模经济的特殊性要求主要有三点：一是教育规模经济的适度性与企业规模经济不同。学校是培养人才的场所，其规模经济是适度、合理的规模经济，即必须使学生有一个科学合理的学习空间和资源，有益于其健全的性格和能力养成，不能片面追求生均成本降低而忽略质量及产生人际关系疏离等现象。二是从教育产品的特殊性与计量方法的模糊性理论上讲，教育规模一般是用反映其产出的指标计量的，教育的产出具有双重性。对学生而言，教育的产品是学时或者知识与技能；对社会而言，教育的产品是合格人才。鉴于教育产品价值的滞后性及受多种因素作用，教育生产过程难以准确量化，制约了规模经济理论在教育规模研究中运用的深度。三是教育规模扩大的有限性和区间性规模扩张固然能带来可观的收益，但也可能带来较大的支出，这主要是受学校生产能力、生源规模、就业率、生均成本以及国民经济发展水平、教育发展速度与政策等因素的影响和制约。当其规模超过一定范围后，将会引起新一轮固定资产购置、扩大校园面积、引进师资等支出的发生；否则，必将损害教育功能，此时，生均成本即使减少也不能称为教育规模经济。

第二节　学校适度规模研究方法及约束条件

一、学校适度规模研究方法

学校适度规模是指学校的规模恰好可以使资源获得充分与适当的运用，而又不衍生规模不经济现象。确定学校适度规模的主要研究方法有以下几种。

1. 二次函数法

教育的基本组成单位是学校，将规模经济理论运用到教育领域中，则是把教育资源的投入看成一个长期成本的投入过程。在长期，所有生产要素都是变动的，因此没有固定成本和变动成本之分。在经济学理论中，假定长期平均成本为 LAC（Long-run Average Cost），其函数为"U形"的，即在低产量范围内 LAC 是下降的，在较高产量范围内是上升的。LAC 曲线也能反映学校教育的规模经济和不经济性变化状况。如图 7-2 所示，C 为教育资源的投入成本，Q 为在校学生人数，从 Q_1 到 Q_2，随着学生规模的不断扩大，LAC 不断递减，说明存在规模经济；从 Q_2 到 Q_3，随着规模的继续扩大，LAC 不断增加，说明存在规模不经济。U形曲线底部的 LAC 最小，是学生平均成本最低点，所对应的学生人数（Q_2）可视为最适规模学生人数，也称学校最佳经济规模。

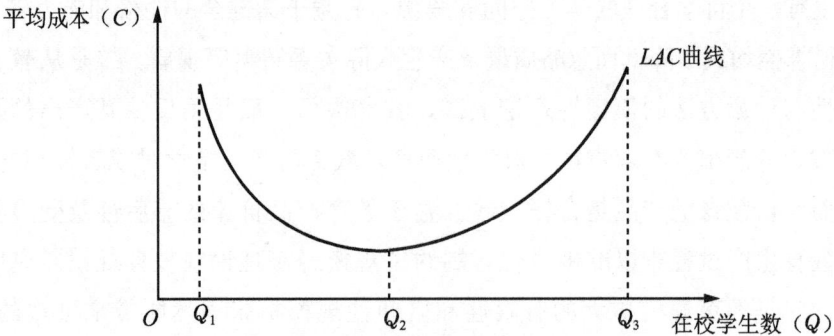

平均成本（C）

LAC曲线

O Q₁   Q₂   Q₃   在校学生数（Q）

图 7-2 教育投资的长期平均成本曲线

因长期总成本 LTC（Long-run Total Cost）是产量 Q 的二次函数，又 $LAC = LTC/Q$，所以，长期平均总成本函数表达式为：

$$C_0 = aQ^2 + bQ + c \tag{7-1}$$

边际成本为：$MC = \Delta AC/\Delta Q = \mathrm{d}(AC)/\mathrm{d}(Q) = 2aQ + b$。令 $MC = 0$，则 $Q = -b/2a$。所以，当在校人数为 $-b/2a$ 时，则刚好突破学校开办时的整体性及不可分性，这是学校的最小经济规模。

2. L 模型与 U 形图

L 模型的经济学意义是，当资源获得充分运用后，如果继续投资，还是可能出现规模经济的。单位学生平均经常成本与学生人数的相关曲线由许多 U 形曲线连接而成，在所有连接的 U 形曲线中，以学校开办时单位学生经常成本最高。随后，因学生人数增加，继续增加的成本相对减少其对单位学生经常成本的影响的量，因此继续投资而单位学生平均经常成本的增加不多，且继续投资后，因规模扩大所减少的单位学生平均经常成本也较少。如图 7-3 所示，U_1 是学校开办时的 U 形曲线，单位学生经常成本随规模扩大而迅速减少。$U_2 \sim U_5$ 是继续投入资源，因学生人数增加到一定数量后，增加的资源对单位学生平均成本影响逐渐减少的情况，单位学生平均经常成本呈小幅度"U 形"向下波动。因此，学校经过一个最小规模，充分运用了开办时的资源后，继续投资并扩大规模，其单位学生平均经常成本都将维持在一个最低水

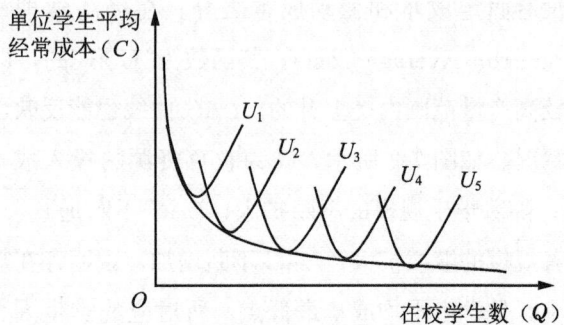

单位学生平均经常成本（C）

U_1 U_2 U_3 U_4 U_5

O   在校学生数（Q）

图 7-3 单位学生平均经常成本与学校规模关系曲线

平，也就是维持一个规模经济状态。如将这些单位学生平均经常成本及学生人数资料进行平均回归，刚好是一个双曲线模型，即 L 模型。

双曲线标准式是 $\dfrac{Y^2}{\alpha^2}-\dfrac{X^2}{\beta^2}=1$，即：

$$\frac{C^2}{\alpha^2}-\frac{Q^2}{\beta^2}=1 \tag{7-2}$$

将式(7-2)整理后得，$C=a+b/Q$，$\dfrac{\mathrm{d}C}{\mathrm{d}Q}=\dfrac{-b}{Q^2}$。令 $\dfrac{\mathrm{d}C}{\mathrm{d}Q}=0$，则 $-b/Q^2=0$。令 $bQ^2=0$，这样 Q 值就无穷大，即学校规模越大越好，实际上是没有找到最适当规模学生人数点。学校规模不可能无限扩大，否则会产生教育规模不经济。

学校应有一个最适当的规模，由 U 形图来获得的解，应只是学校的最小适度规模。为获得教育规模经济，学校可维持一个充分并适当运用资源的稍大规模。一般来说，应维持二级或者三级适度规模(U_2 或 U_3)。这一规模的大小，可参照 U 形曲线分析，采用 U 模型和 L 模型综合分析来求解。

3. 适者生存法

"适者生存"(The Survival of the Fittest)检验法，是由美国著名经济学家斯蒂格勒(George J. Stigler)于 1958 年最早提出的[1]，其基本思想是：一般来说，在激烈的竞争中能够生存并且其产品的市场份额不断上升的公司或企业的规模就是最优的。"适者生存法"也称"生存原理"(Survival Principle)或"森林法则"(Jungle Rules)。到目前为止，已有众多的经济学家利用此法进行了大量的实证研究，证明该方法是基本可行的，但采用此方法研究时应注意的是，企业在竞争中生存下来且产品市场份额不断扩大的原因肯定不只是规模经济这一条。从适者生存的角度来看，在技术、人力等学校生存环境相同的条件下，生产效率和办学效益较高的学校，将能够长期生存并获得成长，其市场占有份额呈增长态势，其规模也就是经济有效的；而市场占有份额下降的高校，其规模就是不经济的。因此，通过考察一定时期学校规模结构，就可以得出此期高等院校办学的适度规模。适者生存法的优点是简便易行、联系实际，较好地体现了处于某一特定经济、政治、社会环境中的学校对自身成本和收益的反映，避免了对生均成本等难以量化高校规模制约因子的计量。其缺点是，由于技术等因素的变化，不同时期确定的适度规模存在较大差异。

---

[1] Stigler, G. J. "The Economies of Scale," *Journal of Law and Economics*, 1958, 1(October), pp. 54-71.

4. 生产函数法

依据柯布—道格拉斯生产函数，教育的生产函数可书写为：

$$P = A_t L^\alpha K^\beta \tag{7-3}$$

式中，P 代表历年学校毕业人数；A_t 代表教学或管理水平；L 代表劳动；K 代表"固定资产折旧＋流动资金"；$t = 1, 2, \cdots$；α 代表劳动弹性；β 代表资本弹性。A，α，β 为三个正参数，L，K，P 数据均可由学校历年年报获得，然后可以利用多元线性回归程序计算出 α，β。当 $\alpha + \beta > 1$ 时，说明规模处于报酬递增阶段，在这种情况下，投资者应加大或维持投入增长率；当 $\alpha < \beta$ 时，则应采取增大人力这一策略，以提高物的利用率；当 $\alpha > \beta$ 时，则应增大财力，以提高人的利用率；当 $\alpha + \beta = 1$ 时，说明规模处于报酬不变阶段；当 $\alpha + \beta < 1$ 时，说明规模处于报酬递减阶段。根据生产函数法，可以将规模报酬划分为递增、不变、递减三个阶段，相应地，学校规模将出现规模成长、稳定和萎缩的发展趋势。若计算出了某一时期的最优学校规模，则可将某一学校的规模归纳为三个类型：规模适度型、规模过小型和规模过大型。

二、学校适度规模研究的假设条件

众所周知，对任何计量模型的构建都是建立在一定的假设条件基础上的，因为计量模型只有在一定理想化的条件下才有可能成立，研究学校规模计量模型也需要建立在一定的假设基础之上。

假设1：学校规模的大小主要考虑师资力量。学校的扩招受许多条件的限制，如师资力量、后勤设施、教学场地设备等，但假定其扩招与否主要是受师资力量的限制和影响，也就是说，在假定后勤设施、教学场地设备等不变的条件下，师资力量是决定性因素。

假设2：不考虑学校学生的各学历层次的当量关系和教职工的水平问题，也不考虑非全日制学生。在此假设的基础上，可以考虑学校师生是否有一定的关系，这种关系是研究高等学校规模计量的基础，可以假定高等学校的师生存在如下的线性回归关系：

$$Y = \beta_1 + \beta_2 X \tag{7-4}$$

式中，Y，X 分别代表学校的学生和教职工人数，则：

$$x_i = X_i - \bar{X}; \quad y_i = Y_i - \bar{Y}; \quad \hat{\mu}_i = Y_i - \hat{Y}_i; \quad \hat{\beta}_2 = \frac{\sum x_i y_i}{\sum x_i^2}; \quad \hat{\beta}_1 = \bar{Y} - \hat{\beta}_2 \bar{X}$$

三、学校适度规模的约束条件

一个国家必定存在着各级各类教育。我国《教育法》规定，国家实行学前教育、初等教育、中等教育、高等教育的学校教育制度。针对不同级别的教育，国家又有相关的法律政策予以调整。

1. 义务教育规模的约束条件：适龄儿童的数量

义务教育作为基础教育、学校教育的起点，在世界各国往往还要接受特殊法律政策的调整和关怀。为保障适龄儿童、少年接受义务教育的权利，保证义务教育的实施，提高全民族素质，我国制定了《中华人民共和国义务教育法》。1986 年开始起草与实施，2006 年修订，2015 年和 2018 年又先后两次进行了修正。2018 年 12 月通过的《中华人民共和国义务教育法》第十一条规定：凡年满六周岁的儿童，其父母或者其他法定监护人应当送其入学接受并完成义务教育；条件不具备的地区的儿童，可以推迟到七周岁。第十二条规定：适龄儿童、少年免试入学。地方各级人民政府应当保障适龄儿童、少年在户籍所在地学校就近入学。当地人民政府应当为其提供平等接受义务教育的条件。第四十二条规定：国家将义务教育全面纳入财政保障范围，义务教育经费由国务院和地方各级人民政府依照本法规定予以保障。国务院和地方各级人民政府将义务教育经费纳入财政预算。第四十四条规定：义务教育经费投入实行国务院和地方各级人民政府根据职责共同负担，省、自治区、直辖市人民政府负责统筹落实的体制。因此，义务教育规模的唯一约束条件即是适龄儿童的数量，"儿童、少年就近入学"，不同地区、不同学校周围的适龄儿童的数量决定了这些地区这些学校的规模。

2. 高中教育规模的约束条件：经济发展水平（居民收入水平）

普通高中教育①虽属于基础教育，但在我国目前的法律政策安排下并没有将其纳入义务教育的范畴，我国目前也没有针对高中教育的法律，只是在一些基础教育的政策中零星提及。2001 年《国务院关于基础教育改革与发展的决定》规定：大力发展高中阶段教育，促进高中阶段教育协调发展。2005 年，教育部印发《关于统筹管理高中阶段教育学校招生工作的通知》，提出要根据国家高中阶段教育事业发展规划，逐步达到普职比例大体相当的要求。2007 年，教育部印发《关于建立健全高中阶段教

---

① 全国高中阶段教育包括普通高中、职业高中、普通中等专业学校、技工学校、成人高中、成人中等专业学校，在此谨以普通高中规模为研究对象，其他类型的高中阶段教育归并到职业教育和高等教育中加以研究——笔者注。

育学校招生工作机构的通知》，对高中教育的发展提出了新的要求，要求建立健全高中阶段教育学校招生机构，明确中招办的具体工作职责，加快招生工作信息化建设。2017 年，教育部、国家发展改革委、财政部和人力资源社会保障部四部门印发《高中阶段教育普及攻坚计划(2017—2020 年)》的通知，提出到 2020 年实现全国普及高中阶段教育，适应初中毕业生接受良好高中阶段教育的需求。高中教育发展的政治责任主要在地方，必然导致高中教育随政治区划的分割而分属到生源所在地，这就产生了如同义务教育的入学地格局。高中教育规模的约束条件主要基于以下考虑：高中学校的分布与规模，从表面上看似乎是由政府决定的，但归根结底是受经济、文化和社会等各种因素影响制约的。我国目前经济发展水平严重不平衡，主要表现在地区(主要是东、西部)发展不平衡，城乡发展不平衡。由于高中教育的主要承担者是地方政府，因此地方经济的发展水平对于普通高中教育的规模起着支柱作用。经济发展程度不同的地区其高等教育规模也会有明显差异。在我国，目前比较发达的地区普通高中教育毛入学率有的已经达到 86％以上，并力争普及高中阶段教育。而在经济水平落后地区，较低的平均居民收入水平大大减弱了家庭对于高中阶段教育的支付能力，加之高中教育不同于职业教育、高等教育可以有明显的收入预期，现行的高考制度也对落后地区的高中教育产生影响。高中教育经费多数还要靠地方政府筹措，而最根本的解决之道还在于国家与区域经济的发展。

3. 职业教育适度规模的约束条件：经济、社会与市场

职业教育是国家教育事业的重要组成部分，是促进经济、社会发展和劳动就业的重要途径。国家发展职业教育，推进职业教育改革，提高职业教育质量，建立、健全适应社会主义市场经济和社会进步需要的职业教育制度。我国《职业教育法》第十五条规定：职业学校教育分为中等职业学校教育、高等职业学校教育。中等职业学校教育由高级中等教育层次的中等职业学校(含技工学校)实施；高等职业学校教育由专科、本科及以上教育层次的高等职业学校和普通高等学校实施。根据高等职业学校设置制度规定，将符合条件的技师学院纳入高等职业学校序列。其他学校、教育机构或者符合条件的企业、行业组织按照教育行政部门的统筹规划，可以实施相应层次的职业学校教育或者提供纳入人才培养方案的学分课程。职业培训包括就业前培训、在职培训、再就业培训及其他职业性培训，可以根据实际情况分级分类实施。第十六条规定，职业培训可以由相应的职业培训机构、职业学校实施。其他学校或者教育机构以及企业、社会组织可以根据办学能力、社会需求，依法开展面向社会的、多种形式的职业培训。解析《职业教育法》不难发现，职业教育与基础教育不同，该法只是规定了国家、政府主管部门、企业、事业组织、社会团体、其他社会组织甚至公民个人在贯彻实施《职业教育法》中的程序性责任，职业教育主要还是靠市场调节。因此，本书将其同高等教育一起讨论。

4. 高等教育适度规模的约束条件：指标、定位与市场

(1)基本办学指标。高等教育包括学历教育和非学历教育，采用全日制和非全日制教育形式。我国教育部印发的《普通高等学校基本办学条件指标(试行)》，约束了学校的最低投入成本，是保证教育质量、维持正常的教学和生活秩序的基本条件(见表 7-1)。

表 7-1 普通高等学校基本办学条件指标(试行)

A. 基本办学条件指标：合格

学校类别	本科				
	生师比	具有研究生学历教师占专任教师的比例(%)	生均教学行政用房(平方米/生)	生均教学科研仪器设备值(元/生)	生均图书(册/生)
综合、师范、民族	18	30	14	5000	100
工科、农、林	18	30	16	5000	80
医学	16	30	16	5000	80
语文、财经、政法	18	30	9	3000	100
体育	11	30	22	4000	70
艺术	11	30	18	4000	80

学校类别	高职(专科)				
	生师比	具有研究生学历教师占专任教师的比例(%)	生均教学行政用房(平方米/生)	生均教学科研仪器设备值(元/生)	生均图书(册/生)
综合、师范、民族	18	15	15	4000	80
工科、农、林	18	15	16	4000	60
医学	16	15	16	4000	60
语文、财经、政法	18	15	9	3000	80
体育	13	15	22	3000	50
艺术	13	15	18	3000	60

注：1. 聘请校外教师经折算后计入教师总数，原则上聘请校外教师数不超过专任教师总数的四分之一。

2. 凡生师比指标不高于表中数值，且其他指标不低于表中数值的学校为合格学校。

B. 基本办学条件指标：限制招生

学校类别	本科				
	生师比	具有研究生学历教师占专任教师的比例（％）	生均教学行政用房（平方米/生）	生均教学科研仪器设备值（元/生）	生均图书（册/生）
综合、师范、民族	22	10	8	3000	50
工科、农、林、医学	22	10	9	3000	40
语文、财经、政法	23	10	5	2000	50
体育	17	10	13	2000	35
艺术	17	10	11	2000	40

学校类别	高职（专科）				
	生师比	具有研究生学历教师占专任教师的比例（％）	生均教学行政用房（平方米/生）	生均教学科研仪器设备值（元/生）	生均图书（册/生）
综合、师范、民族	22	5	8	2500	45
工科、农、林、医学	22	5	9	2500	35
语文、财经、政法	23	5	5	2000	45
体育	17	5	13	2000	30
艺术	17	5	11	2000	35

注：1. 生师比指标高于表中数值或其他某一项指标低于表中数值，即该项指标未达到规定要求。

2. 凡有一项指标未达到规定要求的学校，即被确定为限制招生（黄牌）学校。

3. 凡两项或两项以上指标未达到规定要求的学校，即被确定为暂停招生（红牌）学校。

4. 凡连续三年被确定为"黄牌"的学校，第三年即被确定为暂停招生（红牌）学校。

C. 监测办学条件指标：合格要求

学校类别	本科						
	具有高级职务教师占专任教师的比例（％）	生均占地面积（平方米/生）	生均宿舍面积（平方米/生）	百名学生配教学用计算机台数（台）	百名学生配多媒体教室和语音实验室座位数（个）	新增教学科研仪器设备所占比例（％）	生均年进书量（册）
综合、师范、民族	30	54	6.5	10	7	10	4
工科、农、林、医学	30	59	6.5	10	7	10	3
语文、财经、政法	30	54	6.5	10	7	10	4
体育	30	88	6.5	10	7	10	3
艺术	30	88	6.5	10	7	10	4

续表

	高职(专科)						
学校类别	具有高级职务教师占专任教师的比例(%)	生均占地面积(平方米/生)	生均宿舍面积(平方米/生)	百名学生配教学用计算机台数(台)	百名学生配多媒体教室和语音实验室座位数(个)	新增教学科研仪器设备所占比例(%)	生均年进书量(册)
综合、师范、民族	20	54	6.5	8	7	10	3
工科、农、林、医学	20	59	6.5	8	7	10	2
语文、财经、政法	20	54	6.5	8	7	10	3
体育	20	88	6.5	8	7	10	2
艺术	20	88	6.5	8	7	10	3

注：1. 凡教学仪器设备总值超过 1 亿元的高校，当年新增教学仪器设备值超过 1000 万元，该项指标即为合格。

2. 凡折合在校生超过 30000 人的高校，当年进书量超过 9 万册，该项指标即为合格。

我国高校办学条件指标测算办法是：折合在校生数＝普通本、专科(高职)生数＋硕士生数×1.5＋博士生数×2＋留学生数×3＋预科生数＋进修生数＋成人脱产班学生数＋夜大(业余)学生数×0.3＋函授生数×0.1；全日制在校生数＝普通本、专科(高职)生数＋研究生数＋留学生数＋预科生数＋成人脱产班学生数＋进修生数；教师总数＝专任教师数＋聘请校外教师数×0.5；生师比＝折合在校生数÷教师总数；具有研究生学历教师占专任教师的比例＝具有研究生学历专任教师数÷专任教师数；生均教学行政用房＝(教学及辅助用房面积＋行政办公用房面积)÷全日制在校生数；生均教学科研仪器设备值＝教学科研仪器设备资产总值÷折合在校生数；生均图书＝图书总数÷折合在校生数；具有高级职务教师占专任教师的比例＝具有副高级以上职务的专任教师数÷专任教师数；生均占地面积＝占地面积÷全日制在校生数；生均学生宿舍面积＝学生宿舍面积÷全日制在校生数；百名学生配教学用计算机台数＝(教学用计算机台数÷全日制在校生数)×100；百名学生配多媒体教室和语音实验室座位数＝(多媒体教室和语音实验室座位数÷全日制在校生数)×100；新增教学科研仪器设备所占比例＝当年新增教学科研仪器设备值÷(教学科研仪器设备资产总值－当年新增教学科研仪器设备值)；生均年进书量＝当年新增图书量÷折合在校生数。[①]

[①] 进修生数指进修及培训时间在一年以上的学生数；电子类图书、附属医院临床教学人员已在相关指标的定量中予以考虑，测算时均不包括在内——笔者注。

表 7-1 中的"生师比"以及人们常说的"师生比"能够反映出最重要资源的配置情况。高校扩招期间,我国高等教育事业发展较快,造成高校教师总量与事业发展规模不相适应的矛盾较突出。如果以发达国家同类本科高校最佳师生比标准 1∶14 为基准,我国高校的师生比严重偏低。2001 年的统计资料表明,教育部属 71 所大学,平均师生比达 1∶18.18(其中 1∶20 以上的 20 所,1∶25 以上的 6 所,还有 1∶30 以上的)。[1]

(2)学校发展定位。所谓"学校发展定位"(Orientation for the Development of Universities),主要是指学校根据国民经济或区域经济的要求,根据社会和科学技术发展的需要以及学校的实际条件确定的本学校发展上与众不同的竞争优势及与此相联系的在社会公众心目中的独特地位,以此使社会公众理解和正确识别某学校有别于其他学校的特征。它是在一定时期内的发展目标,其中既包含了学校在国内外高等学校中的定位,也包含了学校内部各要素在学校发展中的定位。学校发展定位在很大程度上决定了学校的资源配置情况,是影响学校发展规模的重要约束条件。学校的发展定位不仅决定着学校的层次取向,也影响着学校的适度规模取值。例如,研究型大学必须具备三个基本要素:培养高层次人才,从事高水平科研,高层次人才培养与高水平科研同步融合。科恩等人的研究结果也表明,不做科研的学校,全日制在校生为 5000 人时达到规模经济;进行大量科研的学校,全日制在校生为 25000 人时才能达到规模经济。[2] 因此,"高层次人才"及"科学研究"产出就显得特别重要。严格来讲,估计一个学校的适度规模需要精确测量所有投入变量、相关收益及这些投入变量与收益之间的关系。然而,在现有的国内大学适度规模研究中,大多仅以年均在校生人数作为产出指标,很少计量科学研究的产出收益,对人才培养的产出层次效率方面也很少离析。按照经济学的观点,在一个非营利企业中,因为没有所有者,没有剩余索取权,因此管理者可能存在从一个多产品的非营利企业中转移利润的问题。高校作为非营利性组织,具有可能低效率的资源配置等特征,创造的"利润"可以支持管理者的额外补贴,用于培养研究生和科学研究等。因此,学校的发展定位引致的培养层次、科学研究等问题也是确立高校适度规模的约束条件之一。

---

[1] 潘懋元:《大众化阶段的精英教育》,载《高等教育研究》,2003,24(6),pp.1-5.

[2] Cohn, E., Rhine, S. L. W. and Santos, M. C. "Institutions of Higher Education as Multi-Product Firms: Economics of Scale & Scope," *The Review of Economics & Statistics*, 1989, 71(May).

（3）教育市场需求。"教育市场需求"（Market Needs for Education）是指在一定时期内，具有学费支付能力的社会大众对于接受教育服务的渴求与欲望。在全部教育市场中，义务教育多受政府宏观调控政策的指导，受市场影响较小，而高等教育则具有明显的市场调节机制。因此，在确定学校发展规模时，应充分考虑市场需求。高校毕业生就业率已成为衡量高等教育市场需求的一项重要指标。我国教育部要求，对就业率明显偏低的地方和高校，区分情况，原则上要减少招生、控制招生或调减增幅，这本身就成了高校适度规模取值的约束条件之一。值得一提的是，从经济学观点来看，在用就业率作为大学发展规模的一项参考指标时，要注意"蛛网定律"①影响而导致适度规模的失真，因为教育生产过程有明显的"滞后效应"（Retarding Effect）。就本科生而言，本年度的就业率会影响到来年的招生数，而来年的招生数会影响到四年后的就业率。因此，也同样会有类似的"蛛网定律"现象发生。

第三节　高等教育发展规模问题的讨论

一、高等教育发展规模的基本理论

关于高等教育发展规模的基本理论，学术界看法不一，其中最有代表性的是美国学者马丁·特罗的"高等教育发展三个阶段理论"，另外还有苏联的"国家理念"、英国学者的"罗宾斯原则"、英国 20 世纪 80 年代后的大学拨款委员会新原则、美国学者的"轴心原则"等。

1. 马丁·特罗理论

（1）马丁·特罗理论的产生背景。自 20 世纪 80 年代以来，在中国国内教育界的各种场合谈到高等教育发展时，人们经常引用一个理论，即精英、大众及普及型的"高等教育发展三个阶段理论"（Three-stage Theory of the Development in Higher Education），其创立者是美国学者马丁· 特罗（Matin Trow）。在 20 世纪 70 年代初期，特罗先后在美国人文与科学院杂志《代达洛斯》（*Daedalus*）和联合国教科文组织

---

① "蛛网定律"（Cobweb Theory），又称"蛛网理论"，是 20 世纪 30 年代出现的一种进行动态均衡分析的微观经济学理论，主要内容是：把时间因素引入均衡分析之中，运用弹性理论来考察价格波动对下一周期产量的影响，以及由此而产生的均衡的变动。

下属教育协会主办的杂志《国际教育评论》上发表了两篇文章《从大众化到普及高等教育的移转》[1]和《高等教育的扩张与转化》[2]，提出了"精英·大众·普及化"的概念。1973 年 6 月，国际经合组织（OECD）在法国巴黎召开了"中等后教育的未来结构"研讨会，特罗做了代表其高等教育大众化思想的会议总报告《从英才型到大众型高等教育的各种问题》[3]。在这篇报告中，他对在前述两篇论文中提出的假说和设想，做了更加系统的理论思考，从而为特罗模式的产生提供了理论依据。1978 年 6 月，他参加了在瑞典达拉罗召开的"高等教育研究：过程与结构"研讨会，提交了《精英和大众高等教育——美国模式与欧洲的现实》[4]一文，重新审视了其 1973 年提出的高等教育发展阶段论和模式论的思想框架。在这篇文章中，特罗进一步阐述了其"阶段论"十一个方面的"量变"与"质变"的不平衡性，修正了早先关于量变与质变的一些观点。1998 年 5 月，在日本高教研究会召开的学术会议上，他提交了《从大众高等教育向普及迈进》[5]会议论文，2000 年他又发表了《从大众高等教育向普及迈进：美国的优势》[6]一文。在这些文章中，特罗从新旧世纪之交高等教育所面临的挑战入手，探讨了高等教育大众化发展的新特征，对其早先提出的高等教育发展"三阶段论"中的"普及教育"内涵做了新解释。在 20 世纪 90 年代末，特罗已经认识到，高等教育发展的最后阶段是走向学习社会，而不局限于传统的青年普及教育。美国卡内基高等教育委员会（CCHE）和国际经合组织等机构对他的研究给予了很高的评价。特罗最突出的贡献是把高等教育发展过程划分为"精英教育"（Elite Education）、"大众化教育"（Mass Education）、"普及化教育"（Universal Education）三个阶段。具体来说，高等

① Martin，T. "Reflections on the Transition from Mass to Universal Higher Education," *Daedalus*，1970，Vol. 99，No. 1，Winter，pp. 122-142.

② Martin，T. "The Expansion and Transformation of Higher Education," *International Review of Education*，1972，18(1)，pp. 61-84.

③ Martin，T. "Problems in the Transition from Elite to Mass Higher Education," Policies for Higher Education: A General Report. Paris: OECD, *Conference on Future Structures of Post-Secondary Education*，26th-29th June，1973，pp. 51-101.

④ Marlin，T. "Elite and Mass Higher Education: American Models and European Realities," Contribution to the Conference, Research into Higher Education: Processes and Structures, *Dalaro*，*Sweden*，June 12-16，1978.

⑤ Martin，T. "From Mass Higher Education to Universal Access," Paper of the Meeting of the Japanese Society for Higher Education Research，*Hiroshima*，May 31，1998，p. 1.

⑥ Martin，T. "From Mass Higher Education to Universal Access: The American advantage," *Minerva*，2000，37(Spring)，pp. 1-26.

教育毛入学率(在整个人口中 18～22 岁年龄段人接受不同层次和形式高等教育的比例)①超过 15％时,高等教育发展便进入了大众化阶段;低于 15％则处于精英教育阶段;超过 50％则可称之达到了普及化教育阶段。另外,特罗还就宏观的高等教育规模、功能、观念和微观的课程、教学、入学要求、学术标准等各方面做了系统与细致的比较。在高等教育的不同发展阶段,高等教育认识、功能、课程与教学形式、学生生涯、大学特色、权力与决策轨迹、学术标准、入学与选拔、学术管理形式、内部管理等方面都会发生很大变化(见表 7-2)。

表 7-2　马丁·特罗精英、大众化与普及化高等教育的内涵

类型	精英高等教育	大众化高等教育	普及化高等教育
毛入学率	15％以下	15％～50％	50％以上
高等教育观	少数出身好、天赋高或两者兼备人的特权	一些具备一定资格条件人的一种权利	中、上阶层的一种义务
高等教育的功能	塑造统治阶层的思想和特性;准备培养精英人才	技能传授;准备培养更广范围内的技术与经济精英人才	使"全体人口"适应于社会与技术的快速变更
课程和教学形式	在学术或专业理论知识方面高度结构化	模块、灵活、半结构化课程设置	课程间的界限和次序被打破;学习与生活间的差异已消失

① 高等教育入学率分为"毛入学率"和"净入学率"两种。"毛入学率"是指公式中计算分子高等教育在学人数时,不考虑学生的年龄大小;而"净入学率"是指公式中计算分子高等教育在学人数时,要考虑学生的年龄大小,即只包括与分母相同年龄段(18～22 岁)的学生人数,小于 18 岁或大于 22 岁的学生不计算在内。对于现在和过去的高等教育,在描述时"净入学率"和"毛入学率"两个指标均可以使用,但在确定未来年份高等教育发展目标时只能使用"高等教育毛入学率",因为无法准确知道未来年份学生年龄的分布情况。计算式为:(某年)全国高等教育毛入学率=(某学年全国高等教育在学人数÷某年全国 18～22 岁人口数)×100％。学年是指从每年的 9 月 1 日到第二年的 8 月 31 日。高等教育在学人数是指某学年实施高等教育的各种类型的学校或机构的在学人数(现阶段有 7 类),即:高等学校和科研机构的在学研究生人数+普通高等学校各种类型本、专科学生数+成人高等学校本、专科学生数+军事院校本、专科学生数+学历文凭考试专科学生数+电大注册视听生注册人数×折算系数+高等教育自学考试毕业生人数×折算系数。电大注册视听生和高等教育自学考试因没有学制的限制,所以必须用有关的人数乘折算系数来计算在学人数。一般来讲,电大注册视听生注册人数的折算系数是小于 1 的,而高等教育自学考试毕业生人数的折算系数是大于 1 的,不同年份要根据实际情况对折算系数略做调整。18～22 岁人口数是指 18～22 岁五个年龄人口数的总和。由于每年出生的人口数有较大的差异,所以不同年份 18～22 岁人口数是不同的。

类型	精英高等教育	大众化高等教育	普及化高等教育
学生生涯	中学之后直接入学，入学后不间断学习直到获得学位	延迟入学人数增加；辍学比例增高	延迟入学人数更多，正规教育和生活其他方面的界限弱化；边上学边工作
大学的特色	单一性，标准高度趋同；居住社区小；界限清晰且不可渗透	综合性，标准更加多样；"知识城"——居住与交流的融合；界限模糊并可渗透	多样性，没有共同的标准；人们群居，部分入学者很少或从来不在校园里；界限减弱或完全不存在
权力与决策轨迹	学校类似"雅典娜神庙"——少数精英团体分享了价值观与理念	利益团体的一般政治过程及党派项目	"群体民众"质疑特权与学术豁免
学术标准	广泛采用并相对较高（处于精英统治阶段）	可变性；系统或机构"变为能容纳完全不同学术单位的组织"	判定指标由"标准"转向"增加的价值"
入学与选拔	基于学校表现的精英成就	为了实现机会公平，精英成就外加"辅助项目"	"开放性"，重点强调阶层、种族"群体成就的公平性"
学术管理形式	大学教师兼职，他们在"管理方面是业余的"；在一定期限内选举或任命	以前的兼职教师现在成为全职的管理者，官僚庞大并逐渐膨胀	更多的专业全职专家，从学术界之外引进管理技术
内部管理	高级教授	教授与资历浅的教员，学生影响不断增大	制定组织管理决策的不可消融意见被否决，决策由政治当局制定

(2)马丁·特罗理论的主要观点。特罗理论的主要观点涵盖了高等教育观、高等教育的作用、课程与教学、大学的内部管理和运营、量的发展与质的变化、发展的连续性和非连续性、规模和效益方面。特罗指出，在高等教育的三个发展阶段，高等教育机构的规模是大不相同的。在精英阶段，大学一般是2000～3000人的"共同体"(Community)，学生超过3000人时，其内部被分割成许多自治的单位(欧美叫学院，日本叫学部)。代表大众化阶段的综合制高等教育机构，学生和行政人员有3万～4万人，与其说是共同体，不如说是一个"知识城"(Knowledge City)。而到了普及化阶段，高等教育机构的规模则没有限制，成为一个为接受训练而登记的入学者的集合体。这类教育机构根本不是一个经常联系、分享共同准则和价值体系及社会身份的固定组织。与规模相应的就是高等教育三个阶段的效益问题。典型的精英型大学由大学教师(一般是教授)兼任行政职务，他们实质上并非专业的行政管理人员。大

众化高等教育阶段，随着学校规模的扩大及功能的复杂化，行政管理人员与教学脱离而成为专职的人员。当高等教育发展到了普及化阶段，巨大的财政费用给学校的财政管理和规划带来了压力，大学开始任用越来越多的管理专家，如系统分析学家和规划预算方面的专家，通过理性的大学管理，提高高等教育的产出效益。除此之外，在高等教育的功能、教育经历、入学标准、入学选拔、领导与决策、学校与社会的界限等方面，特罗都有很精辟的论述。马丁·特罗的思想，概括起来说，就是高等教育发展是一个动态过程，在从一个发展阶段向另一个发展阶段转变的时候，高等教育的方方面面都会发生很大变化。这种变化是必然的，是教育规律在发展中的必然反映。

（3）学术界对马丁·特罗理论的评价。40 多年的实践证明，马丁·特罗的"高等教育发展三个阶段理论"是经得住历史考验的，其对研究世界高等教育发展的主要贡献是：第一，高等教育发展模式论的价值。特罗在从事发达国家高等教育发展过程的研究中，首先独创性地提出了高等教育的发展阶段——普遍趋势与规律，并全面而充分地揭示了三个阶段的不同特征，提出了分析高等教育发展过程的重要概念与手段。第二，高等教育发展阶段论的价值。特罗有说服力地阐明了高等教育发展过程中量变与质变的辩证关系，具体论述了高等教育数量上的增长怎样不可避免地引起质的变化，这一点为理解世界高等教育发展过程提供了重要的理论武器。第三，对教育改革实践的影响。特罗提出了阶段转变时期高等教育内部必然出现的矛盾及必须解决的问题，这些矛盾和问题不单纯是教育问题，而是与外在因素，如政府决策、人口动态、就业结构等密切相关的问题，从而为发达国家高等教育的发展预测及规划提供了可靠的理论依据。自从 1973 年 6 月巴黎会议以后，其思想在西方教育论坛乃至国际教育组织中产生了极大的影响，次年国际经合组织专门出版了他的会议报告。联合国教科文组织出版的《统计年鉴》，也于 1974 年增添了高等教育毛入学率这一统计项目，这使各国在高等教育体制改革的前提下，更加自觉地进行规模扩张。

（4）马丁·特罗大众化理论的局限性。马丁·特罗理论面临着知识经济时代的挑战，他的高等教育发展"三阶段论"存在过分强调规模扩张带动系统质变的片面性。其理论的主要不足是：特罗所界定的高等教育发展模式或发展阶段论，作为一种理想模式，是源于对工业化社会高等教育发展进程所做的分析框架，仅可作为一家之言。因为在特罗的分析框架中，主要运用的是美国和欧洲的材料，对于在世界高等教育体系中占据相当比重的发展中国家（如中国以及非洲、拉美等国）高等教育的发展进程，基本上没有涉及。

（5）正确理解马丁·特罗理论与高等教育大众化的内涵。在国际上，对于接受高等教育人数增加这种现象，主要有两种概念体系和基本描述：一就是特罗教授的描述——称之为高等教育大众化（Mass Higher-education）；二是西方大多数学者的描述——称之为高等教育规模扩张（Widening Participation）。前者对高等教育规模在量上的增加有明确的定量指标和划分标准；后者则没有明确的定量分析和划分标准，只是泛指高等教育规模的扩张。但两种理论体系的指向基本上是一致的，就是回答和解决高等教育由于量的增加所引发的新的矛盾。在理论研究和实际应用中，要正确理解特罗理论与高等教育大众化的内涵，需防止陷入以下误区：①将马丁·特罗三阶段理论过于目标化。特罗坦言，高等教育大众化理论不是一个目标理论，它是对已经发生的高等教育现象进行的一种描述，是对历史和现实高等教育现象的总结。因此，高等教育大众化理论只是一种预警理论，是对高等教育规模扩张之后将要发生的各种变化的一种预测，是对已经进入和尚未进入高等教育大众化国家的一种预警。当人们对高等教育大众化理论中的具体数字过于关注，将马丁·特罗三阶段理论中的分界点过于目标化，并对高等教育规模扩张持乐观态度的时候，往往忽视了蕴含在高等教育大众化理论中的预警功能，这是对高等教育大众化理论内涵认识的一大误区。②将达到15％的量化数值等同于实现了高等教育大众化。在我国，对高等教育规模发展的分析，基本上是采用特罗的理论和分析方法，尤其是对大众化的量化标准予以极大的关注，并赋予15％的量化指标以"特殊的意义和价值"，把它看成了高等教育大众化的标准。特罗承认，数字并不是一个非常重要的因素，并不一定具有实际的意义，5％、15％和50％并不是一个固定的区别标准，它们并不代表一个点，而是一个区间。这些数字只是告诉人们，当高等教育发展规模达到这一区间时，大学内部教育和教学活动将发生变化。③将精英高等教育与大众化高等教育对立与错位。无论高等教育处于哪个发展阶段，精英高等教育都是一种客观存在，精英高等教育和大众化高等教育是并行发展的两种高等教育形式。因此，我们要意识到，进入高等教育大众化阶段之后，精英高等教育与大众化高等教育是两个必然的发展方向，即大众化阶段是就高等教育发展的总体而言的，并不排斥精英高等教育作为其组成部分，这是界定大众化高等教育内涵的重要标准。不论任何层次的高等教育，均应在"大众化教育"与"精英教育"之间寻得合适的生存空间，这才是社会多元化、多层次发展的需要。④将政府推动的高校扩招等同于高等教育大众化。事实上，我国的高校扩招政策的提出并非来自教育领域内部，而是由经济学家提出的，当时是为了拉动内需，刺激经济发展。所以，我国的高等教育大众化呈现明显的"后发外生性"。从现代化理论角度来看，我国是后发外生型国家，其现代化进程具有明显的人为色彩，即政府的直接介入和推动。作为高等教育现代化内涵之一的大众化也是如此，政府把实现大众化作为明确的目标，并制定具体的政策、措施，引导大众化的发展过程，这是后发外生型国家高等教育大众化的基本特点。

但是，无论如何，特罗理论为人们研究高等教育发展提供了一个整体思路，他的系统思维、结合历史的方法、自我批判的态度，都深为国际高等教育界同行所赞许。关于高等教育发展的理论虽层出不穷，但像特罗理论这样跨越国界文化、政治因素，在各国产生持久影响的实属罕见，应在借鉴中创新运用。

2. 苏联国家理念：按国家需要和可能有计划地培养干部和专家

有计划地通过高等教育培养干部和专家，是第二次世界大战以后所有社会主义国家都遵循的高等教育发展理念，这个理念也极大地影响了 20 世纪 60 年代许多发展中国家和发达国家。第二次世界大战以后苏联的高等教育规模继续按国家的经济和社会发展计划扩展，到 1950 年在校学生人数达到 124.7 万人，1960 年为 239.6 万人，高等教育的入学率已经达到 10%，超过英国、法国、德国等欧洲主要发达国家。这使苏联成为一个经济强大、科学发达、技术先进的国家。到 1988 年，苏联高等学校有 898 所，学生有 500 多万人。在每 1 万居民中的大学生人数方面，苏联已超过英国、德国、法国、日本等许多发达资本主义国家。[①] 全国多数高等学校归各加盟共和国的高等和中等专业教育部领导，以及归所辖部和主管部门领导。

3. 英国学者的"罗宾斯原则"：向所有合格者提供高等教育机会

20 世纪 60 年代，社会、政治、经济等各方面变革的压力迫使英国成立了以罗宾斯为首的高等教育委员会，委员会考察了美国等 10 个国家，对英国大学及各高等教育机构做了详细、深入的分析。1963 年 10 月罗宾斯委员会提交了长达 335 页的《罗宾斯报告》(*Higher Education：Report of the Committee Appointed by the Prime Minister under the Chairmanship of Lord Robbins*)。英国议会当天就宣布接受该报告提出的发展目标。《罗宾斯报告》提出了英国高等教育的主要目的、发展原则以及

---

① Berelay, G. *Modernization and Diversity in Soviet Education*. New York：Preager，1971，pp. 59-61，p. 351.

178条建议，其中最重要的黄金原则是为所有"愿意接受高等教育，并且学习能力和学业成绩合格者提供高等教育的机会"，这个原则经常被人们称为"罗宾斯原则"（Robins Principle），它代表着20世纪60—70年代欧洲高等教育规模扩展的基本思路，是欧洲发达国家既保证高等教育质量又保证高等教育效率适度发展的原初理念。

4. 英国大学拨款委员会新原则：向所有能够从中获益的人提供高等教育机会

20世纪80年代，欧洲国家在产业转型的速度和高技术产业的成长速度上落后于北美和日本、韩国，英国、法国和德国的失业率都曾高达10％以上。这就迫使欧洲国家从经济发展与高等教育规模的视角，重新审视高等教育发展规模的理念。英国首先放弃了"罗宾斯原则"，英国大学拨款委员会（University Grant Committee，UGC）于1985年提出了新的高等教育发展原则：向所有能够从中获益，并希望接受高等教育者提供高等教育机会。这是一个向所有人开放高等教育的原则，它从理念上为英国高等教育的大幅扩展开辟了前进的道路。正是在这个基点上，英国高教调查委员会（National Committee of Inquiry Higher Education）于1997年提交了与当年的《罗宾斯报告》具有同等意义的高等教育发展报告——《学习型社会的高等教育》。

5. 美国学者哈罗德·柏金等的"轴心原则"："知识工人"再生产

美国学者哈罗德·柏金（Perkin，1969）强调，理论知识的编码是现代社会的"轴心原则"（Axial Principle）；"知识工人阶级"，即"受过高等教育的专业人才"是起引导作用的社会集团，是促使社会进步的关键；必须扩大高等教育的机会，使尽可能多的、能够从中受益的人都能接受高等教育；大学与研究所是现代社会的"轴心机构"（Axial Institutions）。20世纪90年代初，美国管理大师德鲁克（Peter P. Drucker）则注意到，知识经济的发展已经导致体力劳动者和脑力劳动者的结构比例发生变化。他指出，在泰勒时代每10名工人中就有9名干体力活的，到20世纪50年代体力劳动者仍然占多数，到20世纪90年代体力劳动者还占15％，而到2010年将只占11％。美国《未来学家》（Futurologist）杂志曾刊文指出，在未来的一二十年中，美国从事体力劳动的蓝领工人将进一步从1995年的占就业人口的20％缩减到10％。由于办公室自动化的实现，非专业的白领工人人数也会从现在的40％下降为20％～

30%，其余的 60%～70%的劳动大军将由知识工人组成。[1] 知识经济社会依赖的无疑是"知识工人"，他们是知识的生产者、传播者和运用者。尽可能地扩大高等教育规模、提高高等教育的毛入学率，已成为世界多国的共识。

二、国外高等教育大众化情况

在高等教育大众化方面，不同国家发展速度及模式各不相同：一是持续增长型，以美国为代表。美国分别用了两个 30 年(1911—1941 年、1941—1970 年)成为世界上第一个进入高等教育大众化与普及化的国家。二是后发式快速增长型，以日本、韩国为代表。日本用了 23 年(1947—1970 年)实现了高等教育毛入学率从 5.8%到17%的飞跃，进入高等教育大众化阶段；而韩国则分别用了两个 15 年(1966—1980年、1981—1995 年)实现了高等教育毛入学率从 5%到 15%，再到 50%的飞跃，完成了高等教育大众化和普及化过程，成为世界上高等教育发展速度最快的国家。三是波段式之后发展型，以英国、法国、德国为代表。这些国家经历了快速发展、起伏、再发展的不同阶段，三国用了 25～30 年的时间实现了高等教育普及化(见表 7-3)。[2]

表 7-3 有关国家高等教育发展情况(毛入学率)及其与中国的对比　　单位：%

国家	年份						
	1965	1975	1985	1995	2005	2015	2019/2020
美国	40	57	58	78	81	87	88
英国	12	19	22	50	59	60	66
法国	14	25	30	51	54	64	68
德国	9	25	30	44	47	65	74
日本	13	25	29	41	55	—	—
韩国	6	10	34	52	93	97	98
印度	5	5	6	6	11	25	29
中国	—	0.49	2.5	4.5	18	40	58

注：此表根据联合国教科文组织(UNESCO)"Gross enrolment ratio by level of education"统计数据整理而成，详见：http://data.uis.unesco.org/index.aspx；中国 1965 年的数据缺失，日本2012 年的数据为 61.46，随后再无数据更新；2019/2020 年度数据是截至 2023 年 1 月 26 日能检索到的最新结果。

---

[1] 张民选：《扩展高等教育规模的理念——半个多世纪的抉择》，载《高等教育研究》，1999(4)。
[2] "Task Force on Higher Education and Society," Higher Education in Developing Countries: Peril and Promise. Washington, D.C.: The World Bank, 2000.

三、中国高等教育规模的演变轨迹

在国家宏观调控政策的允许下，为适应社会、个人对于高等教育的需求，我国高等教育实施了规模扩张。如果从规模经济的角度进行高等教育规模扩张的动因分析，我国推行高等教育规模扩张政策是为了使有限的高等教育资源得到较为合理的配置、提高办学效率、保障高等教育产品和服务提供的数量及质量。我国高等教育规模扩张表现为两股共生互存的力量，一个是高等学校招生规模、在校生规模、毕业生规模的扩张，另一个就是高等学校数量的增长。

1. 高校学生规模扩张

新中国成立后的30年，高等教育发展多次出现与经济发展几乎完全同步的大起大落。我国普通高校招生快速增长情况如表7-4[①]、图7-4所示。在20世纪50年代，有五个年份高等学校招生人超过当年普通高中毕业生人数。1949年，205所高校招生3.1万人，在校生11.7万人，校均规模722人。1960年招生数为32.3万人，在校生96.2万人，当年毕业生13.6万人。经济调整整顿时期，毕业生分配困难，在校生人数急剧缩减。1961年招生数减少到16.9万人，1962年则降到10.7万人。大起大落的原因主要是受计划经济体制下政治环境与经济发展波动的影响。在随后的20多年中，高等教育也经历了几次大的发展，但与前30年有显著不同，在大起后没有出现大落。20世纪80年代初期和中期高等教育招生也出现超越国民经济承受能力的快速增长情况，但国家仍然尽力维持招生不减。1978年在校生为85.6万人，1988年为206.6万人(不包括普通高校的夜大、电大、函大等大学在校生63.5万人)。另外，全国还有1373所成人高校(不包括近700所普通高校办的夜大、函大等大学)，在校生达170万人。[②] 1996年，我国普通高校和成人高校在校生已达583.9万人，占18～21岁学龄人口的8.3%。[③] 1998年、1999年再次形成新的飞跃。1998年普通高等学校的招生规模是108.4万人，1999年招生159.7万人，2000年招生220.6万人。

---

① 1949—2014年数据来源：国家统计局(2014). 中国统计年鉴. 北京：中国统计出版社；2015—2021年数据来源：教育部. 全国教育事业发展统计公报[EB/OL]. 中华人民共和国教育部政府门户网站(moe. gov. cn)，2023-01-25；其中在校生总规模采用教育部公布的总量数据，招生人数与毕业人数则由公报中的研究生、本专科生、成教生数据手工加和而成——笔者注。

② 郝克明，张力：《中国高等教育结构改革的探讨》，载《教育研究》，1987(12)。

③ 国家统计局：《中国统计年鉴1996》，42、629～644页，北京，中国统计出版社，1996。数据是通过年龄移算法计算而来的——笔者注。

表 7-4　我国普通高等学校招生数、在校生数、毕业生数规模扩张表　　单位：万人

年份	招生数	在校生数	毕业生数	年份	招生数	在校生数	毕业生数
1949	3.1	11.7	2.1	2005	504.5	1561.8	306.8
1958	26.5	66.0	7.2	2006	546.1	1738.8	377.5
1960	32.3	96.2	13.6	2007	565.9	1884.8	447.7
1965	16.4	67.4	18.6	2008	607.7	2021.0	511.9
1970	4.2	4.8	10.3	2009	639.5	2144.6	531.1
1975	19.1	50.1	11.9	2010	661.8	2231.7	575.4
1980	28.1	114.4	14.7	2011	681.5	2308.5	608.1
1985	61.9	170.3	31.6	2012	688.8	2391.3	624.7
1990	60.9	206.3	61.4	2013	699.8	2468.0	638.7
1996	96.6	302.1	83.9	2014	721.4	2547.7	659.3
1997	100.0	317.4	82.9	2015	1039.1	3647.0	972.3
1998	108.4	340.9	83.0	2016	1026.6	3699.0	1005.0
1999	159.7	413.4	84.8	2017	1059.6	3779.0	1040.7
2000	220.6	556.1	95.0	2018	1150.1	3833.0	1031.5
2001	268.3	719.1	103.6	2019	1335.8	4002.0	1035.6
2002	320.5	903.4	133.7	2020	1441.9	4183.0	1117.0
2003	382.2	1108.6	187.7	2021	1497.7	4430.0	1181.7
2004	477.3	1333.5	239.1				

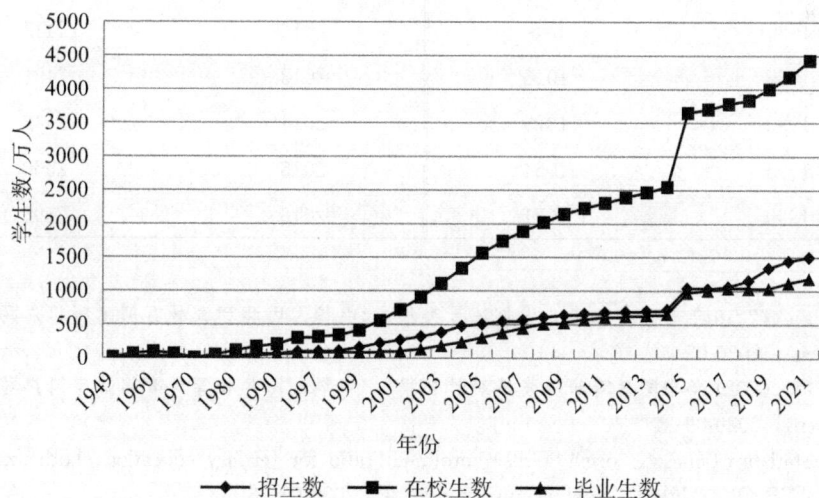

图 7-4　我国普通高校不同年份学生规模扩张散点图

　　我国仅用 24 年的时间，实现了高等教育从精英教育到大众化教育的巨大转变。1978 年我国的高等教育毛入学率只有 1.55%，到 2002 年已达 15%。我国的高等教

育从大众化向普及化阶段的再次跃迁，仅用了 17 年的时间。到了 2019 年，我国的高等教育毛入学率已高达 51.6%[1]，这标志着我国已迈入高等教育普及化阶段。目前，我国高等教育在学的总人数已超过 4430 万人[2]，高等教育毛入学率 58.42%[3]，已建成世界最大规模的教育体系，高等教育整体水平进入世界第一方阵。2018 年在华留学生总人数达 49.2 万人，仅次于美国和英国，成为世界第三大留学生输入国[4]。

2. 普通高校数量增长

新中国成立以来，我国高等教育规模发展总趋势是上升的，学校数从 1949 年的 205 所增长到 2021 年的 3012 所，增长了 13.7 倍，如表 7-5[5]、图 7-5 所示。

表 7-5 1949—2021 年我国普通高等学校数量变化情况

年份	学校数（所）	年份	学校数（所）
1949	205	2006	1867
1958	791	2007	1908
1960	1289	2008	2263
1965	434	2009	2305
1970	434	2010	2358
1975	387	2011	2409
1980	675	2012	2442
1985	1016	2013	2491
1990	1075	2014	2542
1995	1054	2015	2560
1999	1071	2016	2596

---

[1] 教育部：《2019 年全国教育事业发展统计公报》. 中华人民共和国教育部政府门户网站（moe. gov. cn），2020-05-20。

[2] 教育部：《2021 年全国教育事业发展统计公报》. 中华人民共和国教育部政府门户网站（moe. gov. cn），2020-09-14。

[3] UIS Statistics（unesco. org）. Gross enrolment ratio for tertiary education, both sexes（%），China[EB/OL]；http://data. uis. unesco. org/#，2023-01-26.

[4] 刘志民，等：《"双循环"新发展格局下来华留学教育推进路径探索》，载《高校教育管理》，2021(5)。

[5] 表 7-5 中 1949—2004 年数据来源：国家统计局国民经济综合统计司：《新中国 55 年统计资料汇编(1949—2004)》，77 页，北京，中国统计出版社，2005；2005—2021 年数据来源各年度教育部：《全国教育事业发展统计公报》. 中华人民共和国教育部政府门户网站（moe. gov. cn），2023-01-25。

续表

年份	学校数(所)	年份	学校数(所)
2000	1041	2017	2631
2001	1225	2018	2663
2002	1396	2019	2688
2003	1552	2020	2738
2004	1731	2021	3012
2005	1792		

数据来源：1949—2004 年数据来自国家统计局国民经济综合统计司，《新中国 55 年统计资料汇编(1949—2004)》；2005—2014 年数据来自国家统计局，全国教育事业发展统计公报。

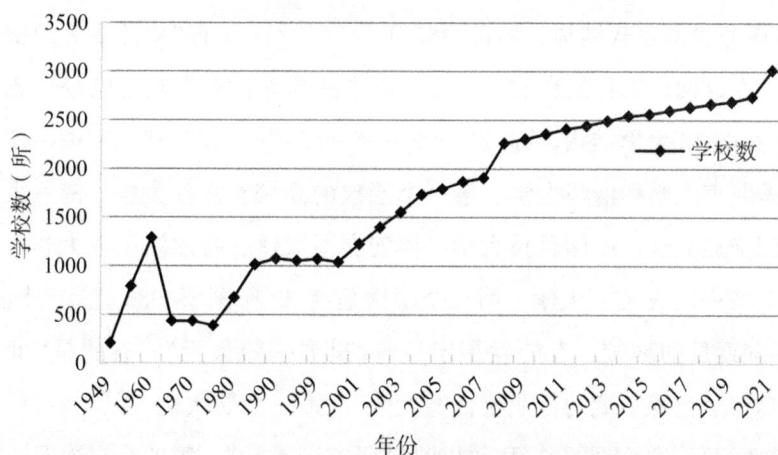

图 7-5　我国普通高等学校数量扩张散点图
数据来源：基于表 7-5 的数据通过 Excel 自动生成。

由表 7-5 可知，我国高校数量从 1949 年的 205 所猛增至 1960 年的 1289 所。1959—1962 年，因自然灾害等原因，国民收入指数连年下跌，年均递减 9%。1961年，国家开始贯彻"调整、巩固、充实、提高"八字方针和"高教 60 条"，至 1963 年，3 年间全国共关闭了约 70% 的高校(共 882 所)，并让工农出身的学生、职员回到农村。高等教育规模与国民经济不堪重负的矛盾以及高校招生与普通高中毕业生数倒挂的矛盾虽然已经有所缓和，但浪费了大量人力、财力和物力，元气大伤。"文化大革命"更是使我国高等教育遭到空前浩劫。全国高校数最低年份(1971 年)只有 328所，大学生数最低年份(1970 年)仅为 4.8 万人，高等教育对社会经济发展的促进作用降到了历史最低点。改革开放后的 1978 年，高等学校数量为 598 所，1983—1985

年的3年间，净增211所，1990年为1075所，1995年，我国高校增至1054所。此后，高等学校数量虽偶有波动，但一直维持在1000所以上。到2021年，全国共有高等教育学校3012所；其中，普通高等学校1238所(含独立学院164所)，本科层次职业学校32所，高职(专科)院校1486所，成人高等学校256所[①]。

我国高等学校数量的扩张与国家的宏观政治经济发展态势是分不开的，随着经济和国家政策的调整同步跌宕。基于我国高校多为公立大学，民间资本利用较少，民办大学力量尚弱，未来高等教育的"容量"将会更多地依靠其他学校形式，如民办高校、国有民办二级学院、中外合作办学、网络学校等。

3. 高等教育圈层式结构的形成

(1)高等教育圈层式结构。尽管"985工程"与"211工程"均已成为历史，但不容忽视的是，在这两个工程的影响下，目前中国的高等教育客观上已经形成了一个层次分明的"圈层式"大学结构，即"2"→"2+7"→"39"→"56"→"116"……位于圈层中心的高校是北京大学和清华大学。第一个层次的高校有浙江大学、南京大学、复旦大学、上海交通大学、中国科技大学、西安交通大学、哈尔滨工业大学，与核心层一起合称为"2+7"或"C9"大学。第二个层次是前39所国家"985工程"建设大学(含前一层)。前两层的高校，有的发展定位是"世界一流大学"，有的是"世界知名大学"，还有些是"世界一流的行业特色型大学"。第三个层次是56所具有研究生院的高校(含前两层)，这些高校的目标是建成"研究型大学"。第四个层次是116所国家"211工程"重点建设大学(含前三层)，如图7-6所示，这类学校中的非"985工程"高校的发展定位多半是成为拥有"世界一流特色学科"的大学。

(2)中国拥有研究生院的大学。研究生院是我国高层次人才培养和解决国家重大科技问题的重要基地，代表着我国研究生教育的最高水平，在我国研究生教育发展中具有举足轻重的地位和作用。自从1978年恢复研究生招生和1981年实施学位制度以来，我国研究生教育发展很快。1978年3月，中国科技大学经国务院批准创建了第一个研究生院。1982年11月，五届人大第五次会议通过了国家"六五"计划提出的"试办研究生院"方案。从此，中国高等教育正式拉开了高等学校"试办研究生院"的序幕。我国目前拥有研究生院的大学共有56所。这56所研究生院承担了全国

---

① 教育部：《2021年全国教育事业发展统计公报》. http://www.moe.gov.cn/jyb_sjzl/moe_560/2021/quanguo, 2022-12-30。

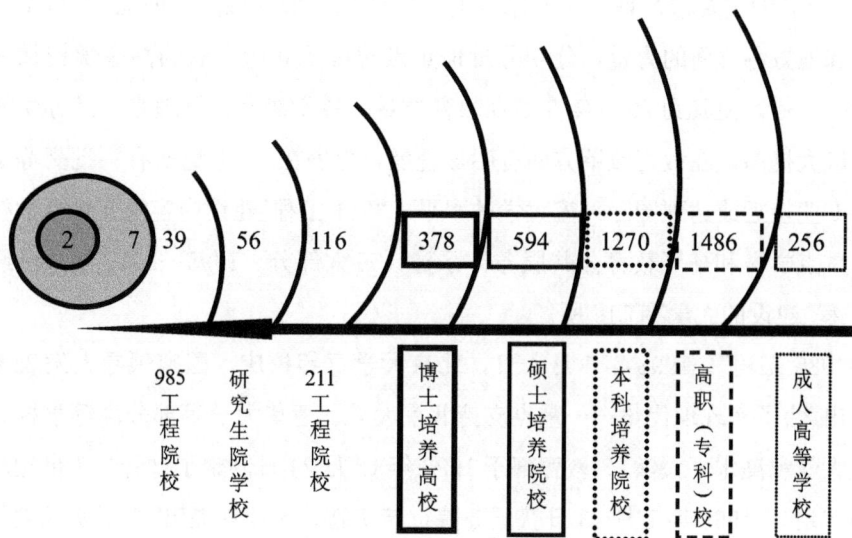

图 7-6 我国大学"圈层式"结构

76％的博士和 55％的硕士培养任务，研究生院在我国研究生教育的发展和高水平科学研究中发挥着重要的作用。值得一提的是，研究生院是经由教育部批准设置的，有些大学虽然没有研究生院，但通过自主设置"研究生部"或"研究生处"承担研究生培养任务，这些大学同样也可以招收研究生。目前，全国共有研究生培养机构 827 所，其中普通高校研究生培养机构数为 594 所，培养研究生的科研机构数为 233 所①。

（3）中国"双一流"建设之路。随着知识经济时代的来临和国际竞争的日趋白热化，加拿大、韩国、日本、法国、德国、澳大利亚等发达国家近年来纷纷加入了建设世界一流大学的行列。建设世界一流大学，不仅能够为国家培养高素质的人才，更是提升国家综合实力、获得或保持国际地位的关键所在。我国自 20 世纪 90 年代起，先后实施了"211 工程""985 工程""2011 计划"等，拉开了建设世界一流大学和世界一流学科（简称"双一流"）的序幕。2015 年，由国务院正式印发的《统筹推进世界一流大学和一流学科建设总体方案》更是将"双一流"建设提升至国家战略高度。

①"211 工程"。"211 工程"是指"中国政府面向 21 世纪，重点建设 100 所左右的高等学校和重点学科的建设工程"。1993 年 2 月 13 日中共中央、国务院印发的《中国教育改革和发展纲要》及国务院《关于〈中国教育改革和发展纲要〉的实施意见》中，关

---

① 教育部：《2021 年全国教育事业发展统计公报》. http://www.moe.gov.cn/jyb_sjzl/moe_560/2021/quanguo，2022-12-30。

于"211工程"的主要精神是：为了迎接世界新技术革命的挑战，面向21世纪，要集中中央和地方各方面的力量，分期分批地重点建设100所左右的高等学校和一批重点学科、专业，使其到2000年左右在教育质量、科学研究、管理水平及办学效益等方面有较大提高，在教育改革方面有明显进展，力争在21世纪初有一批高等学校和学科、专业接近或达到国际一流大学的水平。"211工程"建设内容主要包括学校整体条件、重点学科和高等教育公共服务体系建设三大部分。1995—2015年，已经进入"211工程"建设的大学有116所。

②"985工程"。1998年5月4日，北京大学百年校庆，国家领导人发表重要讲话，提出"为了实现现代化……重点支持北京大学、清华大学等部分高等学校创建世界一流大学和高水平大学"。教育部于1998年12月24日制定了《面向21世纪教育振兴行动计划》，1999年1月13日获国务院批转实施。该计划提出"为了实现党的十五大所确定的目标与任务，落实科教兴国战略，全面推进教育的改革和发展，提高全民族的素质和创新能力……今后10～20年，争取若干所大学和一批重点学科进入世界一流水平"，简称"985工程"。其总体思路是：以建设若干所世界一流大学和一批国际知名的高水平研究型大学为目标，建立高等学校新的管理体制和运行机制，牢牢抓住21世纪头20年的重要战略机遇期，集中资源，突出重点，体现特色，发挥优势，坚持跨越式发展，走有中国特色的建设世界一流大学之路。从1999年起，教育部分别与部分省、市地方政府签订合作协议，分批将39所国内知名高校列入国家跨世纪重点建设的高水平大学名单，由国家、地方以及相关部委共同出资建设。

③"2011计划"。2011年4月24日，国家领导人在清华大学百年校庆上发表讲话时提出了"推动协同创新"的理念和要求。2012年5月7日教育部、财政部联合召开工作会议，正式启动实施《高等学校创新能力提升计划》，也就是"2011计划"。"2011计划"的核心目标是建立一批"2011协同创新中心"，通过加快高校机制体制改革，转变高校创新方式，集聚和培养一批拔尖创新人才，产出一批重大标志性成果，充分发挥高等教育作为科技第一生产力和人才第一资源重要结合点的独特作用，在国家创新发展中做出更大的贡献。

④"双一流"建设方案。2015年10月，国务院印发了《统筹推进世界一流大学和一流学科建设总体方案》，要求按照"四个全面"战略布局和党中央、国务院决策部署，坚持以中国特色、世界一流为核心，以立德树人为根本，以支撑创新驱动发展战略、服务经济社会发展为导向，坚持"以一流为目标、以学科为基础、以绩效为杠

杆、以改革为动力"的基本原则，加快建成一批世界一流大学和一流学科。计划到
2020 年，中国若干所大学和一批学科进入世界一流行列，若干学科进入世界一流学科
前列；到 2030 年，更多的大学和学科进入世界一流行列，若干所大学进入世界一流大
学前列，一批学科进入世界一流学科前列，高等教育整体实力显著提升；到 21 世纪中
叶，一流大学和一流学科的数量和实力进入世界前列，基本建成高等教育强国。

4. 中国高等教育规模发展过程的特点

与发达国家相比，我国高等教育规模发展进程具有以下特点。

(1)经济社会的"二元化"与高等教育的"一元化"。由于高等教育体制内以及体制
外的原因，我国高等教育在促进城乡二元社会的和谐发展过程中体现出了一元化特
征，即高等教育的发展是城市取向的，高等教育无论在人才培养、知识创新还是社
会服务等方面都很少兼顾农业、农村、农民发展的需要。在城乡二元社会的发展过程
中，我国高等教育所体现的城市取向的一元特征与城乡二元结构之间存在着复杂的矛
盾关系。高等教育资源集中在城市并不是问题，问题是城市的高等教育资源很难流向
农村，正是这个原因才使得我国高等教育发展表现出了面向城市的一元化特征。

(2)高等教育大众化的"后发外生性"。西方国家的高等教育大众化过程是在高等
教育内外部环境成熟的条件下的一种自然过程。在这一过程中，大众化进程是在潜
移默化中进行的，高等教育系统本身拥有较多的自主权，外部的干预较少。特罗理
论正是对早发内生型的美国高等教育发展的总结和概括，特罗理论所讲的 10 个"质"
的维度，在我国高等教育现实中表现出的复杂情况就是不可避免的了。中国是"后发
外生型"(Lately Developed and Externally Promoted)国家，国家和政府为了经济社
会更快更好发展而整合优化教育资源，这种宏观调控本身无可厚非，但强行牵引我
国进入高等教育大众化阶段，遭受其害的其实是我国高等教育进程本身。高等教育
最本质上的意义不在于是否进入了特罗所讲的大众化或普及化阶段，而在于在教育
的"两类需求"与"两类供给"之间寻求到合适的均衡，在于最大限度地发挥高等教育
在整个经济社会中的基础性、先导性、全局性的作用。

(3)高等教育大众化的非均衡性。从我国东、西部高等教育的状况来看，在高等
教育资源的占有、教育投入直至教育质量方面，东、西部明显失衡。东、西部高等
教育的发展失衡，有历史、区域文化观念差异、区域经济发展不平衡等各种客观原
因，但也有教育发展决策失误等人为因素。我国现有高等学校大部分集中在大城市，
中小城市和边远山区拥有高等学校的数量极少。高等教育发展在东、西部及城乡的

地域差异性决定了我国高等教育大众化必然呈现非均衡性和阶段性特点。

（4）政府的政策目标导向使实现规模发展成为一个积极、主动的过程。20世纪90年代初，高等教育大众化理论在我国学术界引起广泛的讨论与关注，政府在1998年左右将实现大众化正式列为高等教育的近期发展目标。例如，教育部在1998年12月24日提出的《面向21世纪教育振兴行动计划》指出，到2010年，高等教育入学率要接近15%。① 为实现这一目标，政府调动了民间财力投入，使其成为高等教育规模发展的主要方式。

5. 中国高等教育规模的未来发展预测

根据21世纪中叶前我国学龄人口与高等教育扩展的趋势及特点，2010—2050年学龄人口变动趋势预测如表7-6及图7-7所示。

表7-6　2010—2050年我国学龄人口变动趋势预测

年份	总人口（亿人）	高中阶段教育学龄人口数（万人）（15～17岁）	高等教育学龄人口数（万人）（18～22岁）
2010	13.57	5619	11463
2020	14.34	4915	8202
2030	14.66	5229	8812
2040	14.80	4145	7443
2050	14.57	4316	6938

数据来源：中国教育与人力资源问题报告课题组，《从人口大国迈向人力资源强国》，107页，北京，高等教育出版社，2004。

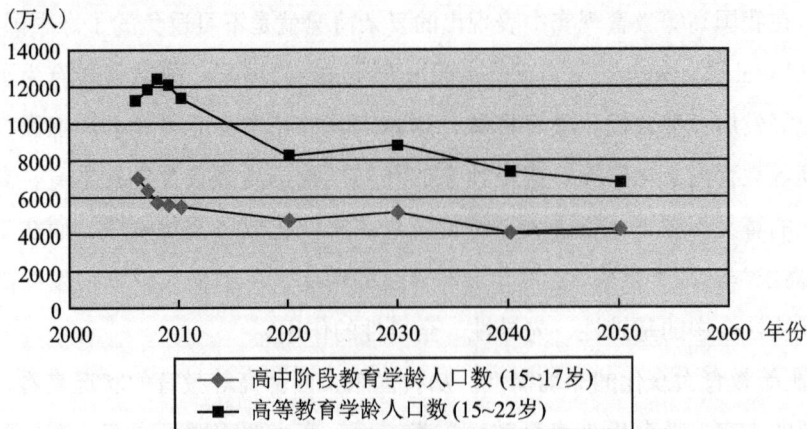

图7-7　我国高中与高等教育学龄人口数变化散点图

---

① 我国高等教育毛入学率于2002年达到14.8%，2003年达到17%，理论上已提前实现了既定目标——笔者注。

随着高等教育规模的扩张，一方面我国拥有了相当规模的毕业生，对经济的发展、国民素质的提高起到了巨大的推动作用；另一方面也带来了诸多政治的、经济的、社会的压力，比如高等教育投入不足问题、高等教育的质量问题、就业压力问题。但是面对强大的人口压力与人力资源薄弱之间的矛盾，面对知识经济对人才的渴求，我国高等教育的规模仍然需要较大规模的发展。虽然高等教育学龄人口数呈下降趋势，但总数依然庞大。据此，有学者建议：未来我国本专科招生应该稳定规模，微速增长，2021—2035 年我国高等教育毛入学率的适宜目标为：2025 年为 60％左右；2030 年为 67％左右；2035 年为 75％左右①。

① 岳昌君，邱文琪：《面向 2035 的我国高等教育规模、结构与教育经费预测》，载《华东师范大学学报（教育科学版）》，2021(6)。

第八章　教育供求与就业

从直接因素来讲，教育的发展是教育需求与教育供给作用的结果。教育需求与供给分析既是一个现实问题，又是教育经济学理论框架中的一个重要组成部分。随着市场经济体制的逐步完善，我国的教育需求与供给情况已与计划经济时代大相径庭，需要进一步加强其理论分析研究。本章拟借鉴经济学的供求均衡理论，结合我国实际情况，对教育需求与供给状况进行经济学分析，探讨不同类型教育的供求曲线与均衡模式。在本章后半部分将着重分析教育与就业的关系，描述教育在解决就业问题中的作用，并以我国高等教育、职业教育和留学教育为重点，分析其就业问题及相应的应对策略。

第一节　教育需求与供给的一般分析

需求与供给是经济学中最基本的概念。在经济学中，需求是指在某一时间内的某一市场上消费者愿意并且有能力购买的该商品或劳务的数量。供给是指生产者在一定时期内在各种可能的价格下愿意而且能够提供出售该种商品的数量。一般而言，在一定的供求水平上，商品的需求量随着商品价格的上升而递减，商品价格越高则需求量越低；而商品的供给量则随着商品价格的上升而递增，商品价格越高则供给量越大。

一、教育的需求与供给

所谓教育需求（Education Demand）是指国家、社会、用人单位和个人对教育有支付能力的需要。根据需求主体的不同，可以把教育需求分为个人教育需求和社会教育需求。个人教育需求或称家庭教育需求是指个体在自身发展过程中为增进知识、增长才干、发展才能而对教育的需求。在任何一个国家里，每一个国民都有享受某种程度教育的基本权利，受教育权作为一项基本的公民权利越来越为人们所重视。特别是在竞争日趋激烈的知识经济时代，作为人力资本投资的基本手段的教育已经成为人们提升生存能力、追求高质量生活的必经之路。个人及其家庭希望通过支付一定成本得到受教育的机会，获得学校高质量的教育服务，以此积累自身的人力资本，提升就业竞争力，获得更好的社会地位和社会声誉，实现自我的存在价值。因此，每一个个体都有不同程度的教育需求，这也是教育问题在当今社会受到强烈关注的原因所在。社会教育需求是指在社会历史发展的一定阶段，国家、社会、用人单位等主体基于国家未来经济与社会发展对劳动力和专门人才的要求而产生的对教育产品有支付能力的需要。其中，需求对象——教育产品①，是指受过一定程度教育的各类人才，需求主体包括国家、社会及企业等用人单位。国家、社会作为宏观性主体，对于教育的需求主要是出于对教育外部性的分享，社会文明的发达、全民族科学文化素质的提高、国民经济的繁荣、民族竞争力的提升等都得益于一个国家、一个社会良好的教育发展水平。国家、社会对于教育的需要的支付能力主要表现为政府对于教育的公共投资、扶持还有民间社会的捐赠等。实际上，社会教育需求主要的显现形式就是企业等用人单位对于教育人才的需求，当然教育产品并不仅仅指受过教育的各类人才，还应包括其他的科研成果、知识服务等，但教育培养出来的各类人才无疑是最为主要的教育产品，也是用人单位对教育需求的直接体现。由此可见，剔除次要因素的影响，劳动力市场上企业等用人单位对教育产品（受过一定教育的人才）的需求是主要的社会需求。

所谓教育供给（Education Supply），是指在一定社会条件下，教育机构为了满足受教育者的教育需求所提供的教育服务（教育机会）或教育产品。在市场经济条件下，教育供给既表现为生源市场上教育机构提供的教育机会，也表现为劳动力市场上或人才市场上教育机构为社会提供的各类受过一定教育的人才。在我国目前的情况下，教育的供给主体主要是国家设立的各类公立教育机构。但随着市场化进程的不断深入，教育投资领域准入限制的放宽，更多的民间和私人资本进入教育提供领域，各种民办学校相继成立，教育提供主体越来越多元化，这有利于在政府财力有限的情

---

① 关于教育产品（Educational Products）的内涵，理论界部分学者从教育活动的手段与过程出发将其定义为教育服务，但笔者从教育活动的目的与结果出发，将教育产品定义为受教育者因受教育而增加的人力资本。因人力资本是无形的，为了便于描述教育供求，本章特将人力资本的有形载体——受过一定教育的各类人才定义为教育产品。

况下吸引更多民间资本扩大教育供给，满足社会日益增长的教育需求。

　　教育供求不同于一般商品供求，它是一个更为复杂的系统。一般商品市场仅有一对供给与需求关系，而教育的供求则由两对供求关系和三类供求主体构成。第一类供求关系是指由学生个人及其家庭与教育机构——学校之间组成的教育机会供求关系。学生个人及其家庭作为教育服务的消费者通过支付学费或其他成本得到教育机构(主要是学校)提供的受教育机会，进而得到学校的教育服务。这类供求关系集中表现为生源市场上的学生与学校之间的教育机会供求。第二类供求关系是指由国家、社会、用人单位与学校之间形成的教育产品——人才的供求关系，其典型表现就是人才市场上各类受教育者的供求。两类供求关系的需求主体各不相同，但两者的供给主体却是一致的，都为各类教育机构，主要是指各类学校。实际上两类供给之间具有一致性，通过教育系统的教育工作，第一类供给——教育服务内化为受教育者的人力资本，从而投放到第二类教育供给中去。除去非正常因素(如辍学、开除处分等)影响，一般教育系统提供了多少教育机会就会形成相应的受教育者的供给量。两类供求关系中的两类需求之间也并不是完全割裂的，而是有着十分密切的联系的，相互影响和相互制约。社会对于受教育者的强烈需求能够提升个人对受教育前景的预期，从而提升个人教育需求；个人教育需求的旺盛同样也能导致教育供给的扩大，进而影响到社会对于教育的需求。两类需求的相互关系及其影响因素如图8-1所示。一般而言，由于经济发展和技术进步首先引发的是教育社会需求的变化并通过社会需求的增加刺激个人需求的扩大，所以在通常情况下或在一个较长的历史时期内，教育的社会需求表现为教育的主导性需求。

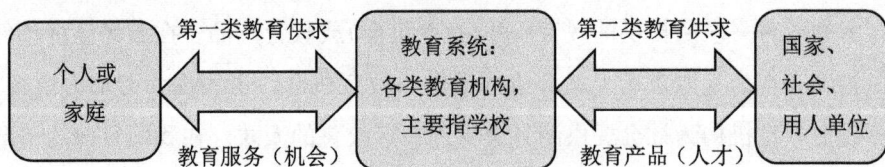

图 8-1　两类教育的供求关系

二、教育需求的影响因素

1. 影响教育需求的个人因素分析

　　从上文讨论可知，教育的个人需求主要受两个条件制约：一是个人或家庭作为教育的消费者是否愿意购买教育机构提供的教育服务；二是作为教育消费者的个人或家庭是否有能力支付教育服务的费用。只有这两个条件都得到满足，这样的教育需求才是有效需求。因此，对于个人教育需求影响因素的分析应主要围绕这两个约束条件展开。

(1)个人择业的需要。个人择业的需要是个人对于教育尤其是高等教育需求最主要的动力。教育具有人力资本投资的性质，一般说来，受教育程度越高，其凝结在受教育者身上的人力资本存量也就越大，将来参加工作的预期收益也就越高，教育投资的回报率也就越高，需求动力也就越强。当然，出于个人能力限制或者其他因素的限制，实际生活中个人可能不能接受到其满意的教育，或者即使有了一定的受教育水平但由于其他因素的制约，仍然没有对其择业需要的满足产生相当程度的促进作用。就目前我国劳动力市场存在的巨大的就业压力而言，接受较高程度的教育，不断积累自身人力资本，提升就业竞争力，仍然是我国个人教育需求强势扩大的主要动力来源。

(2)个人智力条件。接受教育当然也包括一定的生理能力训练，例如体育、健康教育等，但实际上主要是对一个人的智力能力进行训练。因此，个人智力条件自然会影响一个人的教育需求。智力差异对于个人教育需求的影响主要表现在两个方面：一是主观上可能会影响到个人的教育欲求，例如成绩平平可能导致学生的挫折感甚至是厌学情绪，但也可能激发其强大的学习动力，不论是正面的还是负面的，这种影响的确存在，只是程度大小有别而已；二是客观上个人智力条件可能会决定其受教育水平的高低，尤其是高层次教育都存在一定的能力选拔要求，如果个人能力达不到一定要求，可能会成为其接受高层次教育的主要障碍。

(3)非人力资本积累因素。教育的非人力资本积累因素包括对校园美好生活的向往、企图通过教育获取社会声誉和地位、为自己将来建立社会网络和积累社会资本、显示自身能力等，这些因素都有可能刺激个人的教育消费需求。马斯洛(Abraham Harold Maslow)的需求层次论认为，人的需要从低到高分为生理需要、安全需要、社交需要、尊重需要和自我实现需要，当人的较低层次的需要得到一定程度的满足后就会主动追求较高层次需要的满足。教育对非人力资本积累因素的影响，主要体现为对人的高层次需要的满足方面。

(4)家庭环境。家庭环境对于个人教育需求的影响可以分为显性影响和隐性影响两种。家庭环境的"显性影响"(Dominant Influence)主要是指家庭对子女教育消费的支付能力对于个人教育需求的影响。在中国目前的情况下，家庭对于个人教育费用的承担仍然是最主要的支付方式，家庭经济情况的好坏直接影响子女的教育消费能力。没有支付能力的需要只能是需要而不是需求，家庭经济富裕与否很大程度上决定了个人教育需求的支付能力，是子女能否接受高级教育的决定因素之一。"隐性影响"(Latent Influence)主要是指家长本身的文化素质、价值取向、社会道德观念等因素对其子女教育的影响。如果整个家庭的氛围倾向于重视教育，那么其子女接受较高水平教育的可能性就会增加。

(5)社会外部环境。社会教育需求可以间接影响个人的教育消费需求，主要体现为对个人教育预期收益的影响。如果社会对于受过教育的劳动者给予较高的报酬和良好的待遇，就会提高个人对于教育投资的预期收益，从而加强其教育消费需求。反之，则降低其教育消费需求。社会经济发展水平也是影响教育需求的一个重要因素，它不仅会影响社会对受教育者的吸纳程度，也会影响政府提供公共教育的能力以及整个社会教育的发展水平，有限的教育供给能力可能会抑制个人的教育需求。另外，社会上广泛存在的文化价值观念等因素也会影响教育的消费需求。在一个崇尚教育的社会里，教育消费需求往往比较强烈。

2. 影响教育需求的社会因素分析

社会教育需求同样受到其需求主体及其支付能力的制约。社会教育需求主体既有国家、社会这样的抽象宏观整体，也有企业等用人单位这样的具体微观实体，因此，影响因素也较为复杂。这里主要从宏观层面分析影响教育社会需求的基本因素，兼析企业等用人单位对受教育者需求的影响。

(1)社会人口总量。社会人口总量越大，整个社会的教育需求就越大。就一个国家而言，社会文明、民族文化的传承需要提高全民族的科学文化素质。人口总量扩大会导致社会中个体教育需求增加，从而聚集为整个社会教育需求的增加。

(2)经济与科技发展水平。经济发展水平包括经济总量水平与结构水平。一定时期内，随着国民经济总量的增长，自然吸纳受教育者的能力就会增强，对于教育的需求就会提高。反之，如果国民经济总量增长受阻，自然会导致教育社会需求下降。

(3)教育产品对其他生产要素的边际替代率。"边际替代率"(Marginal Rate of Substitution, MRS)是指在维持产量水平不变的条件下，增加一单位的某种要素投入量时所减少的另一种要素的投入量。在产量不变的条件下，生产要素的投入可以有不同的组合，即生产者可以通过不同生产要素之间的相互替换，维持一个既定的产量水平。企业实际上是根据各生产要素之间的最优配置来实施雇用计划的。企业对受过较高水平教育人才的需求，实际上主要是基于高水平的教育人才自身积累了大量人力资本，其边际效用相对较高，用其对其他生产要素实行替代，符合企业利润最大化原则。但如果受教育者的使用成本较高，企业等用人单位就会减少对受教育者的雇用，改用其他生产要素进行替代。

三、教育供给的影响因素

教育供给同样会受到价格因素的影响。在市场经济条件下，供给水平一定，则教育价格越高，其供给量越大，反之则越小。但教育不是一般商品，有其自身的特有属性，其供给水平受多种因素制约和影响。概括起来，影响教育供给的因素主要有以下几个方面。

1. 社会经济发展水平

社会经济发展水平是决定教育供给的宏观性因素。一般情况下，一个国家的社会经济发展程度越高，整个社会的物质积累也就越丰厚，其用于教育供给的资源投入也就更有保障，提供给教育消费者的教育机会和教育服务也就越多。反之，则教育供给就越紧缺。另外，社会经济发展水平对于教育供给的影响还体现为对教育的带动效应。也就是说，经济发展水平较高的国家一般会相对重视教育事业的发展，而经济发展较差的国家，对于教育的重要性多存在认识上的不足，教育供给自然没有保障。

2. 政府财政收支水平与结构

政府财政收支水平与结构是影响一国教育供给的重要因素。虽然在市场经济条件下，教育供给主体多元化，但政府仍然是最主要的供给主体。公共教育在世界上绝大多数国家占主导地位，在社会主义国家更是如此，一个根本的原因可能是基于"教育属于准公共产品"的认知。政府财政收支水平与结构，直接决定着政府用于提供公共教育的投资规模以及各类教育的分配比例。强大的政府财政能够保障政府有足够的资金用于教育投资，而政府财政支出结构则决定了政府在教育与其他公共支出项目间的资源分配，具体的政府教育支出结构则决定了各类教育的详尽支出比例。

3. 教育的单位成本以及师资状况

教育是一项单位成本递增的事业，成本因素是制约一个国家教育供给的主要因素之一。在社会用于教育投资资源总量一定的情况下，教育的单位成本越低，教育供给越充足；反之，教育供给则会紧缺。另外，师资状况的好坏同样影响着教育的供给。师资状况包括师资的数量、质量、结构等几方面，基本的师资力量是一定教育供给量的保障条件。其中，师资待遇状况十分重要，它决定着教育事业对社会其他资源(主要是人才资源)的吸引力大小。

4. 劳动力需求结构

劳动力需求结构是影响教育供给水平的又一重要因素。教育消费的最终结果主要是实现受教育者的就业,因此教育对人才培养的主要目的是使其适应社会对劳动力的结构需求。社会对于劳动力的需求结构发生了变化,教育供给就要做相应调整,各类教育就要做结构性变革,整个教育的供给水平也要随之发生变化。就目前我国现实情况而言,国民经济结构正处于调整时期,总体经济结构正沿农业型经济→工业型经济→知识型经济轨迹发展,第二、第三产业比重不断增加,对于知识型、技能型中高级人才的需求趋势明显增强。与此相适应,教育供给就应适当调整具体教育类别,培养更多适合劳动力市场需求结构的实用型与创新型人才。

事实上,影响教育供给的因素还有很多,诸如影响教育投资回报率的居民收入水平、国家相关的教育政策与法律法规、教育投资的市场化改革等,这些因素都可能影响整个教育的供给状况。

第二节 教育供求矛盾与均衡

在教育发展过程中,当教育供给状况与需求状况不一致时,就会产生教育供求矛盾。教育供求矛盾的表现形式有数量失衡、质量失衡、结构失衡和区域失衡等。只有弄清教育供求矛盾的产生机制,才能为供求矛盾的有效调节提供理论依据。

一、教育供求矛盾的一般分析

教育的供求矛盾,是指在特定的时空条件下,教育的两类供求关系中供给与需求之间存在的非均衡状态,即教育供给与需求之间的冲突与不一致性。从绝对的动态角度来看,教育供求矛盾是绝对的,是客观存在的,因为无论是教育的需求还是供给都处于不断变化之中,它们之间的供求均衡也只是一种暂时的相对状态。从相对的静态角度考虑,教育供求矛盾又是可以避免的,只要有科学的矛盾调节机制,实现教育供求间的暂时局部均衡也是可能的,这也是我们教育政策的目标之一。具体来说,教育供求矛盾可以分为供给制约型供求矛盾与需求制约型供求矛盾。

1. 供给制约型供求矛盾

供给制约型供求矛盾是指在教育的两类供求关系中教育供给小于教育需求而形

成的不均衡，具体可以是第一类教育供求中的教育机会供给小于个人的教育需求，也可以表现为第二类供求关系中的受教育者供给小于教育的社会需求，其实质是教育供给不足。一般而言，教育的供给制约型供求矛盾主要是由教育需求的单方面扩大引起的。如图 8-2 所示，D 代表原有的教育需求曲线，S 是既定的供给曲线，曲线 D 与曲线 S 相交于 E_0，形成均衡价格 P_0，均衡供给数量 Q_0。但由于非价格因素的影响，教育需求水平单方面扩大，需求曲线移动至 D_1，此时供给水平并没有相应扩大，D_1 与 S 相

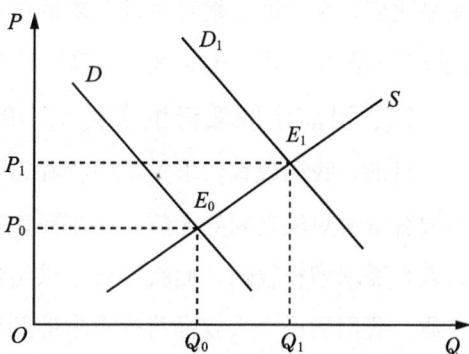

图 8-2　供给制约型供求矛盾

交于 E_1，形成均衡供给数量 Q_1 与均衡价格 P_1，此时均衡供给扩大$(Q_1>Q_0)$且均衡价格上升$(P_1>P_0)$，这是市场调节的结果。在现实生活中，教育价格的上升会给居民与用人单位造成沉重负担，一般会受到政府部门的严格控制，从而在教育价格不变的情况下，教育供给没有明显扩大，结果就是教育供不应求矛盾加剧。解决教育的供给制约型供求矛盾的主要方法，就是强行抑制部分教育需求，或者增加教育投资，扩大教育供给。

2. 需求制约型供求矛盾

需求制约型供求矛盾主要是指在教育的两类供求关系中教育的需求小于教育供给而形成的不均衡，具体可以是第一类教育供求中的个人教育需求小于教育机会供给，也可以表现为第二类供求关系中的教育社会需求小于受教育者的供给，其实质是教育需求不足。一般而言，教育的需求制约型供求矛盾主要是由教育供给的单方面扩大造成的。如图 8-3 所示，D 代表既定的教育需求曲线，S 是原有的供给曲线，曲线 D 与曲线 S 相交于 E_0，形成均衡价格 P_0，均衡供给数量 Q_0。但由于非价格因素的影响，教育供给水平单方面扩大，供给曲线移动至 S_1，此时需求水平并没有相应扩大，S_1 与 D 相交于 E_1，形成均衡供给数量 Q_1 与均衡价格 P_1。此时均衡供

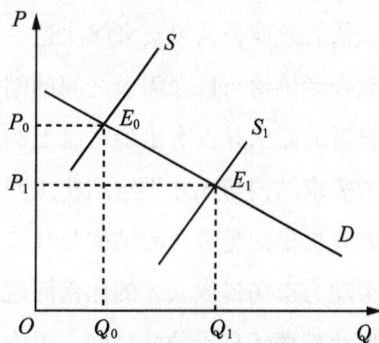

图 8-3　需求制约型供求矛盾

给扩大($Q_1 > Q_0$)且均衡价格下降($P_1 < P_0$)。在现实生活中，由于教育价格受到政府严格控制，保持相对稳定，因而短时期内若教育供给水平扩大而教育需求却没有明显改变，则会造成教育供过于求的供求矛盾。解决需求制约型供求矛盾的主要方法就是刺激教育需求的扩大，或者削减教育的供给水平。

二、当前中国教育供求关系中的主要矛盾

目前，我国教育供求关系中存在以下两对主要矛盾：其一，教育需求无限膨胀与教育资源短缺之间的矛盾。这主要表现为教育的第一类供求关系中的我国居民个人教育需求增长较快，而教育机会供给增长却相对滞后，导致教育服务供不应求的矛盾。我国居民个人教育消费需求的膨胀压力主要来源于两方面。一方面来自人口绝对数的增加。我国人口基数庞大，虽然人口自然增长率得到了有效的控制，但每年新增绝对人口数仍然是一个十分庞大的数字，这给每年新增学生数留下了巨大空间，从而导致整个社会的个人教育需求急剧增长。另一方面则是来自公民个人要求接受教育的范围和程度的扩大与提高。近年来，我国的教育事业得到了迅速发展，公民受教育年限不断增长，受教育层次不断提高，九年义务教育基本普及，高中阶段教育毛入学率由 1998 年的 40.7% 增加到 2021 年的 91.4%，高等教育毛入学率由 1998 年的 9.8% 增加到 2021 年的 57.8%[①]。受其他非价格因素影响，这种受教育层次提高的趋势还在延伸，城乡居民个人教育需求还在扩大，特别是对于高等教育的需求尤为强烈。个人教育需求膨胀的主要原因可归结为社会的就业压力、社会经济收益的诱惑与自我发展目标的实现等。教育要满足这一不断膨胀的需求必须加大供给。但从目前的经济实力来看，我国很难在短时期内解决这一矛盾。特别是较高层次的优质高等教育，其单位供给成本更大，需要的教育投资十分庞大，短时期内完全依靠政府公共投资来解决这一供求矛盾难度不小。其二，教育供求关系中各类受教育者供给与社会需求之间的结构性矛盾。就总量而言，我国劳动力市场对于受教育者的需求并没有出现总量上的绝对饱和，之所以成为结构性矛盾主要是因为劳动力需求结构与人才供给结构之间不协调。这种结构性矛盾，一方面表现为各类具体教育提供的受教育者结构与社会需求结构之间的矛盾，例如职业教育与高等教育为劳动力市场提供人才的比例问题。就目前我国所处的经济发展阶段而言，大力发展职业教育还是十分必要的，因为我国现阶段缺乏大量应用型职业技术人才。另一方

---

① 数据来源：2021 年全国教育事业发展统计公报[EB/OL]. http://www.moe.edu.cn/2022-09-14。

面这种结构性供求矛盾还表现为各级教育内部专业结构与人才需求结构之间的矛盾，特别是我国目前的高等教育专业设置与社会需求相脱节，这在相当程度上造成了我国现阶段大学生就业困难的局面，出现了就业的"冷门"与"热门"专业之分。实际上，这种教育供求的结构性矛盾与我国的教育供求矛盾调节机制有着十分密切的联系，通常政府主导的计划调节很容易造成教育供给对社会需求结构变化不够敏感，从而引发教育供给与社会需求结构间的脱节。

实际上，上述两类矛盾反映了两类教育供求关系中现阶段各自所面临的主要矛盾。在个人—学校教育机会供求关系（第一类教育供求关系）中，我国目前的实际情况是教育供给水平严重不能满足广大人民群众日益增长的教育消费需求，表现为教育机会尤其是高等教育机会供不应求，属于供给制约型供求矛盾；在学校—社会（主要指企业）教育产品供求关系（第二类教育供求关系）中，实际的情况是我们的教育机构培养的受教育者不能适应社会的劳动力需求结构变化，从而形成社会对于教育最终产品——受教育者的有效需求不足，表现为劳动力市场上存在一定程度的受教育者结构性失业现象，属于需求制约型供求矛盾。这两类矛盾是各自供求关系中的主要矛盾，并非矛盾的全部，还存在其他的次要供求矛盾，例如在第一类供求关系中，由于传统与观念等因素的影响，我国的民办教育一直得不到社会的认可，民办教育面临着一定的生源问题，尤其是高质量的生源，这实际上属于需求制约型供求矛盾。另外，教育的两类需求之间同样存在一定的矛盾。在一定时空范围内，由于教育的社会需求不足，但个人或家庭的教育消费需求却可能十分旺盛，此时教育供给的增加抑或缩减就将成为教育政策制定者难以取舍的问题。教育供给制约型供求矛盾和需求制约型供求矛盾的最终解决需要科学合理的教育供求矛盾调节机制。

三、教育供求均衡

在计划经济时期，我国的教育供求状况主要依靠政府的计划调节。现今市场经济的发展派生出了劳动力市场需求和教育供给之间的矛盾，而劳动力供需矛盾又派生出了教育机会供给与需求的矛盾。教育供给与需求的矛盾应受到教育的市场价格的调节。当教育需求大于教育供给时，价格会上升，从而抑制部分需求；当教育需求小于教育供给时，价格会下降，从而抑制部分供给。但教育的特有属性及我国社会主义市场经济体制的不完善决定了其供求矛盾的调节不可能完全依赖市场，政府具有不可推卸的行政调节责任。特别是对于义务教育，政府的主导作用更是不可替代。但是，教育供求矛盾并不是完全相同的，不同类教育供求矛盾不尽相同，其供求均衡的实现途径也不一样。

经济学中均衡是指经济中变动着的各种力量暂时处于稳定状态，并不意味着不再变动。微观经济学中把均衡价格分为局部均衡和一般均衡。局部均衡是假定在其他条件不变的情况下，一种商品或一种生产要素的供给与需求达到均衡时的价格决定，也就是说研究单个商品价格决定问题。一般均衡是假定在各种商品和生产要素的供给、需求、价格相互影响的情况下，分析所有商品和生产要素的供给与需求同时达到均衡时的价格决定，也就是研究所有商品的价格是如何同时决定的。这里我们研究的各类教育供求均衡为局部均衡，不考虑其他要素对其均衡价格的影响，以使所讨论的问题简单化。

1. 义务教育的供求均衡

义务教育的供求均衡原则上不应由市场调节，而应实行计划调节。义务教育是一个国家为满足其国民最基本的教育需求而提供的教育服务，其供给与需求受到国家法律约束。在教育需求方面，我国的《义务教育法》规定每个适龄青少年都有接受义务教育的义务；在教育供给方面，法律同样规定国家有义务为每个适龄青少年提供必要的义务教育机会和服务。也就是说，在理想状态(当国家义务教育法得到彻底落实时)下，由于义务教育供给与需求都严格受到法律约束，个人和家庭是否愿意接受义务教育且有没有支付能力都不能否定他们接受教育的义务，即义务教育的个人需求是被外在法律和政策强加的，是不随义务教育的价格变动而变动的，有多少适龄青少年就有多少需求，需求的价格弹性几乎为零。如图 8-4 所示，义务教育需求曲线 D 为一条垂直于横轴的直线。同理，义务教育的供给也受到外部的法律和政策约束，对价格的变动几乎没有任何反应，供给的价格弹性也几乎为零。一般来讲，由于有多少义务教育需求，国家就应提供多少义务教育机会，所以义务教育的供给曲线 S 是和需求曲线

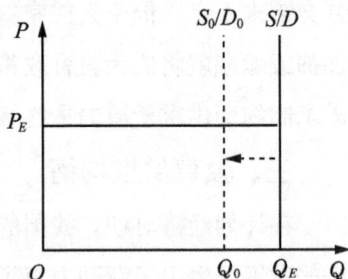

图 8-4 义务教育供求均衡曲线

D 重合的，同为一条垂直于横轴的直线。供求均衡时，得到均衡供给数量 Q_E 和均衡价格 P_E。此时的均衡价格 P_E，则是由实际义务教育供给的平均成本决定的。义务教育的供求均衡并不因教育价格的变动而变动，均衡价格 P_E 同样不会随供求曲线的变动而变动，它只是对义务教育平均成本的一种反映，供求均衡点随着均衡价格的变动存在于供求曲线的任何一个点上。

综上所述，义务教育的供求应该主要采用计划调节的方式，国家必须根据适龄受教育者的数量有计划地调整义务教育规模，确保每个适龄青少年都能接受完整的义务教育，并承担平均成本。但目前，我国的实际情况是，P_E 中有部分费用是由学生家庭承担的，这造成了一些贫困地区或贫困家庭的子女义务教育辍学情况，导致我国的实际义务教育供求曲线(S_0/D_0)比理想状态要向左偏移一点，实际均衡数量为 Q_0。近年来，随着我国教育改革的不断深入，在义务教育领域为满足广大居民的"差别教育"(Differential Education)需求，出现了许多民办(私立)教育机构。对于此类教育服务的供给管理，可在国家政策有效监管下采用一定的市场调节机制。

2. 高等教育的供求均衡

高等教育的供求机制较为复杂，应区别对待。高等教育是一个国家最高层次的正规教育，处于整个教育体系的顶端。根据教育经济学理论，高等教育具有较强的内部收益性，即教育的社会机会成本(用来在更高程度上扩大教育的有限资金，可以有效地用于社会生产部门)随着教育层次的攀升而急剧增加。高等教育消费私人收益的增加一般要远远超过高等教育消费的外部收益的增加。因此，在理论界也有学者主张将高等教育服务作为私人消费品对待，认为其提供方式应由市场来调节。即使有学者认为高等教育是混合品，也主张对高等教育服务实行收费制度。但考虑到高等教育的外部收益和一些特殊高等教育(如国防军事等)在国家建设与发展中的特殊地位，应分类区别对待。因此，在以市场为主要调节手段的同时，还应综合运用政策、法律等手段对我国高等教育的供求进行宏观系统干预和调节。

当前，我国高等教育的供给主体主要是国家财政出资兴办的公立高等院校和私人及其他民间资本兴办的各类民办高等院校。在高等教育改革之前，我国高等教育长期坚持"精英教育"理念，国家免费提供各类高等教育服务，通过各种选拔性考试等手段使极少数人获得接受高等教育的机会。随着我国教育改革的不断深入和发展，特别是在"精英教育"向"大众化教育"转型的那个时期，高等教育实行收费制度势在必行。在经过最初几年的象征性与探索性低收费改革之后，随后几年我国高等教育收费大幅上调。与此同时，我国高等教育投资领域也逐渐开放，民间资本不断进入高等教育供给领域，各类民办高等院校纷纷成立，极大地增强了我国高等教育的供给能力，满足了人民群众日益增长的高等教育需求。

公立高等教育和民办高等教育都实行了收费制度，但收费标准有很大差异。公立高等教育成本实际上仍然由国家通过财政拨款的方式承担，其收费标准远低于民办教育，两类高等教育供求均衡曲线明显不同。实行教育收费制度以后，个人和家庭对于高等教育的需求一定程度上受到教育价格的制约，如图 8-5 所示，在需求曲线 D_1 上，需求量随着高等教育价格的上升而递减。但在公立高等教育的供给方面，政府行政计划仍然是主要手段，高等教育收费价格一般由国家统一规定（少数经济发达地区例外），在一定时期内高等教育供给数量一定。即使近年来的扩招也不是由价格上涨引起

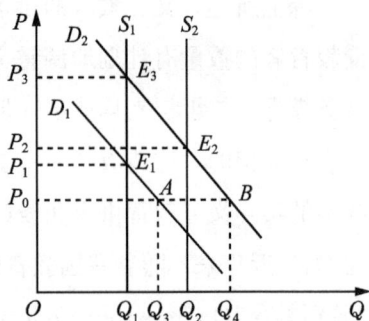

图 8-5 公立高等教育供求曲线

的，且扩招并非全无限制。换言之，公立高等教育的供给数量并不随着高等教育价格的上升而上升，而是由政府相关部门计划决定的，其供给的价格弹性几乎为零，所以公立高等教育的初始供给曲线（见图 8-5）为垂直于横轴的一条直线 S_1，D_1 与 S_1 在点 E_1 处形成均衡价格 P_1 和均衡供给数量 Q_1。

但国家出于公平和居民承受能力等方面的考虑，公立高等教育的实际供给价格 P_0 往往远低于均衡价格 P_1，此时实际有效需求为 Q_3，显然 $Q_3 > Q_1$，公立高等教育供不应求。此时，国家采用一定的手段（主要是选拔性考试，如高考）剔除掉多余的 $Q_3 - Q_1$ 的那部分需求，从而实现相对的供求均衡（实际上仍然是供不应求的状况，只不过通过制度手段强行抑制了部分教育需求）。受高等教育大众化、就业压力的增加以及个人对于高等教育非人力资本积累因素的考虑等因素的影响，个人的高等教育需求将会急剧扩大，其需求曲线必然右移到 D_2 处。此时如果不扩大高等教育供给水平，D_2 与 S_1 在点 E_3 相交，将会形成新的均衡价格 P_3 和均衡供给 Q_1，以及实际供给价格 P_0 上的实际有效需求 Q_4，$(Q_4 - Q_1) > (Q_3 - Q_1)$，多余的有效需求扩大，高考的压力增大，公立高等教育供不应求的矛盾进一步激化。此时政府就会采取扩招措施，扩大高等教育供给水平，供给曲线右移到 S_2 处，与 D_2 在点 E_2 处相交，形成新的均衡价格 P_2 和均衡供给 Q_2，此时需要剔除多余需求 $Q_4 - Q_2$ 相比 $Q_4 - Q_1$ 小得多，高考压力有所减小，公立高等教育供求矛盾将有所缓解。

与公立高等教育相比，民办高等教育供求关系要简单一些，在教育需求方面和供给方面主要受市场价格的影响，供求的价格弹性较大。一方面，民办高等教育基本上是全额收费，即不存在以低于教育成本的价格供给高等教育的情况，学费相对公立高等教育较高。因此，一般居民消费民办高等教育的需求受教育价格制约较为

明显，民办高等教育需求的价格弹性较大。另一方面，民办高等教育的供给虽然在现阶段受到国家招生计划的一定程度的控制，但随着教育投资改革的深入，民办高等教育的供求越来越受到市场机制的调节，而不是政府的计划调节。民办教育价格越高，就越能吸引更多的民间资本进入高等教育供给领域，其供给量就越大，供给的价格弹性也较大。如图 8-6 所示，民办高等教育初始需求曲线 D_1 与供给曲线 S_1 在点 E_1 相交，形成均衡价格 P_1 和均衡供给数量 Q_1。但随着民办教育质量的提高、部分公立高等教育多余需求的剔除以及教育观念的转变，个人对于民办高等教育的需求将会扩大，需求曲线右移到 D_2 处。同时随着我

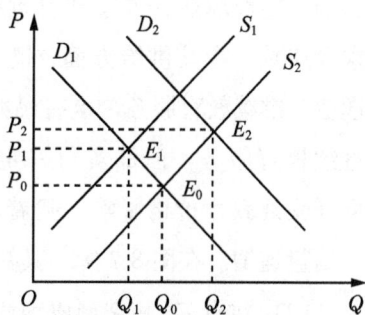

图 8-6　民办高等教育供求曲线

国教育投资改革的不断深入，更多的民间资本和国外资本将进入我国高等教育供给领域，民办（私立）高等教育供给水平也将扩大，供给曲线右移到 S_2 处，此时 S_2 与 D_2 在点 E_2 相交，形成均衡价格 P_2 和均衡供给数量 Q_2，$Q_2 > Q_1$，民办教育均衡供给量得到迅速扩张。至于民办教育价格是上升还是下降则要根据具体情况而定。如果需求水平的扩大快于供给水平的扩大，将会带来教育价格的上涨，即 D_1 与 D_2 之间的相对移动距离大于 S_1 与 S_2 之间的相对移动距离，$P_2 > P_1$；如果需求水平的扩大慢于供给水平的扩大，则民办高等教育价格下降，即 D_1 与 D_2 之间的相对移动距离小于 S_1 与 S_2 之间的相对移动距离，$P_2 < P_1$。总之，民办高等教育的供求不同于公立高等教育，主要受市场价格调节，而非政府计划调节。

3. 职业教育的供求均衡

各类职业教育与继续教育应以市场调节为主，辅之政府计划调节。职业教育具有较强的就业适用倾向性，十分注重受教育者的技能培训，为受教育者的未来就业奠定了相对坚实的基础，内部收益也较为明显。继续教育又称成人教育，是针对在职人员的教育，能够直接有效地提高劳动者和工作人员的素质，从而可以直接提高经济效益和工作效率。职业教育与继续教育在概念上有重叠之处，但不完全相同。我国的职业教育通过中、高等职业学校提供，教育对象包括未成年人和成年人。继续教育主要针对成年人，包括职业教育和非职业教育等多种形式。

虽然概念不同，但职业教育与继续教育的供需关系类似。在消费需求方面，职业教育和继续教育主要取决于个人对技能培训的需要程度和职业发展的考虑，而不

受法律和政策的硬性约束。如图 8-7 所示，其初始
需求曲线为 D_1，由于教育消费者个人或家庭主要
承担相关费用，因而其教育需求受到教育价格的
影响，随着职业、继续教育价格的上涨而教育需
求量递减。在其供给方面，既有国家提供的公办
职业、继续教育服务，也有民办教育提供的职业、
继续教育服务，但都实行一定的教育收费制度，
同样受到教育价格影响，随着教育价格的上升其
供给量递增。在图 8-7 中，其初始供给曲线为 S_1，

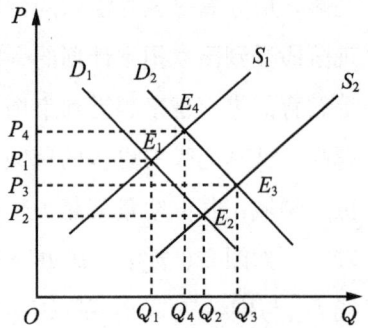

图 8-7 职业、继续教育供求曲线

S_1 与 D_1 在点 E_1 相交形成均衡价格 P_1，此时职业、继续教育均衡供给数量为 Q_1。
由于受传统观念影响，大众对职业、继续教育消费认识还不到位，目前的职业、继
续教育需求被部分抑制，从而导致实际均衡供给量 Q_1 不足，不能适应我国国民经济
发展对该类人才的需求。这样国家就会采取一定的扶持和补贴政策，扩大职业、继
续教育供给，此时供给曲线右移至 S_2 处。在职业、继续教育需求水平不变的情况
下，D_1 与 S_2 在点 E_2 达成均衡，形成均衡价格 P_2，均衡供给数量为 Q_2，这样就增
加了 $Q_2 - Q_1$ 的人才供给，以满足社会发展的需求。随着时间的推移，人们对于职
业和继续教育观念的改变、教育质量的改善以及对高等教育大众化潮流的冷静思考，
职业、继续教育以其较低的成本和实用性将越来越受到人们的重视，教育需求将会
扩大，需求曲线右移到 D_2 处，与供给曲线 S_2 在点 E_3 达成新的供求均衡，形成新
的均衡价格 P_3，此时均衡供给数量为 Q_3，显然 $Q_3 > Q_2$，新增职业、继续教育(人
才)供给 $Q_3 - Q_2$。此时，如果 Q_3 没有超出社会对于职业、继续教育人才的需求总
量，则政府不会削减对其扶持。如果 Q_3 大于社会实际需求，就会形成教育过度的局
面，政府就会削减扶持甚至限制职业、继续教育的过度膨胀。当政府扶持和补贴取
消时，供给曲线就会左移到 S_1 处，S_1 与 D_2 在点 E_4 处达成新的供求均衡，形成新
的均衡价格 P_4 和新的均衡供给 Q_4，$Q_4 < Q_3$。相对于 Q_3 的过度供给，供给数量 Q_4
显然更加符合劳动力市场的实际情况，此时政府基本实现了对职业、继续教育的零
干预，职业、继续教育供求均衡就完全由市场来调控。

综上所述，职业教育与继续教育的供求均衡主要应由市场来调节，但政府在供
给调节方面的作用仍然不可忽视，尤其是在职业教育与继续教育的发展起步阶段，
需要政府的政策扶持与资金补贴。鼓励和扶持职业、继续教育发展，应该成为今后

几年政府相关部门的主流政策选择。

4. 留学生教育的供求均衡

留学教育应以市场调节为主，政府应做好扶持和学历认证工作。随着我国经济社会的发展和居民收入的提高，人们对高等教育的需求也日益高涨，远远超过了高等教育的供给水平，近年来甚至出现了留学低龄化的发展趋势。在这种供需状况下，出国接受高等教育已逐渐成为我国高中毕业生及其家庭的另一个重要选择。当然，选择出国留学的学生之间也存在差异，其中有一部分是家庭经济条件较好而学习成绩较差的学生，在国内缺乏接受高等教育的机会。但是近年来也不乏一些非常优秀的高中毕业生放弃国内的一流大学而选择出国留学。这不仅意味着我国高等教育市场存在着供给和需求的矛盾，而且还可能意味着国内外高等教育在质量上存在差异。

按照资金来源分，出国留学主要有国家公派、国外高校奖学金资助留学和自费留学三种。国家公派主要由政府通过国家留学基金管理委员会选拔优秀研究型人才赴国外高校进修，目前国家公派出国的各类留学人员每年都在 2 万人左右。国外高校奖学金资助留学是指由接收高校自主选拔并资助优秀人才出国留学。2008 年次贷危机后发达国家经济下行，国外高校奖学金资助规模也大幅下降。自费留学费用主要由留学生及其家庭负担。自 2002 年以来，自费出国留学生数占全部出国留学生总数的比例均保持在 90% 左右，自费出国留学生已成为我国出国留学生整体中的主要构成部分。

国家公派留学和国外高校奖学金资助留学由于资助规模有限，存在供给制约型供求矛盾。如图 8-8 所示，在需求曲线 D_1 上，由于奖学金规模主要由我国政府或国外高校计划制订，一定时期内不随价格变动而变动，所以非自费类留学需求为垂直于横轴的一条直线。与初始供给水平 S_1 形成均衡价格 P_1 和均衡供给数量 Q_1。随着我国公派留学规模的扩大，需求曲线

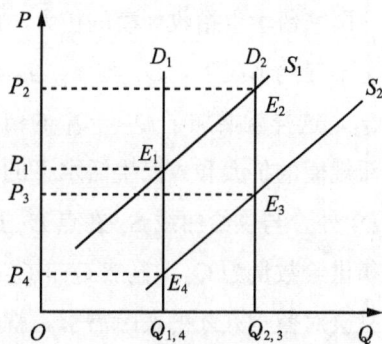

图 8-8 非自费留学教育供求曲线

向右平移至 D_2，与初始供给水平 S_1 形成均衡价格 P_2 和均衡供给数量 Q_2。在供给方面，由于财政收入的减少，国外大学积极扩大留学生招收规模以扩大收入，教育供给规模逐年增加，供给曲线向右平移至 S_2，D_2 与 S_2 在点 E_3 形成均衡价格 P_3 和均衡供给数量 Q_3。$P_2 > P_3$，可见由于供给量的上涨，国外高校对于国家公派留学

的协议学费水平也将下降。此时，如果 Q_3 没有超出社会对于留学人才的需求总量，则政府不会削减公派资助规模。如果 Q_3 大于社会对留学人才的实际需求，就会形成留学人才外流的局面，政府就会削减公派留学规模，此时，需求曲线就会左移到 D_1 处，D_1 与 S_2 在点 E_4 处达成新的供求均衡，形成新的均衡价格 P_4 和新的均衡供给数量 Q_4，$Q_4 < Q_3$。

根据阿尔特巴赫(Altbach，1998)的"推拉理论"(Push & Pull Factor Theory)，生源国的推动与目的国的拉动是影响自费留学的两个主要因素。[①] 我国学生留学的推动因素主要有国内高等教育供不应求，教育质量与发达国家相比有差距等。发达国家吸引留学生的拉动因素主要有提供较高的教学质量，提供接触多元文化的机会，扩展个人视野，学成回国后有更好的就业前景以及移民等。如图8-9所示，留学教育的初始需求曲线

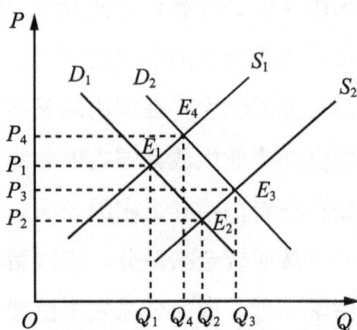

图 8-9　自费留学教育供求曲线

为 D_1，由于留学生个人或家庭要承担自费留学教育的相关费用，因而其教育需求受到教育价格的影响，随着留学教育价格的上涨而教育需求量递减。其供给方面同样受到教育价格影响，随着教育价格的上升其供给量递增。自费留学教育初始供给曲线为 S_1，S_1 与 D_1 在点 E_1 相交形成均衡价格 P_1，此时均衡供给数量为 Q_1。随着发达国家留学生招收规模的扩大，此时供给曲线右移至 S_2 处。在自费留学教育需求水平不变的情况下，D_1 与 S_2 在点 E_2 达成均衡，形成均衡价格 P_2，均衡供给数量 Q_2，这样就增加了 $Q_2 - Q_1$ 的留学人才供给，以满足社会发展的需求。随着国家公派规模的扩大和人民生活水平的提高，留学教育的需求也将上涨，需求曲线右移到 D_2 处，与供给曲线 S_2 在点 E_3 达成新的供求均衡，形成新的均衡价格 P_3，此时均衡供给数量为 Q_3，显然 $Q_3 > Q_2$，新增留学教育(人才)供给 $Q_3 - Q_2$。如果 Q_3 大于社会对留学人才的实际需求，就会形成留学人才外流的局面，政府可能会限制出国留学教育的过度膨胀，此时，供给曲线就会左移到 S_1 处，S_1 与 D_2 在点 E_4 达成新的供求均衡，形成新的均衡价格 P_4 和新的均衡供给数量 Q_4，$Q_4 < Q_3$。相对于 Q_3 的过度供给，供给数量 Q_4 显然更加符合劳动力市场的实际情况，此时政府基本实现

① Altbach，P. G. "Comparative Higher Education," Comparative Education Research Center, *University of Hong Kong*，1998，pp. 239-240.

了对留学的零干预，留学教育供求均衡完全由市场来调控。

　　除少数国外高校在我国境内合作办学以外，留学教育的供给机构大多在国外。信息不对称因素会使留学生不能选择适合的国外高校，或用人单位不认可留学生的国外学历的情况时有发生。目前，教育部留学服务中心国外高校认定和国外学历学位认证服务，为留学生选择国外高校和用人单位认可国外学历提供便利。可见，留学教育应以市场调节为主，国家通过公派留学项目进行扶持和调控，同时做好学历学位认证等工作，促其良性发展。

　　综上所述，教育供求均衡的实现是一项复杂的系统工程，需要对各类具体教育类型加以区别对待，调节手段也不能单一和绝对化，应根据整个教育供求矛盾和社会环境变化，对各类具体的供求矛盾综合运用相关调节手段予以合理调控，实现教育供求的均衡发展。

第三节　教育与就业问题分析

　　劳动力供给与教育之间有着密切联系。教育能够增加受教育者的人力资本存量，提高其将来工作的私人收益。一般来讲，一个人受教育水平越高，其工作收入水平也就越高。

一、教育与劳动力供给曲线分析

　　在市场条件下，劳动力的供给量随着工资率的提升而增加，而劳动力的需求量却随着工资水平的提升而递减。以图 8-10 来说明，劳动力的初始需求曲线 D_1 与劳动力供给曲线 S 在点 E_1 相交，形成均衡价格（工资水平）W_1 和均衡供给量 L_1。此时，如果市场实际工资水平为 W_2，劳动力供给量就会

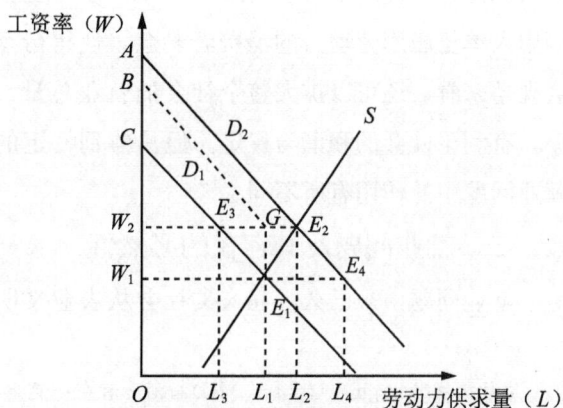

图 8-10　劳动力供求曲线

增大为 L_2，而实际需求量就会降低到 L_3，$L_2 > L_3$，造成劳动力供大于求的局面，

就会出现失业现象。受劳动力市场价格调节作用影响，社会平均工资水平会逐渐回落到 W_1，以实现劳动力供求均衡。但随着劳动力受教育水平的提高，劳动力自身的人力资本存量增加，劳动力雇用的边际效用①也在增加，社会(主要是企业等用人单位)对劳动力的需求水平扩大，需求曲线右移到 D_2 处。此时，如果工资水平仍然停留在 W_1 水平，就会出现劳动力供不应求的局面，表现为实际需求量 L_4 远大于实际供给量 L_1，从而迫使企业提升工资水平，直到达到 W_2 水平，在点 E_2 实现新的供求均衡，此时实际劳动力需求量和供给量都为 L_2，实现劳动力供应市场的相对均衡。此时，$W_2 > W_1$，$L_2 > L_1$。换言之，在劳动力接受过一定的教育之后，不但提高了劳动力就业的工资水平，而且还扩大了劳动力的就业总量。事实上，企业雇用劳动力的消费者剩余②也得到了较大幅度的增长。当劳动力供求市场处于均衡状态Ⅰ(即在 E_1 处均衡)时，企业雇用劳动力的消费者剩余为三角形 CW_1E_1 的面积；当劳动力供求市场处于均衡状态Ⅱ(即在 E_2 处均衡)时，企业雇用劳动力的消费者剩余为三角形 AW_2E_2 的面积，做一条平行于两条需求曲线的直线 BG，可证得三角形 BW_2G 的面积等于三角形 CW_1E_1 的面积。因此，$\triangle AW_2E_2$ 面积 $> \triangle BW_2G$ 面积 $= \triangle CW_1E_1$ 面积，即在劳动力受过一定程度的教育后，企业等用人单位雇用劳动力的消费者剩余增加了，新增消费者剩余为梯形 $ABGE_2$ 的面积。企业的消费者剩余增加意味着企业利润的增加，因此企业等用人单位同样是教育投资的受益者。

由此可见，教育对劳动力市场供求状况有着极其重要的影响。通过劳动力接受不同程度的教育，能不断增加劳动力的人力资本积累，提高劳动力使用的边际效用，其结果是不仅提高了劳动力工资水平，使得受教育者本身获益，而且也能增加企业等用人单位雇用劳动力的消费者剩余，使得劳动力雇用方从中获益。另外，从全社会视角来看，还可以扩大整个社会的就业总量，减少社会失业人数，降低社会失业率，有利于社会的和谐与稳定。但具体到特定的就业问题上，教育在解决不同类型就业问题中的作用有所不同。

二、就业问题及其存在的必然性

就业问题由来已久。在人类社会从农业文明向工业文明的转化进程中，注定会

---

① 边际效用(Marginal Utility，MU)指消费者在一定时间内增加一个单位商品消费所得到的效用量的增量。
② 在经济学中，"消费者剩余"(Consumer Surplus)是衡量经济福利水平的重要参数，是指消费者愿意为某种商品或服务所支付的最大数量与他实际支付的数量之差，即消费者剩余=支付意愿—实际支付量。

出现就业问题。就业之所以成为问题，主要是由于与就业相对应的失业现象的广泛性。广义上讲，就业是劳动者处于受雇状态或从事某项获取报酬的职业。根据国际劳工组织（International Labor Organization，ILO）的定义，失业人员是指在特定年龄阶段，在考察期内没有工作，但又有能力工作，并且正在寻找工作的人。只有以上三个条件同时成立，才能认定一个人为失业者。衡量经济中失业现象严重程度的指标是"失业率"（Unemployment Rate），它是失业人数占劳动力人数的比率。当一个国家失业率超过一定限度后，就会出现严重的社会问题，影响经济的发展和社会的稳定。但是，就业问题的出现又是多种因素综合作用的结果，失业现象的存在有着一定的必然性。

1. 一般性失业问题

若一国的劳动力供给总量大于其社会所能提供的就业岗位总量，或者说社会缺乏足够的就业岗位来满足庞大的劳动力群体的就业需求，失业现象就会发生，"人找事"现象增多，这样的现象就是我们所称的"一般性失业"（General Unemployment）。一般性失业几乎存在于世界上每一个国家，只是程度不同。在西方资本主义社会，由于生产力的发展，资本有机构成不断提高，技术替代了部分劳动力，而且为了保持经济的周期性扩张与缩减（周期性经济危机造成的后果），总是要保证一定的失业率，起到劳动力"蓄水池"的作用。即使在今天的社会主义中国，一般性失业问题同样存在。由于我国人口基数庞大，劳动力供给相对充足，而经济发展起步较晚，短期内社会还不能提供足够的就业岗位来满足广大劳动者的就业需求。在我国农村，尚存在大量的隐性失业①现象；在城市，由于企业改制等问题，同样存在着大量城市人口失业问题，而且随着经济的发展及高新技术的运用还将节省大量的劳动力，一般性失业问题将会更加突出。

2. 结构性失业问题

"结构性失业"（Structural Unemployment）同样是一个国家所不能回避的现实，在发展中国家更是如此。结构性失业问题，是由于国民经济结构与劳动力结构不相适应而产生的就业问题，它与一般性失业问题的区别在于，一方面，社会存在着空

---

① 所谓隐性失业（Recessive Unemployment），又称"变相"（Disguised）、"隐藏性"（Concealed）、"隐蔽性"（Covert）、"隐匿性"（Hidden）失业，是指劳动力与生产资料只有形式上的结合而没有内容上的结合或结合不充分、不合理的现象，其典型特征是劳动者名义上就业了而实际上却很像失业或半失业，因为他们在就业岗位上要么无事可干，要么无充分的工作可做。

闲的就业岗位；另一方面，没有工作的人由于不能适应这些工作岗位的要求而不能就业。结构性失业问题是由国民经济结构变化引起的，当一国的经济发展处于结构升级时期，而劳动力的素质却提升得相对较慢，就会导致劳动力供给不能适应产业结构升级而带来的更高要求，因而不能实现劳动力的"充分就业"，而出现"事找人"现象。在我国，产业结构升级大势所趋，而劳动力整体素质的提高则相对缓慢，不能适应我国产业结构的变革要求，结构性失业问题就在所难免。

3. 选择性失业问题

"选择性失业"(Selective Unemployment)的存在同样是一国就业问题的一个重要反映。选择性失业，是指劳动者个人由于找不到自己所满意的工作岗位而不能就业的现象。选择性失业的存在不是由于没有工作岗位，也不是由于劳动者素质不够，而是由于劳动者对于某项工作不感兴趣。当然，劳动者不感兴趣的原因可能是多方面的，其中有劳动者对于职业的评价问题、个人的兴趣爱好问题，也有某项工作待遇、工作条件问题等。选择性失业问题在任何一个社会都会存在，特别是在福利待遇有保障的西方发达国家，个人的生存压力较小，因而个人在择业时就会考虑更多的其他因素，从而产生选择性失业问题。在我国，随着经济发展水平的不断提高，物质财富积累的加剧，教育水平的提高，出现选择性失业也就不足为奇。

三、教育与就业问题的一般分析

教育是实现人力资源开发的最基本的手段，教育能够增加人力资本存量，提高劳动者在劳动力市场上的竞争力，是解决就业问题的有效途径。具体而言，教育对就业问题主要有以下几个方面的作用。

1. 教育在解决一般性失业方面有着特殊作用

从微观层面来说，在劳动力供大于求的情况下，劳动力的有效需求不足，必然形成劳动力需求制约型供求矛盾。此时，劳动力的雇用方——企业等用人单位将占据有利地位，形成买方市场，在同样的工资水平下，就会发生对劳动力的刻意挑选，出现"优中选优"的局面，这种遴选的结果就是受过一定教育的劳动者相对于没有受过教育的劳动者更具竞争优势。毕竟较高素质的劳动力通常能带来更高的劳动生产率，企业获得的消费者剩余也就越多。从宏观层面来讲，整体教育水平的提高，将会带来整体工资水平的提高，从而使得人们对其他领域的消费需求扩大，促进其他产业特别是服务业的发展，从而增加就业机会，使一般性失业得到适度缓解。事实上，一个社会整体教育水平的提升，能够促进整个社会消费需求的扩大，形成消费与生产之间的良性循环，有利于整个社会的充分就业。

2. 教育在解决结构性失业方面的作用更为显著

如前所述，之所以会产生结构性失业，主要是由于劳动力的整体素质不能适应产业结构升级的要求。教育的基本作用就是提升劳动力素质，通过一定年限的教育可以提升受教育者的文化技能素养、思想品质以及身体素质（体育、心理健康等），这种整体素质的提升必然促进劳动力就业能力的提升，从而使之适应产业结构的升级需求。当今社会，知识经济已成为社会发展的主导力量，知识经济对人才的需求特点主要体现在对知识创新性劳动力的无限需求上。如图 8-11 所示，知识经济条件下社会对创新人才的需求曲线是无限的。

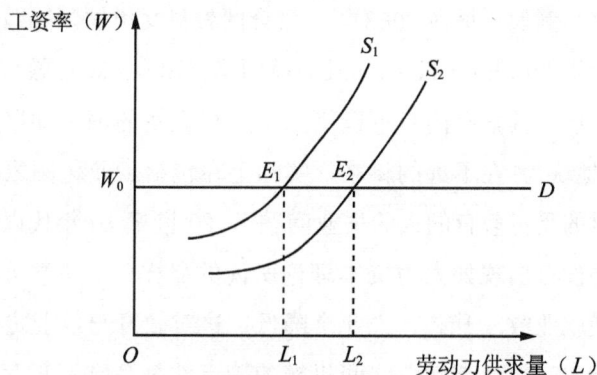

图 8-11　知识经济条件下创新劳动供求均衡

从图 8-11 可以看出，在知识经济条件下，在一定的工资水平 W_0 上，对创新型劳动力的需求量是无限的，需求相对于工资水平的弹性接近无穷大，此时扩大创新型劳动力的供给水平，供给曲线由 S_1 右移到 S_2，则均衡供给数量由原来的 L_1 扩大到 L_2，但均衡工资水平不变。换言之，在一定的工资水平上，社会对于创新型劳动力的需求量可以是无限的，创新型劳动力的供给水平扩大无疑会增加劳动力的就业量，但工资水平却不会下降。但是，高素质的创新型劳动力处于整个劳动力结构的顶层，其创新能力的培养并不是先天赋予的，而是要经过长时间的教育逐渐培养形成的。知识创新能力的培养在很大程度上取决于受教育水平的高低。一般而言，受教育水平越高，其知识创新能力就越强，在结构性失业中受到的限制也就越小，结构性失业也就相对容易解决。

3. 受教育者在解决选择性失业方面有更大的选择空间

因为在知识经济条件下，受教育水平在一定程度上决定了一个人的知识创新能力,从而也就决定了一个人所能提供的创新劳动的多寡。在对创新劳动无限需求的情况下,受教育水平较高的劳动者往往能够选择更多的职业,也能获得较高的待遇,更能赢得工作中应有的尊重,一定程度上避免了由其他因素导致的选择性失业。另外,教育在塑造一个人的科学职业价值观等方面的作用也不可忽视。一般来讲,受教育水平较高的人能够正确评价社会上的各种职业,对于自己的就业价值取向能有一个科学合理的界定,避免受不适价值观的影响。

四、教育就业问题与对策

长期以来,教育经济学家普遍认为教育有利于就业问题的解决,认为受教育程度越高,就业层次越高,就业机会就越多。然而,也有学者对教育与就业之间的关系提出过不同见解。例如,早在1968年,联合国教科文组织国际教育规划研究所首任所长菲利普·库姆斯(Philip H. Coombs)就明确指出①:现在教育面临有史以来的第一次"世界性危机",其核心内容可以用三个互相联系的词来加以概括,即"变迁、适应、不平衡"。他认为"在不远的将来,实际上在包括工业化国家在内的每个国家里,都将遇到严重的受过教育的人的失业问题"。20世纪70年代以来,各国教育与就业关系的发展并没有出现如人力资本理论所说的那样——高学历者就业的适应能力将提高,从而使就业收入升高、失业率降低,这对教育与就业之间应有的确定性关系构成了很大冲击,教育与就业之间机械的确定性关系已不复存在。以下以高等教育、职业教育和留学教育为例,分析教育就业问题及其对策。

1. 高等教育毕业生

高等教育本专科毕业生就业问题是就业问题中最典型的代表。在现阶段,大学生②就业难现象已经成为我国政府和社会普遍关注的热点问题。随着我国高等教育的迅速发展,高等教育供给规模急剧增大,一定程度上有效地满足了广大人民群众接受高等教育的内在需求,缓解了高等教育第一类供求关系中高等教育机会供给紧缺的矛盾。与此同时,高等教育第二类供求关系中的高等教育人才供求矛盾却呈现激化趋势,大学生就业形势日益严峻,"知识性失业"或"人才错配"现象普遍存在。

(1)就业问题的具体表现。高等教育毕业生就业问题的具体表现包括以下几个方面。

第一,大学生初次就业率低位徘徊,"毕业即失业"现象严重。近年来,我国大

---

① Coombs, P. H. *The World Educational Crisis: A Systems Analysis*. London: Oxford University Press, 1968.

② 包括高等教育本专科生,下同。

学生就业困难最主要的表现之一就是普通高等院校毕业生初次就业率一直在低位徘徊，莘莘学子大学毕业即面临失业的危险。据国家统计局统计，2012 年我国普通高等院校毕业生初次就业率①为 77.8%，2013 年为 71.9%，2014 年则为 70.0%。多年来，我国大学生的初次就业率一直在 70% 左右的低位徘徊，且有逐年下降的趋势。每年有 30% 左右的大学生在离校时没有找到合适的工作，处于暂时性的"毕业即失业"状态。如果从绝对量来衡量，这部分群体规模相当庞大。据悉，2023 年全国普通高校毕业生规模预计达 1158 万人②，这意味着超过 300 万的毕业生毕业时不能找到工作，面临暂时性失业。

第二，大学生初次就业收入略有增长，寻找工作的成本呈上升趋势。2015 届中国大学毕业生半年后的平均月收入为 3726 元，比 2014 届（3487 元）增长了 239 元，比 2013 届（3250 元）增长了 476 元。2021 届本科毕业生平均月收入为 5833 元，明显高于城镇居民 2021 年月均可支配收入（3951 元）③。然而，与早期受过同等水平教育的劳动者相比，现在受过高等教育的大学生就业期望薪酬与实际薪酬水平明显下降，存在低薪求职甚至无薪求职的情况。与此同时，大学毕业生寻找工作的成本呈上升趋势。大学生必须花费大量的金钱用于制作自荐材料，包装自我形象，奔波于各种招聘现场，忙于应付各类潜在雇主的面试，更为昂贵的代价就是付出的时间成本及承受的心理压力。一般大学毕业生都要花费半年至一年甚至更长的时间来寻找工作，并且承受着疲劳与焦虑所带来的身心压力。

第三，大学生就业层次降低，存在大量的"人才高消费"现象。"人才高消费"，即大学生就业的"大才小用""高才低用"现象。大学生就业收入的降低一方面是因为大学生整体薪酬优势的削弱，另一方面也与其就业层次的降低有关。由于社会吸纳能力的限制，在目前学历水平要求较高的主要劳动力市场相对饱和的情况下，面临失业危险的诸多大学生们就会退而求其次，进入次要劳动力市场寻找就业机会。次要劳动力市场一般对教育水平和技能素质要求较低，多与大学里所受的专业训练无

---

① 初次就业率（Initial Employment Rate），一般以当年 9 月 1 日为计算截止日期，计算公式为：初次就业率（%）=[（毕业生总人数－待就业毕业生人数）/毕业生总人数]×100%，其中待就业毕业生人数包括截至该年度 8 月底仍没有落实就业单位的毕业生人数以及已申请不参加本年度就业的毕业生人数。

② 教育部：《2023 届高校毕业生预计达 1158 万人》，http://www.moe.gov.cn，2022-11-18。

③ 麦可思研究院：《2022 年中国本科生就业报告（就业蓝皮书）》，46 页，北京，社会科学文献出版社，2022。

关。在工资水平一定的条件下,大学毕业生还是可以凭借其拥有的学历优势获得那些技能要求与其受教育水平极不相称的简单工作。大量高校毕业生从事仅需简单技能的低层次工作,是现阶段我国大学生就业层次降低的主要表现。

(2)就业问题的原因。毕业生就业问题的原因主要有以下几个方面。

第一,个人高等教育需求的迅速膨胀,引发高等教育机会供给的增加,进而导致就业市场大学生供给的过度扩张。根据教育成本收益理论,随着教育层次的提高,教育的个人预期收益的增加要远快于个人成本的增加,而社会收益的增加速度远低于社会成本的增加速度(见图8-12)。高等教育作为整个教育体系的最高层次,其受教育者个人收益远大于个人成本,而社会承担的高等教育成本却又超过社会收益。换言之,个人接受高等教育,其收益主要由个人自己获得,而其成本却主要由社会承担。在现实中,我国的高等教育除少量民办高等教育以外,公立高等教育一般都以远低于实际成本的学费价格予以提供,这就无形中刺激了个人或家庭对于高等教育的消费需求。另外,出于个人或家庭对非人力资本积累因素的追求,例如对校园

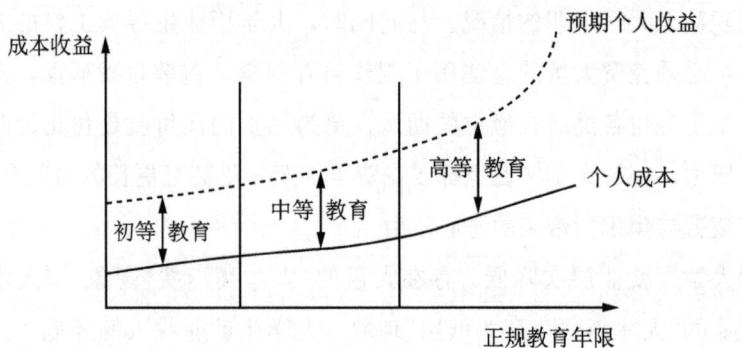

(a)个人成本与个人收益

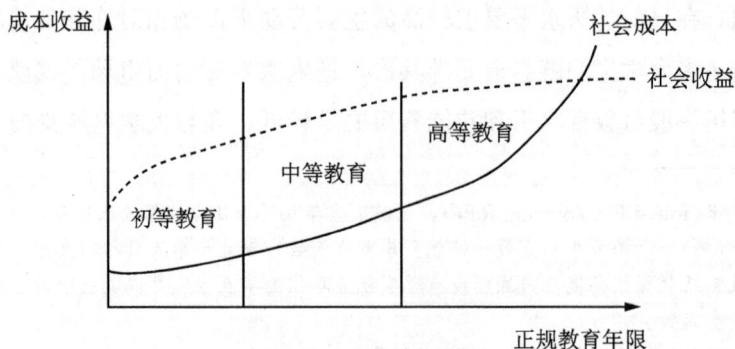

(b)社会成本与社会收益

图 8-12 教育成本及收益

美好生活的向往、通过教育获取社会声誉和地位、为自己建立社会网络和积累社会资本、显示自身能力的需要等，都会大大刺激个人对高等教育的需求。这种旺盛的个人高等教育需求，引发高等教育机会供不应求的矛盾，必然刺激高等教育提供主体扩大高等教育机会供给，进而导致相应的就业市场上大学毕业生供给规模的过度膨胀，引发大学生供过于求的供求矛盾，造成大学生就业困难的局面。

第二，高等教育扩招政策的连续实施，是造成我国现阶段高等教育供给规模急剧扩张的直接因素。出于缓解日益紧张的高等教育机会供不应求的矛盾、拉动内需、延长就业链等政治、经济方面的考虑，我国政府自 1999 年以来连续实施了高等教育的扩招政策，高等教育供给规模迅速扩大。一方面满足了广大人民群众日益增长的接受高等教育的需求，缓解了高等教育机会供不应求的矛盾；另一方面也导致就业市场大学生供给规模的急剧扩大，远远超出了社会对于大学生的吸纳能力，大学生失业现象增多就在所难免。

第三，社会有效需求增长滞后，对大学生的用人有效需求不足。虽然改革开放以来，我国的国民经济一直保持快速稳定的发展势头，经济总量得到了极大的提高，并且产业结构也伴随经济全球化的浪潮开始升级，第二产业与第三产业在国民经济结构中的比重明显上升，社会对于高等教育产品（大学生）的需求得到了极大的提升。但是这并不能掩盖我国社会对于大学生需求增长的滞后局面，整个社会对于大学生的吸纳能力有限，特别是在高等教育大扩招的背景下，这种需求不足的矛盾尤为突出。

第四，信息渠道、管理机制、思维观念、区域差异等因素也影响着大学生的就业。首先，我国的大学生就业渠道尚未完全建立，大学生就业供求双方信息不对称，整个就业渠道不畅通，大学生就业需要更好的信息引导。其次，计划经济体制下大学生分配制度的惯性依然存在，各种阻碍大学生自由择业的制度性障碍没有得到彻底消除，例如正在改革中的旧有户籍制度、城乡二元分割体系等，都对我国目前的大学生就业产生了一定的阻碍作用。最后，旧有的精英主义高等教育背景下形成的心理惯性也会阻碍我国大学生的正常就业。原有的精英教育形成的优势心理在高等教育大众化的背景下被冲击殆尽，但仍然有不少大学生抱着"天之骄子"的心理定位，对社会严峻的就业形势认识不足，过于挑剔工作的类型与社会评价，"眼高手低"，导致众多的选择性失业现象。另外，导致大学生就业困难的现实因素还包括区域发展的不平衡、缺乏足够的支持性就业政策引导、其他偶发性政治经济社会因素等，这些因素都有可能对大学生就业产生较为严重的制约作用。

(3)解决就业问题的途径。目前我国大学生就业已成为迫切需要解决的社会问题，受到了全社会的广泛关注。如果大学生大量失业现象得不到有效控制，不仅意味着我国高等教育资源的巨大浪费，而且还会对我国高等教育事业乃至整个教育事业的可持续发展产生不良影响，会引发新一轮的"读书无用论"现象蔓延，甚至会导致大学生群体的整体失落感，进而威胁到整个社会的和谐与稳定。但因导致大学生就业问题的因素较为复杂，且大学生失业问题的发生并非一朝一夕而是一个长期的渐进过程，因此解决大学生就业问题不仅任务艰巨，而且需要长时期的政策调整，才能获得比较理想的效果。

第一，应适当控制高等教育的规模扩张速度，保持就业市场大学生供给增长速度与国民经济发展速度之间的适度协调。根据教育的反经济周期理论，教育发展周期与经济发展周期呈交错演化趋势，即在经济高速发展时期应适当控制教育事业发展，而在经济低迷时期，应当大力发展教育事业，对经济发展实行反向调节，为将来经济高速增长做好人才储备。1998年前后我国的国民经济发展正处于低迷期，此时教育的反经济周期理论成为高等教育扩招政策的重要理论依据之一。但随着我国大学生就业问题的加剧，应适当调控高等教育的发展速度。

第二，应调整高等教育人才培养的结构，提高高等教育质量。国家教育政策制定部门要合理预测市场对于各类人才的需求数量与结构，并合理确定研究生教育、本科生教育以及高职专科教育之间的结构比例，同时也要对高等教育的专业设置进行相应调整。除少数公益性较强的特殊专业(如军事、师范、农业等)外，应依据就业市场的需求来评价专业的设置合理与否。在人才培养结构调整的同时，还应注重高等教育质量的提升。高等教育在人才培养过程中应适当以就业为导向，提高毕业生的社会实践能力，同时不断挖掘大学生自身潜力，培养大学生的创新能力，提高大学生的社会适应能力和创业精神。

第三，应消除大学生就业制度性障碍，加强国家宏观政策对大学生就业的引导。彻底改革不合理的户籍制度，建立大学生择业的自由流通渠道，改革各种不合时宜的档案管理、派遣制度等，消除各种就业歧视制度。同时，加强国家宏观政策对大学生就业的指导，加强对社会用人单位的政策性引导，鼓励各类企业等用人单位雇用大学生就业，并应适当予以政策上的补偿。

第四，应加强毕业生就业渠道建设，建立健全大学生失业保障制度。要努力规范各类就业市场的运作，促进就业信息的自由流通，确保大学生与社会用人单位之间的信息对称，完善大学生就业信息渠道。明确高等院校对于大学生就业的指导责任，确保高等院校努力为其毕业生打造良好的择业与创业平台，并负责对就业后的大学生进行适当的跟踪指导与帮助。在确保利用积极手段促进大学生充分就业的同时，也要做好大学生失业的救济制度。

总之，大学生就业问题的解决离不开国家系统的政策调整和制度保障，也必将是一个长期艰巨的过程，需要大学生个人、高等院校、政府以及社会等各个方面的共同努力与协调，离不开一个健康、快速、稳定的社会经济发展环境。

2. 职业教育毕业生

职业教育由于就业适应倾向较高，平均就业率远高于高等教育。教育部发布的数据显示，十年来，中职就业率（含升学）持续在96％以上，高职在91％以上，高于普通高校的平均值；尤其在现代制造业、战略性新兴产业和现代服务业等领域，一线新增从业人员70％以上来自职业院校毕业生。[1]

职业教育与继续教育毕业生的高就业率成因主要有：第一，职业教育以就业为核心，广泛开展校企合作、工学结合，很多学校遵循"一年学基础、一年学专业、一年顶岗实习"的培养模式，十分注重学生的动手能力。此外，职业教育专业设置紧跟市场，学生毕业后进可升学，退能就业，选择灵活。第二，国家的大力扶持。我国"十三五"规划中关于职业教育的发展方向为："推行产教融合、校企合作的应用型人才和技术技能人才培养模式，促进职业学校教师和企业技术人才双向交流。推动专业设置、课程内容、教学方式与生产实践对接。促进职业教育与普通教育双向互认、纵向流动。逐步分类推进中等职业教育免除学杂费，实行国家基本职业培训包制度。"可见，在国家政策大力扶持下，未来五年职业教育规模将进一步扩大。

在传统观念上，职业教育无形中被降格为"低层次教育"和"断头教育"，职业教育的弱势地位尚未彻底改变，高就业率背后还有隐忧，主要体现在以下几个方面：首先，社会认同度不高，毕业生社会地位低。即使职业教育就业率再高，也被认为是低于高等教育的"二等教育"。此外，优秀技工工作累、工作环境相对较差，社会地位也不尽如人意。其次，师资力量较弱，教师素质亟待提高。职业教育教师队伍

---

① 杨洁：《这十年，六千余万职教毕业生涌入市场》，载《中国青年报》，2022-09-25。

存在专业技能和实践教学能力不强，重理论、轻实践，脱离生产实际等问题，导致学生既学不到系统的文化理论知识，又不能掌握实践技能。

职业教育毕业生就业问题与高等教育不同，表现为就业率高但就业质量相对较差。因此，政府应注意引导舆论，建立尊重劳动、尊重知识、尊重人才的职业教育氛围，并缩小职业间的差距，提高劳动者和技术工人的社会地位和经济待遇，从而改变社会对"蓝领"人才根深蒂固的偏见。同时还应整合职业教育资源，加强基础建设，从管理、师资、投入、生源等方面改变职业教育的弱势地位，让职业教育真正从教育的边缘走向中心，从弱势教育走向主流教育。

3. 留学生

受全球次贷危机影响，欧美发达国家就业难度不断加大，大批留学生回国就业。近年来留学回国人数持续增加，2019 年，中国在海外高等教育机构留学的学生共1061511 人，留学归国人员达到 58.03 万人。截至 2019 年年底，共有 423 万人学成归国[1]。加上我国每年还有超过 1000 万的高等教育毕业生，国内毕业生总量与留学生总量的双重增长加剧了就业竞争。另外，留学生在出国前，通常没有自己的职业目标，对自己的未来职业没有进行详细的规划，一心追求时下最"热门"专业，在专业的选择过程中盲从于大众化选择，导致自己的专业与实际需求出现了较大的偏差。同时，近年来，留学生所学专业以商科（金融、会计、管理和经济）为主，导致此类专业毕业生过多，造成结构性失业现象。

据《中国留学发展报告》分析，虽然就业竞争有所增加，但留学回国人员，特别是研究生的综合竞争力和就业质量普遍高于国内毕业生。2011 届的研究生毕业三年后约有四成就职于中外合资、外商独资企业等具有国际化特点的企业，五成以上就职于千人以上规模的大型企业，自主创业的比例约是同届国内毕业生的 3.3 倍，平均收入比同届国内研究生高 1854 元。

留学回国人员就业问题的解决可从以下几个方面着手：第一，政府做好就业引导工作和建设创业孵化平台。第二，严格审查留学中介资质和工商营业执照，规范留学中介机构的行为。第三，设立留学生咨询机构，在出国留学生的专业选择上给予一定的指导，避免留学生盲目追求"热门"专业的现象。第四，公布国外"虚假大学"的名单及特征，避免留学生上当受骗。第五，加强留学生的就业引导，探索成立

[1] 王辉耀等：《中国留学发展报告(2022)》，1 页，北京，社会科学文献出版社，2022。

专门面向留学生就业的组织，及时把握就业的宏观大环境和留学生情况，解决信息不对称导致的就业难问题，做好留学生就业市场的规范及协调。第六，促进留学生自主创业，把"帮助留学生就业"转变为"促进留学生自主创业"，是解决当前留学生就业难现状的一个较好的出路。政府要出台相应的政策，从创业资金贷款、土地、税收等方面为留学生自主创业提供优惠条件，鼓励留学生自主创业。

第九章　教师薪酬

教育服务的实现依靠的是教师，教师在教育过程中起主导者、组织者和实现者的作用。教师劳动是以人为对象的劳动，教师劳动的目的在于培养、训练劳动者和各种专门人才。在知识经济时代，人力资本已代替物质资本成为价值创造的主体，教师劳动作为人力资源开发和人力资本形成的重要因素，在提高劳动者素质、培养劳动者就业能力、增进社会公平、促进人的全面发展等方面发挥着极为重要的作用，具有无可替代的价值。重视教师的劳动价值，合理确定教师的劳动报酬是一个关系到教师切身利益和教师队伍稳定的重大实践问题。本章主要阐述教师薪酬的确定、教师薪酬的国际比较及我国教师薪酬制度的改革问题。

第一节　教师薪酬的确定依据

教师劳动不是一般的劳动，它是创造价值的生产性劳动。长期以来，由于我国对教师劳动的性质和特点存在模糊认识，导致教师劳动的价值得不到应有的重视和承认，表现在教师的物质待遇不高，社会地位得不到应有的重视，教师劳动报酬不仅与同期国外教师劳动报酬相比偏低，而且与社会其他部门的劳动报酬相比也处于偏低水平，与教师的人力资本存量严重不符，甚至出现"脑体倒挂现象"。从理论上探索教师劳动报酬的确定依据，不仅是一个对教师劳动的价值认识问题，更是一个重大的现实问题。

一、教师薪酬确定的理论

在商品经济中，作为价值实体的抽象劳动来源于体力劳动，也来源于脑力劳动。教师是脑力劳动的代表群体，应当对其劳动的价值进行深入的研究。马克思指出，我们把劳动力或劳动能力，理解为人的身体即活的人体中存在的、每当人生产某种使用价值时就运用的体力和智力的总和。价值只是无差别的人类劳动的单纯凝结，即不管以哪种形式进行的人类劳动力耗费的单纯凝结。这就是说，劳动力或劳动能力，就其潜在形态而言，可以理解为活的人体中存在的体力和智力；就其现实形态而言，可以体现为人生产某种使用价值时的体力支出和脑力支出。尽管具体劳动的形态千差万别，但它与体力劳动和脑力劳动密不可分。所以，在商品经济中，作为价值实体的抽象劳动，不仅必然来源于具体劳动，而且也必然是既来源于体力劳动，又来源于脑力劳动。劳动价值理论的核心问题是创造商品价值的源泉问题。马克思一再强调，劳动是创造商品价值的源泉和实体，现在的问题是如何认识这个劳动。按照传统的政治经济学观点，只有物质生产部门的以体力为主的劳动才是创造价值的劳动。然而，随着科学技术的快速发展，脑力劳动越来越成为创造价值的主要源泉。而脑力劳动是教师劳动的主要方式，因此教师劳动就是创造价值的劳动。以下对经济学视角下的薪酬分配理论进行阐述。

1. 均衡工资理论

"均衡工资理论"（Equilibrium Wage Theory）的创始人是英国著名经济学家马歇尔（Marshall，1890），他在边际效用价值论和边际生产力薪酬理论的基础上提出了该理论。马歇尔认为，薪酬是由劳动力的供给价格和需求价格相均衡的价格决定的。劳动力的供给价格是由养育、训练和维持有效率的劳动者的生产费用决定的，包括劳动力生活上正常的生活必需品，如衣、食、住等，也包括一些习惯上的必需品，如烟、酒等。特殊劳动技术的供给还有特殊的要求。劳动力的供给价格是劳动力愿意出卖劳动时接受的价格，如果低于这个价格，劳动力就不可能正常维持和延续劳动。在这一模型中，劳动力的供给和需求相交以确定工资水平和各职业、行业及厂商的雇用人数，工资水平取决于劳动力市场上供求双方的力量，"市场出清"的均衡工资率最终决定供求曲线的交点。

2. 补偿性工资理论

"补偿性工资理论"（Compensating Wage Theory）认为，员工的生产率取决于工作效率，工资提高将会导致员工工作效率的提高，故有效劳动单位成本（工资、福利、培训费用）反而可能下降，该理论由古典经济学家亚当·斯密（Adam Smith）提出。斯密认为，人们在做工作决策时，总是在全面考虑该职位的有利因素和不利因素的基础上，选择"净收益"最大的职位。因而他明确提出工资以外几项净利益的组成部分：工作的适意与否、学习工作技能的难度和费用、工作保障、责任、成功的可能性（或失败的风险）。他认为，对于某些不令人愉快的工作、更有难度或学习成本较高的工作、没有保障的工作、高责任心的工作或者失败风险较大的工作，较高的工资是必需的。通过高的工资，达到了高的生产率，即通过边际收益与边际成本（工资）相等的提升达到了利润最大化，获得了效率的提升。

3. 效率工资理论

"效率工资理论"（Efficiency Wage Theory）认为，支付高于市场工资率的工资，可能有助于组织实现更高的效率。这一效应可能通过两种方式起作用：一为激励效应，即在目前的员工中激发出更高的努力水平；二为分选机制，即在一开始就吸引更高素质或更尽职的员工。

4. 租金分享理论

租金是在一项活动中所获得的、超出为吸引资源用于该项活动必须达到的最低回报的那部分收益。在"租金分享理论"（Rent-sharing Theory）模型中，假定拥有高于正常利润水平的厂商以支付较高薪酬的方式与员工分享这些租金。换句话说，厂商付租金（或准租金）给员工，如此一来，工资水平就高于为吸引和保留员工所必需的水平。

5. 人力资本理论

美国经济学家舒尔茨和贝克尔创立的"人力资本理论"（Human Capital Theory）认为，高技术知识程度的人力带来的产出明显高于技术程度低的人力；受教育程度高的人有着较高的边际生产力，组织愿意向教育水平较高的人支付更高的工资。

6. 按生产要素分配理论

马克思历史唯物主义认为：生产力要素包括生产资料和有劳动能力的劳动者。自然界和劳动一样也是使用价值的源泉，劳动本身不过是一种自然力的表现，即人的劳动力的表现。劳动离开自然界（生产资料）不可能单独进行创造价值的活动，劳动和自然界（生产资料）一起才是创造价值的源泉。生产力是创造价值的劳动的物质条件，劳动价值论应与系统论联系起来，可以将投入生产系统的全部生产要素（物质资本和劳动能力、技术和管理等人力资本）"资本化"，"劳动"即为该系统的整体运动，而不是某一要素独自活动。价值创造也是每一生产要素都参与的系统活动过程，因此，分配应当按每一要素贡献进行。此种认知简称为"按生产要素分配理论"（The Theory of Distribution According to Production Factors）。

二、教师薪酬确定的原则

教师劳动报酬的确定有以下几条基本原则。

1. 公平原则

"公平原则"(Equitable Principle)是教师劳动报酬设计中最基本和最重要的原则，它解决的是教师劳动报酬设计中的内部一致性、外部一致性、纵向一致性和横向一致性问题，考虑的是教师劳动的投入产出比。依据亚当斯（Adams，1965）的公平理论，教师首先思考自己投入与产出的比率，如果自己的投入产出的比率与他人相同，便会产生公平感，只有在教师认为薪酬系统是公平的前提下，才有可能产生认同感和较高的满意度，从而得到良好的激励并保持旺盛的斗志和工作积极性。因此，要保持教师劳动报酬的外部公平性，学校就必须了解本行业、本地区薪酬的市场状况；要保证教师劳动报酬的内部公平性，则要求管理者制定完善的管理制度，实现分配公平和程序公平。

2. 竞争原则

一个组织机构要想吸引和留住优秀的人才，就必须制定出一整套对人才有吸引力并在同行业中处于较优水平的薪酬政策，坚持"竞争原则"(Competitive Principle)，较好地发挥薪酬的激励作用，即应根据学校的实际情况和所需要的人才类型确定薪酬。例如，一个在教学质量和科研水平上保持领先的学校，可能会将内部的薪酬水平定位在市场的较高水平，当寻求学校急需招募的人才时，可能会开出较高的年薪和优厚的待遇以吸引优秀的专业人才，从而保持对人力足够的吸引力。

3. 激励原则

激励是教师劳动报酬最基本的功能。"激励原则"(Incentive Principle)包括两个层面的含义：一是要求学校尽可能地满足教师的实际需要，不同年龄、不同层次的教师需求各异，同样的激励在不同的时期和不同的环境中对同一教师起到的激励作用也可能不同。二是教师劳动报酬系统在各岗位或职位的标准上要设定合理的差距，要与教师的能力、绩效、岗位的责任标准等结合起来。

4. 经济原则

学校遵循激励性和竞争性原则，会提高教师的劳动报酬标准，吸引优秀人才，但同时也增加了学校的运行成本。根据边际收益递减律，当学校的薪酬标准达到一定程度后，增加的薪酬为教师所带来的边际效用和为学校带来的收益会递减，因此学校管理者就需坚持"经济原则"(Economical Principle)，考虑学校承受能力的大小和投入产出效益等问题，确保学校在最低的成本下保持在人才市场上的竞争力和教师的较高满意度。

三、教师薪酬的决定因素

高校教师薪酬的决定因素主要有职务(职称)、学历、年资等。我国高校教师的薪酬主要包括国家工资和校内津贴与补贴两大部分。其中,国家工资由基本工资、岗位津贴以及国家规定的特殊岗位津贴等构成;校内津贴与补贴则由校内职务岗位津贴、各项改革性补贴、节日慰问金、超工作量补贴等项目构成。国家工资一般由人力资源和社会保障部或省厅制定统一标准,校内津贴与补贴则由各高校根据自身发展情况及财力状况进行自主分配。2006 年 10 月,人事部、财政部和教育部联合印发《高等学校贯彻〈事业单位工作人员收入分配制度改革方案〉的实施意见》,规定高等学校实行岗位绩效工资制度。岗位绩效工资由岗位工资、薪级工资、绩效工资和津贴补贴四部分组成,其中岗位工资和薪级工资为基本工资,基本工资执行国家统一的政策和标准。高校教师的国家工资主要依据职务、任职年限、工龄和学历确定,其中,职务(职称)、学历是决定性因素。有研究表明,职称和学历低的年轻教师的薪酬只有高级教师薪酬的 37%;拥有博士学位和博士后经历的高校教师薪酬表现出明显优势,其中具有博士学位的高校教师薪酬要高出学士、硕士学位教师薪酬的近 40%,而具有博士后经历的高校教师薪酬要高出具有博士学位教师薪酬的近 17%。[1] 校内津贴与补贴则一般根据职务岗位和教师承担的工作量及工作业绩等来确定。

中小学教师的年龄、职称、绩效等因素会影响其收入。教师工资改革后,中小学教师的待遇相差不大,主要由基本工资和绩效工资两部分组成。基本工资由基础工资、薪级工资、基础津贴等部分组成。绩效工资则与教师课时、职务、代课时间有关,教师收入的多少主要由绩效工资决定。绩效工资占据总收入的 30%,基本工资占据 60%~70%,其他津贴都是统一由地方财政补贴发放。奖金则根据考核结果而定,一般为一个月工资,考核"优秀"为 1.5 倍的月薪,考核"合格"为 1 倍月薪。由于教师工资调整机会少,每次调整都是相对小幅度的微调,跟不上社会其他行业工资上涨的步子,所以在经济紧缩时期,教师职业会显得相对稳定,教师工资显示出一定的优势;在经济快速增长的时候,教师工资就显得相对较低。

---

[1] Rumbley, L. E., Pacheco, I. F., Altbach, P. G. "International Comparison of Academic Salaries: An Exploratory Study,"*Chestnut Hill*, MA: Boston College Center for International Higher Education, 2008, pp. 29-65.

第二节　教师薪酬制度的国际比较

////////////////

薪酬是指单位对员工所做的贡献，包括员工实现的绩效、付出的努力、时间、学识、技能、经验与创造所给予的相应回报。从法律角度来看，薪酬是单位对其员工已完成或将要完成的工作，或者已提供或将要提供的服务以货币为结算单位，经过共同协议或按照国家法律、法规、政策确定，凭个人劳动合同支付的报酬或收入。薪酬包括货币薪酬和非货币薪酬两部分。货币薪酬是指单位支付给员工的工资、奖金、津贴、补贴等直接货币收入，也包括公共福利、假期和生活福利等非直接货币收入；非货币薪酬是指职业安全、自我发展、晋升机会以及地位等方面的非货币补偿。

一、国外教师薪酬制度

一个国家的教师薪酬制度主要取决于国家的政治体制、教育管理体制、教育理念、教师身份认定、对教育的重视程度、学校性质以及国家的经济发展状况。不同国家的教师薪酬制度往往不同，甚至同一个国家的不同地区、不同学校都不一样。

1. 美国教师薪酬制度

美国是一个联邦制国家，教育的权力和责任主要在州政府。美国的教育系统和中国基本相同，主要由幼儿园、小学、初中、高中和中学后教育五个部分组成。中学后教育包括社区学院、学院和大学。教育机构有公立学校和私立学校。

（1）中小学教师薪酬制度与水平。美国中小学教师薪酬制度受美国经济社会发展的影响，经历了一个不断变革的过程。19 世纪主要采用膳宿工资制，即主要由家长提供住宿和膳食作为教师报酬。19 世纪末 20 世纪初，美国政府对教师的工资标准和发放形式进行了规范，形成了等级工资制，教师工资取决于工作年限、性别、种族、任教的年级及管理人员对业绩的测评。20 世纪 20 年代，美国开始实行单一薪酬制，主要根据教师教学年限和教育程度来支付工资，满足教师对于公平的需要。20 世纪七八十年代，出现了教师工资与教学绩效挂钩的绩效工资制，但在私立学校应用较多，公立学校较少实施。绩效工资制的实施，让教师收入与教学成绩挂钩，使优秀教师获得更多回报，调动了教师的积极性，但也带来教师间团队合作的弱化等问题。为了改变绩效工资制只奖励个体教师而忽略团队努力的不足，出现了学校团体本位薪酬制，将奖励授予教师团体或整个学校。① 美国公立中小学教育主要由各州负责。因此，教师薪酬制度改革也是建立在州和地方不同需求的基础上的，具有较大的差异。总体来看，美国公立中小学教师的平均薪酬在美国所有行业中排名并不具有明显的优势，基本处于所有从业者的平均水平，如表 9-1 所示。

表 9-1 美国公立中小学教师平均年薪估算(1959/1960 年—2020/2021 年)

学年	当年价(美元)			全时当量雇员收入(美元)	与全时当量雇员收入比	2014—2015 年不变价(美元)		
	所有教师	小学	中学			所有教师	小学	中学
1959—1960	4995	4815	5276	4749	1.05	40234	38784	42498
1969—1970	8626	8412	8891	7486	1.15	54046	52705	55706
1979—1980	15970	15569	16459	15050	1.06	48687	47465	50178
1989—1990	31367	30832	32049	25762	1.22	58467	57470	59738
1999—2000	41807	41306	42546	38144	1.10	58448	57747	59481
2009—2010	55202	54918	55595	52413	1.05	60281	59971	60710
2010—2011	55623	55217	56225	53975	1.03	59545	59110	60190
2011—2012	55418	54704	56226	55398	1.00	57637	56894	58477
2012—2013	56103	55344	57077	56361	1.00	57394	56618	58391
2013—2014	56610	56395	56886	57081	0.99	57022	56806	57300
2014—2015	57379	57225	57609	59.167	0.98	57379	57225	57609

学年	当年价(美元)			全时当量雇员收入(美元)	与全时当量雇员收入比	2020—2021 年不变价(美元)		
	所有教师	小学	中学			所有教师	小学	中学
2015—2016	58506	58225	58385	60410	0.97	64615	63304	64481
2016—2017	59772	58773	58978	61774	0.97	64820	63737	63959
2017—2018	60785	—	—	63703	0.95	64466	—	—
2018—2019	62355	—	—	65733	0.95	64788	—	—
2019—2020	64133	—	—	69119	0.93	65609	—	—
2020—2021	65090	—	—	—	—	65090	—	—

注：不变价是根据消费者价格指数由美国劳动部和劳动统计局编制。全时当量雇员收入指所有从业者全年平均收入，包括工资、薪金、佣金、奖金、小费和实物等；2015 年前采用该网站 2014—2015 年不变价数据；2015 年后数据采用该网站 2020—2021 年不变价更新数据。

数据来源：IES. Estimated average annual salary of teachers in public elementary and secondary schools：Selected years，1959—60 through 2020—21. https://nces. ed. gov/programs/digest/d21/tables/dt21_211. 50. asp，2023-01-28.

---

① 梅林：《美国中小学教师激励措施及其对我国的启示》，载《外国中小学教育》，2009(3)。

（2）大学教师薪酬制度、结构与水平。美国大学教师的收入主要取决于教师的职称、学校类别、学校所在地理区域和学科领域。美国政府对高校的管理采取的是宏观控制和分权管理相结合的方式，这种方式为大学之间的多样化和相互竞争奠定了基础。从薪酬制的类型来看，主要有三种：单一薪酬制（Single Salary Schedule）、合约薪酬制（Contract Salary System）、单一薪酬与绩效薪酬混合制。单一薪酬制是以"工作岗位、教师学历和教师年资"为主要决定因素划分教师工资等级的工资制度。[①]制度理念是相同能力和工作经验的教师应获得相同报酬，处于同一等级的教师获得同样的工资和薪酬增长。如加州大学的教授系列教师等级总共分为21级，如表9-2所示。单一薪酬制的优点在于客观、可测量、不受主观裁决影响，消除了种族、性别、家庭背景等所形成的歧视，保证了分配的相对公平。但缺点是忽视了教师的实际表现和工作业绩，过分注重"硬性指标"，造成教育评价的不公平，制约了教师积极性的发挥。

表 9-2　加州大学教授系列学年单一薪酬等级工资（2016 年 7 月）　　　　单位：美元

职称	等级	等级年数	最小值		调整值	
			年薪	月薪	年薪	月薪
讲师	—	—	49600	4133.33	51100	4258.33
助理教授	I	2	57500	4791.67	59400	4950.00
	II	2	61000	5083.33	63000	5250.00
	III	2	64300	5358.33	66400	5533.33
	IV	2	68100	5675.00	70200	5850.00
	V	2	71300	5941.67	73700	6141.67
	VI	2	74900	6241.67	77200	6433.33
副教授	I	2	71400	5950.00	73800	6150.00
	II	2	75000	6250.00	77300	6441.67
	III	2	79200	6600.00	81700	6808.33
	IV	3	84100	7008.33	86600	7216.67
	V	3	90600	7550.00	93300	7775.00

① Hanushek, E. A. "The Single Salary Schedule and Other Issues of Teacher Pay," *Peabody Journal of Education*，2007(4)，pp. 580-581.

续表

职称	等级	等级年数	最小值		调整值	
			年薪	月薪	年薪	月薪
教授	I	1	84200	7016.67	86800	7233.33
	II	3	90700	7558.33	93400	7783.33
	III	3	97300	8108.33	100300	8358.33
	IV	3	104200	8683.33	107500	8958.33
	V	—	111800	9316.67	115300	9608.33
	VI	—	120900	10075.00	124700	10391.67
	VII	—	130900	10908.33	134900	11241.67
	VIII	—	141700	11808.33	146000	12166.67
	IX	—	153500	12791.67	158400	13200.00

数据来源：加州大学校长办公室（UCOP），http://www.ucop.edu/academic-personnel-programs/_files/1617/t1.pdf，2016-09-21。

合约薪酬制是基于非等级劳动力理论的一种薪酬体系。[1] 与单一薪酬制强调"同工同酬"的取向不同，合约薪酬制以教学和科研能力为基础，强调学术能力和预期产出。在这一体系下，每位教师可与所在院校根据工作量、考核结构、服务年限等协商并确定起薪及增长额度。单一薪酬制在美国实行了很长时间。直到 20 世纪 80 年代，由于高校财政缩紧和企业绩效薪酬的强烈影响，很多研究者意识到单一薪酬会使优秀的教师失去动力，于是一种单一薪酬和绩效薪酬混合的模式开始渐渐流行。截至 2009 年，美国有 62% 的高校建立了含有绩效部分的薪酬制度。[2] 在混合薪酬制中，大学根据教师绩效表现，提升教师工资等级，或者结合可用经费、教师等级和岗位薪酬确定所在等级的工资水平。另外，还有的采用绩效奖金的形式发放。虽然美国大部分高校采用了混合制，但绩效工资所占比例较小，一般不超过总数的 15%。

美国大学教师整个薪酬主要由三个部分组成：固定薪酬、可变薪酬和福利。固定薪酬是教师从学校获得的年度基本工资，分为两种：一种是基于学年的 9 个月工

[1] Beaumont, M. S. *Salary Systems in Public High Education—A Microeconomic Analysis*. New York: CBS Educational and Professional Publishing, 1985, p. 23.

[2] Terpstra, D. E., Andre L. "Honaree. Merit Pay Plans in Higher Education Institutions: Characteristics an Effects," *Public Personnel Management*, 2009(4), pp. 30-38.

资，一种是基于财政年的 12 个月工资。一般教师只有 9 个月基本工资，院长、系主任以及一些特殊专业如医学专业的教师享有 12 个月工资。提高固定薪酬的途径有：一是通过职称晋升加薪；二是通过绩效加薪；三是通过岗位变动或增加工作责任加薪。可变薪酬包括假期浮动工资和绩效工资。假期浮动工资主要包括两个部分：(1)科研项目补贴。主要指假期从事项目研究的大学教师，可以获得相当于自己工资水平的 2～3 个月的工资。(2)假期课酬。主要指假期从事远程教育、教育培训项目和各种辅导获得的薪酬。一般教师从事 3 个学分的课程教学可以拿到相当于 1 个月的工资。绩效工资与教师的工作业绩和贡献相关，不同大学对奖励的规定和标准存在较大差异。[1]

美国高校助理教授的平均薪酬与美国中等收入家庭的收入基本相当。由此可以推论，美国高校教师的平均薪酬水平要远高于美国中等收入家庭，但总体上低于商业、法律、医疗、计算机等行业同样学历起点的从业人员的平均水平。另外，不同类型高校、不同水平高校、不同职级教师之间的差距较大。以四年制大学为例，私立高校同职级教师平均学年工资要高于公立大学(见表 9-3)，办学水平高的大学总体上高于办学水平一般的大学(见表 9-4)，商业、法律、医疗、计算机相关学科教师工资一般要高于其他学科。

表 9-3　美国四年制大学教师学年平均工资对照(2014—2015 学年)　　单位：美元

教师职级	私立大学	公立大学
教授	119105	111053
副教授	80248	80012
助理教授	65851	68379
讲师	62459	56064
未定级	60012	53892

注：此表根据美国年鉴数据整理而成，详见 http://data. chronicle. com/category/sector/2/faculty-salaries，2024-02-29。

表 9-4　美国不同水平研究型大学教师平均工资(2014—2015 学年)　　单位：美元

教师职级	很高水平研究型大学	高水平研究型大学	一般研究型大学
教授	146490	115005	101426
副教授	94658	83802	78152

[1]　熊俊峰：《大学教师薪酬结构研究》，5 页，武汉，华中科技大学，2014。

续表

教师职级	很高水平研究型大学	高水平研究型大学	一般研究型大学
助理教授	82220	71914	65962
讲师	61645	52367	45470
未定级	62799	58359	56717

注：此表根据美国年鉴数据整理而成，详见 http://data. chronicle. com/category/sector/2/faculty-salaries，2024-02-29。

2. 德国教师薪酬制度

德国的教育系统相对独特，主要有幼儿园、小学、初中、高中、大学五个阶段，但初中和高中分类较多，初中有普通初中、实科初中、文理初中、综合初中、提供培训课程的初中五类，对应的高中分别是职业前过渡型、全日制职业学校、文理高中、全日制职业专科高中、非全日制职业学校。① 高等教育主要分为职业学院、应用科技大学和大学三类。德国公立的大学和中小学专职教师属于公务员编制，其人事聘用和工资制度受到德国《公务员法》《公务员薪俸法》《高等教育总法》和各州的《高等教育法》的保障。

(1)中小学教师薪酬制度与水平。德国公立中小学专职教师由于是公务员的身份，工资实行严格的分类等级制。同时，筛选标准和要求较高。教师教育通常包括两个阶段，都需要通过教育主管部门的考试。第一阶段是大学教育阶段，一般是3～4年；第二阶段是导入阶段，或称准备阶段，一般是1.5～2年，遵循双元模式，一半时间在中小学进行在职培训，一半时间参加教育部门组织的研讨班培训。教师基本工资根据工资类别和等级确定，每个类别薪酬又分12个等级。教师成为公务员后，工资等级一般从3～5级起步，一开始每两年晋升一级，然后每3～4年晋升一级。晋升主要考虑表现和年资，一般教师在50～55岁达到最高等级。

德国中小学教师作为国家公务员，其薪酬水平无论是在国内还是在 OECD 成员国中，都是名列前茅的。据美国国家教育统计中心2011年的统计，德国公立中小学教师平均起薪分别是其人均 GDP 的1.45倍和1.2倍。② OECD 统计显示，2012年

① National Center For Education Statistics. Comparative Indicators of Education in the United States and Other G-20 Countries：2015[EB/OL]. http://nces. ed. gov/pubs2016/2016100. pdf，2016-10-01.

② National Center For Education Statistics. Comparative Indicators of Education in the United States and Other G-20 Countries：2015[EB/OL]. http://nces. ed. gov/pubs2016/2016100. pdf，2016-10-01.

德国具有 15 年教龄的小学教师薪酬为 62195 美元，在 32 个国家中位居第 2，远高于 OECD 成员国平均水平的 39000 美元。①

（2）大学教师薪酬制度与水平。德国公立大学的地位是双重的：一方面它们是国家机构，另一方面它们又具有自由的科学法人社团的特点。作为国家机构，大学由政府创立、资助和管理，由政府决定其组织结构和制定相关法律。相应地，德国公立大学教师除编外讲师外，都具有公务员身份，其薪酬结构和标准都由政府统一制定。德国大学教师主要分两类：教授和编外讲师。教授属于公务员编制，编外讲师作为学术职业的一部分，不具有国家编制。教授享受公务员薪俸，而编外讲师的报酬主要来自教学和科研。2005 年以前，大学教授享受国家公务员 C 型薪酬标准，教授工资分为三个层级：C2、C3、C4，每个层次工资又分为 15 个等级。教师每工作两年，工资便晋升一级，总共可晋升到 15 级。但教授职称晋升，必须到其他大学申请，等待空岗名额并接受严格的遴选程序，晋升成功即可享受相应职称的薪酬。C 型薪酬主要由基本工资和津贴两部分组成。基本工资与教授的职称等级和工作年限紧密相关，职称等级越高、工作年限越长，薪酬水平越高，其增长与教师的工作表现无关。津贴主要根据《公务员法》《公务员薪俸法》，按工龄、职称、职务和家庭状况，分别给予不等的数量。由于 C 型薪酬忽视绩效，缺乏激励效应，其保护平庸、抑制优秀、阻碍教师追求卓越的弊端越发明显。2000 年，联邦政府提出，"要在高等学校和校外研究领域建立灵活的以业绩为导向的劳资结构"②。2002 年，德国《高等教育法修正案》决定对高校人事工资制度进行改革，改革的目标是建立一套与业绩无关的基本薪酬和与业绩挂钩的津贴两部分组成的薪酬制度。改革后的薪酬制度被称为 W 型薪酬制度，分三个等级：W1、W2、W3，分别对应青年教授、高等应用技术学院的教授、艺术院校和大学的教授。青年教授 6 年试用期满合格可晋升为终身享受公务员待遇的 W2、W3 教授。工资仍由基本工资和津贴组成，津贴约占总工资的 25%，并与教师的教学质量、科研成果、发表论文数量、国内外知名度、指导硕士生和博士生数量、科研成果转让数量、争取外来资金数量、学生对其授课的反映等因素有关。

① OECD. Teachers' Salaries [EB/OL]. https://data.oecd.org/eduresource/teachers-salaries.htm, 2016-10-01.
② 骆品亮、周红等：《高校薪酬制度的国际比较及其对我国高校薪酬制度改革的启示》，载《上海管理科学》，2003(2)。

以 2012 年联邦德国教师的平均工资为例，德国大学 W3 教授的年薪约为从业 15 年小学教师的 1.17 倍。由此可以推断，德国大学教授的平均工资要远高于社会的平均水平。另外，联邦各州可以在控制工资总量和不增加财政负担的前提下，确定不同等级教师工资发放的基本框架原则。因此，各州还存在一定差异，但总体远不如美国高校之间悬殊。

3. 日本教师薪酬制度

日本学校分为三种类型：国立学校、公立学校、私立学校。由国家和文部科学省创办的学校称为国立学校；由都道府县、市町村、地方共同团体创办的学校称为公立学校；由民间、学校法人、公司、个人创办的学校称为私立学校。日本《教育公务员特例法》规定，公立学校教师属于教育公务员，包括国立学校的校长（院长）、教员（教授、副教授、专职讲师、中小学正式教员和助理教员、卫生保健专职教员和助理教员）、部局长（大学副校长、系主任、附属研究所所长、附属图书馆馆长、附属医院院长）。[①] 因此，日本国立学校教师属于国家公务员，公立学校教师属于地方公务员，工资由《国家公务员法》《教育公务员特例法》等法律规定和保护。但自 2004 年国立大学法人化等改革后，教师标准工资改由各地政府根据各地法律自行规定，教师工资制度也进入更加多元的时代。

（1）中小学教师薪酬制度与水平。日本中小学教师主要采用等级工资制。2004 年前，教师工资实行国家统一标准，近年来改由地方人事委员会负责制定后，差异开始增大，但总体上仍然大同小异。教师工资可以分为基本工资和津贴两大部分。基本工资包括标准工资、教职调整额和工资调整额。标准工资是基本工资中最主要的部分，由工资表规定的教师工资通常分为 4 级（也有的地方分为 5 级），每一级中又分为若干号，根据教师的学历和工作年限等进行对应。教职调整额是向教师全员发放的加班津贴，相当于标准工资的 4%。工资调整额是对艰苦岗位教师进行的工资补偿，目前主要向特殊教育教师发放。[②] 除基本工资外，津贴是工资的另一大组成部分。日本教师公务员津贴种类繁多，大体可以分为以下 5 类：生活津贴（抚养津贴、房屋补助、期末津贴、交通补助等）、地域津贴（地区津贴、偏僻地区津贴、特殊地区津贴、寒冷地区津贴等）、职务津贴（管理职务津贴、义务教育教职员工特别津贴、函授教育津贴、职业教育津贴等）、工作表现/条件相关津贴（加班津

---

① 郑励志：《日本公务员制度与政治过程》，上海，上海财经大学出版社，2001。
② 高益民：《从工资制度看日本的教师优遇政策》，载《比较教育研究》，2012(8)。

贴、假日加班津贴、夜间工作津贴、特殊工作津贴、勤劳津贴、夜班津贴、单身赴任津贴、管理职员特别工作津贴等），及其他津贴（含初任工资调整津贴、儿童津贴、退休津贴等）。

日本文部科学省 2015 年调查统计，幼儿园教师薪酬为 20.59 万日元，小学教师为 33.16 万日元，初中教师为 33.99 万元，高中教师为 36.49 万元，高等专门学校教师为 38.87 万元，短期大学教师为 39.53 万元，大学教师为 44.96 万日元。① 由此可见，中小学教师薪酬在所有教师系列中处于较低水平。相比之下，日本教师的工资通常高于普通公务员工资和民间职业人员。

（2）大学教师薪酬制度与水平。在日本传统高等教育管理体制中，国立高校教师属于国家公务员，公立高校教师属于地方公务员，私立高校教师属于普通工薪阶层。2004 年国立大学法人化改革后，日本 89 所国立大学由文部科学省直属机构变成独立法人，大学教师不再享有国家公务员编制，传统公务员系列的薪酬制度也转变为高校自主制定薪酬标准和支付策略。但从改革实际情况看，传统"年功序列"薪酬制度仍然占主导地位。"年功序列"薪酬制度遵循的薪酬规则是员工基本工资随服务年限的增长而增长，与劳动质量不直接关联。薪酬主要包括三个部分：基本工资、奖金、津贴。依据教师职称和年资确定基本工资等级。一般职称越高、工作年限越长，基本工资越高。奖金包括年中奖金和年末奖金，高校一般在 6 月和 12 月发放，具体额度根据当年学校财力实际情况由理事会讨论决定。津贴种类繁多，与中小学教师基本相同。各项津贴占总薪酬的比例大概为 20%。日本国立大学法人化改革后，少部分国立大学取消了传统的"年功序列"薪酬制度，建立了基于职称、能力、经验和工作业绩的年薪制。在年薪制下，低职称的教师可以通过高水平业绩和能力拿到高等级的年薪，高职称的教师也可能因为较差的能力和业绩表现拿低等级的年薪。

日本教师具有较高的社会地位，大学教师工资是国民平均收入的 1.5～3 倍，这为大学吸引优秀人才从事学术工作提供了良好的条件。从日本文部科学省 2015 年 3 月的统计来看，大学教师平均月工资为 44.96 万日元。就不同类型大学来看，私立大学高于公立大学，公立大学高于国立大学，如表 9-5 所示。

---

① 日本文部科学省. 学校教员统计调查（2015 年 3 月 27 日）[EB/OL]. http://www. e-stat. go. jp/SG1/estat/NewList. do? tid=000000016172，2016-10-05.

表9-5　日本大学教师薪酬情况统计(2015年3月27日公布)

学校类别	岗位类别	人数	平均月薪(千日元)	学校类别	岗位类别	人数	平均月薪(千日元)
总计	合计	177263	449.6	公立大学	合计	13212	443.1
	学长	744	794.7		学长	83	831.4
	副学长	914	652.0		副学长	84	647.4
	教授	69458	541.6		教授	4645	528.7
	准教授	42504	441.7		准教授	3755	434.9
	讲师	20237	391.6		讲师	1699	380.9
	助教	37040	336.2		助教	2586	343.8
	助手	6366	273.3		助手	360	295.2
国立大学	合计	62726	418.2	私立大学	合计	101325	469.9
	学长	85	947.3		学长	576	766.9
	副学长	273	696.5		副学长	557	630.9
	教授	21556	487.7		教授	43257	569.9
	准教授	17774	413.8		准教授	20975	466.5
	讲师	4906	382.5		讲师	13632	396.2
	助教	17431	343.1		助教	17023	327.9
	助手	701	339.0		助手	5305	263.2

数据来源：日本文部科学省，学校教员统计调查(2015年3月)，http://www.e-stat.go.jp/SG1/estat/List.do? bid=000001058821&cycode=0，2016-10-05。

4. 教师薪酬水平的国际比较

在大多数国家，教师都享有比较高的社会地位，平均工资水平一般也高于社会整体平均水平。同时，很多国家通过把教师待遇与公务员待遇联系起来突出对教师职业的重视。如古巴、马来西亚、新加坡以及一些石油输出国的教师享受国家公务员的工资待遇和地位，教师工资高于一般公务员水平。澳大利亚、奥地利、肯尼亚、日本、韩国等国家，教师享有公务员地位，并实行与公务员不一样的薪酬标准，这主要是考虑到教师职业的特殊性，认为简单对比公务员待遇有可能抹杀教师职业的特点。世界很多国家公立学校教师薪酬主要采取分类等级工资制度，并且改革呈现保证公平、稳定并凸显绩效的趋势。薪酬结构主要包括基本工资和各种津贴及奖金等部分。但不同国家、同一国家的不同地区，教师薪酬差异也比较大。相对于本国其他从业人员，德国、土耳其教师平均薪酬水平较高，印度尼西亚教师薪酬水平较低，如表 9-6 所示。

表 9-6　部分国家 2011 年教师起薪水平比较

国家	平均起薪与人均 GDP 的比		人均 GDP（美元）
	小学	高中	
阿根廷*	0.87	0.71	19098
澳大利亚	0.82	0.83	41974
加拿大	0.88	0.88	40420
法国	0.73	0.82	35247
德国	1.20	1.45	39456
印度尼西亚*	0.35	0.44	4636
意大利	0.84	0.90	32672
日本	0.77	0.77	33668
墨西哥	0.91	—	16588
韩国	0.92	0.92	29834
土耳其	1.37	1.41	17110
英格兰	0.85	0.85	35598
苏格兰	0.84	0.84	35598
美国	0.78	0.79	48112

注：＊指 2010 年数据；平均起薪是指具有完全资格的全职教师从事教师职业之始的年薪。

数据来源：National Center For Education Statistics，Comparative Indicators of Education in the United States and Other G-20 Countries：2015，http://nces. ed. gov/pubs2016/2016100. pdf，2016-10-03。

二、中国教师薪酬制度

教师工资制度是国家工资制度的一个重要组成部分，它是指国家实施的关于教师工资等级、工资标准、工资形式以及其他有关工资的规定和办法。到目前为止，我国还没有独立的教师工资制度，教师工资仍以国家事业单位工作人员的工资制度为依据。教师工资制度的核心要素是教师工资等级和工资标准的规定和办法，即工资结构的构成要素及相关标准的规定。2006 年以前，我国教师工资标准参照的是1993 年国家事业单位工作人员工资制度改革方案，其主要内容是：教育、科研、卫生、农业、林业、水利、气象、地震、设计、新闻、出版、广播电影电视、技术监督、商品检验、环境保护以及图书馆、博物馆、档案馆等事业单位的专业技术人员，根据工作性质接近，其水平、能力和贡献主要通过专业技术职务来体现的特点，实行专业技术职务等级工资制。专业技术职务等级制在工资构成上，主要分为专业技术工资和津贴两部分。为适应我国经济社会的发展变化，财政部、人事部已先后出台有关文件，对我国的教师工资标准进行了相应调整。通过调整，使教师的工资水平能够与经济社会的发展变化同步，从而有力地稳定了教师队伍，提升了教师的生活水准，使教师享受到了改革开放、现代化建设和经济社会发展所取得的巨大成果。

我国教师工资主要由专业技术职务工资、津贴、奖励制度、补助工资、其他补贴待遇组成。

1. 专业技术职务工资

2001 年，我国发布了《国务院办公厅转发人事部财政部关于从 2001 年 10 月 1 日起调整机关事业单位工作人员工资标准和增加离退休人员离退休费三个实施方案的通知》，按照通知精神，专业技术职务工资是教师工资构成中的固定部分和体现按劳分配的主要内容，教师专业技术职务工资标准是按照教师专业技术职务序列设置的，每一职务设立若干工资档次。

2. 津贴

津贴作为可变薪酬的重要组成部分，在高校的收入分配中具有很强的激励性、自主性和多样性，对发挥学校薪酬导向作用、加强人才队伍建设、保证学校可持续发展等都具有重要的积极作用。津贴是工资构成中活的部分，与专业技术人员的实际工作数量和质量挂钩，多劳多得，少劳少得，不劳不得。国家对津贴按规定比例进行总额控制，并制定指导性意见。各单位根据本单位的实际情况，在国家规定的津贴总额内，享有分配自主权，包括确定津贴项目、津贴档次及如何进行内部分配，以达到合理拉开差距的目的。如高校，主要设置课时津贴、科研课题津贴、研究生导师津贴；中小学校，主要设置课时津贴。公办各级各类学校属于全额拨款单位，执行国家统一的工资制度和工资标准。在工资构成比例中，专业技术职务工资为70%，津贴为 30%。对从事基础研究、尖端技术和高技术研究的专业技术人员，在国家规定的津贴比例之外，经国家人事部、财政部批准后，可单独设置"特殊岗位津贴"。在高校设置特殊岗位津贴制度，使高校教师的待遇有了外部竞争性，稳定了内部骨干教师，吸引了外部优秀人才，促进了学校师资队伍水平的提高。

3. 奖励制度

我国现行的奖励制度是指根据事业单位的实际情况，对做出突出贡献和取得成绩的人员，分别给予不同程度的奖励。一是对教育战线上有突出贡献的专家、学者和科技人员，继续实行政府特殊津贴。二是对做出重大贡献的专业技术人员，给予不同程度的一次性重奖。凡其成果用于生产活动带来重大经济效益的，奖励金额从所获利润中提取。其他人员，如从事教学、基础研究、尖端技术和高技术研究的人员等，奖励金额从国家专项基金中提取。三是对年度考核优秀、合格的教师在年终发给一次性奖金，奖金数额为本人当年 12 月的月工资（含 30% 的津贴部分）。实施奖励制度有利于发挥薪酬制度的激励功能，有利于高层次优秀人才脱颖而出，使之成为科技发展与创新的主力军。

4. 补助工资

补助工资也称津贴，是指教师在本职工作以外，负担额外责任或因工作条件有差别而获得的补偿待遇，主要有以下几种。

（1）领导职务津贴。领导职务津贴是指包括教师在内的各级各类专业技术人员中，担任党政领导职务的职务津贴。如大学教授担任校长职务的，除了按教授职务发给专业技术职务工资外，还可发给相应的领导职务津贴。再如中小学教师担任校长、教导主任及相当职务的领导人员，除领取相应的职务工资外，还可领取领导职务津贴。中小学校长的领导职务津贴由上级教育行政部门确定。

（2）中小学教龄津贴。《中华人民共和国教师法》（以下简称《教师法》）第二十六条规定："中小学教师和职业学校教师享受教龄津贴和其他津贴"，具体办法由国务院教育行政部门会同有关部门制定。

（3）班主任津贴。为了鼓励教师做好班主任工作，提高教育质量，按照"各尽所能、按劳分配"和"多劳多得"的原则，经国务院批准，从 1979 年 11 月开始，在公办教师（国家职工）中试行班主任津贴。1988 年 12 月 12 日，人事部、国家教委、财政部印发《关于提高中小学班主任津贴标准和建立中小学教师超课时酬金制度的实施办法》，规定中小学班主任津贴标准提高的幅度和教师超课时酬金的具体数额，均由各省、自治区、直辖市结合实际情况自行确定。各地在建立中小学教师超课时酬金制度时，应规定教师的课时定额标准。教师在保证教学质量的前提下，授课超过课时定额的，按照本人实际超过的授课时数发给酬金。学校有自有资金的，也可从自有资金中拿出一部分，适当提高该项酬金的标准。随着经济社会的发展，教师工资增加幅度很大，为调动教师工作积极性，提高教学质量，各地纷纷采取措施增加班主任津贴，给学校管理、稳定教师队伍注入了新的动力。

（4）特殊教育学校教职工津贴。特殊教育是对于生理缺陷儿童和犯罪儿童的教育。与一般岗位教师相比，由于劳动对象的特殊性，从事特殊教育的教师工作任务重、工作压力大。鉴于此，我国于 1956 年规定对特殊教育学校的教师、校长、教导主任等发给相当于本人标准工资 15% 的特殊教育补贴费。1989 年 3 月 9 日，国家人事部、财政部在《关于发给特殊教育学校职工补贴费问题的复函》中，补充规定除上述人员外，其他在编正式职工也按相当于本人工资15%的标准发给特殊教育补贴费。2001年11月27日，《国务院办公厅转发教育部等部门关于"十五"期间进一步推进特殊教育改革和发展意见的通知》规定：各地人民政府要保证特殊教育教职工的工资和特殊教育津贴按时足额发放，有条件的地方可根据本地实际，积极改善特殊教育学校教职工的生活水平。接受残疾儿童少年入学的普通学校，在搞活单位内部分配时，应对主要承担残疾儿童少年教育任务的教师给予倾斜。

(5)特级教师津贴。"特级教师"荣誉称号是中小学教师的最高荣誉，主要用来表彰在中小学教育岗位上的突出贡献者，现行特级教师津贴是根据国务院1993年文件制定的，标准为每个月80元，具体津贴数额因各省、自治区、直辖市的情况不同而有区别。

(6)艰苦边远地区津贴。我国《教师法》第二十七条规定："地方各级人民政府对教师以及具有中专以上学历的毕业生到少数民族地区和边远贫困地区从事教育教学工作的，应当予以补贴。"我国少数民族地区和边远贫困地区的生活水平低，教学条件差，为吸引大量优秀人才前往工作，有必要给予他们一定的照顾。只有这样，才能有利于提高当地人民的教育水平和人口素质，才能从根本上改变当地的贫困面貌。1985年以来，各地从实际出发，采取了许多因地制宜的地方性政策，如实行地方性补贴等，以稳定队伍、吸引人才。1994年工资改革对此做了两项规定：①建立边远艰苦地区津贴；②所有到边远艰苦地区工作的各类学校毕业生可以提前定级，定级工资标准可高于同类人员1~2档。2001年2月8日，我国人事部、财政部联合颁布新的《关于实施艰苦边远地区津贴的方案》，方案规定，实施艰苦边远地区津贴所需经费由中央财政负担。根据艰苦程度的不同划分为一、二、三、四类。一类区平均43元，二类区平均86元，三类区平均172元，四类区平均300元。在各类区平均标准内，不同职务人员适当拉开差距，其中，一类区每月40~100元，二类区每月80~200元，三类区每月160~320元，四类区每月280~560元。

(7)职务工资标准基础上的10%附加工资。考虑到教师工作辛苦，工资报酬与社会其他行业相比偏低，1987年1月12日，劳动部、人事部和国家教委下发《提高中小学教师工资标准的实施办法》，规定从1987年10月起可以将中小学和幼儿园教师现行的各级工资标准(基础工资、职务工资之和)均提高10%，也可以在不超过工资标准提高10%的增资总额范围内，将增资总额的大部分用于提高工资标准，小部分用于调整中小学教师内部的工资关系。1993 年工资制度改革又规定，中小学教师按统一的工资标准进行套改，不含原工资标准提高 10％的部分。套改后，在新的专业技术职务工资标准的基础上提高 10％。

5. 其他补贴待遇

(1)教师的住房待遇。教师的住房，既是教师生活居住的场地，又是教师自修钻研和教育教学备课的场所。《中国教育改革和发展纲要》指出："在住房和其他社会福利方面要实行优待教师的政策。各级政府要制订切实可行的计划，尽快使教职工家庭人均住房面积达到当地居民的平均水平。在住房制度改革中，要对教职工住房的建设、分配、销售或租赁，实行优先、优惠政策，逐步社会化。"根据这一精神，《教师法》对教师住房问题做了原则性规定。《教师法》第二十八条第一款规定："地方各级人民政府和国务院有关部门，对城市教师住房的建设、租赁、出售实行优先、优惠。"这一规定有两层含义：一是解决教师住房问题的主要责任在地方各级人民政府和国务院有关部门；二是对教师住房的建设、租赁和出售实行优先、优惠原则。《教师法》第二十八条第二款规定："县、乡两级人民政府应当为农村中小学教师解决住房提供方便。"这一规定的含义是：既要为农村公办教师解决住房提供方便，又要为家在农村的公办教师解决住房问题采取一些倾斜政策。事实上，1994 年国务院颁布《关于深化城镇住房制度改革的决定》，国家全面推行了住房公积金制度、出售公有住房、推进租金改革、加强经济适用住房的开发建设等工作，停止住房实物分配并逐步实行住房分配货币化，与国家机关、事业单位等职工一样，教师的住房待遇不再具有特殊性。

(2)教师的医疗待遇。《教师法》第二十九条规定："教师的医疗同当地国家公务员享受同等的待遇；定期对教师进行身体健康检查，并因地制宜安排教师进行休养。医疗机构应当对当地教师的医疗提供方便。"其一，教师的医疗同当地国家公务员享受同等待遇。教师的健康水平直接影响教育质量的好坏。关心教师的身体健康，使教师能够愉快地从事教书育人工作，是党和政府以及社会各界的责任。1984 年卫生部、财政部联合发布的《关于进一步加强公费医疗管理的通知》规定，中小学公办教师看病、住院、转院的经费报销等，与当地党政机关和事业单位的干部享受同等待遇，但在执行过程中，要从教育经费中列支。但由于教育经费困难，医疗费按规定的比例超支严重，许多教师看病不能报销，看病不及时或因经费缺少不能得到有效治疗。实行国家公务员制度后，国家公务员的医疗待遇有了较好的保障。因此，确定教师的医疗同当地国家公务员享受同等待遇，这就使教师的医疗待遇也有了法律保障。把国家公务员的医疗待遇作为参照系，说明国家对教师的医疗待遇十分重视。其二，定期对教师进行身体健康检查，并因地制宜安排教师进行休养，医疗机构应当对当地教师的医疗提供方便。教师长期从事教学工作，不仅容易患各种与职业有关的疾病，如眼病、鼻病、咽炎、肺炎、颈椎病及神经衰弱等，也容易因超负荷工作劳累而诱发心脏病、脑病、肝病等。为使教师的疾病得到及时诊断和治疗，各级政府应建立教师定期身体检查制度。教师的劳动损耗是很大的，不但工作时间长，业余时间也往往需要加班加点，如批改作业、进行家访、备课等，其劳动不同于一般的体力劳动者，因地制宜安排教师进行休养，能使他们做到有张有弛，劳逸结合，以保持旺盛的工作精力和良好的精神状态。同时，医院和其他医疗单位应为当地教师就诊、住院、转院提供方便。

第三节　教师薪酬制度的改革

自《国务院办公厅转发人事部财政部关于从2001年10月1日起调整机关事业单位工作人员工资标准和增加离退休人员离退休费三个实施方案的通知》发布以来，我国教师工资制度经历了2006年改革、2008年义务教育教师工资改革、2014年改革与2016年基本工资调整四次改革，教师薪酬水平得以大幅提升。

一、中国教师薪酬制度的四次改革

1. 2006年教师薪酬制度改革

2006年人事部、财政部、教育部联合发布《高等学校、中小学、中等职业学校贯彻〈事业单位工作人员收入分配制度改革方案〉三个实施意见》。这一轮改革中"绩效"成为焦点，高校教师由此迈入了"绩效薪酬"时代。改革后教师的薪酬由岗位薪酬、薪级薪酬、绩效薪酬和津贴补贴四部分构成，其中岗位薪酬和薪级薪酬为基本薪酬，执行国家统一标准，由职称和职级决定。

2. 2008年义务教育教师薪酬制度改革

2008年12月，国务院常务会议审议并原则通过了《关于义务教育学校实施绩效工资的指导意见》（以下简称《意见》）。《意见》指出，为深化教育制度改革、加强教师队伍建设、促进教育事业发展，我国自2009年1月起，在义务教育阶段全面实施新的教师收入分配改革政策，即义务教育教师绩效工资制度。《意见》在绩效工资的分配及相关政策方面进行了规定。

3. 2014 年教师薪酬制度改革

2015 年 1 月 12 日，国务院办公厅转发了《关于调整机关事业单位工作人员基本工资标准和增加离退休费三个实施方案的通知》。文件显示，本次机关事业单位加薪将从 2014 年 10 月 1 日开始计算。事业单位工作人员的工资由三部分组成，包括基本工资、绩效工资和津贴补贴。这次完善机关事业单位工资制度，将通过调整工资标准，并将部分津贴补贴或绩效工资纳入基本工资，适当提高基本工资的比重。在完善工资制度的同时，冻结规范津贴补贴工资增长，各地各部门不能自行提高津贴补贴水平和调整津贴补贴标准，要严格执行国家规定的改革性补贴政策和考核奖励政策。本次改革将调整事业单位工作人员基本工资标准，同时将部分绩效工资纳入基本工资。

4. 2016 年教师薪酬制度改革

2016 年 1 月 19 日，国务院下发了《关于机关事业单位工作人员基本工资标准和增加机关事业单位离退休人员退休费三个实施方案的通知》，还附带转发了三个具体方案，即《关于调整机关工作人员基本工资标准的实施方案》《关于调整事业单位工作人员基本工资标准的实施方案》《关于增加机关事业单位离退休人员退休费的实施方案》。本次事业单位加薪将从 2016 年 7 月 1 日开始计算。本次改革将调整事业单位工作人员基本工资标准，同时将部分绩效工资纳入基本工资。专业技术人员的岗位工资标准如表 9-7(a)所示，管理人员的岗位工资标准如表 9-7(b)所示。

表 9-7(a)　2016 年事业单位专业技术人员基本工资与薪级工资标准　　　　单位：元/月

岗位工资		薪级工资									
岗位	工资标准	薪级	工资标准	薪级	工资标准	薪级	工资标准	薪级	工资标准	薪级	工资标准
一级	4850	1	215	14	657	27	1587	40	2903	53	4507
二级	3850	2	236	15	709	28	1675	41	3019	54	4650
三级	3480	3	260	16	767	29	1763	42	3135	55	4793
四级	2900	4	284	17	825	30	1860	43	3251	56	4936
五级	2670	5	311	18	890	31	1957	44	3367	57	5079
六级	2420	6	338	19	955	32	2054	45	3483	58	5222

续表

岗位工资		薪级工资									
岗位	工资标准	薪级	工资标准	薪级	工资标准	薪级	工资标准	薪级	工资标准	薪级	工资标准
七级	2210	7	369	20	1027	33	2151	46	3611	59	5365
八级	1950	8	400	21	1099	34	2257	47	3739	60	5508
九级	1710	9	436	22	1171	35	2363	48	3867	61	5651
十级	1600	10	472	23	1251	36	2469	49	3995	62	5794
十一级	1510	11	513	24	1331	37	2575	50	4123	63	5957
十二级	1490	12	559	25	1411	38	2681	51	4251	64	6120
十三级	1390	13	605	26	1499	39	2787	52	4379	65	6355

表 9-7(b)　2016 年事业单位管理人员基本工资与薪级工资标准　　　　　单位：元/月

岗位工资		薪级工资									
岗位	工资标准	薪级	工资标准	薪级	工资标准	薪级	工资标准	薪级	工资标准	薪级	工资标准
一级	4770	1	215	14	657	27	1587	40	2903	53	4507
二级	3970	2	236	15	709	28	1675	41	3019	54	4650
三级	3320	3	260	16	767	29	1763	42	3135	55	4793
四级	2800	4	284	17	825	30	1860	43	3251	56	4936
五级	2390	5	311	18	890	31	1957	44	3367	57	5079
六级	2070	6	338	19	955	32	2054	45	3483	58	5222
七级	1820	7	369	20	1027	33	2151	46	3611	59	5365
八级	1630	8	400	21	1099	34	2257	47	3739	60	5508
九级	1490	9	436	22	1171	35	2363	48	3867	61	5651
十级	1390	10	472	23	1251	36	2469	49	3995	62	5794
		11	513	24	1331	37	2575	50	4123	63	5957
		12	559	25	1411	38	2681	51	4251	64	6120
		13	605	26	1499	39	2787	52	4379	65	6255

　　事业单位工资原则上实行"两年一调"，与 2016 年相比，2022 年不同级别的专业技术人员岗位工资增加了 10%～40%，薪级工资也作了同步调整（见表 9-8）。

表 9-8　2022 年事业单位专业技术人员基本工资与薪级工资标准表　单位：元/月

岗位工资		薪级工资										
岗位	工资标准	薪级	工资标准	薪级	工资标准	薪级	工资标准	薪级	工资标准	薪级	工资标准
一级	6770	1	335	14	879	27	1860	40	3218	53	5043
二级	5370	2	365	15	941	28	1950	41	3337	54	5231
三级	4660	3	395	16	1003	29	2040	42	3456	55	5419
四级	4080	4	425	17	1070	30	2139	43	3575	56	5632
五级	3420	5	459	18	1137	31	2238	44	3704	57	5845
六级	2950	6	493	19	1209	32	2337	45	3833	58	6058
七级	2740	7	530	20	1283	33	2436	46	3962	59	6271
八级	2370	8	567	21	1357	34	2545	47	4103	60	6484
九级	2130	9	614	22	1434	35	2654	48	4244	61	6750
十级	1940	10	661	23	1516	36	2763	49	4385	62	7016
十一级	1740	11	713	24	1598	37	2875	50	4526	63	7282
十二级	1720	12	765	25	1680	38	2987	51	4667	64	7548
十三级	1585	13	822	26	1770	39	3099	52	4855	65	7814

注：1. 专业技术人员岗位：1～4 级为正高级，5～7 级为副高级，8～10 级为中级，11～13 级为初级；2. 事业单位管理人员岗位：1～2 级职员对应正部、副部级；3～4 级职员对应正厅、副厅级；5～6 级职员对应正处、副处级；7～8 级职员对应正科、副科级；9～10 级职员对应科员、办事员。

二、教师薪酬制度改革的理论探索

"薪酬管理"（Compensation Management）是人力资源管理的核心内容，合理的薪酬制度是激发教师创造性的主要手段，是教师实现个人价值和社会价值的主要途径，是社会主义按劳分配制度优越性的重要体现。客观来讲，当前我国的薪酬管理制度仍属于带有明显计划经济色彩的国家工资管理体制，不少高校人事部门通常按照国家统一的工资标准核定每个教职员工的工资，制定教职工工资单，按月发放，每逢工资晋升，则按照相关文件规定，按身份、资历等指标对号入座，很少考虑有效的激励、约束机制的建立。

以高校为例，我国目前的高校教师薪酬制度吸引人才和激励教师的作用还远没有得到充分发挥，未能完全适应高等教育发展的需求。随着我国社会主义市场经济体制的逐步完善，现行薪酬制度存在的矛盾和问题逐步显现出来，设计一种科学、公平、合理的薪酬制度，对于吸收和稳定优秀的高校人才，激发高校教师的积极性和创造性，从而提高我国科研的整体水平和国际竞争力，意义重大。基于以上认识，众多高校已将薪酬制度改革作为高校改革的一个突破口，开展了许多有益的探索，形成了不同的薪酬制度模式，如表9-9所示。

表9-9　高校现有的薪酬制度模式比较

特征＼模式	以职位为中心	以能力为中心	以业绩为中心
核心思想	以位定薪	以能定薪	以绩定薪
管理理念	以事为中心	以人为中心	以人为中心
突出的薪酬功能	保障	调节	激励
公平性	弱	中	强
常见的表现形式	岗位津贴	特聘教授、长江学者等津贴	课时酬金、科研奖励酬金

由表9-9可以看出，高校现有的薪酬制度主要有三种模式：以职位为中心的薪酬模式、以能力为中心的薪酬模式和以业绩为中心的薪酬模式。目前在教师当中覆盖面最广、应用最广泛的是以职位为中心的薪酬模式，其突出的功能是保障功能，但公平性最弱；以能力为中心的薪酬模式则覆盖面非常有限，仅限于高校中聘请的极少数院士、特聘教授、长江学者等；以业绩为中心的薪酬模式能给青年教师以公平获取报酬的机会，但一方面由于当前许多高校并未真正建立以业绩为中心的薪酬模式，另一方面由于绩效评估机制不完善，业绩薪酬模式不能很好地起到其应有的激励作用。

高校优秀人才的薪酬水平远远低于市场薪酬水平，而一般人员的薪酬水平则远远高于市场薪酬水平。外部市场薪酬水平差距在组织内部的缩小，导致平均主义倾向，加剧了高级人才的流失和一般员工在组织中的滞留。

平均主义的薪酬制度导致高校教师"逆向选择"（Converse Selection）。利用"逆向选择"的分析模型，可以很清楚地看出平均分配对教师队伍的严重影响。如图9-1所示，假定一所高校里只有两组教师，即学术水平较高的教师和学术水平一般的教师。高水平教师的供给曲线为S_A，水平一般的教师的供给曲线为S_B。对应教师的市场需求曲线为D，学术水平较高的教师均衡薪酬水平是W_A，学术水平一般的教师的均衡薪酬水平是W_B。如果某所高校按平均学术水平把两类教师的工资都定位于W_E，学术水平高的教师必然会因其薪酬低于市场均衡水平，离开这所高校，另谋高就。相反，学术水平一般的教师享受到高于其市场均衡薪酬水平的待遇，故而稳定在这个高校中。最终，这所高校的最高学术水平表现为B类教师的水平。

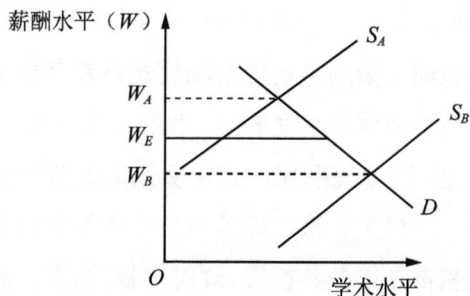

图 9-1　平均主义的薪酬制度导致教师学术水平的"逆向选择"

均衡工资理论认为，劳动力市场与其他商品市场一样，也是由供求力量支配的。劳动力的价格，即薪酬水平，取决于劳动力市场上供求曲线的交点，市场机制自发调节薪酬水平。一方面，当劳动力流出时，劳动力供给减少，薪酬上升；当劳动力流入时，劳动力供给增加，薪酬下降，直至形成均衡价格。另一方面，当薪酬低于社会均衡水平时，劳动力就会流出，以寻求更有利的报酬；当高于社会均衡水平时，劳动力就会流入，如图 9-2 所示。

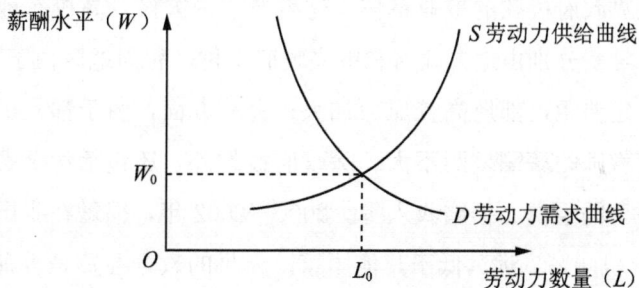

图 9-2　薪酬水平的决定

高校教师的劳动主要表现在人才培养和科学研究上。人才和知识是知识经济时代社会经济发展的关键资源，在科教兴国和人才强国战略中占有举足轻重的战略地位。高校教师的劳动对提高劳动者素质、传承科学文明、创新知识的价值是不可估量的。高校教师的薪酬不仅要体现其较高的人力资本投资成本，也应反映其劳动成果对社会经济发展的重大贡献。在高等教育快速发展的今天，特别是随着高等教育国际化进程的加快，高校要提升自身的核心竞争力，就必须在办学思想、队伍建设等方面采取有效措施。而人是创造价值的根本力量，留住人才，发挥出教师的积极性和创造性是高校获得成功的关键所在。如何调动广大教师的热情和干劲，形成待遇能高能低的富有活力的教师薪酬新体制，已成为高校师资队伍建设的中心任务。从总体上来说，高校薪酬改革的方向将是以人为中心的薪酬模式与以职位为中心的薪酬模式相互补充、共同发展，单一的薪酬模式将被复合的薪酬模式取代，并向国际流行的整体薪酬体系接轨，激励型整体薪酬模式将是高校薪酬模式的新趋势。从美国、法国和韩国的高校教师薪酬制度来看，我们可以得到以下启示。

1. 转变"等、靠、要"的传统模式，寻求多元化筹资模式

对比分析结果表明，虽然美、法、韩等国公立高等学校经费来源都具有不同的特点，但其高等教育经费都是以公共投资（政府拨款）为主，而且逐渐形成以公共投资为主，以学费收入、企业研究合同与资助、私人捐赠及投资、教育性销售和服务收入以及一些其他收入等私人投资为辅的多元化格局。其中，捐赠收入（含捐赠基金）扮演着不可或缺的角色。政府拨款是公立高校经费的稳定来源，美、韩的教育经费都由中央（联邦）和地方共同负担，有利于调动中央和地方的办学积极性，使高等教育具有地方特色。政府没有把高教经费承包下来，而是通过制定优惠政策或发行教育债券等方式来支持公立高校发展。如法国政府通过减免税收鼓励捐赠行为，美国政府则发行彩票和教育债券。相比之下，我国高校经费来源单一，经费缺口大。我国公办高校是靠政府拨款的事业单位。这就造成一方面，高校有地方高校和部属高校之分，办学经费分别由地方政府和中央政府支付，相同地区由于主管部门不同，教师薪酬存在一定差距，部属高校压力加大；另一方面，由于都是事业单位，重点院校和普通高校教师的薪酬差距不大。除政府拨款外，还包括学杂费、校办产业和经营收益用于教育的经费、捐赠收入等。2000—2002年，捐赠在我国高校经费总来源中仅占1.5%～1.9%，远远低于其他国家。充足的教育经费是教师薪酬的有力保障，因此，我国高校应学习国外的先进经验，转变"等、靠、要"的传统模式，结合高校自身特点，制定切实可行的战略举措，积极主动寻求非政府经费的投入，扩大高校教育经费来源。

2. 丰富教师的福利待遇款项，构建教师权益的保障机制

"双因素理论"认为，与人的工作有关的因素有两类。一类是"激励因素"，如晋升、赏识、工作成就、荣誉等，这些因素能带来积极态度、满足感和激励作用。另一类是"保健因素"，其中就包括福利待遇，这些因素能满足个人自我实现需要。保健因素虽然不能直接激励人们努力工作，但可以防止不满情绪。国外高校教师的社会保障制度和福利制度是高校薪酬制度的重要组成部分，一方面与其经济发展水平相适应，另一方面体现了其薪酬制度的成熟。国外公立高等学校的教师都享有很好的福利待遇，教师福利项目繁多、覆盖面广。韩国的"福利卡"、美国的"福利包"和

"一揽子福利"都体现了浓厚的人文关怀。我国高校目前的福利主要是指住房公积金学校补贴部分和住房补贴等，相比之下，在整个薪酬结构中所占比例很小。根据教育部人事司 2003 年年底的高等学校收入分配情况调查，福利收入只占总收入的10.6%，远远低于其他国家。因此，我国高校有必要调整薪酬结构，加大绩效工资和福利的比例，这样更有利于教师队伍建设，从而提高我国科研的整体水平和国际竞争力。

3. 建立科学合理的绩效评估体系，增加量化考核比重

在肯定国外教师薪酬制度优点的同时，也应注意轻绩效导致的公平、效率失范等问题。轻绩效在国外高校碰壁后，绩效与工资挂钩越来越受到重视，这为我国高校工资制度改革敲响了警钟。目前，我国高校教师绩效评估体系普遍存在考评条目过宽、过程流于形式、结果尚未与教师实际工资挂钩的问题，致使高校优秀人才的薪酬水平远远低于市场薪酬水平，而一般人员的薪酬水平则远远高于市场薪酬水平。据调查，2002 年我国高校收入分布总体的基尼系数为 0.2789，高校内部的基尼系数平均只有 0.214。外部市场薪酬水平差距在组织内部的缩小，导致平均主义倾向，加剧了高级人才的流失和一般员工在组织中的滞留。绩效工资比重较低，导致目前高校教师薪酬制度吸引人才和激励教师的作用还远没有得到充分发挥，未能适应高等教育发展的需要。为此，必须建立科学合理的考核评估体系，根据各级各类教师岗位的要求制定具体的细则，增加量化考核比重，进一步提高教师考核的科学性和公正性。考核结果要与聘任、晋升和工资待遇等直接挂钩。

4. 规范薪酬制度的相关立法，构建完善的法律保障机制

美、法、韩等国对公立高校教师的定位都是与政府有关系的。美国把公立高校教师定位为公务雇员，法国定位为国家公务员，韩国定位为国家或地方公务员。其中，法国和韩国政府明确指出公立高校教师均为国家公务员或地方公务员，享有公务员的待遇，并把教师享有的待遇纳入公务员法案中，这就相当于为教师的权益提供了"双层保险"。在我国，高校教师虽不是公务员，但在解决教师待遇问题上的确与公务员待遇挂钩。事实上，新一轮的事业单位工资制度改革已经体现了专业技术职称的重要性，但仍有必要借鉴国外的做法，完善相关立法工作，弥补高校教师薪酬制度规范的缺失，避免权益的虚化，将提高教师待遇落到实处。

第十章　学生资助制度

　　教育是一项成本较高的事业，特别是高层次的教育，其成本更高。由于教育的自身属性及具有外部效应等特点，长期以来，受教育者一直受到政府以及其他社会机构的资助。特别是第二次世界大战以来，教育对于一个国家与民族的生存和发展所具有的重要意义越来越为各国政府所认同，在努力发展本国义务教育以保障公民基本教育权利的同时，各国政府乃至一些民间机构都不约而同地加强了对非义务教育阶段学生接受教育的资助活动，形成了形式多样的学生资助制度，也成为教育经济学的一项重要研究内容。我国的教育，尤其是高等教育已经发生剧烈变革，国家包办教育的格局已被打破。本章拟就学生资助制度的有关问题进行讨论。

第一节　学生资助制度概述

///////////////////

一、学生资助的含义

　　根据《教育管理辞典》的定义，"学生资助"（Student Financial Aid）是指各国政府为了保证各类学生，尤其是接受高等教育的学生，顺利接受教育而实施的一系列财政资助。实际上，此定义只是对学生资助的狭义定义。而广义的学生资助包括政府以及社会其他机构对于受教育学生提供的各种经济上的资助，而不单指政府部门提供的财政性资助。但是，相对于社会其他机构的学生资助而言，政府财政性资助更具有稳定性，且为一国学生资助的主要来源。因此，本章对学生资助问题的讨论主要围绕国家的财政性资助制度来展开。学生资助实际上是一种经济上的支持，也就是说资助者所提供的是某种可用货币计量的财物，而非道义上的帮助。严格来讲，学生资助制度的资助对象是全体学生，但各个类型的受教育者所需要分担的教育成本不同，教育层次越高，教育成本就越大，学生个人及其家庭对于学生资助的需求也就越大。一般而言，高等教育的受教育者（大学生）是一国学生资助制度的主要资助对象，本章对于学生资助制度的研究也集中在高等学校学生的资助方面。

二、学生资助的类型

学生资助形式多样，类型复杂，根据不同的划分标准，其资助类型也不尽相同。根据学生资助的资助基准情况，可以将学生资助划分为基于学生某些特征的奖学型资助与基于个人或家庭经济状况的助学型资助两大类。"奖学型资助"（Financial Aid Award）一般是指带有某种激励性质的以学生本身所具有的某些优秀特征为基准的奖励资助，最为典型的奖学型资助就是"奖学金"（Scholarship），其奖励基准主要是学生的学习成绩。"助学型资助"（Subsidized Financial Aid）主要是指以受教育者个人及其家庭经济状况作为能否获得资助以及资助金额评判标准的资助，最为典型的助学型资助就是"助学金"（Grant）。助学金的发放不是以学生本身优秀与否为主要评判标准，而是由学生的经济状况决定资助与否以及资助额度。助学金一般又可以分为面向全体学生发放的助学金和面向少数特困学生发放的助学金。

根据资助是否需要偿还，可以将学生资助分为赠予型资助和偿还型资助。"赠予型资助"（Granted Financial Aid）不需要学生偿还，一般而言奖学金、助学金都属于赠予型资助，学生在获得此类资助以后不需要做出任何经济或行为上的补偿。而"偿还型资助"（Repaying Financial Aid）则不具有赠予性质，需要学生做出一定的偿还，以"贷学金"（Student Loans）最为典型。这种学生贷款以资助学业为目的，但需要学生在学业完成以后进行偿还。另外，各种类型的"勤工俭学"（Work-study）也应归于此类资助，毕竟学生不是无偿获得资助的。

根据学生资助的方式，可以将其分为直接学生资助与间接学生资助。直接向学生或其家庭提供经济援助和支持的资助属于直接学生资助，而通过减免、价格补贴以及税收优惠等隐性手段向学生及其家庭提供的资助属于间接学生资助。此外，还可以根据资助的阶段不同，将学生资助划分为入学型资助与就学过程型资助，这主要涉及资助的时间是入学前还是入学后的问题。

虽然学生资助根据不同的标准可以做出不同的划分，但具体的资助形式还是十分有限的。从世界各国的实际情况来看，学生资助的具体形式基本有以下几种：（1）面向全体学生，无条件地发放助学金，用于支付学费或生活费。（2）只向学业成绩优秀的学生发放奖学金。（3）根据个人的经济状况，向经济困难的学生发放助学金。（4）专业奖学金或定向奖学金，获奖学生毕业后必须按照政府或未来雇主的要求在选定的职业领域(如医生或教师)工作一段时间。(5)由工商企业提供赞助基金,但学生毕业后不必为出资雇主工作。(6)由公共资金提供的低息或无息贷款,须偿还。(7)由商业银行或其他机构提供、政府予以担保的贷款,贷款利率通常低于市场利率。(8)向学生提供特别就业工作项目,使他们从中获得报酬。(9)以低于市场价的价格提供食宿及交通优惠。(10)减免学生或其家长的税收。这些不同的资助形式在不同的国家有着不同的运用组合,但概括起来,最为常用的资助形式主要包括四种:助学金、奖学金、贷学金以及勤工俭学。

三、学生资助的经费来源

既然是一种经济上的支持而非道义上的声援,学生资助就必须拥有稳定的经费来源作为其制度性支撑。广义的学生资助包括来自社会各个方面的针对学生学业的物质性支持,因此,从其经费来源来看,学生资助有政府公共资金、大学出资、工商企业出资、宗教及慈善机构的捐赠、个人捐款以及国际机构或多边机构资助等。其中,政府是最主要的资助者,其资助力度和资助覆盖面都是企业团体和个人所无法比拟的,这也就决定了政府资助在整个学生资助体系中处于举足轻重的地位。在美国,学生资助的实施主体主要有联邦政府、大学和州政府,2003年分别承担了资助金额的大约65%、20%和5%;大约有63%的学生接受了资助,其中赠予占一半,大约有三分之一的学生利用了贷款;生均资助额大约是7290美元,赠予型资助大约为生均4019美元,贷款大约为生均5795美元。① 从形式上看,政府可以直接面向学生提供各种形式的资助,如设立各种奖学金、助学金以及由政府担保的各种贷学金;也可以通过降低学费、价格补贴以及减免税收等手段间接向学生及其家庭提供资助。政府资助之所以成为学生资助的主要来源,主要是因为其强大的经费保障能力。一般而言,政府资助的资金主要由政府公共财政提供,可以纳入国家正式的年度财政预算之中。国家对受教育者的一种经济帮助,实质上反映了社会发展与个人之间的依赖关系。在历史发展进程中,教育实质上是人类自身再生产和再创造的一种特有形式,是其他生物所没有的一种社会性遗传方式。没有教育,人类的经验无法传递,人类的文明无法继承与发展。从这个意义上讲,教育从来就不仅仅是个人的事,而是全社会的事业与责任。为了统筹规划,促进社会大系统的协调发展,政府有必要以公共资金进行学生资助。因为政府作为社会的公共管理机关,是社会整

---

① [日]小林雅之、王杰:《学生资助和高等教育机会均等(续)——对中日美3国的比较分析》,载《教育与经济》,2005(4)。

体意志和国家权力的代表，它反映的是社会整体利益，而各种社会力量往往代表自己的特殊利益，并且在现代社会中，也只有政府最有能力实施全国性的学生资助计划。所以，政府理所应当成为学生最主要的资助者。

此外，大学作为学生的直接管理者，也对学生日常生活的学习资助发挥着重要作用。一般而言，大学需要从其收取的学费或日常运行经费中划拨出一部分直接设立各种形式的奖、助学金以及提供一系列的勤工俭学岗位，实现对学生的有限资助。大学对于学生资助的经费大小受制于其本身的财力，一般财力雄厚的大学更加注重对其学生的资助。社会中工商企业也是学生资助经费的重要来源之一。为了塑造企业形象以及与大学建立良好的合作关系，诸多工商企业单位出资在大学中设立了各种形式的奖、助学金，甚至有的企业设立了专门的基金机构介入贷学金的资助领域。最后，社会的慈善机构、教会、国际多边机构以及个人出于慈善或者教育公平的目的向学生提供资助也日渐成为各国的普遍现象。而在我国随着社会经济的不断发展，民间资金的不断充实，慈善事业的不断进步，国际合作的日益广泛，此类学生资助也必将有长足的发展。

四、学生资助理念的嬗变

1. 慈善与宗教的资助理念

"慈善与宗教"理念是欧洲大学生资助制度形成时期最主要的资助理念。早期的慈善资助理念主要表现在两个方面：一是当时的资助资金主要来自富有的慈善者、教会和君主，如牛津大学、剑桥大学的资助者和学院的创立者中最著名的有富商默顿（Walter de Merton）、麦德林（Magdalene）、坎特伯雷大主教（Archbishop of Canterbury）、国王爱德华三世（King Edward Ⅲ）、玛丽王后（Queen Mary）等，欧洲大陆的资助者中更不乏教皇、各地大主教、国王、公侯爵与贵妇人。二是与西方"施善先及亲友"（Charity Begins at Home）的说法一致。中世纪欧洲的大学生资助方案中大都规定资助对象优先从同宗同乡开始，如牛津大学的默顿学院（Merton College）、女王学院（Queen's College）、新学院（New College）、众灵学院（All Souls College）的院规中都规定了家族成员优先的原则。当然，所有受资助学生必须是贫困学生。如果说慈善理念纯粹是一种个人指向的话，那么宗教的资助理念则更多带有一种社会指向，即让受益者以其学识为教会服务。早期宗教资助理念主要表现在三个方面：一是受资助者学习的课程与专业以神学、教会法为主，或者是为之后学习神学、教会法而学习文法、修辞和哲学；二是在学习期间，奖学金的获得者往往有为教会服务的义务；三是在受资助者完成学业以后，除少数自己选择以宗教神职为终身职业外，更多的是服从教会安排去特定地区从事教会或传教工作。在中世纪欧洲大学创建之初，有关"慈善与宗教"资助理念与学生资助制度的珍贵文献已有记载：1219 年教皇荷纳鲁斯三世(Honorius Ⅲ)颁布"教皇训令"(The Papacy Mandate)规定，凡到大学求知者，教皇授予资助特权，其中包括各地教士到大学研习神学者，可以免居教区、暂停传教、享受薪俸。① 默顿学院在 1270 年修订了学院章程，该章程除了规定新增"12 个贫寒学生的资助名额"外，还明确提出了两项前提条件：第一，"创校人的亲戚有(入住学院、接受资助的)优先权"；第二，接受资助的学生必须"为来自日耳曼的亨利·理查德(Henry Richard)国王及国王之父的神灵祈祷"。②

从以上记载可以看出，学生资助制度在欧洲中世纪大学建立之初就已经存在，其主要资助理念为"慈善与宗教"的理念。这一时期的资助制度深深植根于当时的社会背景，教会异常强大，世俗政府权力有限，因而这一时期的学生资助以个人慈善和教会资助为主，缺乏政府性资助，即使有也多为君主个人行为。因此整个资助的力度有限，资助的受益范围以教会人员以及资助人的同宗同乡为主，资助的目的大多是"服务教会"，而不是服务社会，但资助的性质却是无偿的，多为赠予性质，没有出现借贷型资助，资助形式以奖、助学金为主，这也为后来的学生资助制度留下了足够的演变空间。

2. 生而平等与国家利益的资助理念

"生而平等"(All Men Are Created Equal)与国家利益资助理念的提倡者是托马斯·杰斐逊(Thomas Jefferson)，他在人类历史上第一次从"人生而平等"与"巩固政权，维护国家利益"两个视角阐述了向贫困学生提供经济资助的政治意义，该理念推动了美国学生资助制度发展起步。杰斐逊认为，一方面，人人生而平等，人民的福祉和政权的巩固不能寄托在仅凭血统、富有或者权势而地位显赫者身上，更不能攥在卑鄙者与邪恶者手中。人民有权利享受平等的受教育权，而不受经济困难等因素的影响。另一方面，为了国家的利益，必须选拔和培养社会英才，使他们成为人民福祉和权利的捍卫者。在其《促进知识更加普及法案》(A Bill for the More General

① Trio，P. "Financing of University Students in the Middle Ages：A New Orientation,"in *History of Universities*，Vol. 4. Oxford：Oxford University Press，1984.

② Workers' Educational Association. Oxford and Working-Class Education：Being the Report of a Joint Committee of University and Working-Class Representatives on the Relation of the University to the Higher Education of Workpeople. Oxford：Oxford University Press，1909.

Diffusion of Knowledge)中，杰斐逊指出，法律制定得好又执行得好，人民才会幸福，这是一个普遍的真理。而法律制定得好，执行得好，取决于制定和执行法律的人是否正直贤明。因此，为了增进人民的幸福，就应该向那些具有天赋和德行、能够捍卫同胞神圣的公民权利和自由的人提供自由教育；用公共经费去发现和教育这些人，要比把人民的福祉寄托在那些卑鄙者或者邪恶者身上好得多。

杰斐逊的这一资助理念将学生资助上升到国家政策的高度，提倡建立公共教育体系，并由政府利用公共资金实施对学生的资助，使得学生资助制度得到了极大的发展。美国在南北战争以后工农业的大发展，也促进了各州对大学以及大学生的资助。随着这一资助理念的传播与扩展，其他国家政府也相继做出政策反应。例如，大革命时期的法国政府对于高等教育的资助就深受这一理念影响。"为国家利益资助英才"开始在欧美各国盛行起来，资本主义国家开始在 19 世纪发展由政府出资的大学生奖学金事业。法国大革命以及拿破仑战争对人才的需求带动了法国政府对于大学生的资助；普法战争的失败导致德国教育的革新、洪堡大学的诞生以及政府为国家的振兴奖励大学生；英国地方性大学开始兴起，政府对牛津大学、剑桥大学学生资助政策进行了检讨，加强了对优秀贫困生的资助。

这一时期学生资助制度的发展主要得益于国家与政府的推动，基于国家对受教育人才的需求。因此，学生资助制度主要适用于"精英教育"阶段，资助范围较小，资助的激励性倾向比较明显，资助目的主要是服务于社会和国家。资助方式以各种面向优秀贫困生的奖学金为主，但资助性质仍然多为赠予性质，无须学生偿还。至今这一资助理念仍然有着特有的价值，在各国学生资助制度的构建中有着十分重要的影响。

3. 工农受教育权与干部培养的资助理念

"工农受教育权与干部培养"（Workers and Peasants' Educated Rights and Leader's Training）的资助理念是在十月革命后的苏联出现的，是人类历史上第一次在整个国家内面向全体大学生提供资助的一种理念。列宁代表苏维埃政府确定了苏联半个多世纪大学生资助政策的基本内容：为全体大学生提供免费的高等教育，面向全体大学生提供助学金。这一资助政策的资助理念主要表现为两个方面：一方面，列宁认为，教育和发展是人类自身需要的东西，是人类的基本权利。在社会主义国家，广大劳动人民——工农大众应该排除资本主义社会经济因素的干扰，平等地享有受教育的权利。所有大学都应向一切志愿学习的人，尤其是劳动者开放。为了向无产者和农民提供最充分的进入大学的机会，政府应为学生提供财政资助。另一方面，列宁强调，为所有大学生提供免费高等教育和助学金是苏维埃政权发展经济、巩固政权的重要保证。培养大批工农出身的、忠于社会主义事业的专家和干部，是大学生资助制度的重要使命。

列宁的这一学生资助理念对于世界范围内的社会主义国家影响颇为深远，其理论开拓意义重大，区别于传统的资助理念。这一理念下形成的学生资助制度基本上属于供给性质，学生接受教育基本上是免费的，还能普遍获得各类助学金，且无须偿还，资助形式也以助学金为主。尽管这一资助制度有利于教育平等和教育事业的发展，但对于国家制度有着根本性的依赖，只能在以计划经济为主的社会主义国家实行，而且对国家财政能力要求极高，很难满足整个教育资助事业的需要，实施起来有较大的困难。在经济日益市场化的今天，全球范围内这一极端的资助制度模式已较为罕见，但不能抹杀其在学生资助制度发展历史中的应有地位和作用。

4. 教育机会均等与人力资本投资理念

第二次世界大战以后，随着社会经济的高速发展，在各国教育事业的重建过程中，新的学生资助理念也逐渐形成，这就是"教育机会均等"(Equality of Education Opportunity)与"人力资本投资"理念。教育机会均等实际上是人类平等思想的主要内容之一，教育机会均等对促进社会公平和社会平等有着极其重要的作用，对个体的社会流动，尤其是个体向上的社会流动有着难以替代的作用。既然人人都享有追求幸福的基本权利，教育机会均等就应该成为一项基本的人权，成为政府教育发展政策的基石。教育机会均等要求对学生提供资助，以实现学生不受经济条件制约而享有平等的教育机会。人力资本投资理念是20世纪50年代美国经济学家舒尔茨发展人力资本理论的重要产物。人力资本理论认为，教育是一种不同于物力资本投资的人力资本投资活动且对经济增长的贡献较大，因此加强对学生的资助有利于促进教育事业的发展，从而促进一个国家人力资本投资的发展，进而实现国民经济的快速发展。

以上两种资助理念几乎在同一时期开始影响美国的学生资助制度的发展，进而扩展到影响整个世界范围内的其他国家。1965年美国国会通过了《高等教育法》(Higher Education Act)。该法令规定，为了使经济特别困难的中学合格毕业生能够接受高等教育，授权联邦政府向贫困学生提供基本教育机会助学金、国家担保贷学金和校园工读机会。这一时期的学生资助制度也进入了多元化的发展时期，资助理念多元并存，资助形式多样化，资助范围也开始扩大，出现了奖学金、助学金、贷学金、勤工俭学等多种资助形式，资助性质也不再是原来的赠予，而是无偿与借贷并存，并且各种非直接资助方式迅速发展。可以说，这一时期各国根据自身特有的国情形成了多元化的资助模式，极大地促进了学生资助制度在世界范围内的发展。

5. 教育成本分担等新观念的冲击

20 世纪 70 年代末出现的石油危机和经济滞胀导致西方国家国民经济发展受挫，引发政府公共财政危机，政府赤字现象严重。第二次世界大战后西方各国形成的"高等教育免费"（Free Higher Education）或"免费＋助学金"（Tuition Free with Grants）的慷慨型学生资助模式受到了严重挑战。人们开始重新审视"教育机会均等"理念下数十年的慷慨学生资助是否真的实现了教育机会均等，是否促进了社会公平。特别是在公平与效率争论激烈的今天，以往的慷慨资助往往被批评为效率低下，且不公平。有研究发现，免费高等教育和助学金在几乎所有的西方国家都没能显著提高工人阶级和贫困家庭子女的高等教育入学率。相关统计显示，在各国政府拨出巨额资金资助了大学生几十年以后，社会经济地位阶层不高的子女能够上大学的比例仍然很低，高等学校中他们仍是少数。英国工人子女的高等教育入学率仍在 22％～24％；法国的工人、农民在就业人口中所占的比例分别为 42％和 14％，而他们的子女中只有 6％和 3％的人获得了高等教育文凭。[①]

对以往学生资助制度的反思，引发了新的资助理念的产生，例如"选择自由""成本分担"等，其中"成本分担"原则影响最大。前面已经谈到，"成本分担"原则是一种新的学生资助理念，20 世纪 70 年代初由美国经济学家约翰斯通提出，80 年代后逐渐成熟。教育成本分担理论确定了教育成本在各类群体之间的合理分配，改变了以往政府财政在教育成本上负担过重的局面，引发了学生资助制度的变革。最为明显的改革倾向就是政府资助力度的减小，个人教育成本分担的增加，高等教育收费不再是一种少数现象，资助性质也发生了根本性的改变，无偿赠予性质的助学金急剧减少，贷学金比例急剧上升，资助资金来源多元化，资助形式也更加多样化。总之，现行的学生资助制度改革一方面需要减轻政府的财政负担，另一方面又要兼顾弱势群体子女的教育机会公平，实际上是要在效率与公平之间做一番痛苦的平衡。

---

① 张民选：《理想与抉择——大学生资助政策的国际比较》，66 页，北京，人民教育出版社，1998。

第二节　学生资助制度的国际比较

////////////////

　　第二次世界大战以后,各国的学生资助制度均有所发展,国情不同,其具体资助模式也会有所差异。概言之,世界范围内主要存在三种代表性较强的学生资助模式:第一种是"免费高等教育＋助学金资助模式",简称"助学金模式"(Tuition Free Grants),以英国和苏联为代表,包括世界上的前社会主义国家、德国等发达资本主义国家、非洲新兴的一些独立国家和一些富有的中东产油国,但英国模式与苏联模式之间仍有所不同。第二种是"收费＋贷学金模式"(Tuition with Loan Aid),采用这类资助模式的国家主要有日本、新加坡、拉美一些国家。第三种是"混合资助模式"(Mix-subsidization Model),以美国为代表,还包括加拿大、澳大利亚、新西兰等国家。除这三种主流模式外,以瑞典为代表的北欧国家一般采用"免费＋贷学金模式"(Tuition Free with Loan Aid),西班牙等南欧国家一般以间接资助为主。世界各国学生资助政策模式及变革趋势如图10-1所示。本节主要介绍和比较英国、日本、美国的学生资助政策模式。

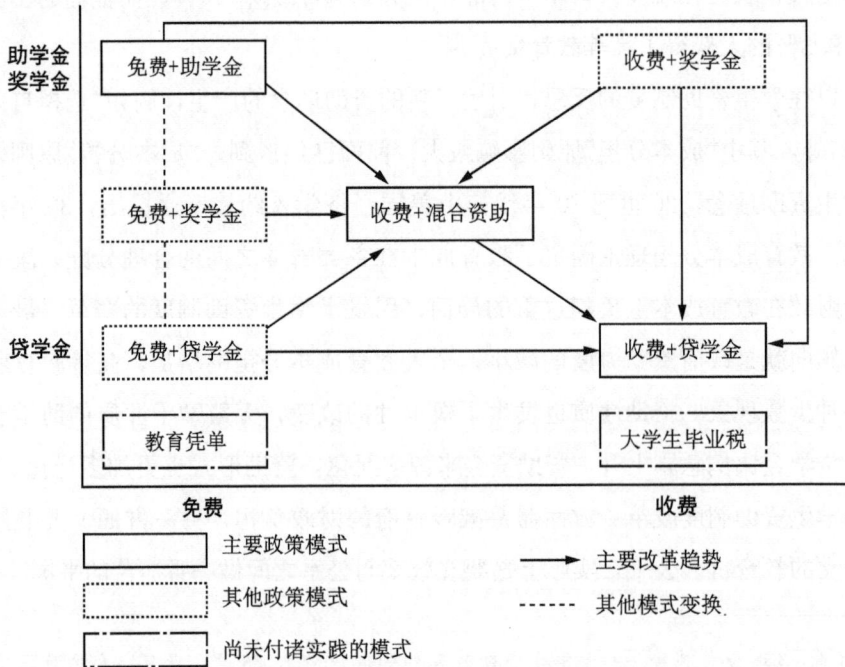

图10-1　20世纪70年代以来世界大学生资助政策模式的变革趋势

一、英国高等教育改革前后的资助模式

1. 英国高等教育资助制度改革

从资助政策变迁的角度来看，英国高等教育资助模式可划分三个阶段："免费＋助学金"阶段、"低学费＋助学贷款"阶段及"高等教育学费成本分担＋助学贷款"阶段。英国是实施"免费＋助学金"模式时间最长的发达国家。以 1902 年《教育法》的颁布为开端，直至 20 世纪 80 年代，英国对本国学生一直实行"免费＋助学金"的资助制度，学生无须承担高等教育的投入成本，同时能够获得政府给予的生活费资助。但随着新一轮世界范围内学生资助制度的改革以及英国政府本身面临财政危机，英国的资助模式也进入改革的旋涡之中。

1988 年公布的白皮书《有限贷学金方案》(The White Paper：Top-up Loans for Students)标志着原有的"免费＋助学金"资助模式逐渐被放弃。虽继续沿用免学费制度，但对以往全额资助的生活费部分改为提供生活费及实施生活贷款并行的制度。规定个人可以通过抵押贷款解决一半的生活费，另一半生活费由政府补助或由父母支付。免学费制度直至政府采纳《迪尔英报告》(The Dearing Report，1997)的建议正式宣告结束，英国开启高等教育收费制度改革。自 1998 年起，高校向学生收取每年 1000 英镑的统一标准学费，政府也取消了学生的生活费补助，建立起以未来收入为基础的贷款制度[1]，英国高等教育进入"低学费＋助学贷款"的资助模式阶段。学生的还款数额与未来收入挂钩，毕业后按工资收入的百分比(统一的比率)通过税收体系来收取。因此，未来收入低的学生还款数额低，而未来收入高的学生还款数额高，但不会超过所借贷款及其利息之和，一旦还款达到这个数目，就可终止还贷。这种以未来收入为基础的贷款仍是零利率的，政府的财政负担依然没有减轻。此外，高等教育入学率明显提升，政府公共财政支出压力不断增大，加之大学生作为高等教育受益者应分担高等教育成本这一观念被更多人认同，英国"低学费＋助学贷款"的模式需要做出相应的改变与调整。2003 年 1 月，《高等教育的未来白皮书》(A White Paper：The Future of Higher Education)出版。根据这份白皮书，2006 年后，高校可以根据自己的需要自由收取 0～3000 英镑的差额学费，这笔费用可以在学生毕业后以税收的形式通过毕业生支付体制来偿还(仍然是零利率)。此后，因金融危机对英国经济的冲击，2010 年英国议会采纳《确保英国高等教育的未来可持续发

---

[1] Dearing, R. "Higher Education in the Learning Society," London：The National Committee of Inquiry into Higher Education，1997，pp. 78-79.

展》建议，削减高等教育经费，提高大学学费上限，计划从 2012 年开始把大学学费上限由 3290 英镑提高到 9000 英镑。同时，为了促进教育机会公平，在实行高额学费的同时，为解决收费给不同利益群体带来的问题，英国政府和高校也建立了较为完备的资助体系。可以认为，自 2006 年起，英国高等教育学生资助制度实际上是按照成本分担理论的理念在进行操作。英国学生资助情况相关变化如表 10-1 所示。

表 10-1 1990 年以来英国学生资助政策变化

相关年份情况		生活费	学费
1998 年前		50%靠抵押贷款，50%靠政府或家长资助。	免费
1998—2006 年	贫困学生	100%靠以未来收入为基础的贷款。	免费
	富裕学生	25%靠父母承担，其余靠以未来收入为基础的贷款。	由父母承担 1000 英镑的学费。
2006—2012 年		学生生活费贷款额度上调至每年 7000 英镑，其中 40% 由政府无偿提供，60% 由学生毕业后分期偿还。	取消了前期缴费制度，演变为与收入挂钩的延期付款，高校可根据需要收取 3000 英镑以内的差额学费。
2012 年至今			高校可根据需要收取 9000 英镑以内的差额学费。

2. 资助的类型和对象

根据《安德逊报告》建议制定的英国《1962 年教育法》(Education Act of 1962)规定，英国的大学生资助分为两种：一种为"义务性资助"(Mandatory Awards)，指地方政府必须依法向所有符合法律规定者提供资助；另一种为"斟酌性资助"(Discretionary Awards)，指地方政府有权对个案进行研究并决定是否提供、提供多少的资助。不同性质的资助有着不同的资助对象。义务性资助的获得者必须是英国公民或者已经在英国居住至少 3 年的长期外国居民，接受义务性资助的学生必须是在政府认可和拨发教育经费的大学或其他院校中"学习指定课程的学生"。学生在其正常的大学学习年限以内都能够获得义务性资助，实际上英国绝大部分全日制大学生都能够获得义务性资助。伍德霍尔(Woodhall，1978)的研究结果表明，1969 年英国 90% 的大学生获得了义务性资助。[①] 斟酌性资助的授予对象是不符合义务性资助

① Woodhall，M. "Review of Student Support Schemes in Selected OECD Countries," Paris：OECD，1978.

资格的大学生，或者未满法定居住年限，或者所学课程短于两年，或者学习的不是全日制课程等。对于这些学生，地方政府可以酌情处理，决定资助学生部分学费、全部学费、部分生活费，甚至是全额资助。总体而言，英国是发达资本主义国家中学生受助比例最高的国家。

英国高等教育学生资助政策主要惠及全日制学生和非全日制学生。其中非全日制学生需要在一学年里学习与全日制学生同等的至少 25％ 的课程内容，即课程强度不低于 25％ 才能获得资助。① 针对全日制学生和非全日制学生的资助方式和资助力度也有很大差异。对于学费资助，全日制学生和非全日制学生均能享受，但资助力度不同；对于生活费贷款、助学金和特殊补助，则只有全日制学生才能享受。此外，学生是否有资格获得资助还取决于一些因素：所在的大学或学院、研修的课程内容、以前是否研修过高等教育课程、年龄、国籍或者居住身份。②

3. 资助的结构和强度

（1）学杂费资助。英国的学生资助一般由学费和生活费资助两部分构成，但直到第二次世界大战结束以前，英国的学费仍主要由学生自己缴纳，只有少数经济困难者经地方政府调查认定，由地方政府为学生向所在大学缴费。到1963年，这种状况得以彻底改变，所有有资格享受义务性资助的学生，学费完全由地方政府直接交给大学，学费资助的具体内容包括学费、注册费、考试费、毕业费、学生会会费和"其他强制性学习费用"。与苏联模式不同的是，政府不直接给学校拨款，而是根据学生入学数代学生向所在学校缴纳全部学杂费，这样有利于摆脱政府对于大学的过分控制，是"选择自由"资助理念的体现。由于政府缴纳了全部的学杂费，英国本国全日制本科生实际上都在享受"免费的高等教育"（Free Higher Education）。关于学费的资助强度，在全日制大学生内部，或在全日制和非全日制的大学生之间资助强度均不同。

（2）生活费资助。英国政府不仅向本国全日制大学生提供全部的学杂费，而且还提供高标准补助其生活的助学金。《安德鲁报告》要求政府向学生提供的助学金应该满足学生三方面的基本需要，包括基本食宿费用、书籍文具衣物费用、交通旅行费用，此外还提供免费的医疗服务和国民社会保险。生活费资助面向的是全日制英国

---

① Student Finance. "Part-time Student," https://www.gov.uk/student-finance/parttime-students, 2016-10-04.

② Student Finance. "Eligibility," https://www.gov.uk/student-finance/who-qualifies, 2016-10-04.

学生，非全日制学生、欧盟学生以及年龄超过 60 周岁的学生都没有资格申请。学生能够申请到生活费贷款的额度取决于家庭收入、居住地、学校所在地以及课程开始的时间，学生在最后一学年申请到生活费贷款的额度较低。另外，如果学生同时申请了生活补助金，那么其所能申请到的生活费贷款额度将会降低，且生活费贷款在课程结束之后需要偿还。

(3)助学金的发放步骤。英国助学金的发放主要分两部分进行：一部分为起码助学金，是向所有全日制本科大学生提供的助学金，不论贫富都可以获得。另一部分助学金主要是根据学生的经济状况发放的，需要首先测算出学生家庭的经济状况——主要是家庭上年剩余收入，然后根据学生家庭经济状况确定家庭应该分担的学生生活费，这样就可以确定第二部分助学金的发放金额。

步骤一：上年剩余收入＝上年总收入－购房分期付款－其他可扣除费用；

步骤二：由上年剩余收入对照相关标准确定家庭应分担的生活费，该标准由中央政府每三年公布一次；

步骤三：应获第二部分助学金＝地区标准生活费(或最高助学金标准)－家庭应负担生活费。

二、日本的收费与贷学金模式

日本是世界上较早实施高等教育资助政策的国家，也是国际上资助体系运行最为有效的国家之一。几十年来，日本在学生资助政策方面虽然不乏改革，但始终坚持以贷学金为政府资助的基本方式，长期实行上大学缴费、以贷学金为主要资助办法的学生资助政策，是典型的"收费＋贷学金资助模式"，这一资助模式成熟于 1984 年的学生资助制度改革以后。

1. 资助管理机构与贷学金类型

1943 年，日本成立了专门负责国家助学贷款管理机构的"日本育英基金会" (Japan Scholarship Foundation, JSF)，2004 年改名为"日本学生支援机构"(Japan Student Service Organization, JASSO)，主要负责高等教育助学贷款的运行实施，对获得贷款的学生进行指导，向学生提供咨询等工作，已有 80 多年的历史。由该会发放的资助称为"日本育英会奖学金"(JSF Scholarship)，或称为"日本育英贷学金" (Student Loan by JSF)，实质都是贷学金。其发放的贷学金有两种类型：第一种贷学金是不计利息的，主要供出身贫寒、经济困难、最需要资助的学生借贷，学生无须归还利息，每年可借贷 52 万～76 万日元；第二种贷学金是计利息的，选定基准更为宽泛、灵活，还款年利率可根据经济形势有所变动，被称为"21世纪希望计划奖学金"（Hope 21 Plan Scholarship），变动利息最高可达 3.0％，2003 年为 1.8％，并有四个档次可供选择，每年可借贷 36 万～120 万日元。

2. 借贷资金来源及构成

1984 年改革以后，日本育英会的贷学金的资金来源主要包括三部分：一是政府拨款，每年政府财政拨款约占资金总额的 40％；二是借贷资金的回收部分，由于对贷学金的管理回收效率较高，进入 20 世纪 90 年代以后，每年回收的资金约占资金总额的 40％；三是向其他机构借贷，主要是为了发放第二种有息贷学金，由育英基金会向日本大藏省财务投资与信贷机构贷款，然后再转贷给学生。

3. 育英基金会贷学金的发放与回收

育英贷学金的发放有一套完整的程序和管理制度，一般包括财政预算、预约申请或直接申请、院校调查与审核、育英会调查、批准并设立学生账户等程序，其中最重要的是贷学金的审核标准。第一标准是学生家庭经济状况，主要考虑居住地和求学地消费水平、家庭收入、家庭人口和其他特殊情况等因素；第二标准是学生品行，考查学生的进取心、意志、责任感、有无良知、个人信用等因素；第三标准是学生的学业成绩；第四标准是学生健康要求。严格而合理的审核标准使得日本贷学金的发放富有成效，保证了最需要资助群体能够获得主要的资助。日本文部省 1994年的《全日本学生生活调查报告》显示，平均各阶层有 20％的学生获得资助。在贷学金的归还方面，一般归还期限为 10 年，公立院校毕业生一般在 11 年内还清，私立院校一般 15 年还清，医科、研究生等资助较多者一般最长可以 20 年还清。可以一次还清，也可以以"一月""半年""一年"为单位分期付款。为保证资金有效回收，毕业生毕业前都要签署还贷保证人、还贷连带保证人证明书，签署借贷收据、还贷计划书，并建立了有效的法律保障制度。

4. 其他方面的资助

日本民间机构的学生资助规模也十分庞大。文部省公布的 1999 年育英奖现状调查表明，提供奖助贷学金的团体共有 1845 个，接受其资助的学生达 8 万人，资助总额达 316 亿日元。提供主体中有 53％为教育机关，37％为公益法人，21％为地方政府，23％为个人或其他，年生均获取金额大约为 33 万日元，其中大部分为贷学金性质。在大学学费减免方面，根据文部省学生生活调查（1996 年）估计，国立大学的学费减免率大约为 8％，私立大学则为 2％。虽然减免学费与大学设立奖助贷学金制度的普及程度较高，但实际获取比例和金额都不高。2001年文部省公布的学校法人经营状况调查报告指出，私立大学中能够减免学费的学生在432所高校中不足1万人，而在校生达192万人，获得大学设立的奖助贷学金的学生也不足5万人，可见获取比例较低。① 近年来，虽然日本公私立大学学费以及其他求学费用节节攀升，但整个学生资助水平仍然停留在20世纪90年代的水平，对大学生资助乏力的批评之声在日本国内日盛，日本学生资助政策同样面临艰难的抉择。

三、美国的混合资助模式

长期以来，美国政府实施的大学生资助政策是多种资助理念并存、多渠道资金并用、多种资助方案同时实施的混合型学生资助政策。虽然美国实行高等教育收费政策，且公立、私立高校收费标准高低有别，但包括奖学金、助学金、贷学金、工读等资助方式并存的混合学生资助模式却愈发成熟。尽管不乏各种改革调整，但基本上形成了一套相对稳定且有效的学生资助制度。

1. 多元化的资金来源和资助资金投向

体现多元资助理念的混合资助模式，反映在美国大学生资助的资金上，就是资金来源的多元化和资助资金投向的多元化。通过2011—2012年美国大学生资助来源结构图可以看出，美国目前的大学生资助资金来源多元化，大致可以分为四个板块，即联邦政府资金、州政府资金、高等院校资金以及其他慈善团体资金(私人部门/雇主资金)。② 2014年，美国联邦政府承担了资助金额的70%，高等院校承担约20%，私人部门与雇主承担约10%，而州政府承担不到1%。③ 与2003年相比，联邦政府资助比例提高了5%，而州政府资助比例则下降了5%。2003年美国学生资助金来源结构如图10-2所示。由此可见，美国联邦政府提供的资助最多，在学生资助事业中占主导地位；相比之下，美国各州政府提供的资助金额却很少，这与各州将大量高等教育经费投入公立大学的日常经费和基建经费中有关；各高等院校投入的资助金额规模仅次于联邦政府，约占资助总额的五分之一，当然这也与争夺优秀生源和学费政策有关；另外，来自美国民间其他各类慈善团体如私人部门与雇主的捐助资金

① ［日］小林雅之：《学生资助和高等教育机会均等(续2)——对中日美3国的比较分析》，载《教育与经济》，2006(2)。
② Trends in Student Aid 2012, Trends in Higher Education Series—The College Board[R/OL]. http://trends.collegeboard.org/sites/default/files/student-aid-2012-full-report-130201.pdf, 2016-10-04.
③ Trends in Student Aid 2015, Trends in Higher Education Series—The College Board[R/OL]. http://trends.collegeboard.org/sites/default/files/trends-student-aid-web-final-508-2.pdf, 2016-10-04.

也有一定规模。在资助资金的投向上，主要投向贷学金、助学金、工读以及奖学金项目。受"成本分担"等新的资助理念以及学生资助制度改革的影响，美国的资助结构也发生了较大变化，如图 10-3 所示。

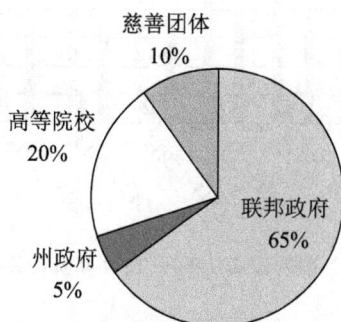

图 10-2　2003 年美国学生资助金来源结构

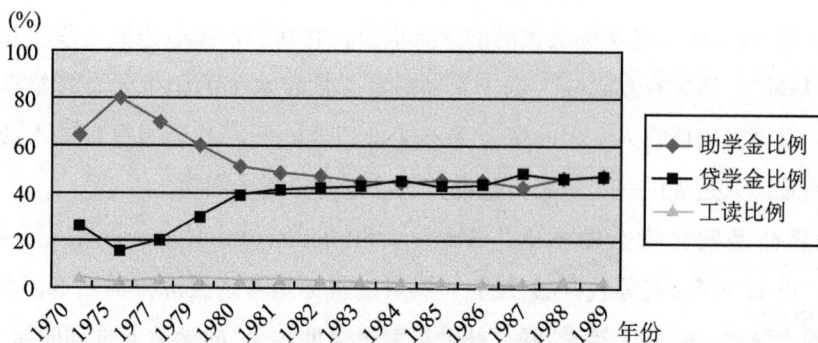

图 10-3　美国联邦政府资助的结构变化

1970—1989 年，贷学金和助学金在整个资助结构中所占的比例发生改变，美国的贷学金在总资助中所占比例呈上升趋势，而原来占绝对多数的助学金比例却呈下降趋势。1990—2009 年，贷学金的比例约为 60%，包括奖学金、助学金在内的赠予型资助只有大约 40%，而 2009 年之后，这一比例在 50%～55%。从近十几年的数据可以看出，联邦政府资助总金额增长幅度逐渐放缓，2011—2014 年甚至呈下降趋势；贷学金和助学金的变化趋势整体与联邦政府资助总金额变化保持一致，其中贷学金占总资助的比例要高于助学金比例；教育税收优惠资金也在迅速上升之后趋于平缓。相比之下，工读资金变化较小，如图 10-4 所示。

2. 多样化的资助方案

美国 50 多个州、3000 多所高校的具体学生资助方案和项目不计其数、多种多样，这里仅介绍美国联邦政府的几种主要资助项目，包括助学金方案、贷学金方案、

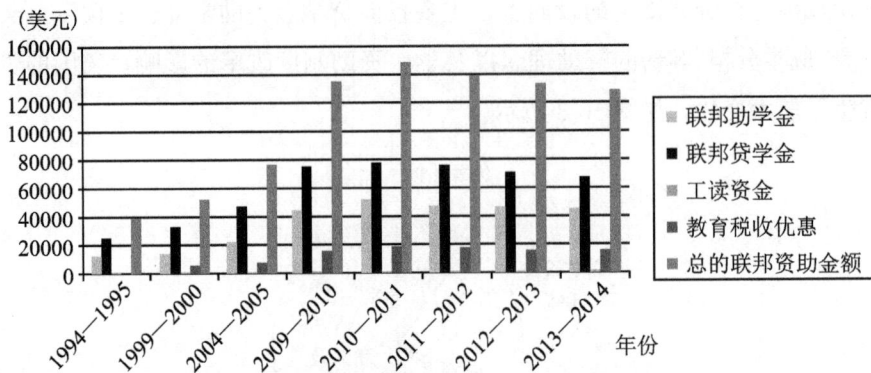

图 10-4　联邦政府 1994—2014 年资助结构变化

校园工读方案、奖学金方案。

（1）助学金方案。"佩尔助学金"（The Federal Pell Grant），是由 1972 年《高等教育法修正案》设立的，是美国最大的助学金项目，它旨在向低收入家庭学生提供一个资助的"基础"，即只有家庭收入低于联邦教育部规定水平的学生才有资格获得这项助学金，但提供给低收入学生的资金并不能抵消他们所需的全部教育成本或解决全部经济困难，只是提供一个基础，帮助其解决一部分资金问题。

"联邦补助教育机会助学金"（Federal Supplemental Educational Opportunity Grant），由 1965 年《高等教育法》设立，其资助目标是那些经济特别困难、家庭做贡献最低的大学生。每一个接受"联邦补助教育机会助学金"的学生通常同时接受"佩尔助学金"。联邦教育部保证每一个符合条件的学生都获得"佩尔助学金"，但并不保证所有符合条件的"特别困难的学生"都获得"联邦补助教育机会助学金"。"联邦补助教育机会助学金"目前的资助数额为每年 100～4000 美元。

（2）贷学金方案。"联邦帕金斯贷学金"（Federal Perkins Loan，PFL），最初是由 1958 年《国防教育法》确定的，原名为"国防贷学金"（The National Defense and National Direct Student Loan），目的是为了国家利益，资助贫困学生，造就国家所需要的专业人才。资助对象是家庭经济状况最低下的学生，其特点是利息率低（现年利率为 5%），有弹性的还贷条件。

"联邦斯泰福贷学金"（Federal Stafford Loan，PSL），由 1965 年《高等教育法》设立，原名为"国家担保贷学金"（Guaranteed Student Loans），是美国最大的大学生资助项目，其资助对象是有经济资助需要的学生，比"特别困难""家庭经济状况最低下"的对象更加宽泛。所有认为需要资助的学生都能申请，并都有可能获得。该项目利用商业银行系统将钱贷给学生，由各州的教育担保机构代表政府担保。"联邦斯泰福贷学金"提供两种贷学金：一种是贴息贷学金，它以学生的家庭经济状况为依据，在学生开始还贷和延期还贷期间，学生不必付利息，而由联邦政府付息；另一种是无贴息贷学金，从贷学金借贷开始直到还完所有的贷学金期间学生都要付息。

"联邦学生家长贷学金"（Federal PLUS Loan），由 1980 年《高等教育法修正案》设立，由政府担保，凡是有子女在大学学习并有良好银行借贷记录的家长，都可以向参加此项目的商业银行申请借贷，其利息每年不同，但政府规定利率不得超过9%，属于市场优惠利率贷款。每年借贷的最高额是"学生的教育成本减去家长应该能够支付的费用后仍然缺少的资金数"。

"联邦直接学生贷学金"（Federal Direct Student Loan），是 1994 年 7 月才开始实施的，联邦教育部是这一贷学金的借贷人。根据规定，联邦教育部每年拨款至部分大学，学生从大学得到贷学金，毕业后直接将款项交还给联邦教育部。这项贷学金的借贷条件与"联邦斯泰福贷学金"相似，也包括贴息与无贴息贷学金。

（3）校园工读方案。"工读方案"（Federal Work-study Program），起初由 1964 年《经济机会法》设立，1965 年《高等教育法》颁布后由教育部管理，政府资助金大大增加。方案规定大学生由学校安排，在学校、政府以及私立非营利性机构从事公益性工作，可获得"工读方案"提供的工资，还规定其最低工资不得低于美国"最低工资标准"，即每小时不得低于 4.5 美元。

"国家服务信托法案"（National Service Trust Act），是克林顿政府在 1993 年推出的一个鼓励学生参加社会服务、获得报酬、克服经济困难的方案。具体操作办法是：每个学生在 4 年中可以参加 1700 小时社区服务，获得 4725 美元的工资、至少7400 美元的生活津贴和其他津贴。

（4）奖学金方案。美国中央财政资助体系中有三大主要奖学金计划：一是"罗伯特·伯德荣誉奖学金计划"（Robert C. Byrd Honors Scholarship Program），奖励学业杰出且有发展前途的优秀生，每年 1500 美元，可持续 4 年，每个州不少于 10 个名额；二是"全国科学奖学金计划"（National Science Scholars Program），奖励那些在中学期间在物理、生命科学、工程等领域显示出杰出成绩和才能且又在大学中继续学习这些专业的学生，每个国会议员区设 2 个名额，最高奖学金可达一年 5000 美元；三是"保尔·道格拉斯教师奖学金计划"（Paul Douglas Teacher Scholarship Program），获奖者必须是所在班级中的前 10 名且在毕业后从事教师职业者，另一条件是获一年奖学金一般要在教师岗位上服务两年，奖学金金额最高为 5000 美元。

3. "资助包"式实施方案

所谓"资助包"（又称"一揽子资助"，Financial Aid Package）是指把提供给学生的全部资助，即把所有的联邦政府的、非联邦政府的各种资助，如奖学金、助学金、贷学金、校园工读混合成一个"包"，以便协同帮助学生解决困难。① 其核心是大学通过规范合理的配置，使每个学生都能够获得与其困难程度相称的经济资助。1965年《高等教育法》颁布以后，美国国会制定了更为权威的配置"资助包"的"国会方法"（The Congress Method），以便更好地计算每个学生应该获得多少资助。此方法包括以下几个核心步骤。

步骤一：有经济资助需要的学生填写《联邦大学生资助自由申请》（The Free Application for Federal Student Aid，FAFSA）。表格中包括学生家庭收入、意欲申请的学校等多方面的个人信息。

步骤二：计算学生的"上学成本"（Cost of Attendance）。学生的"上学成本"由学校公布，主要考虑五项指标，计算公式是：上学成本＝学费与杂费＋书费文具＋食宿费＋交通费＋其他个人生活费用。因学生就读的学校不同，其"上学成本"也有所不同。

步骤三：计算学生"家庭应做贡献"（Expected Family Contribution，EFC）。学生"家庭应做贡献"，即家长应该为子女上大学承担多少经济责任，由家庭收入、家庭财产积蓄、家庭人口、家庭成员健康状况等因素综合决定。其计算公式是由法律规定的：家庭应做贡献＝（家庭收入＋财产＋学生个人积蓄）－（平均生活开支×人口）。由于计算比较复杂，大学委员会核算出美国各地区的参考标准，高等院校和学生家庭都可以根据这个标准来估算。

步骤四：计算学生的"经济资助需求"（Financial Need）。学生的"经济资助需求"，即学生应得资助金额。每所学校的大学生资助负责人利用《学生资助报告》（The Student Aid Report，SAR)的信息，用学生的"上学成本"减去学生的家庭预期贡献、联邦佩尔助学金额以及学生从其他途径获得的资助数额，从而形成一个大学生"资助包"，依据"资助包"确定学生资助的类型和数额。其计算公式是：经济资助需要＝上学成本－学生家庭应做贡献－联邦佩尔助学金额－学生从其他途径获得的资助数额。

步骤五：按学校公布的"资助包"、基本配比标准和学生经济状况向学生提供混

---

① U. S. Department of Education. The Student Guide：Financial Aid from the U. S. Department of Education，1993—1994，Washington D. C. ，1993.

合资助，并报告其他资助且及时进行资助调整。如果发现学生隐瞒其他途径获得的资助，就有可能取消其全部资助资金。

总之，美国的混合资助模式相对成熟且富有效率，其"资助包"和"国会方法"虽是具体操作问题，但却是美国混合学生资助政策得以实施和继续的关键，相关举措值得进一步探究。

四、学费与资助政策变化的世界对比

根据学费的高低以及资助的强弱，可以将两者之间的关系划分为四种不同的组合模式，分别是：高学费/高资助政策、高学费/低资助政策、低学费/高资助政策和低学费/低资助政策，如图 10-5 所示。①

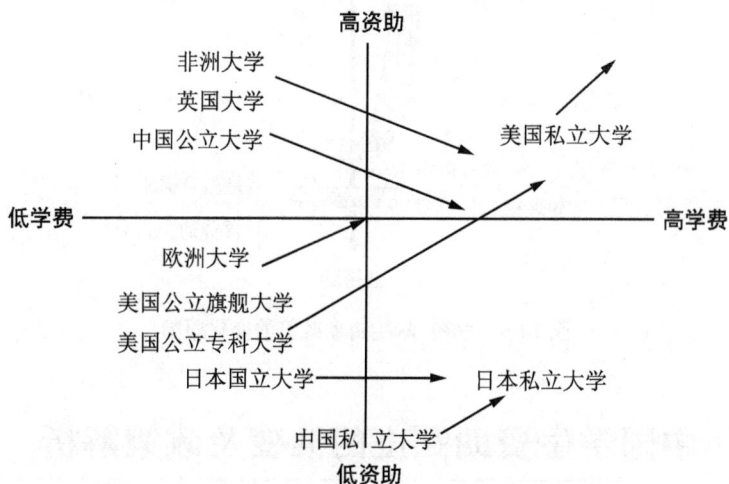

图 10-5　世界各国学费和学生资助动向

从图 10-5 中可以看出，近代大学多为公立大学，国家几乎承担了所有教育费用，因此传统上各国的公立大学大多采用低学费/高资助或者低学费/低资助政策，只有少数私立大学采用高学费/高资助（如美国私立大学）或高学费/低资助政策（如日本私立大学）。

随着资助理念的变化特别是教育成本分担原则的提出以及高等教育财政状况的日益紧张，各国纷纷变革自身的学费与资助政策，英国大学、中国公立大学、非洲大学以及美国公立大学都纷纷向高学费/高资助政策模式转变，日本国立大学、中国

① 图 10-5 及图 10-6 转引自［日］小林雅之：《学生资助和高等教育机会均等——对中日美 3 国的比较分析》，载《教育与经济》，2005(3)。

私立大学也向高学费/低资助政策靠拢,欧洲大学则相对折中,寻求一种学费与资助较为均衡的政策模式。这一系列政策变化的集中趋势是低学费向高学费政策的转变,高等教育收费趋势日益明显。究其变化的原因,一是成本分担理论要求学生个人和家庭承担更大比例的高等教育成本;二是为了缓解日益紧张的高等教育财政和高校经费短缺的状况;三是高等教育大众化带来人才培养理念的变革。具体来看,各种模式之间相互转换的原因更为复杂,图10-6中列举了其中主要的几种原因。

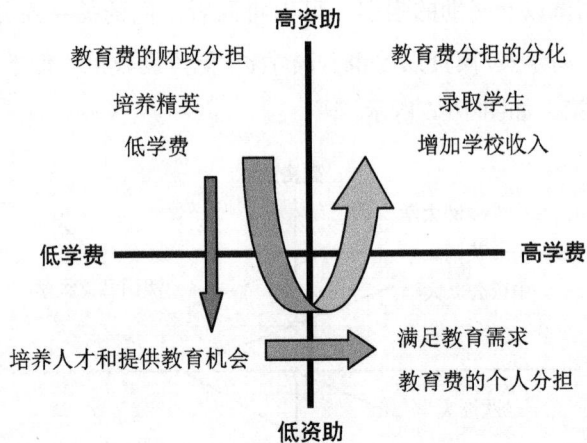

图 10-6 学费/学生资助政策的变化原因

第三节 中国学生资助制度的演变及政策解析

我国是一个有着学生资助传统的国家,学生资助制度在古代就已有之。新中国成立后,政府对大学生的资助政策从"免费＋人民助学金"到以奖学金为主,再到"奖、贷、补、助、减"的多元混合资助体系,表明对大学生的资助政策日益完善。在资助对象上,由普遍性资助转变为选择性资助;在资助内容上,一套多元混合资助体系已经形成;在资助方式上,政府的投入逐渐加大,中央政府、地方政府、金融机构、高校等各方的责任分担也日渐清晰。

一、新中国成立后的学生资助制度变迁

新中国成立以后,我国的教育事业得到了极大的发展,学生资助制度也得到了进一步的发展和完善,同时随着改革开放以来国家对于社会政治经济体制改革的日益深入,我国的学生资助制度也在不断的改革调整之中。概括起来,我国的学生资

助政策主要经历了"人民助学金"时期与持续至今的"改革探索"时期，其中"改革探索"时期又分为"奖学金与人民助学金并存"阶段、"奖学金与贷学金并存"阶段以及现在的"多元混合资助模式"阶段。

1. 人民助学金及其调整时期（1952—1982 年）

我国"免费＋人民助学金"的学生资助政策一共实施了 30 年，它最早确立于 1952 年，后来又经历了 1955 年、1964 年等几次调整。1952 年 7 月 8 日，政务院颁布了《关于调整全国高等学校及中等学校学生人民助学金的通知》，在学生资助方面明确规定："现在为了积极改进青年学生健康状况，并逐步统一学生待遇标准，决定将全国高等学校及中等学校学生的公费制一律改为人民助学金制，并对原有人民助学金的标准做适当的调整。"通知还进一步规定了人民助学金等级的评定，各地区、同类学校均享受一致待遇，不允许有特殊情况的产生。人民助学金的标准则是由教育部统一颁布执行的。7 月 23 日，教育部发出了《关于调整全国各类学校教职工工资及助学金标准的通知》，在助学金制度方面也明确做出如下规定："在废除学费的前提下，将全国各高等学校及中等学校学生的公费制一律改为人民助学金。"这两个通知的发布，标志着"免费上大学＋人民助学金"的学生资助制度在全国范围内的确立。

1955 年 2 月，高等教育部与教育部联合发布了《关于制发高等学校一般人民助学金分地区标准的通知》，该通知详细地区分出不同地区经济与人民生活水平，将全国划为 10 类地区来发放人民助学金，对农村、老少边穷地区、城镇困难家庭等都制定了资助标准与具体实施方法。同年 8 月 22 日高等教育部颁发了《全国高等学校一般学生人民助学金实施办法的指示》，肯定了人民助学金制度的重要作用，"对保证完成国家培养建设人才的任务，特别是对培养工农家庭出身的学生，起到了一定的物质保证作用"。规定从 1955 年 10 月起，除高等师范院校学生外，人民助学金的范围从全体学生缩小到部分学生，家庭富裕能自费者，不发助学金，能自费半数或三分之一伙食费者，发给所缺部分，完全无力承担者，发给全部伙食费。经济特殊困难的学生的其他费用，许可另外申请补助。由此可见，1955 年的调整，主要是围绕人民助学金发放地区、学生资助范围与标准而展开的。

1964 年，人民助学金的调整主要是提高助学金标准与扩大受资助学生的比例。鉴于国民经济状况有所好转，人民生活水平有所提高，高等教育部《关于提高高等学校学生伙食标准和相应提高助学金补助比例的请示报告》得到中共中央批准。因此，从 1964 年 4 月起，高等学校的伙食费每人每月增加了 3 元。从 5 月起，非师范类的普通高校学生人民助学金的比例由 70% 提高到 75%，再加上师范生和民族院校的学生，普通高校学生的受资助比例已在 80% 以上。

1966 年开始的"文化大革命"中断了我国高等教育事业的正常发展，相应地，人民助学金制度基本上也被中断，1970 年招收的工农兵大学生是特殊阶段的产物，给他们的助学金待遇反映了这一时期人民助学金的大致情况：高等学校录取的学员，工龄满 5 年的，由原单位发给学员扣除学校除伙食费、津贴费的工龄工资；未满 5 年的，入学后按各地标准，仅由学校发给学员伙食费和津贴费。1977 年恢复高考和大学招生工作，教育部、财政部在 12 月公布了"文化大革命"后的第一个高校学生资助办法，规定工龄满 5 年的国家职工考入高等学校后，原单位照发工资，一切费用自理，一般学生实行人民助学金制度。这一办法从它的内涵和基本精神而言，实际上已基本恢复了"文化大革命"前的人民助学金制度。此后，此办法一直贯彻实施到 1982 年，其间没有较大的变动。

2. 奖学金与人民助学金并存阶段(1983—1986 年)

1983 年 7 月 11 日，教育部与财政部联合出台《普通高等学校本、专科学生人民助学金暂行办法》与《普通高等学校本、专科学生人民奖学金试行办法》两个文件，主要内容是将原来面向 75% 的非师范学生发放的人民奖学金降为面向 60% 的学生发放，同时设立人民奖学金，对学生的助学金逐步改为以奖学金为主。1985 年《中共中央关于教育体制改革的决定》以及随后原国家教委①的相关文件，规定了关于"委培生"与"自费生"的缴费标准，高等教育中开始出现收费教育。这一阶段的高校学生资助制度，尽管在某种程度上基本还是沿袭了人民助学金制度，但缩小了人民助学金资助范围，标志着这一阶段的人民助学金制度走向式微，也打破国家一刀切的资助惯例。例如在《普通高等学校本、专科学生人民助学金暂行办法》中，将人民助学金的标准分为三类：一般人民助学金和两种不同连续工龄的国家职工学生人民助学金。同时打破了我国原有高校学生资助制度的单一模式，增加了人民奖学金制度，尽管其比例在当时的条件下还非常小，但这一改革是我国高校学生资助制度改革进程中的重大一步，对转变人们的思想观念、促进我国高等教育体制的更新具有非常重要的意义。1986 年，国家教委与财政部发文取消了这一延续 30 多年的人民助学金制度，代之以奖学金与学生贷款制度。

---

① 1949 年 10 月我国成立了教育部，1952 年 11 月增设高等教育部，1958 年高等教育部与教育部合并为教育部，1985 年国家教委成立，1998 年国家教委改称教育部——笔者注。

3. 奖学金与贷学金并存阶段(1987—1989 年)

1987 年 7 月，国家教委和财政部提出高等学校学生资助改革报告，并根据国务院精神正式发布了《普通高等学校本、专科学生实行贷款制度的办法》和《普通高等学校本、专科学生实行奖学金制度的办法》，决定在 1987 年入学的本科高等院校的新生中全面实行，要求学校建立奖学金和学生贷款基金，其来源是从主管部门拨给高等院校的经费中，按原助学金标准计算的总额 80%～85%转入奖贷基金账户。奖学金分为三类：一是优秀奖学金，二是专业奖学金，三是定向奖学金。优秀奖学金用于奖励德、智、体等全面发展的优秀学生；专业奖学金用于奖励考入师范、农林、体育、民族等专业的学生；定向奖学金用于奖励立志毕业后到边疆、经济困难地区和艰苦行业工作的学生。学生贷款则主要是为了帮助部分确有经济困难、不能部分或全部解决在校学习期间费用的学生。

4. "奖、贷、助、补、减"多元混合资助体系初步形成期(1989—2002 年)

1989 年国家教委、国家物价局和财政部联合颁布"教财字〔89〕032 号"文件，宣布对"按国家计划招收的学生(除师范生等)收取学杂费和住宿费"，至此，我国"免费上大学"的政策被放弃。1993 年 7 月 26 日，国家教委与财政部联合发出《关于对高等学校生活特别困难学生进行资助的通知》，认为"当前许多高等学校都程度不同地有一些生活特别困难的学生(简称'特困生')，他们大部分来自农村和边远贫困地区，家庭经济困难。随着粮油等价格的放开和物价上涨，他们的学习和生活更加困难"。为了解决"特困生"问题，要求各地予以足够的重视和关心。立足于这一点，国家教委在"教财〔1993〕51 号"文件中要求各高校为在校月收入(包括奖学金和各种补贴)低于学校所在地区居民的平均最低生活水准线的"特困生"设立"特困补助"，定期和不定期发放"特困补助"，直接资助以解决贫困生的生活开支问题。1994 年国家教委发布《关于普通高等学校设立勤工俭学助学基金的通知》，要求各普通高校设立勤工助学基金。与此同时，中央财政向国家教委主管的 36 所高校拨专款作为勤工助学基金的启动经费，中央各部委与各省、市、自治区也相应拨专款给下属高校作为这一资助行为的启动经费。到 1995 年，各地都增加了这一投入，各高校也为贫困生提供了相应岗位。1995 年 4 月 10 日，国家教委又发布文件，即《关于普通高等学校经济困难学生减免学杂费有关事项的通知》，明确规定从 1995 年 9 月 1 日起，在收取学杂费的普通高等院校中，对困难学生实行减免学杂费政策。该文件还提出"减免学杂费是资助困难学生接受高等教育的一项重要措施"，其目的是"保证困难学生不因经济困难而失学"。

1999年高校开始大扩招，贫困生人数随着在校大学生人数的迅猛增加而相应上升，原有的大学生资助制度明显不能适应高校的发展需要。高校国家助学贷款制度顺势而生。1999年9月，中国人民银行、教育部、财政部联合发布《关于国家助学贷款管理规定(试行)》，标志着我国助学贷款制度的诞生。随后，为了保障被录取的经济困难学生能按时入学，2000年，教育部、财政部、国家发展和改革委联合对各高校做出必须建立"绿色通道"的要求，对被录取的经济困难的新生，一律先办理入学手续，然后再根据核实后的情况采取不同的资助措施。2000年8月，国务院办公厅转发了中国人民银行等部门《关于助学贷款管理补充意见的通知》和《中国人民银行助学贷款管理办法》的通知，将国家助学贷款的范围扩大到全体学生，贷款方式也从担保贷款转为个人信用贷款。2002年2月，中国人民银行、教育部、财政部下发了《关于切实推进国家助学贷款工作的有关问题的通知》，实行"四定""三考核"的办法，原有的国家助学贷款政策得以进一步完善。接着，为帮助家庭经济困难的普通高校学生顺利完成学业，2002年5月，教育部和财政部颁发《国家奖学金管理办法》，对国家奖学金设立的目的、内容、管理办法、申请和评审程序等做出了明确规定。至此，我国高校"奖、贷、助、补、减"的多元资助体系初步形成。

5. "奖、贷、助、补、减"多元混合资助体系健全完善期(2003年至今)

为了确保家庭经济困难学生能够上得起大学，党的十六大以后，政府加快了健全家庭经济困难学生资助政策体系的步伐。2004年6月，国务院办公厅转发了教育部、财政部等《关于进一步完善国家助学贷款工作若干意见的通知》，进一步理顺了国家、高校、学生和银行之间的关系。2005年，国家将国家助学金与国家奖学金合称为"国家助学奖学金"。2007年5月，国务院颁发了《关于建立健全普通本科高校、高等职业学校和中等职业学校家庭经济困难学生资助政策体系的意见》，明确提出建立以政府为主导的家庭经济困难学生资助政策体系，文件指出："加大财政投入，落实各项助学政策，扩大受助学生比例，提高资助水平，从制度上基本解决家庭经济困难学生的就学问题。"为了完善这一资助政策，2007年6月财政部和教育部接连发布了五个关于国家奖助学金管理和家庭经济困难学生认定的文件。同时，为了帮助更多学习成绩优异的学生完成学业，我国在原有的国家奖学金和国家助学金基础上，在普通本科高校和高等职业学校本专科在校生中新设了国家励志奖学金。这在很大程度上激励了家庭经济困难学生，使他们勤奋学习、努力进取，在德、智、体、美等方面全面发展。2007 年 5 月，国务院办公厅转发教育部等部门关于《教育部直属师范大学师范生免费教育实施办法》，规定在 6 所部属师范大学实行师范生免费教育。2007 年秋季在甘肃、江苏、湖北、重庆、陕西 5 个试点省市开办生源地信用助学贷款业务，随后生源地信用助学贷款政策在全国全面推广。各高校在积极落实国家资助政策的同时，结合学校实际，以勤工助学为主要手段资助困难学生，还通过社会组织和个人捐赠等方式设立了各种奖学金、助学金，对家庭经济困难学生进行资助。于是，一个以政府为主、学校为辅、社会广泛参与的家庭经济困难学生多元混合资助体系已经健全。

从新中国成立后学生资助制度发展演变的五个阶段中，我们可以清晰地看到其发展脉络，从平均主义的公费制以及人民助学金制度，到一定程度上的鼓励先进的人民奖学金制度，到奖励优秀、鼓励从事艰苦行业与有偿使用相结合的奖学金与贷学金并存制度，再到"奖、贷、补、助、减"五位一体的多元资助模式的形成，体现了整个教育事业的发展与观念的更新。尽管在这一发展过程中经历了一些曲折与失误，但是这一历史的嬗变符合整个世界范围内的学生资助制度的变革潮流，预示着我国高校学生资助制度变迁的必然趋势。

二、中国现行的高校学生资助政策解析

经过国家、社会、学校等各方面的共同努力，我国已经建立了一个相对完善的"奖、贷、助、补、减"多元资助政策体系，这在一定程度上缓解了家长支持子女上大学在经济方面的矛盾，减轻了家庭经济困难学生在学习期间的顾虑与压力。

"奖"主要针对品学兼优的学生，有国家奖学金、国家励志奖学金、学校奖学金以及社会资助类奖学金。它具有两个功能，一个是激励功能，另一个是资助功能。2002 年，我国设立了国家奖学金。2007 年，又设立了国家励志奖学金。校奖学金是学校每年从办学经费中拿出一部分来奖励品学兼优的学生。社会资助类奖学金是指企事业单位、社会人员以及校友捐赠给学校一部分经费来表彰鼓励优秀学生。

"贷"是指国家通过金融手段帮助家庭经济困难的高等学校学生顺利完成学业而建立的尝试性贷款措施，包括国家助学贷款、生源地信用助学贷款、商业助学贷款和贷学金政策。国家助学贷款制度于 1998 年出台，2000 年在全国全面展开。生源地信用助学贷款是指国家开发银行向符合条件的家庭经济困难的高校学生发放的、在学生入学前户籍所在县(市、区)办理的助学贷款。商业助学贷款是商业银行对正在接受非义务教育的学生或其直系家属或法定监护人发放的商业性贷款。贷学金政策

指学校每年从办学经费中划出一部分用来资助在校贫困大学生，学生在毕业时需要还贷的政策，一般来说无息，并且如果学生在校表现良好，还贷时可适当减免，如果学生在校期间获得国家、省、市级或校级荣誉，会减免更多，此举能够很好地激励学生。

"助"是指政府和学校为了帮助家庭经济困难的学生顺利完成学业，对学生实行无偿资助的措施，主要有国家助学金、社会资助类助学金和学校的勤工助学。学校的勤工助学是指学校在科研、管理、后勤及校园环境维护等方面为经济困难学生设立助学、助研和助管岗位，帮助他们通过从事不同形式的勤工助学活动，获得一定报酬，贴补其在学习期间的一些开支，改善他们的经济状况。它是大学生自立自强、走向社会的重要途径，是已经被社会广泛认可的助学措施。

补助类的资助项目大体有对服兵役在校大学生的补助、对自愿去基层服务大学生的补助以及在校学生的特殊困难补助。"减"是国家对部分确因经济条件所限而交纳学费有困难的学生，特别是其中的孤残学生、少数民族及烈士子女、优抚家庭子女等实行减收或免收学费的政策，另外还包括免费师范生教育。

国家各种教育资助政策从建立到健全，是一个逐步完善的过程，并反映了国家资助政策理念的变化。以下从资助对象、资助内容和资金来源三个方面对高校学生资助政策进行分析。

1. 资助对象

从资助对象来看，教育资助包括普遍性资助和选择性资助。新中国成立后对大学生实行的"免费＋人民助学金"制即属普遍性资助，即所有大学生都免交学费并获得助学金。另一类是选择性的，根据某些标准进行资助，如对优秀学生的奖学金、对家庭经济困难学生的助学金。"免费＋人民助学金"的普遍性资助，使得最贫穷家庭的孩子也不会因为经济原因而上不起大学，但由于经济、教育发展的落后，实际享受免费高等教育的人很少。随着高等教育的发展与扩张，国家已无力对所有大学生实施这种普遍性的资助政策。伴随着社会主义市场经济体制的建立和教育领域内的市场化改革，普遍性资助逐渐为选择性资助所替代，在高等教育普遍收费的同时，教育资助面向一些满足特殊条件的群体如优秀生、贫困生。

选择性资助一般要进行"贫困"与"优秀"的权衡。① 国家对贫困生的资助主要考

---

① 余秀兰：《60年的探索：建国以来我国大学生资助政策探析》，载《北京大学教育评论》，2010(1)。

虑学生及其家庭的经济状况，同时也兼顾学生的学习、品德情况。在很长一段时期内，奖学金和助学金不分，奖优和助困标准常常是融合在一起的。2007 年国家新的资助体系中，奖助学金分为国家奖学金、国家励志奖学金、国家助学金。对奖学金和助学金进行了更清晰的区分，其中国家奖学金只奖优，不再有贫困方面的要求；国家助学金主要是助困，但仍要求"勤奋学习，积极上进"；国家励志奖学金则既奖优又助困，其资助对象是高校全日制本、专科学生中"品学兼优的家庭经济困难学生"。

2. 资助内容

从资助内容看，我国对家庭经济困难学生提供的主要是经济资助（包括直接经济资助与间接经济资助），也有非经济资助。

(1)直接经济资助。我国政府向贫困生提供的助学金、困难补助、贷款等与向优秀生提供的奖学金，都属于直接经济资助。对贫困学生实行的减免学费政策，从某种程度上看，也是一种直接经济资助。

(2)间接经济资助。不直接提供现金，而以其他形式提供间接经济资助。勤工助学，即为贫困学生设置勤工俭学岗位，以支付报酬的形式资助经济困难学生，是一种典型的间接经济资助。国家助学贷款代偿制度也是一种间接经济资助。从 2006 年起，在中央部门所属全日制普通高校学习期间获得国家助学贷款的应届毕业生，自愿到西部地区和艰苦边远地区基层单位县以下从事第一线工作，服务期在 3 年以上（含 3 年）的，其在校学习期间的国家助学贷款本金及其全部偿还之前产生的利息，由中央财政代为偿还。另外，我国自 2007 年实施的师范生免费教育也是一种间接经济资助，因为免费是以履行一定服务为条件的，即享受师范生免费教育的学生毕业后，一般回生源所在省份中小学任教，并从事中小学教育 10 年以上。到城镇学校工作的免费师范毕业生，应先到农村义务教育学校任教服务两年。

(3)非经济资助。非经济资助指为学生提供一些权利与机会。为经济困难学生设置绿色通道就是一种非经济资助。为保证家庭经济困难学生顺利入学，国家规定各公办全日制普通高等学校必须建立"绿色通道"制度，即对被录取入学、家庭经济困难的新生，学校一律先办理入学手续，然后再根据核实后的情况分别采取不同办法给予资助。

根据教育部 2015 年中国学生资助发展报告，2015 年各类奖学金共奖励全国普通高校学生 820.74 万人次，奖励金额达 178.66 亿元，占高校资助总额的 21.07%。各类助学金共资助全国普通高校学生 1073.30 万人次,资助金额达 284.83 亿元,占高校资助总额的 33.59%。全国发放国家助学贷款 332.57 万人,发放金额达 219.86 亿元,占高校资助总额的 25.93%,其中,发放生源地信用助学贷款 299.45 万人,发放金额达 198.23 亿元,国家财政为国家助学贷款支付贴息 26.087 亿元,惠及 315.29 万在校学生。另外还包括,全国高校学生应征入伍服义务兵役享受国家资助 11.11 万人,资助金额达 14.07 亿元;全国高校学生赴基层就业享受学费补偿贷款代偿 6.64 万人,资助金额达 6.51 亿元;中央部属 6 所师范院校及部分地方师范院校师范生免费与补助资助 9.92 万人,资助金额达 5.59 亿元等。

3. 资金来源

从资助资金来源看,对贫困生资助的经费主要来自政府、金融机构、高校及社会捐赠。

首先,政府是资助经费的重要来源。在实行"免费+人民助学金"制的时期,经费来源自然是政府。此后的专业奖学金、国家奖学金、国家助学金等也主要是政府承担,如 2002 年和 2005 年的国家奖助学金政策明确规定经费由中央财政承担;2007 年实施的新的资助体系中,国家奖学金由中央财政承担,国家助学金和励志奖学金由中央和地方政府共同承担。另外,中央和地方政府还拨出专款,对遇到一些特殊性、突发性困难的学生给予临时性、一次性的困难补助,政府也承担国家助学贷款的利息补贴和风险补偿金。

其次,金融机构为经济困难学生提供了一定的信用贷款,主要为国家助学贷款。2004 年《关于进一步完善国家助学贷款工作的若干意见》明确指出,国家助学贷款是国家利用金融手段完善我国普通高校资助政策体系,加大对普通高校经济困难学生资助力度所采取的一项重大措施,借款学生在校期间的贷款利息全部由财政补贴,毕业后全部自付。

再次,高校承担了相当部分的资助经费,其来源是国家拨付给高校的教育经费、学费、预算外收入等。2007 年国家关于家庭经济困难学生资助政策体系中明确指出,学校要按照国家有关规定从事业收入中足额提取一定比例的经费,用于学费减免、国家助学贷款风险补偿、勤工助学、校内无息借款、校内奖助学金和特殊困难补助等。

最后,社会捐赠也是高校贫困生资助经费的一个重要来源。国家一直鼓励社会各界人士对高校贫困生进行资助,目前高校中有相当一部分的奖学金、助学金是由私人、社会团体或企业的捐赠设立的,但目前社会捐赠设立的奖助学金主要集中在重点高校，分布极不均衡。

2015 年我国学生资助资金首次突破 1500 亿元，增长近 10%，其中资助普通高校学生 4141.58 万人次，资助金额达 847.97 亿元，比上年增加 131.11 亿元，增幅为 18.29%。高校学生资助中，财政资金 431.45 亿元，占 2015 年度高校资助总额的比例为 50.88%；银行发放国家助学贷款 219.86 亿元，占比 25.93%；高校事业收入中提取并支出资助资金 176.67 亿元，占比 20.83%；社会团体、企事业单位及个人捐助资助资金 19.99 亿元，占比 2.36%，如图 10-7 所示。

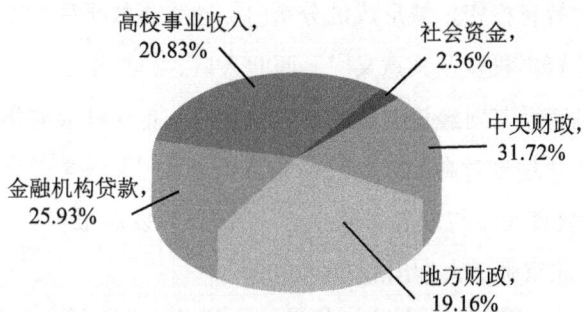

图 10-7 2015 年普通高校学生资助资金分布
资料来源：教育部，2015 年中国学生资助发展报告。

2019 年，合计资助学生高达 1.35 亿人次，资助金额超过 2000 亿元。2020 年后受疫情影响，生均教育经费紧缩，学生资助补助经费预算有所减少，2023 年为 581.4106 亿元①。

本章主要是以大学生资助来分析学生资助制度的，涉及的是我国的大学生资助政策，但这并不能否定学生资助制度的其他内容。就我国的现实而言，非义务教育阶段的高中教育、中等专业教育、职业技术教育都有其各自的学生资助政策。有理由相信，我国的整个学生资助制度将会在不断调整与变革中逐步得到完善，我国的学生资助事业也将会进入一个崭新的时代。

---

① 中华人民共和国财政部：《关于提前下达 2023 年学生资助补助经费预算的通知》. http://jkw. mof. gov. cn/gongzuotongzhi/202211/t20221124_3853309. htm, 2023-01-21.

参考文献

安明霞. 对我国教育投资短缺形成的分析[J]. 理工高教研究, 2003(2).

安应民. 论人力资本投资及其意义[J]. 西北人口, 2001(2).

白韶红. 过度教育及其对经济增长的影响分析[J]. 重庆社会科学, 2006(9).

白燕. 教育经济学理论对高等教育改革的若干启示[J]. 科学教育论坛, 2005(2).

北京师范大学教育改革与发展研究中心. 中国教育发展报告——教育体制的变革与创新[M]. 北京: 北京师范大学出版社, 2000.

北京师范大学教育系课题组. 教育经济学[M]. 北京: 北京师范大学出版社, 1984.

蔡文伯, 马瑜. 21世纪以来我国教育经济学研究现状的计量分析[J]. 教育研究, 2014(2).

陈红, 朱冬梅. 微积分的引入与经济学的发展[J]. 经济师, 2006(6).

陈良焜, 鞠高升. 教育明瑟收益率性别差异的实证分析[J]. 北京大学教育评论, 2004(3).

陈梦迁. 教师权益保障体系分析[J]. 教学与管理, 2006(1).

陈新晓. 构建适应市场机制的高校教师薪酬制度[J]. 汕头大学学报(人文社会科学版), 2006(1).

陈元刚, 谢德琼, 矫桂兰. 关于教师劳动创造价值的思考[J]. 经济师, 2003(1).

戴圣. 礼记·学记[M]. 北京: 中华书局, 1989.

范先佐. 教育经济学[M]. 北京: 人民教育出版社, 1997.

范先佐. 教育经济学[M]. 北京: 中国人民大学出版社, 2012.

傅恒杰. 人力资本是第一资本[J]. 商场现代化, 2006(7).

盖浙生. 教育经济学[M]. 台北: 三民书局, 1982.

高等学校收入分配情况调查组. 高等学校收入分配情况调查报告[J]. 中国高教研究, 2004(增刊).

高鸿业. 西方经济学(第一版)[M]. 北京：中国经济出版社，1996.

高书国. 21世纪初中国高等教育大众化水平预测与分析[J]. 教育发展研究，2002(4).

高顺有. 论教师劳动的性质和特征[J]. 甘肃教育学院学报(社会科学版)，2003，19(1).

高希均. 教育经济学论文集[M]. 台北：台北联经出版事业公司，1977.

高秀叶，吴卫红. 教育经济学[M]. 北京：中国人民大学出版社，2013.

古楳. 中国教育之经济观[M]. 上海：上海民智书局，1934.

顾明远. 费希洛个人间接成本计算法[M]//教育大辞典(增订合编本). 上海：上海教育出版社，1998.

顾明远. 世界高等教育发展的基本趋势和经验[J]. 北京师范大学学报(社会科学版)，2006(5).

郭翠璇. 知识经济下人力资本的涵义及其主体特征[J]. 环渤海经济瞭望，2006(1).

国务院. 关于印发统筹推进世界一流大学和一流学科建设总体方案的通知[EB/OL]. http://www.gov.cn/zhengce/content/2015-11/05/content_10269.htm，2016-09-21.

哈巍. 谁来为高等教育付费——高等教育成本补偿的国际比较[J]. 教育发展研究，2002(3).

韩洪文. 论教育投资及其结构[J]. 经济与管理研究，2006(5).

韩宗礼. 教育经济学[M]. 西安：陕西人民教育出版社，1988.

韩宗礼，高建民. 城市小学生教育成本的调查分析[J]. 教育与经济，1990(4)

郝克明，张力. 中国高等教育结构改革的探讨[J]. 教育研究，1987(12).

贺立军，张润，赵钊. 教育与经济协调发展的辩证关系[J]. 河北学刊，2006(5).

侯风云，张宏伟，等. 人力资本理论研究需要关注的新领域[J]. 北京行政学院学报，2003(3).

侯智慧. 现代社会教师的基本素质[J]. 中南民族大学学报(人文社会科学版)，2005(25).

胡建华. 中国高等教育大众化过程特点探析[J]. 高等教育研究，2002，23(20).

胡乃武，姜玲. 对当前我国大学生就业缺口的经济学分析[J]. 山西财经大学学报，2005(2).

胡守强. 论教育与社会再生产的关系[J]. 高等农业教育，2002(5).

胡学勤，秦兴方. 劳动经济学[M]. 北京：高等教育出版社，2004.

胡银环.试论学生资助制度在实现教育公平中的作用[J].教育与经济,2000年专辑.

霍文达.教育成本分析[M].北京:中央民族大学出版社,1998.

季建林.经济结构调整与经济发展[J].喀什师范学院学报,1999(1).

中国大百科全书出版社《简明不列颠百科全书》编辑部译编.简明不列颠百科全书[M].北京:中国大百科全书出版社,1985.

姜言秀.论人力资本在经济发展中的作用[J].中华女子学院山东分院学报,2002(2).

焦斌龙.人力资本对居民收入差距影响的存量效应[J].中国人口科学,2011(5).

教育部,财政部.2011协同创新中心建设发展规划[EB/OL].http://www.moe.edu.cn/publicfiles/business/htmlfiles/moe/s7062/201404/167787.html,2016-09-21.

教育管理辞典编委会.教育管理辞典(第三版)[M].海口:海南出版社,2005.

金利娟.对教育投资风险的评价与思考[J].高等教育研究,2005,26(5).

靳希斌.教育经济学(修订本)[M].北京:人民教育出版社,2001.

靳希斌.从滞后到超前——20世纪人力资本学说·教育经济学[M].济南:山东教育出版社,1995.

靳希斌.教育经济学[M].北京:人民出版社,2002.

靳希斌.教育经济学[M].北京:人民教育出版社,1997.

瞿振元.2001年全国普通高校招生工作总结及今后的思路[N].中国教育报,2001-12-06.

匡奕军.教育经济贡献的软计算方法研究[D].武汉:中国地质大学,2003.

赖德胜.教育扩展与收入不平等[M].北京:北京师范大学出版社,2000.

劳凯声.社会转型与教育的重新定位[J].教育研究,2002(2).

李峰亮.筛选理论的文献综述[J].北大教育经济研究,2004(2).

李洪天.关于我国高等教育的经济效益和个人收益率的研究[D].南京:河海大学,2001.

李健.国外发展高等教育的基本模式及其对我国的启示[J].科学咨询(决策管理),2005(5).

李京文.教育:知识经济的先导产业[J].首都经济贸易大学学报,1999(2).

李仁和.五十年高等教育规模和发展的思考[J].中国高等教育(半月刊),1999(24).

李素敏.美国赠地学院发展研究[M].保定：河北大学出版社，2004.

李伟，刘克健，王泽农.教师资格认定制度的比较研究[J].南京晓庄学院学报，2006(3).

李亚勋，沈百福.教育投资均衡评价[J].高教发展与评估，2006(7).

李云.高等教育投资是一种人力资本风险投资[J].学术论坛，2004(6).

厉以宁.关于教育产品的性质和对教育的经营[J].教育发展研究，1999(10).

厉以宁.关于教育产业的几个问题[J].高教探索，2000(4).

厉以宁.教育经济学[M].北京：北京出版社，1984.

梁启超.教育家的自家田地[M]//张品兴.梁启超全集(14).北京：北京出版社，1999.

林荣日.教育经济学(第二版)[M].上海：复旦大学出版社，2008.

林荣日.教育经济学[M].上海：复旦大学出版社，2001.

林正范.中韩教育比较[M].杭州：浙江教育出版社，2002.

刘超栋.浅谈人力资本.宏观经济[J].引进与咨询，2006(1).

刘海鹰，刘昕，毕宪顺.发达国家高校教师聘任制度评析[J].山东理工大学学报(社会科学版)，2003(2).

刘双明.关于投资风险的测量方法[J].集美大学学报(哲学社会科学版)，2000(1).

刘涛.个人教育投资的经济学分析及现实意义[J].中国成人教育，2003(5).

刘晓静，李珏.人力资本投资与可持续经济发展[J].台声：新视角，2006(1).

刘秀琴，奚巧媛.高等教育大众化形势下大学生就业难的现状与原因分析[J].武汉科技学院学报，2005(12).

刘雪.韩国教师评价系统现状、展望的比较与启示[J].世界教育信息，2006(10).

刘益乐.问题谱系比较评议法——同行评议方法新探[J].自然辩证法研究，1998(10).

刘泽云，萧今.教育投资收益分析：基于中国企业职工工资收入的分析[M].北京：北京师范大学出版社，2004.

刘泽云，袁连生.我国公共教育投资比例研究[J].高等教育研究，2006(2).

刘志民.教育经济学[M].北京：北京大学出版社，2007.

刘志民.信号标识还是网络传递？——教育价值认知相关理论解析[C]//2008年中国教育经济学年会会议论文集.上海，2008.

鲁洁.超越与创新[M].北京：人民教育出版社，2001.

吕玲，唐光松. 建立我国高等教育投资体系的思考[J]. 理工高教研究，2005(8).

罗德宏. 教育部长周济：2020 年实现高等教育毛入学率 40%[N]. 北京晨报，2005-10-18.

罗润东. 中国劳动力就业[M]. 北京：经济科学出版社，2002.

马光菊. 人力资本投资理论及我国的人力资本现状分析[J]. 经济研究，2005(11).

马晓娜. 高校青年教师薪酬管理中存在的问题及对策[J]. 复旦教育论坛，2006(1).

马晓强，丁小浩. 我国城镇居民个人教育投资风险的实证研究[J]. 教育研究，2005(4).

马晓强，都丽萍. 国外教育投资风险研究现状及对我国的启示[J]. 外国教育研究，2005(7).

马晓强. 个人教育投资风险研究——以 20 世纪 90 年代中国城镇居民为例[D]. 北京：北京大学，2005.

麦可思中国大学生就业研究课题组. 2016 年中国大学生就业报告[M]. 北京：社科文献出版社，2016.

米俊魁. 析马丁·特罗高等教育发展阶段理论的局限性[J]. 现代教育科学，2004(1).

聂毅. 高职专业实践教学及其管理理论[M]. 长沙：湖南科学技术出版社，2003.

潘懋元. 大众化阶段的精英教育[J]. 高等教育研究，2003(6).

彭云飞，邓勤. 我国高等学校规模计量方法与应用新探[J]. 湖南师范大学教育科学学报，2005，4(6).

彭泽平. 我国东西部高等教育发展区域失衡的决策根源探析[J]. 高等教育研究，2002(3).

钱理群，等. 中国大学的问题与改革[M]. 天津：天津人民出版社，2003.

强天雷，任保平. 当代西方经济学主要研究方法述评[J]. 经济评论，2001(3).

邱渊. 教育经济学导论[M]. 北京：人民教育出版社，2000.

曲恒昌，曾晓东. 西方教育经济学研究[M]. 北京：北京师范大学出版，2001.

全国教育经济学研究会(筹)，《教育经济学概论》编写组. 教育经济学概论[M]. 西宁：青海人民出版社，1983.

申培轩，陈世俊. 论高等教育适应农村发展的理论基础[J]. 武汉大学学报(人文社科版)，2006(9).

沈百福. 教育经济学规律探析[J]. 教育理论与实践，2000(11).

沈百福.教育投资评价[J].教育发展研究，2000(8).

沈红，熊俊峰.高校教师薪酬差异的人力资本解释[J].高等教育研究，2013(9).

盛冰.教育中介组织：现状、问题及发展前景[J].高教探索，2002(3).

史朝.高等教育发展的整体思路——评马丁·特罗的高等教育发展阶段理论[J].高等教育研究，1999(4).

史仕新，金周英.教育促进经济发展的作用机制分析[J].经济问题探索，2005(11).

史万兵.高等教育经济学[M].北京：科学出版社，2004.

史忠良.产业经济学[M].北京：经济管出版社，2005.

世界银行.1998/1999年世界发展报告：知识与发展[M].北京：中国财政经济出版社，1999.

世界银行.增长的质量[M].北京：中国财政经济出版社，2001.

宋之杰，牛晓叶.高等教育投资风险及对策研究[J].燕山大学学报(哲学社会科学版)，2006(2).

孙立平.断裂——20世纪90年代以来的中国社会[M].北京：社会科学文献出版社，2003.

孙志军.中国农村的教育成本、收益与家庭教育决策：以甘肃省为基础的研究[M].北京：北京师范大学出版社，2004.

孙祖芳.关于国民教育投资的理论与政策研究[J].社会科学，2005(2).

邰爽秋.教育经费问题[M].上海：上海教育编译馆，1935.

王寰安，张兴，包海芹.中国高等教育拨款模式改革研究[J].江苏高教，2003(2).

王辉，杨云.也谈教育对经济增长的作用[J].大同职业技术学院学报，2006(2).

王慧玲.论教师劳动的特点及其对教师自身发展的意义[J].理论与实践，2004(8).

王丽娅.关于完善教育投资体制改革的若干思考[J].海南金融，2002(10).

王培根.高等教育经济学[M].北京：经济管理出版社，2004.

王萍，张宽裕.高校教师薪酬激励机制建构的理论基础[J].扬州大学学报(高教研究版)，2006，10(2).

王善迈.关于教育经济学对象与方法的思考[J].北京师范大学学报(社会科学版)，2006(1).

王善迈.教育经济学概论[M].北京：北京师范大学出版社，1989.

王善迈.教育投入与产出研究[M].石家庄：河北教育出版社，1996.

王善迈. 教育经济学简明教程[M]. 北京：高等教育出版社，2000.

王善迈. 教育投入与产出研究[M]. 石家庄：河北教育出版社，1999.

王善迈. 社会主义市场经济条件下的教育资源配置方式[J]. 教育与经济，1997(3).

王世忠，阮艺华. 简论教育投资的性质、特点及其负担原则[J]. 社会发展，2003(8).

王守法. 高等教育对经济发展的贡献研究[D]. 长沙：湖南大学，2006.

王树林，曲世友. 微观经济学[M]. 北京：科学出版社，2004.

王伟宜，王广进. 马丁·特罗理论及其在中国的命运[J]. 延安大学学报(社会科学版)，2005(6).

王序坤. 高等教育财政拨款方式的改进[J]. 浙江社会科学，1999(6).

王雪娟，陈平水. 教育经济学理论体系现状研究[J]. 太原师范学院学报(社会科学版)，2005(4).

王玉崑. 教育经济学[M]. 北京：华文出版社，2005.

王玉崑. 教育成本问题初探[J]. 黑龙江高教研究，1991(1).

王喆. 体制创新是科技创新的重要保障——也谈"汤浅现象"与"李约瑟难题"[J]. 北京行政学院学报，2006(1).

韦进. 高等教育规模扩展的再思考[J]. 高等工程教育研究，2004(1).

韦耀波. 高等教育成本补偿主体的研究[J]. 继续教育研究，2005(4).

邬大光. 高等教育大众化理论的内涵与价值——与马丁·特罗教授的对话[J]. 高等教育研究，2003(11).

邬志辉. 教育先行的决策效益研究[J]. 上海高教研究，1997(8).

吴旦. 延期分配——教师激励的新形式[N]. 中国教育报，2006-02-27(6).

吴道银. 人力资本理论与中国经济发展[J]. 福建教育学院学报，2006(4).

吴辉凡，许治. 论教育的属性及其提供方式与我国教育投资现状[J]. 经济师，2001(12).

吴声功. 浅议国际投资风险的概念、类型及其评估[J]. 经济师，2001(8).

伍海泉. 高等教育成本计量中几个特殊问题的探讨[J]. 教育与经济，2004(1).

夏晋祥. 高校扩招：一个需要研究的经济学问题[J]. 教育与经济，2000(2).

肖昊. 教育经济学[M]. 武汉：武汉大学出版社，2010.

肖巧云. 刍议我国高等教育经济学的发展[J]. 高等教育与学术研究，2006(1).

谢作栩. 马丁·特罗高等教育大众化理论述评[J]. 现代大学教育，2001(3).

熊欣.论知识资本与人力资本[J].集团经济研究，2006(11).

徐会琦.关于投资风险的三个相关问题的探讨[J].技术经济，1999(4).

许义文.教师创新素质初探[J].教育探索，2004(9).

牙向阳.我国教育投资合理外部比例研究综述[J].广西青年干部学院学报，2006(1).

阎达五，王耕.教育成本研究[M].北京：北京出版社，1989.

闫二旺.区域经济发展的微观机理[M].北京：经济科学出版社，2003.

杨葆焜.教育经济学[M].武汉：华中师范大学出版社，1989.

杨东平.大学之道[M].上海：文汇出版社，2003.

杨剑英，刘芸.略谈教育投资及我国教育投资现状[J].教育发展研究，2000(4).

杨开明.中国高等教育需求与供给的实证分析[J].复旦教育论坛，2006(6).

杨琳，杨霞，等."北大改革"引发连锁反应[J].瞭望，2003(29).

杨秀文，范文曜.法国的高等教育评估和大学拨款[J].世界教育信息，2004(3).

杨亚军，高卫国.高等教育投资合理化综合评判模型构建[J].改革与战略，2006(5).

杨颖.全球教育一体化背景下归国留学生就业难的原因与对策[J].中国成人教育，2013(4).

杨勇.中国经济增长中的关键因素——人力资本投资[J].甘肃农业，2006(1).

杨友国，刘志民.我国高等教育过度问题的经济学分析[J].教育科学，2006(6).

叶茂林.教育发展与经济增长[M].北京：社会科学文献出版社，2005.

叶忠.教育与就业关系发展的历史考察[J].教育研究与实验，2005(2).

易宗喜，蒲心文.试论教育投资的性质[J].南京师范大学学报(社会科学版)，1985(1).

殷朝晖，欧阳红兵.我国的结构性教育过度及其原因探讨[J].现代教育科学，2005(3).

尹晓敏.构建聘任制下教师合法权益的保障机制[J].中国教育学刊，2006(3).

游正伦.教育经济学[M].西安：陕西师范大学出版社，1989.

于德弘，陆根书.论我国高等教育扩展对收入分配公平的影响[J].高等教育研究，2000(6).

余秀兰.60年的探索：建国以来我国大学生资助政策探析[J].北京大学教育评论，2010(1).

袁本涛.教育投入还需持续努力[N].光明日报，2016-01-14.

袁连生. 教育成本计量探讨[J]. 北京师范大学学报(社会科学版)，2000(1).

袁连生. 教育成本计量探讨[M]. 北京：北京师范大学出版社，2000.

袁连生. 论教育的产品属性、学校的市场化运作及教育市场化[J]. 教育与经济，2003(1).

袁振国. 中国教育政策评论[M]. 北京：教育科学出版社，2000.

原玉廷，闫二旺. 论教育与经济的双向关联及协调发展[J]. 山西师范大学学报(社会科学版)，2006(3).

岳昌君. 教育对个人收入差异的影响[J]. 北京大学教育经济研究(电子季刊)，2004(3).

臧旭恒，等. 产业经济学[M]. 北京：经济科学出版社，2002.

詹鑫. 英国高校改革：学生资助与教育参与[J]. 比较教育研究，2004(4).

张东日. 企业规模经济及界定[J]. 技术经济，2003(4).

张芳，陈艳利. 高等教育成本补偿机制的国际比较[J]. 经济研究参考，2004(60).

张海如. 规模经济：理论辨析和现实思考[J]. 经济问题，2001(1).

张建新，陈学飞. 英国高等教育改革法述评[J]. 清华大学教育研究，2004(2).

张建中，刘刚. 浅议教育在社会经济发展中的作用——从积累"人力资本"的角度看教育[J]. 广州市经济管理干部学院学报，2004(1).

张铁明. 浅论教育服务产品的特性[J]. 教育科学. 1998(3).

张民选. 扩展高等教育规模的理念——半个多世纪的抉择[J]. 高等教育研究，1999(4).

张民选. 理想与抉择——大学生资助政策的国际比较[M]. 北京：人民教育出版社，1998.

张胜辉. 我国人力资本投资的分析与思考[J]. 天津市工会管理干部学院学报，2006，14(1).

张素峰. 人力资本理论观点[N]. 学习时报，2003-08-01.

张维迎. 大学的逻辑[M]. 北京：北京大学出版社，2004.

张伟杰. 美、德、法三国教授聘任制度刍议[J]. 江苏经贸职业技术学院学报，2006(1).

张伟远. 继续教育应是一种全民化教育——论继续教育与成人教育、职业教育、远程教育的关系[J]. 中国远程教育，2007(1).

张学敏，叶忠. 教育经济学[M]. 北京：高等教育出版社，2009.

张志祥. 经济发展与人力资本开发[J]. 宁波职业技术学院学报，2004(4).

赵丹龄，张岩峰，汪雯. 高校教师薪酬制度的国际比较和研究[J]. 中国高教研究，2004(增刊).

赵恒平，廖红梅. 论聘用制下高校教师的权益保障[J]. 武汉理工大学学报（社会科学版），2005，18(1).

赵恒平，闵剑. 高等教育个人投资风险研究[J]. 武汉理工大学学报，2005，27(12).

赵红英. 高等教育成本的界定和控制[J]. 财会月刊（综合），2005(7).

赵宏斌. 教育收益与风险的国际比较及对我国的启示[J]. 比较教育研究，2004(8).

赵军. 高等教育社会角色的置换研究——基于对城乡二元结构转型的理解[J]. 教育与现代化，2006(9).

赵中建，张敏. 精英、大众、普及型高等教育发展模式评[J]. 全球教育展望，1997(2).

郑爱文. 经济增长与经济发展协调互动探讨[J]. 江西社会科学，2005(10).

郑丽琳. 教育投资对经济增长影响程度的区域差异[J]. 重庆工商大学学报（西部论坛），2006(4).

中国科学院可持续发展研究组. 2000 中国可持续发展战略报告[M]. 北京：科学出版社，2000.

中华人民共和国国家统计局. 2005 国际统计年鉴[M]. 北京：中国统计出版社，2005.

周峰. 现代人本主义教育功能观试析[J]. 教育研究，1990(12).

周荃. 教育经济学研究的国际学术走向——以《教育经济学评论》为例[J]. 清华大学教育研究，2014(1).

周英章，孙崎岖. 我国教育投入对实际经济增长的贡献实证分析[J]. 中国软件学，2002(7).

朱柏铭. 公共经济学[M]. 杭州：浙江大学出版社，2003.

朱坚强. 教育经济学发凡[M]. 北京：社会科学文献出版社，2005.

庄娱乐. 关于高校津贴分配模式及其标准的思考[J]. 江苏高教，2006(3).

[德]李斯特. 政治经济学的国民体系[M]. 北京：商务印书馆，1961.

[德]马克思. 剩余价值理论[M]. 北京：人民教育出版社，1975.

[法]让·巴蒂斯特·萨伊. 政治经济学概论[M]. 北京：商务印书馆，1982.

[法]萨伊. 政治经济学概论[M]. 北京：商务印书馆，1963.

[美]巴里·格哈特,等.薪酬管理:理论、证据与战略意义[M].朱舟,译.上海:上海财经大学出版社,2005.

[美]加里·S.贝克尔.人力资本——特别是关于教育的理论与经验分析[M].北京:北京大学出版社,1985.

[美]卡诺伊.教育经济学国际百科全书[M].闵维方,等,译.北京:高等教育出版社,2000.

[美]科恩.教育经济学[M].王玉崑,等,译.上海:华东师范大学出版社,1989.

[美]马丁·特罗.从精英向大众高等教育转变中的问题[J].外国高等教育资料,1999(1).

[美]迈克尔·P.托达罗.经济发展[M].北京:中国经济出版社,1999.

[美]乔治·J.斯蒂格勒.产业组织和政府管制[M].上海:上海三联书店,1989.

[美]萨缪尔森.经济学(中译本)[M].北京:商务印书馆,1979.

[美]威廉·F.夏普.投资学(第五版)[M].北京:机械工业出版社,1998.

[美]西奥多·舒尔茨.论人力资本投资[M].吴珠华,译.北京:北京经济学院出版社,1990.

[美]雅各布·明塞尔.人力资本研究[M].张凤林,译.北京:中国经济出版社,2001.

[美]伊兰伯格,史密斯.现代劳动经济学——理论与公共政策[M].潘功胜,译.北京:中国人民大学出版社,1999.

[美]约翰·罗尔斯.正义论[M].何怀宏,等,译.北京:中国社会科学出版社,1988.

[日]金子元久,刘文君.教育经济学的20年——从教育社会科学全面的视点[J].教育与经济,2005(1).

[日]天野郁夫.社会选拔与教育[M]//张人杰.国外教育社会学基本文选.上海:华东师范大学出版社,2009.

[日]小林雅之,王杰.学生资助和高等教育机会均等(续2)——对中日美3国的比较分析[J].教育与经济,2006(2).

[英]安东尼·B.阿特金森,等.公共经济学[M].上海:上海人民出版社,1994

[英]马歇尔.经济学原理[M].北京:商务印书馆,1983.

[英]斯蒂芬·梅钦,杨娟.教育经济学的新发展[J].比较教育研究,2012(3).

［英］威廉·配第. 爱尔兰的政治解剖［M］. 北京：商务印书馆，1981.

［英］威廉·配第. 政治算术［M］. 北京：商务印书馆，1981.

［英］亚当·斯密. 论国民财富的性质及其原因的研究［M］. 北京：商务印书馆，1981.

［英］亚当·斯密. 国富论（上）［M］. 杨敬年，译. 西安：陕西人民出版社，2001.

Aghion，P. and Peter Howitt. Endogenous Growth Theory ［M］. Cambridge：MIT Press，1998.

Altbach，P. G. Comparative Higher Education ［R］. Comparative Education Research Center，University of Hong Kong，1998：239-240.

Alfred，M. Principles of Economics ［M］. London：Macmillan and Co.，Ltd.，1890.

Arrow，K. J. Economic Implication of Learning by Doing［J］. Review of Economic Studies，1962(29)：155-173.

Ashenfelter，O.，Colm Harmon and Hessel Oosterbeek（1999），"A Review of Estimates of the Schooling / Earnings Relationship，with Tests for Publication Bias，"［J］ Labor Economics，6(4)：453- 70.

Barro，R. J. and X. Sala-I-Martin. Convergence Across States and Region［C］. Brookings Papers on Economic Activity，1991.

Baumol，W. J.，S. B. Blackman. How to Think about Rising College Costs［J］. Planning for Higher Education，1995，23：1-7.

Baumol，W. J. Health Care，Education and the Cost Disease：A Looming Crisis for Public W. J. Bennett. Our Greedy Colleges ［N］. New York Times，1987-18-27.

Beaumont，S. M. Salary Systems in Public High Education—A Microeconomic Analysis ［M］. New York：CBS Educational and Professional Publishing，1985.

Berelay，G. Modernization and Diversity in Soviet Education ［M］. New York：Praeger，1971：59-61，351.

Bishop，J. H. The Economic Consequences of Schooling and Learning ［R］. Washington，DC：Mimeo，Economic Policy Institute，1992.

Blaug，M. The Private and Social Returns on Investment in Education：Some Results for Great Britian［J］. Journal of Human Resources，1967(2)：330-346.

Blaug, M. Economics of Education and the Education of an Economist [M]. Aldershot: Edward Elgar Publishing, 1987.

Bowen, H. R. The Costs of Higher Education: How Much do Colleges and UniversitiesSpend per Student and How Much Should They Spend? [M]. San Francisco: Jossey-Bass Inc. , 1980.

Bowles, S. Towards an Educational Production Function [M]//W. L. Hansen (ed.). Education, Income, and Human Capital. New York: Columbia University Press, 1970.

Bowman, M. J. and C. A. Anderson. Concerning the Role of Education in Development[M]// C. Geertz (ed.). Old Societies and New States. New York: Free Press of Glencoe, 1963.

Bowman, M. J. , M. Debeauvais, V. E. Komarov, and J. Vaizey. Readings in the Economics of Education[M]. Paris: UNESCO, 1968.

Bourdieu, P. The Social Space and the Genesis of Groups[J]. Theory and Society, 1985, 14(6): 723-744.

Brown, C. V. and P. M. Jackson. Public Sector Economics (4th ed.) [M]. Oxford: Basil Blackwell, 1990.

Buchanan, J. M. The Demand and Supply of Public Goods [M]. Chicago: Rand McNally Company, 1968.

Buchinsky, M. (1994). Changes in the U. S. wage structure 1963-1987: Application of quantile regression[J]. Econometrics, 62(2): 405-458.

Buchinsky, M. (1998). The dynamics of changes in the female wage distribution in the USA: A quantile regression approach[J]. Journal of Applied Econometrics, 13 (1): 1-30.

Burt, R. Structural Holes: The Social Structure of Competition [M]. Cambridge: Harvard University Press, 1992.

Calver, M. Closing the Aboriginal Education Gap in Canada: The Impact on Employment, GDP, and Labor Productivity[J]. International Productivity Monitor, Spring2015, 28: 27-46.

Carnoy, M. The Changing World of Work in the Information Age[J]. New

Political Economy, 1998, 3(1): 123-128.

Carnoy, M. Education and Economic Development: The First Generation[J]. Economic Development and Cultural Change, Supplement, 1977, 25: 428-448.

Clotfelter, C. L. , Jr. Buying the Best: Cost Escalation in Elite Higher Education [M]. Princeton: Princeton University Press, 1996.

Coase, R. The Nature of The Firm [J]. Economica, November1937: 386-495.

Cohn. E. The Economics of Education [M]. Cambridge, MA: Ballinger Publishing, 1979.

Cohn, E. & J. T. Addison. The Economic Returns to Lifelong Learning in OECD Countries[J]. Education Economics, 1998, 6(3): 253-307.

Coleman, J. S. Social Capital in the Creation of Human Capital[J]. American Journal of Sociology, 1988, 94(1): 95-120.

Coombs. P. H. The World Educational Crisis: A Systems Analysis[M]. London: Oxford University Press, 1968.

Dearing, R. Higher Education in the Learning Society [R]. London: The National Committee of Inquiry into Higher Education, 1997: 78-79.

Denison, E. F. The Source of Economic Growth in the United States and Alternatives Before Us [R]. New York: Committee for Economic Development, 1962.

Denison, E. F. Why Growth Rates Differ: Post-war Experience in Nine Western Countries[R]. Washington, D. C. : Brookings Institution, 1967.

Denison, E. F. Trends in American Economic Growth: 1929—1982 [R]. Washington, D. C. : The Brookings Institution, 1985.

Dickens, W. T. , Isabel V. Sawhill, and Jeffrey Tebbs. The Effects of Investing in Early Education on Economic Growth [R]. Washington, D. C. : Brookings Institution, 2006.

Doeringer, P. and M. Piore. Internal Labor Markets and Manpower Analysis [M]. Lexington, MA: D. C. Heath, 1971.

Dolton, P. & Anna Vignoles. The Incidence and Effects of Overeducation in the U. K. Graduate Labor Market[J]. Economics of Education Review, 2000, 19(2):

179-198.

EFA. Global Monitoring Report 2015: Education for All 2000—2015: Achievements and Challenges [R]. Paris: UNESCO, 2015b.

Engerman, S. (1976). Some economic and demographic comparisons of slavery in the United States and the British West Indies[J]. Economic History Review, 29 (2): 258-275.

Fein, M. The Professionalized "Solution to the College Bubble"[J]. Society, 2014, 51(3): 200-209.

Fischer, M. Manfred. A SpatialAugmented Mankiw-Romer-Weil Model: Theory And Evidence[R]. SSRN Working Paper, 2009.

Gary, S. B. Investment in Human Capital: A Theoretical Analysis[J]. The Journal of. Political Economy, 1962, 70(5): 9-49.

Gary, S. B. An Economic Analysis of Fertility [M]//Demographic and Economic Change in Developed Countries [M]. Princeton, NJ: Princeton University Press, 1960.

Gary, S. B. Human Capital: A Theoretical and Empirical Analysis with Special Reference to Education [M]. Chicago: The University of Chicago Press, 1964.

Gemmell, N. Evaluating the Impacts of Human Capital Stocks and Accumulation on Economic Growth: Some New Evidence[J]. Oxford Bulletin of Economics and Statistics, 1996, 58(1): 9-28.

Gintis, H. Schooling in Capitalist America: Educational Reform and the Contradictions of Economic Life[M]. New York: Basic Books, 1976.

Groot, W. , H. Oosterbeek. Optimal Investment in Human Capital under Uncertainty [J]. Economics of Education Review, 1992(11): 41-49.

Hamilton, B. H. , JackA. Nickerson, and Hideo Owan. Team Incentives and Worker Heterogeneity: An Empirical Analysis of the Impact of Teams on Productivity and Participation [J]. Journal of Political Economy, 2003, 111: 465-497.

Hanushek, E. The Single Salary Schedule and Other Issues of Teacher Pay [J]. Peabody Journal of F. D. Weil. The Variable Effects of Education on Liberal Attitudes [J]. American Sociological Review, 1985, 50: 458-474.

Harbison, F. H. Human Resources as the Wealth of Nations [M]. Oxford: Oxford University Press, 1973.

Harmon, C., Hogan V, Walker I. Dispersion in the economic re- turn to schooling [J]. Labor Economics, 2003, 10 (2): 205-214.

Hartog, J., Oosterbeek, H. (1993). Public and private sector wages in the Netherlands [J]. European Economic Review 37, 97-114.

Hartog, J., H. van Ophem, S. M. Bajdechi. How Risky is Investment in Human Capital? [R]. CES Working Paper No. 1261, 2004.

Hartog, J. Over-education and Earnings: Where Are We, Where Should We Go? [J]. Economics of Education Review, 2000, 19 (2): 131-147.

Haveman, R. H. and B. L. Wolfe. Schooling and Economic Well-Being: The Role Of Nonmarket Effects[J]. Journal of Human Resources, 1984, 19: 408-429

Heidegger, M. Plato's Sophist [M]. Translated by Richard Rojcewicz and AndreSchuwer. Bloomington: Indiana University Press, 1997.

Jevons, W. S. Theory of Political Economy[M]. London: Macmillan and Co., Ltd., 1888.

Johnstone, D. B., Alka Arora, and William Expert on. The Financing and Management of Higher Education: A Status Report on Worldwide Reform [R]. Washington, D. C.: The World Bank, 1998.

Johnstone, D. B. The Costs of Higher Education [M]//Philip G. Altbach (ed.). International Higher Education: An Encyclopedia. New York: Garl and Publishing, Inc., 1991: 59-89.

Jones, C. R&D Based Models of Economic Growth[J]. Journal of Political Economy, 1995, 103: 759-784.

Kerr, C. The Balkanization of Labor Markets [M]//E. W. Bakke et al. (eds.), Labor, Mobility and Economic Opportunity. Cambridge, MA: MIT Press, 1954.

Kimball, B. A. The Rising Cost of Higher Education: Charles Eliots "Free Money" Strategy and the Beginning of Howard Bowens "Revenue Theory of Cost", 1869—1979[J]. The Journal of Higher Education, 2014, 85(6): 886-912.

Krueger, A. and Cecilia Rouse. The Effect of Workplace Education on Earnings,

Turnover, and Job Performance[J]. Journal of Labor Economics, 1998, 16(1): 61-94.

Kuznets, S. Economic Growth of Nations: Total Output and Production Structure[M]. Cambridge: Harvard University Press, 1971: 107.

List, F. National System of Political Economy[M]. London: Longmans, Green And Co. , 1841.

Li, W. l. and Min, Weifang. Higher Education Access in China[J]. IAU horizon, 2006(2): 12-13.

Lucas, R. E. Jr. On the Mechanics of Economic Development[J]. Journal of Monetary Economics, 1988(3): 37-62.

Mankiw, N. G. , D. Romer, and D. N. Weil. A Contribution to the Empirics of Economic Growth[J]. Quarterly Journal of Economics, 1992, 107(2): 407-437.

Maslow. A. H. Dominance-Feeling, Personality and Social Behavior in Women [J]. Journal of Social Psychology, 1939, 10: 3-39.

Maslow. A. H. Dominance-quality and Social Behavior in Infra-human Primates [J]. Journal of Social Psychology, 1940, 11: 313-324.

Massy, W. F. (ed.). Resource Allocation in Higher Education[M]. Ann Arbor, MI: The University of Michigan Press, 1996.

Maxcy, G. and A. Silberston. The Motor Industry [M]. London: Allen & Unwin, 1959.

Mincer, J. Schooling, Experience, and Earning [M]. New York: Columbia University Press, 1974.

Mincer, J. A Study of Personal Income Distribution[D]. Ph. D. dissertation, Columbia University, 1957.

Mincer, J. Investment in Human Capital and Personal Income Distribution[J]. Journal of Political Economy, 1958, 66(4): 281-302.

Mincer, J. The Production of Human Capital and the Lifecycle of Earnings: Variations on a Theme[J]. Journal of Labor Economics, 1997, 15: 526-547.

Perkin, H. The Origins of Modern English Society, 1780 -1880 [M]. London: Routledge & Kegan Paul, 1969.

Peterson D. ed. Thomas Jefferson Writings [M]. New York: Literary Classics Of the United States, Inc. , 1984.

Petty, W. The Political Anatomy of Ireland[M]//C. Hull (ed.). The Economic Writings of Sir William Petty. Cambridge: Cambridge University Press, 1899.

Psacharopoulos, G. , H. A. Patrinos. Returns to Investment in Education: A Further Update [J]. Comparative Education, 1981(17): 321-341.

Romer, P. M. Endogenous Technological Change [J]. Journal of Political Economy, 1990, 98(5): 71-102.

Romer, P. M. Increasing Returns and Long-run Growth[J]. Journal of Political Economy, 1986, 94(5): 1002-1037.

Rosenthal, S. S. and W. C. Strange. The Attenuation of Human Capital Spillovers[J]. Journal of Urban Economics, 2008, 64(2): 373-389.

Rosenbaum, E. James. et al. Market and Network Theories of the Transition from High School to Work: Their Application to Industrialized Societies[J]. Annual Review of Sociology, 1990, 16: 263-299.

Rumbley, L. E. , Pacheco, I. F. , Altbach, P. G. International Comparison of Academic Salaries: An Exploratory Study[R]. Chestnut Hill, MA: Boston College Center for International Higher Education, 2008: 29-65.

Samuelson, P. A. Diagrammatic Exposition of a Theory of Public Expenditure [J]. Review of Economics and Statistics, 1955, 37: 350-356.

Samuelson, P. A. Economics: An Introductory Analysis [M]. New York: McGraw-Hill, 1948.

Say, J. B. A Treatise on Political Economy [M]. Philadelphia: Lippincott, Grambo & Co. , 1803.

Schultz, T. W. Investment in Man: An Economist's View[J]. Social Service Review, 1959, 33: 106-117.

Schultz, T. W. Capital Formation by Education [J]. Journal of Political Economy, 1960, 68: 571-583.

Schultz, T. W. Education and Economic Growth[M]//N. B. Henry (ed.). Social Forces Influencing American Education. Chicago: The University of Chicago

Press，1961.

Schultz，T. W. Investing in People：The Economics of Population Quality[M].
Berkeley：University of California Press，1981.

Schultz，T. W. Investment in Human Capital[J]. The American Economic
Review，1961，51(1)：1-17.

Schultz，T. W. Reflections on Investment in Man [J]. Journal of Political
Economy，1962，60，5：1-8.

Schultz，T. W. The Economic Value of Education [M]. New York：The
Columbia University Press，1963.

Schultz，T. W. The Economic Importance of Human Capital in Modernization
[J]. Education Economics，1993，1(1)：13-19.

Selznick，G. J. & S. Steinberg. The Tenacity of Prejudice [M]. New York：
Harper Torch books，1969.

Smith，A. An Inquiry into the Nature and Cause of the Wealth of Nations[M].
Chicago：The University of Chicago Press，1976.

Spence. A. M. Job Market Signaling[J]. The Quarterly Journal of Economics，
1973，87(3)：355-374.

Stigler，J. G. The Economies of Scale[J]. Journal of Law and Economics，1958
(1)：54-71.

Teixeira，P. N. A Portrait of the Economics of Education，1960—1997[J].
History of Political Economy，2000，32：257-288.

Terpstra，D. E. ，Andre L. Honaree. Merit Pay Plans in Higher Education
Institutions：Characteristics an Effects[J]. Public Personnel Management，2009(4)：
30-38.

Tobler，W. A Computer Movie Simulating Urban Growth in the Detroit Region
[J]. Economic Geography，1970(2)：234-240.

Trow，M. From Mass Higher Education to Universal Access[C]. Paper of the
meeting of the Japanese Society for Higher Education Research，Hiroshima，May 31，
1998.

Trow，M. Problems in the Transition from Elite to Mass Higher Education [C].

Policies for Higher Education: A General Report. Paris: OECD, Conference on Future Structures of Post-Secondary Education, 26th-29thJune, 1973: 51-101.

Trow, M. Reflections on the Transition from Mass to Universal Higher Education[J]. Daedalus, 1970, Vol. 99, No. 1, Winter: 122-142.

Trow, M. The Expansion and Transformation of Higher Education [J]. International Review of Education, 1972, 18(1): 61-84.

Trow, M. From Mass Higher Education to Universal Access: The American advantage[J]. Minerva, 2000, 37(Spring): 1-26.

Trow, M. Elite and Mass Higher Education: American Models and European Realities [C]. Contribution to the Conference, Research into Higher Education: Processes and Structures, Dalaro, Sweden, June12-16, 1978.

Trombella, J. Cost and Price Increases in Higher Education: Evidence of a Cost Disease on Higher Education Costs and Tuition Prices and the Implications for Higher Education Policy[D]. New Jersey: Seton Hall University, 2010.

Trostel, P. , IanWalker and Paul Woolley (2002). Estimates of the economic return to schooling for 28 countries[J]. Labor Economics, 9(1): 1-16.

Tsang, M. C. , R. Rumberger, H. M. Levin. The Impact of Surplus Schooling on Worker Productivity[J]. Industrial Relations, 1991, 30(2): 209-228.

Tsang, M. C. , Henry M. Levin. The Economics Overeducation[J]. Economics of Education Review. 1985, 4(2). 93-104.

UNESCO. World Education Report 2000: The Right to Education—Towards Education for All Throughout Life[R]. Paris: UNESCO, 2000.

Uzawa, H. Optimal Technical Change in an Aggregative Model of Economic Growth [J]. European Economic Review, 1965, 38: 641-680.

Vedder, R. Going Broke by Degree: Why College Costs Too Much [M]. Washington D. C. : American Enterprise Institute for Public Policy Research, 2004.

Walsh, J. R. Capital Concept Applied to Man[J]. The Quarterly Journal of Economics, 1935, 49(2): 255-285.

Weale, M. Externality from Education [M]// Cohn, E. & Johnes, G. (eds.). Recent Development in the Economics of Education. Cheltenham: Edward Elgar,

1994: 115-138.

Wei, X. , M. C. Tsang, W. Xu & L. Chen. Education and Earning in Rural China [J]. Education Economics, 1999, 7(2): 167-187.

Weiss, A. Human Capital vs. Signaling Explanations of Wages[J]. Journal of Economic Perspectives, 1995(9): 133-154.

Weiss, Y. The Risk Element in Occupational and Education Choices[J]. Journal of Political Economy, 1972, 80(6): 12-13.

Winegarden, C. R. Schooling and Income Distribution: Evidence from International Data[J]. Econometica, 1979, 46: 83-87.

Wood, W. P. The Higher Education Bubble[J]. Society, 2011, 48(3): 208-212.

Samuelson, P. A. Economics[M]. New York: McGraw-Hill, 1948.

Woodhall, M. Review of Student Support Schemes in Selected OECD Countries [R]. Paris: OECD, 1978.

Woodhall, M. Changing Sources and Patterns of Finance for Higher Education: A Review of International Trends[J]. Higher Education in Europe, 1992, 17(1): 141-149.

Woodhall, M. Education for Development: An Analysis of Investment Choices [M]. Oxford: Oxford University Press, 1985.

Workers, Educational Association. Oxford and Working-Class Education: Being the Report of a Joint Committee of University and Working-Class Representatives on the Relation of the University to the Higher Education of Workpeople[M]. Oxford: Oxford University Press, 1990.

后 记

本书由南京农业大学公共管理学院刘志民教授编撰、修订、统稿完成，程立浩同志参与了相关数据核查和图表制作工作。在 2017 年首版编撰时，姜璐、胡顺顺、方超、黄维海、李馨儿、杨洲、刘路、巩雪、夏镇波与仇新明、张松与刘泽文等同志分别参与了本书 1～10 章的编写工作。特别需要强调的是，在首版《教育经济学》（2007 年北京大学出版社出版）编写时，杨友国、刘晓光及余梅芳、杨静、张日桃、陈孝丽、唐昕、杨铭、洪亮等同志也参与了相关章节编写或资料收集工作，在此一并致谢！北京师范大学出版社郭兴举、何琳编辑等亦为本书出版倾注了大量心血。在此深表谢忱！

作　者
2024 年春